励耘史学文丛

易学 经学 史学

张 涛/著

北京师范大学出版集团
BEIJING NORMAL UNIVERSITY PUBLISHING GROUP
北京师范大学出版社

本次出版得到教育部人文社会科学重点研究基地
北京师范大学史学理论与史学史研究中心的大力支持

自　序

　　本书收入的文字，是笔者二十多年来进行学术探索的一点心得和体悟，大致涉及易学、经学、史学这三个相对独立而又相互联系，甚至密不可分的学术领域。

　　先说易学。《易》为群经之首、大道之源，《周易》经传研究、易学研究已经走过相当长的发展历程，有关的著述可谓汗牛充栋，直到今天还是一个学术热点。然而，由于种种原因，这些研究往往只是在传统经学的范围内周旋，把注意力放在典籍授受、经传注释、学派演变等问题上，关注的是那些专门的易学著作、那些专治易学且有著述传世的易学家，而未能紧密结合社会政治背景和思想文化氛围展开多视角、全方位考察，致使易学史上的某些阶段几乎没有什么内容可讲。比如秦汉易学。以往对秦代、西汉前期、东汉前期易学的研究都显得有些薄弱。最近一些年来，随着考古发掘出土的相关文献的增多，这种情况有所好转，不过目前尚未见有什么根本改观。这就是说，现在突出的问题是，易学研究范围较窄，研究对象较少。我们应该摆脱传统的研究内容和方法的束缚，将考察的范围扩展至受《周易》及易学启示、影响的全部历史过程和学术文化现象上来。易学的研究对象，应当包括《周易》和易学启示、影响下的整个思想文化领域，包括曾经研究易学、运用易学的所有重要人物和著作中的思想主张，而不管这些人物是否是有所师承的易学家，不管这些著作是否是专门的易学著作。只有这样，才能全面了解、把握易学发展的轨迹和规律，认识、解读当时的社会政治和思想文化现象，从而推动易学研究的不断深化和拓展。笔者的易学研究，就是本着这样一种认识展开的。

再说经学。作为诠释和研究儒家经典的学问，儒家经学以孔子及儒家思想学说为核心和立足点，同时或隐或显地对其他各家学说兼收并蓄、综合去取，构成了一种方法独特、内涵丰富、具有强烈的政治色彩及积极的入世情怀的学说体系和理论体系。自汉武帝以来，儒家经学以其特有的适应性和旺盛的生命力，在中国传统社会被尊奉为统治思想和官方学术，对文明发展和社会进步，对中华民族心理素质、道德规范、思维方式、价值取向及性格特征的形成和延续，都有过重要而深刻的影响。所以在笔者看来，很有必要撰写专文，对《诗经》《春秋穀梁传》《孝经》等儒家经典及经学发展史，对经学与中国传统社会、传统文化特别是汉代社会和文化的互动关系，进行系统考察、深入研究，并且对20世纪儒家经典研究的主要成果进行全面探讨和认真总结，从而为人们在这些领域中进一步开拓创新提供重要的资鉴。

再来谈谈史学。我国是一个史学高度发达的国度，而在中国史学发展史上，汉代又是一个极为重要的阶段，一批优秀的史家、史籍相继诞生，其中最著名的当推司马迁及其《史记》。值得注意的是，司马迁的史学曾受到董仲舒的启发和影响，而这种启发和影响又是深刻的、多方面的。西汉后期的刘向、刘歆父子，也对史学发展起到了重要的推动作用，尽管此时经学繁盛致使史书未能在刘氏父子共同撰成的《七略》中独立一类。另外，刘向编撰的《列女传》，作为中国第一部妇女通史，在当时及后世影响颇巨，其版本流传、思想内涵、史学价值及文学成就等，都有必要进行认真、深入的探讨和研究，都应该引起我们的高度关注，从而弥补学术领域的某些缺憾。对于这些，笔者撰成了书中的相关文字。

多年来，笔者一直从事中国传统经史的科研和教学工作，早先的兴趣和关注点是在先秦两汉，虽然曾经阅读、整理、征引过惠栋、钱大昕、邵晋涵等清代乾嘉诸老的学术著作，却也谈不上有什么系统、全面的考察和研究。然而，笔者始终不忘前辈学者这样的教诲：要搞好中国学术思想史研究，必须吃透两头，在研究先秦两汉时，应注意清代以降；同样，在研究清代以来的学术时，也应该重视先秦两汉。唯其如此，才能真正做到司马迁所谓"究天人之际，通古今之变，成一家之言"。面对这样一个学术高度，笔者自知难以真正企及，但虽不能至，心向往之，力以赴之。于是，就有了书中关于清代以来易学、经学尤其是史学发展的内容。

至圣先师孔子曾这样评述自己的为人："默而识之，学而不厌，诲人不倦"，"发愤忘食，乐以忘忧，不知老之将至"①。孔子这种自强不息、积极进取的精神，始终影响着、激励着笔者的生活和工作。岁月无情，人生易老，笔者已于不知不觉中到了"知天命"之年，但是却丝毫不敢忘掉自己的社会责任和文化使命，在追求学术真理的道路上几乎没有懈怠过、彷徨过、消沉过，尽管取得的成绩还很不理想。真诚希望今后能够继续得到学术前辈、学术同仁的指正和帮助，以使笔者一如既往地保持学术生命之旺盛活力，从而为社会进步、文化繁荣和学术发展做更多有益的事情，这里先行致谢！

另外还要特别说明的是，在撰写、编校本书的过程中，学生项永琴、王苏凤、张兵、袁法周、董焱、孙照海、袁江玉、李燕、张绪峰、汪鹏、范丽敏、王珊、蒿凤、金华、姜世东、王荣优、孔令昂、张倩郢、刘炳良、孙萍萍、苗盛林、孙世平、于磊、曹晓伟、王晓梦、熊艺钧等都提供了很多帮助，孙锡芳、任利伟、续晓琼、王冉冉、史海威等更是为书中的几处文字撰写了初稿，笔者也要向他们表示由衷的感谢，并诚挚地祝愿他们前程似锦，大吉大利！

张　涛

---

① 《论语·述而》。

目　录

第一章　易学源流

一、《易传》——综合百家、超越百家的大智慧

《周易》包括经和传两个部分，《易经》又分为上经和下经，由六十四卦及其卦爻辞组成。关于《周易》的作者，《周易·系辞下》提及伏羲作八卦；司马迁曾指出伏羲作八卦，周文王被囚羑里而演为六十四卦、三百八十四爻，并且认为孔子作《十翼》；班固对此加以继承，并在《汉书·艺文志》中提出"人更三世，世历三古"的说法。此外，在先秦典籍《左传》《国语》中已提到用《易经》占卜的事实。这说明，《易经》起源很早。

《易传》共七种十篇，即《彖传》上下、《象传》上下、《文言传》、《系辞传》上下和《说卦传》《序卦传》《杂卦传》，均是对《易经》的解释和阐发，《易纬》称之为《十翼》。关于《易传》的作者，自汉至唐很少有人怀疑，都认为是孔子所作，北宋欧阳修开始有所质疑。关于《易传》的成书和学派属性，学术界至今仍有许多不同的看法。或认为《易传》乃孔子所作，属于儒家的作品①；或认为《易传》与道家有很大的关系，应归于道家②。

---

① 金景芳：《关于〈周易〉的作者问题》，载《周易研究》，1988(1)。
② 陈鼓应：《〈易传·系辞〉所受老子思想的影响——兼论〈易传〉乃道家系统之作》，载《哲学研究》，1989(1)。

此外还有其他不少更加具体的说法，比如有的认为《易传》多出自荀子门徒①；有的则认为《易传》是颜氏之儒的遗著，虽非孔子所撰，历史上却是以孔子手著的名义发挥影响②；还有的认为《彖》《象》二传以及《系辞》的有关章节曾经思孟学派整理、润色过③，等等，可谓众说纷纭，论争激烈。经过长期的思考和研究，笔者得出一个新的认识：《易传》不仅与儒家、道家关系密切，而且与其他诸子的思想也有一定的相通、相似之处；它并不专属于某家某派，而是综合百家、超越百家的产物。

（一）

易学的演变和发展与孔子、与儒家有着深刻的渊源。孔子对《周易》颇为喜爱，且颇有研究，并以其传授弟子。据《论语·子路》，他曾引述《周易·恒卦》九三爻辞"不恒其德，或承之羞"以说明卦爻辞有益于提高人的道德修养水平。更为重要的是，孔子认为，善于学《易》的人不必去占筮，即所谓"不占而已矣"，从而进一步淡化了《易经》的宗教巫术色彩。孔子还强调，学《易》可以使人改过从善。《论语·述而》曾记述孔子之言："加我数年，五十以学《易》，可以无大过矣。"需要指出的是，此处汉代《鲁论》读"易"为"亦"，只是在流传过程中产生的讹误，后世郑玄、陆德明等均从《古论》对其加以校正。长沙马王堆汉墓帛书《周易》之《要》篇也记述"夫子老而好《易》，居则在席，行则在囊"，提到孔子对《周易》"不安亓用而乐亓辞"，并载其言曰："夫《易》，冈者使知瞿，柔者使知图，愚人为而不忘，僢人为而去诈。文王仁，不得亓志，以成亓虑。纣乃无道，文王作，讳而辟咎，然后《易》始兴也。""《易》，我后亓祝卜矣！我观亓德义耳也。幽赞而达乎数，明数而达乎德，又仁守者而义行之耳。赞而不达于数，则亓为之巫；数而不达于德，则亓为之史。史巫之筮，乡之而未也，好之而非也。后世之士疑丘者，或以《易》乎？吾求亓德而已。吾与史巫同涂而殊归者也。君子德行焉求福，故祭祀而

---

① 参见郭沫若：《青铜时代·〈周易〉之制作时代》，见《郭沫若全集·历史编》，第1卷，北京，人民出版社，1982。

② 张岱年：《〈易传〉与中国文化的优良传统》，载《江汉论坛》，1984(8)。

③ 参见刘大钧：《周易概论》，济南，齐鲁书社，1986。

寡也；仁义焉求吉，故卜筮而希也。祝巫卜筮亓后乎？"①由此可以看出，孔子对《周易》中蕴含的哲理非常重视。

除孔子之外，其后的儒家学派与易学关系也非常密切。《史记·仲尼弟子列传》载："孔子传《易》于(商)瞿，瞿传楚人馯臂子弘，弘传江东人矫子庸疵，疵传燕人周子家竖，竖传淳于人光子乘羽，羽传齐人田子庄何。"《汉书·儒林传》说："自鲁商瞿子木受《易》孔子，以授鲁桥疵子庸，子庸授江东馯臂子弓，子弓授燕周丑子家，子家授东武孙虞子乘，子乘授田何子装。"《史》《汉》所说稍有不同，亦不一定全是事实，但至少说明，孔子之后，易学在儒家内部一直是前后相继、传承不绝的。除了商瞿，孔子还有可能授《易》于子夏(卜商)，所谓"卜商入室，亲授微言"②。而子夏又撰有自己的《易传》，《隋书·经籍志》等对此有明确记载，后世流传的《子夏易传》并不一定是伪书。另外，据有关文献，子夏、子张、子贡都曾问《易》于孔子。至战国后期，儒家学派的重要代表人物荀子，"善为《诗》《礼》《易》《春秋》"③，曾屡引《易经》卦爻辞以证己说。《荀子·大略》还阐述了对《易经》的态度，即"善为《易》者不占"。这与孔子"不占而已矣"的观点是一脉相承的，反映了儒家解《易》的基本特点，即强调《易经》的知识性和学术性，突出其道德内涵和教育意义。

关于《易传》的作者，汉唐时期的学者皆认定是孔子。《史记·孔子世家》说："孔子晚而喜《易》，序《彖》《系》《象》《说卦》《文言》。读《易》，韦编三绝。曰：'假我数年，若是，我于《易》则彬彬矣。'"《汉书·儒林传》也说：孔子"盖晚而好《易》，读之韦编三绝而为之传"。《艺文志》亦云："孔氏为之《彖》《象》《系辞》《文言》《序卦》之属十篇。"实际上，从前引《论语·子路》《述而》及长沙马王堆汉墓帛书《周易》之《要》篇等可以看出，孔子对《易》的确非常精熟。若"细籀《论语》"，可以发现，孔子对于

---

① 刘彬：《帛书〈要〉篇校释》，16页，北京，光明日报出版社，2009。

② (唐)李鼎祚：《周易集解序》，见(清)李道平：《周易集解纂疏》，北京，中华书局，1994。

③ (西汉)刘向：《孙卿书录》，见(清)严可均：《全上古三代秦汉三国六朝文·全汉文》，382页，北京，中华书局，1958。

宇宙之观念、其任世力行之精神和正名主义，"颇有与《易传》所言暗合处"。二者多相发明，有些语句"几若出诸一人之手"。"此外，《论语》中论忠恕一贯之道，中庸恒谦之德，与《易传》符合处，更俯拾即是"。[①]尤其值得注意的是，马王堆汉墓帛书《要》篇记孔子之言曰："后世之士疑丘者，或以《易》乎？"而《孟子·滕文公下》记孔子作《春秋》则曰："知我者其唯《春秋》乎？罪我者其唯《春秋》乎？"这里孔子的口吻与《要》篇所记是颇为相似的。《要》篇中还记有孔子的一些话，与《系辞》等密切相关。如其记孔子曰：《周易》"古之遗言焉，予非安亓用也"。记子赣（贡）言："夫子今不安亓用而乐亓辞。"这与《系辞上》"以言者尚其辞"的语意是相近的[②]。还有，《史记·范雎蔡泽列传》记蔡泽之语："圣人曰：'飞龙在天，利见大人。''不义而富且贵，于我如浮云。'""飞龙在天"句为《周易·乾卦》九五爻辞，同时又见于《文言》。"不义"句为孔子之语，见于《论语·述而》。这里两句连在一起，且冠以"圣人曰"，至少说明《史记》《汉书》关于孔子作《易传》的说法是有一定根据的，包括《系辞》《文言》等在内的《易传》与孔子是有联系的，或者说有些内容出于孔子之手，而由其弟子及后学加以整理。的确，《易传》蕴含着儒家的思想内容，体现了儒家的文化价值理想，特别是其中的自强不息、刚健中正、建功立业，更是孔子及儒家的道德哲学和人生态度。众所周知，孔子推崇坚强刚毅的意志品格，立志做肩负起历史使命和时代责任的志士仁人，为追求人生理想而乐观进取，不断奋斗。他强调"刚毅木讷近仁"[③]，并说自己是"学而不厌，诲人不倦"，"发愤忘食，乐以忘忧，不知老之将至"[④]。但孔子又反对不讲条件的急躁冒进，要求做到行为适中，认为"过犹不及"[⑤]，从而形成了著名的中庸之说。这种刚健而用中的思想在

---

① 苏渊雷：《易学会通》，见《苏渊雷全集·哲学卷》，上海，华东师范大学出版社，2008。

② 李学勤：《简帛佚籍与学术史》，259～265页，南昌，江西教育出版社，2001。

③ 《论语·子路》。

④ 《论语·述而》。

⑤ 《论语·先进》。

《易传》中得到了进一步诠释和发展。再者，《易传》中有关宗法等级和伦理道德的内容也大都来自儒家。它特别重视仁义礼节，肯定仁义是人道的基础，并将其与自然万物的演进结合起来。如《说卦》指出："立天之道曰阴与阳，立地之道曰柔与刚，立人之道曰仁与义。"《序卦》则说："有天地，然后有万物；有万物，然后有男女；有男女，然后有夫妇；有夫妇，然后有父子；有父子，然后有君臣；有君臣，然后有上下；有上下，然后礼义有所错。"显然，这些都带有浓烈的儒家色彩。

（二）

道家也非常重视《易经》的研究，但与儒家不同，它注重从天道观或者说宇宙观、自然观方面挖掘《易经》的思想内涵及其价值和影响，以阴阳变异观念解《易》，《庄子·天下》"《易》以道阴阳"一语更是具有典型意义。可以说，在道家内部，无论是老庄学派还是黄老学派或称稷下道家，都曾从哲学的高度致力于易学的发展，进一步淡化了《易经》宗教巫术的性质。

我们知道，《易传》总结了多方面的理论成果，利用《易经》的形式系统、框架结构，建立了一个完整的思想体系。当然，《易传》尽管内容丰富，但其主导思想还是十分明确的，这就是用阴阳刚柔解释《易经》，解释天地万物和一切社会现象。这一思想是有其渊源和演变过程的。

西周末年，太史伯阳父将地震的成因解释为阴阳两种对立势力的失调①，但尚未达到哲理化的高度。将阴阳说纳入哲理范畴的是亦曾做过史官的老子。他将阴阳视为万物产生和发展的基本动力或属性："道生一，一生二，二生三，三生万物。万物负阴而抱阳，冲气以为和。"②后来庄子及其后学也喜谈阴阳，并用以解《易》，说"《易》以道阴阳"。其实《易经》中并无"阴阳"一词，只有《中孚卦》九二爻辞"鸣鹤在阴，其子和之"中出现了一个"阴"字。以阴阳解《易》是易学研究逐步抽象化、哲理化的结果。到了《易传》，以阴阳解《易》已经十分普遍，阴阳变易已被视

---

① 《国语·周语上》。
② 《老子·四十二章》。

为《周易》及宇宙万物的普遍法则，从卦象、爻象到各种自然现象和社会现象，都可以用阴阳来解释，这样就形成了"一阴一阳之谓道"的精湛命题。阴阳说在《易传》特别是《系辞》中，已经发展到很高的程度，并且成为它的一个重要理论内容。从这一点上说，两者是一致的。

先秦时期，无论是儒家还是道家都是讲究"谦让之德"的，而道家所提倡的"谦让之德"与《易传》中所倡导的"谦让之德"更是有着非常相似之处。如《老子》第八章中有：

> 上善若水。水善利万物而不争，处众人之所恶，故几于道。居善地，心善渊，与善仁，言善信，政善治，事善能，动善时。夫唯不争，故无尤。

老子在此提出"水善利万物而不争"以及"夫唯不争"云云，可以看出，老子认为自然界的事物也是具有谦让之德的，并通过水之德行来阐明谦让的美德。

《老子》第九章曰："富贵而骄，自遗其咎。功成、名遂、身退，天之道。"此处把人的谦让之德和天道联系起来：能够做到谦让，就可以称得上是符合天道了。因此，道家提倡的不仅是个人要具有"谦让之德"，而且自然与宇宙之中也贯穿着普遍的"谦让之法则"。就两者关系而言，道家主张在自然与宇宙的"谦让之法则"的基础上，人生与社会的"谦让之德"才能建立起来。也就是说，自然与宇宙的"谦让之法则"是人生与社会的"谦让之德"的基础。

《周易》经传中有着与此类似的观点。我们知道，《易经》中有专门讲"谦"的《谦卦》，可以看出"谦"在作《易》者心目中的重要性。《谦卦·彖传》中有言：

> 天道下济而光明，地道卑而上行。天道亏盈而益谦，地道变盈而流谦，鬼神害盈而福谦，人道恶盈而好谦。谦，尊而光，卑而不可逾，君子之终也。

《谦卦·彖传》中的这段话，非常明确地把天道、地道、鬼神、人道所具有的谦逊之德一一列出，并且由此指出谦卑应该是君子终身信奉的原则。可见，《易传》认为不仅人应该具备"谦让之德"，而且天道、地道甚至鬼神也应具有"谦让之法则"。这与道家所认为的"谦让之德"具有一定的同一性。

另外，道家所强调的"谦让之德"，可以让人们保持自己的地位，甚至能够"使自己上升至有利的相对较高的位置"，故而《老子》第六十六章曰："江海所以能为百谷王者，以其善下之，故能为百谷王。是以圣人欲上民，必以言下之；欲先民，必以身后之。"《庄子·天下》也有同样的思想倾向："人皆取实，己独取虚。无藏也故有余，岿然而有余。"显然，在道家看来，如果能够遵守"谦让之德"，就能够使自己处于有利的地位，就能够逢凶化吉，趋利避害。

《易传》中亦有类似的表述文字和思想内容。如《系辞上》曰："谦也者，致恭以存其位者也。"此处强调的是，如果能够做到"谦"，就能够保住自己的地位。这与道家"以其善下之，故能为百谷王"的说法也是一致的①。

再如，"太极"一词是由《尚书·洪范》的"皇极"演化而来的，但先秦时期明确使用"太极"一词的，除了《易传》，即为《庄子》。《庄子·大宗师》："在太极之先而不为高，在六极之下而不为深。"这里的"太极"是指空间的最高极限。而《易传》一方面将"太极"作为筮法范畴，用以指大衍之数，也就是蓍草混而未分的状态；另一方面则对"太极"的意蕴作了进一步升华、发展，使其具有宇宙论的哲学意义，此即著名的太极生两仪之说。

对于道家与《易传》在这方面的关联，古人早已明确指出。如三国魏阮籍在《通老论》中说："道者，法自然而为化，侯王能守之，万物将自化。《易》谓之'太极'，《春秋》谓之'元'，《老子》谓之'道'。"②晋代顾荣

① ［日］池田知久：《〈周易〉与谦让之德》，见朱伯崑主编：《国际易学研究》，第7辑，北京，华夏出版社，2003。

② （清）严可均：《全上古三代秦汉三国六朝文·全三国文》，479页，北京，中华书局，1958。

在与纪瞻共论《易传》之太极时说："太极者，盖谓混沌之时曚昧未分，日月含其辉，八卦隐其神，天地混其体，圣人藏其身。然后廓然既变，清浊乃陈，二仪著象，阴阳交泰，万物始萌，六合闿拓。《老子》云'有物混成，先天地生'，诚《易》之太极也。"①唐代孔颖达也说："太极，谓天地未分之前元气混而为一，即是太初、太一也。故《老子》云'道生一'，即此太极是也。又谓混元既分，即有天地，故曰'太极生两仪'，即《老子》云'一生二也'。"②在《易传》中，"易"实际上就是变化无常的"道"，所谓"《易》之为书也不可远，为道也屡迁，变动不居，周流六虚，上下无常，刚柔相易，不可为典要，唯变所适"③。《易传》"精气为物"的思想和"阴阳不测之谓神"等关于"神"的观念④，也与道家黄老学派或称稷下道家的精气说及其对"神"这一概念的解释有诸多相近、相通之处。《易传》主张特立独行，要求天下无道则隐居避世。如《乾卦·文言》解"潜龙勿用"曰："龙德而隐者也。不易乎世，不成乎名，遁世无闷，不见是而无闷，乐则行之，忧则违之，确乎其不可拔，潜龙也。"《坤卦·文言》则曰："天地闭，贤人隐。"这与老庄谦退避世的倾向是颇为相近的。

唯其如此，蒙文通认为："《易传》多论天道，言性命，言感寂，言道器，颇近道家。《易》家显然是有取于道家的。"⑤的确，像《易传》中阴阳变化这样的内容，孔子平素是很少谈及的。《论语·公冶长》记子贡曰："夫子之文章，可得而闻也；夫子之言性与天道，不可得而闻也。"我们还是要强调这样一种观点：就《易传》的思想体系来看，其自然主义的天道观，其由天道推衍人事的整体思维模式，其关于事物发展变化的辩证思想等，有许多都与道家老庄学派和黄老学派相一致。

（三）

《易传》最终成书于诸子蜂起、百家争鸣之时。如前所述，《易传》与

---

① 《晋书·纪瞻传》。
② 《周易·系辞上》。
③ 《周易·系辞下》。
④ 《周易·系辞上》。
⑤ 蒙文通：《经史抉原》，164页，成都，巴蜀书社，1995。

儒、道两家有相通之处；与此同时，阴阳家、墨家、法家、兵家等学派的思想倾向在《易传》中也有不同程度的反映。

首先看阴阳家。阴阳家是以阴阳作为立论的基础，作为其思想学说的基本范畴。《易传》中也讲阴阳，而且《庄子·天下》指出"《易》以道阴阳"，从而对《周易》中的哲学范畴进行了限定。《系辞上》中还指出"一阴一阳之谓道"，这就把阴阳的对立和变化看成是一种规律性的东西。而"一阴一阳"即是阴阳家邹衍所提倡的"阴阳消息"，故而二者在立论方面是有相似之处的。

在天人关系方面，二者也多有相通之处。《史记·太史公自序》言："尝窃观阴阳之术，大祥而众忌讳，使人拘而多所畏。然其序四时之大顺，不可失也。"接着又指出："夫阴阳四时、八位、十二度、二十四节各有教令，顺之者昌，逆之者不死则亡。未必然也，故曰'使人拘而多畏'。夫春生夏长，秋收冬藏，此天道之大经也，弗顺则无以为天下纲纪，故曰'四时之大顺，不可失也'。"由此可知，阴阳家们所关注的"阴阳之术"是阴阳家的显著特征，而阴阳家通过阴阳的变化来推测四时的顺序，并且强调应该顺应自然规律，此举与《易传》有着相似之处。《系辞上》中有言："变通配四时，阴阳之义配日月"。"挂一以象三，揲之以四以象四时，归奇于扐以象闰"。这里明确提出如何去象"四时"，并且指出"四时"的意义即变通，其最终的目的是希望人们遵守四时之序，故而《革卦·彖传》中有"天地革而四时成，汤武革命，顺乎天而应乎人"之语。这与阴阳家所提倡的"顺之者昌"也是相通的。总之，看到四时的规律，并且认为人的行为应该顺应自然规律，这在阴阳家和《易传》中都有非常明显的体现。此外，有的学者指出：《易传》所谓"天地革而四时成，汤武革命，顺乎天而应乎人"，这"很与阴阳家的五德终始说相近"①。

其次再看墨家。尚贤是墨子思想中非常重要的内容，而且墨子还有专门论述贤德的专篇《尚贤》。在他看来，国家有没有贤人，是评判一个国家"治厚""治薄"的重要标志："国有贤良之士众，则国家之治厚；贤

---

① ［日］本田成之：《中国经学史》，85 页，上海，上海书店出版社，2001。

良之士寡，则国家之治薄。故大人之务，将在于众贤而已。"墨子提出，举贤应该以德为标准，而不应该单单看贤者的出身，"列德而尚贤，虽在农与工肆之人，有能则举之，高予之爵，重予之禄，任之以事"。此外，墨子还强调，尚贤是古代先王一直都遵守的一条治国之道，所谓"尚贤者，政之本也"①。

德是易学思想中一个非常重要的命题，其中也有很多地方涉及尚贤、用贤的问题，与墨家也有相似之处。比如《大畜卦·彖传》中有言："大畜，刚健笃实，辉光日新。其德刚上而尚贤，能止健，大正也。'不家食，吉'，养贤也"。意思是说，《大畜卦》刚健笃实，故能辉耀荣光，不断创新，其德则阳刚居上而能崇尚贤人。这与墨子的尚贤之说已颇为相近了。

《系辞上》中有这样一句话："履信思乎顺，又以尚贤也。是以'自天祐之，吉无不利'也。"由此句话可以看出，易学已经把尚贤作为一个非常重要的内容。此外，《颐卦·彖传》说："天地养万物，圣人养贤以及万民，颐之时大矣哉！"这里将"天地养万物"与"圣人养贤以及万民"作为一种非常重要的规律性的东西来进行阐述，近于墨子所提倡的"尚贤者，政之本也"的观点。可见，无论是墨子还是《易传》，其思想主张中都有注重尚贤的内容，而且两者之间多有相似之处。

"时"在《周易》经传中占有很大的比重，而且是易学思想的一个重要命题。《易传》中有很多关于"时"的论述，比如"与时偕行"②，"后天而奉天时"③，"承天而时行"④，"应乎天而时行"⑤等。从中可以看出《周易》对于"时"的高度重视。

墨子也有很多关于"时"的论述。如《墨子·节葬下》指出"若苟乱，是祭祀不时度也"，强调祭祀应该顺应时度。《尚同中》则有这样的论述：

---

① 《墨子·尚贤上》。
② 《周易·益卦·彖传》。
③ 《周易·乾卦·文言》。
④ 《周易·坤卦·文言》。
⑤ 《周易·大有卦·彖传》。

"故当若天降寒热不节，雪霜雨露不时，五谷不孰，六畜不遂，疾菑戾疫，飘风苦雨，荐臻而至者，此天之降罚也，将以罚下人之不尚同乎天者也。"此段话是说，如果出现寒热不符合节气，雪霜雨露不能按时而至等异常现象时，就说明上天降罪以惩罚那些不能崇尚和同于天的人。此处所言，隐约说明了雪霜雨露等自然现象都有一定的规律和时间，这与易学中的"后天而奉天时"等思想有一定的相似之处。又如，《号令》指出"非时而行者，唯守及掺太守之节而使者""逾时不宁，其罪射"，等等，同样强调了因"时"而行的重要性。

天人观念在易学思想中，主要体现为天人合一。比如，《周易·乾卦·文言》曾说：

> 夫大人者，与天地合其德，与日月合其明，与四时合其序，与鬼神合其吉凶，先天而天弗违，后天而奉天时。

这里的"大人"应该是相对于天、地来说的具体层面的概念，其中包含的主要意思是，"大人"顺应天地之德、日月之明、四时之序，顺应先天客观存在的规律。此外，在《周易·坤卦·文言》中还有：

> 坤至柔而动也刚，至静而德方，后得主而有常，含万物而化光。坤道其顺乎？承天而时行。积善之家必有余庆，积不善之家必有余殃。

这段话中提出了"承天而时行"，强调在顺应规律的前提下根据时势来决定自己的行动。这一点在墨子思想中也有所体现，如《墨子·天志中》说：

> 是以天之为寒热也节，四时调，阴阳雨露也时，五谷孰，六畜遂，疾菑戾疫凶饥则不至。是故子墨子曰：今天下之君子，中实将欲遵道利民，本察仁义之本，天意不可不慎也。

这里墨子提出"天意不可不慎"，"天意"其实更侧重于自然规律的客观性，由此可见墨子对于自然规律的谨慎遵循。当然从另一方面来看，墨子在强调自然规律不可不谨慎的前提下，也注意到发挥人的主观能动性。

墨子思想中还有许多与《易传》相似之处。如《墨子·非命下》说：王公大人勤于国事，是"彼以为强必治，不强必乱；强必宁，不强必危，故不敢怠倦。"卿大夫勤于政务，是"彼以为强必贵，不强必贱；强必荣，不强必辱，故不敢怠倦。"农夫勤于耕种，是"彼以为强必富，不强必贫；强必饱，不强必饥，故不敢怠倦。"妇人勤于织作，是"彼以为强必富，不强必贫；强必暖，不强必寒，故不敢怠倦。"墨子所推崇的这种人生态度，与《易传》自强不息、健行不怠的精神是颇为相通、相近的。

另外，墨子天道观中的天志、明鬼，社会政治观中的尚（上）贤、尚（上）同、兼爱、非攻、节用、节葬等，都或多或少、或隐或显地通于或近于《易传》之说。有的学者指出：墨家在全部思想和行动的正确和错误上有着明确的原则依据，即是否与在上的"天之利"、在中的"鬼之利"、在下的"人之利"相一致。这种"天之利""鬼之利""人之利"虽仍然多少有过于主体性、人间性之嫌，但在《周易·谦卦·象传》等处所能看到的"天道""地道""鬼神（道）""人道"四个"道"的概念与之是相当接近的，其中保留了浓重的墨子思想的色彩。①

墨家的义利观与《易传》也有一定的相似之处。《系辞》中多有"利天下"之语，如"致远以利天下""立成器以为天下利"等，其侧重点在于公利，而墨子提出"兴天下之利"，也是要反对谋取私利。《系辞下》中说"理财正辞，禁民为非曰义"，指出管理财物，端正言辞，禁止百姓为非作乱就是义。由此可见，《易传》中并非不主张利，而是把利和义结合了起来。关于这一点，在墨子思想中也有所体现。如《墨子·经上》言："义，利也。"《亲士》谓"君子之道也，贫则见廉，富则见义，生则见爱，死则见哀"，提出了"富则见义"的思想主张。这与《系辞》把利与义结合起来的看法相近，由此可以想见墨子与《易传》之间的密切关系。

又如法家，其用狱尚刑的观点在《易传》特别是《象传》中亦有所体

---

① ［日］池田知久：《〈周易〉与原始儒学》，载《清华大学学报》（哲社版），2002(3)。

现。例如，《蒙卦·象传》："利用刑人，以正法也。"《噬嗑·象传》："雷电，噬嗑。先王以明罚敕法。"《丰卦·象传》："雷电皆至，丰。君子以折狱致刑。"《旅卦·象传》："山上有火，旅。君子以明慎用刑而不留狱。"这些都说明，《易传》蕴含着以德治为主而又必须辅之以刑罚的思想倾向，而这其中又不乏法家思想的影子。

前已述及，《周易》经传中有很多关于"时"的论述，提出了"与时偕行"的观点。法家也非常重视"时"，强调"动静有时"[①]"随时以举事"[②]"观时发事"[③]。更为重要的是，韩非子提出了法应该随着时代的变化而变化、发展的思想主张。如《韩非子·心度》指出："法与时转则治，治与世宜则有功。故民朴而禁之以名则治，世知维之以刑则从。时移而治不易者乱，能治众而禁不变者削。故圣人之治民治，法与时移而禁与能变。"这些都通于《易传》"与时偕行"的思想主张。

我们知道，和谐是《周易》和易学的根本精神，《周易》经传中蕴含着丰富而深刻的和谐理念。法家虽然注重严刑竣法在约束人们行为中的重要作用，但法家并非只是强调刑法的权威，他们也非常重视"和"的作用。如《韩非子·解老》说："积德而后神静，神静而后和多，和多而后计得，计得而后能御万物，能御万物则战易胜敌，战易胜敌而论必盖世，论必盖世，故曰'无不克'。无不克本于重积德，故曰'重积德则无不克'。"这里提出"和多而后计得"，可见在法家看来，"和"在国家和个人事业成功中占有极为重要的地位。另外，《韩非子·难二》中有言："举事慎阴阳之和，种树节四时之适，无早晚之失、寒温之灾，则入多。"韩非子在此强调"阴阳之和"与"四时之适"，更含有把它们作为一种规律去遵守的意味。由此可以看出，法家也是非常注重"和"与"时"的。

此外，由前引《韩非子·解老》"计得而后能御万物，能御万物则战易胜敌"云云可知，韩非子更看中人为的力量，颇近于《易传》"天行健，

---

① 《韩非子·解老》。
② 《韩非子·喻老》。
③ 《韩非子·说疑》。

君子以自强不息"的思想理念。

以孙子、孙膑为代表的兵家，其思想主张与《易传》也有很多相似之处。《周易》不少卦爻辞与战争有关，《易传》中的军事思想则更为丰富，而这又与兵家关系密切。例如，兵家强调战争要讲究"时"，提出"发火有时""以时发之"等重要思想①，强调"时"在战争中的关键作用。《易传》中也有类似的论述。例如，《革卦·彖传》谓："天地革而四时成，汤武革命，顺乎天而应乎人。革之时大矣哉!"这就凸显了"时"对于"革命"之重要性。

又《孙子·兵势》："凡战者，以正合，以奇胜。故善出奇者，无穷如天地，不竭如江海。终而复始，日月是也。死而更生，四时是也。……战势不过奇正，奇正之变，不可胜穷也。奇正相生，如循环之无端，孰能穷之哉!"《行军》："凡军好高而恶下，贵阳而贱阴。"《九地》："投之亡地然后存，陷之死地然后生。夫众陷于害，然后能为胜败。"这些也与《易传》之说相通。《周易·蛊卦·彖传》曰："终则有始，天行也。"而《孙子》谓"终而复始"、"死而更生"云云。《系辞下》曰："日往则月来，月往则日来，日月相推而明生焉。寒往则暑来，暑往则寒来，寒暑相推而岁成焉。"而《孙子》也提到日月四时之循环无端。《孙子》中贵阳贱阴的思想，亦深合《易传》扶阳抑阴之思想倾向。《孙子》所谓"投之亡地然后存"云云，则同于《系辞下》如下之语："危者使平，易者使倾。其道甚大，百物不废。惧以终始，其要无咎，此之谓《易》之道也。"

唯其如此，清代魏源曾在《孙子集注序》里发出"《易》，其言兵之书乎"的感叹，并强调它与"兵家之《孙》"，"其道皆冒万有，其心皆照宇宙，其术皆合天人、综常变者也"。有的学者则进一步指出："《周易》不仅是古代一部占卜书、哲学书，而且还是现存的最早的兵书。它不仅记录了军事方面的事情，而且提出一些重要的作战原则和方法，以至某些攻防措施。所有这些，对孙武不能不产生影响。《孙子》接受《周易》中带

①　《孙子·火攻》。

有原则性的观点并加以提高发展，当是不奇怪的。"①我们要说的是，《易传》中许多论兵之语，本身就已经吸收、融会了兵家的思想成就。另外，战国时期兵家的重要代表孙膑，是一位顽强坚毅的军事家，他屡遭庞涓陷害，身体受到严重摧残，但仍保持着坚韧不拔、百折不挠的个性，这与《易传》中自强不息、刚健有为、不断进取的人格品行是一致的。

（四）

正像有的学者所指出的那样，《易传》围绕着"一阴一阳之谓道"而展开的思想体系，是自然主义与人文主义的有机结合。就《易传》的思想渊源而言，其自然主义的思想与道家有一定的相通之处，其人文主义的思想则与儒家相似。就《易传》追求的天人和谐的"太和"境界来说，先秦道家侧重于自然和谐，儒家注重的则是社会人际关系的和谐。《易传》根据一致百虑、殊途同归的治学旨趣，在总体上反映出儒道互补的特征，把道家的自然主义思想与儒家的人文主义思想有机地结合起来，一方面避免了道家蔽于天而不知人的缺陷；另一方面又避免了儒家蔽于人而不知天的缺陷，成为当时对整体和谐的最完美的表述。就根本精神而言，《易传》同样是包容两家而又超越两家的。在其"太和"思想中，分属阳刚型和阴柔型的儒道两家的根本精神不再彼此排斥，而形成了一种刚柔相济、阴阳协调的互补关系，阳刚、阴柔紧密联结，表现为一种中和之美。《易传》所谓"天行健，君子以自强不息"和"地势坤，君子以厚德载物"，就是其中一个最好的体现。② 我们要强调的是，《易传》不仅与儒家、道家有一定的关联，而且也与阴阳家、墨家、法家、兵家等各家关系密切。除了儒、道两家之外，阴阳家、墨家、法家、兵家等学派的思想倾向在《易传》中也有不同程度的反映。《易传》中这些采自其他各家的思想与道家、儒家思想彼此融会而浑然一体，交相辉映，闪耀着智慧的光芒，也凸显出易学的不断演变和发展。

---

① 贾若瑜：《孙子探源》，91～92 页，北京，国防大学出版社，2000。
② 朱伯崑：《周易知识通览》，177 页，济南，齐鲁书社，1993。

战国中后期，与政治渐趋统一的形势相适应，诸子各家之间出现了互相吸收、互相渗透、互相融合的局面。黄老学派或者说稷下道家的形成，《吕氏春秋》的编撰，都是这一局面的反映，而包容性、超越性表现得最突出的就是《易传》诸篇的问世。它并非成于某一时间、某一地点、某一学派、某一学者，而是陆续成于战国中后期易学家之手。它以宽广的文化胸襟，始终保持开放的姿态，成为各家各派以自己的思想观念治《易》而又彼此影响、彼此交融的范例。它吸收百家，综合百家，又扬弃百家，超越百家，从而承上启下，成为秦汉思想的内在灵魂和重要源头。众所周知，思想文化的发展，不仅是某一特定时代社会存在的反映，而且是对以往思想资料加以继承和发展的结果。"每一个时代的哲学作为分工的一个特定的领域，都具有由它的先驱传给它而它便由此出发的特定的思想材料作为前提。"①就《易传》这部以筮书形式出现而内容广泛的哲学著作而言，其博大精深的思想体系、独具特色的思维方式、高度凝练的语言表述、兼容并包的学术宗旨，令后来的易学家、思想家和政治家为之叹服、为之倾倒、为之孜孜探究，成为他们从事社会政治、思想文化活动的重要资鉴。可以说，秦汉时期及其以后的许多重大思想理论问题，都不难在这里找到某种雏形或依据。"秦汉以后中国文化的发展往往要回到先秦来寻找精神的原动力，而找来找去，又往往归结为由《易传》所奠定的易学传统。这种情形决不是什么历史的误会，而主要是由于《周易》的那一套八八六十四卦的符号体系以及囊括天地人三才之道的整体之学，仿佛是一个巨大的海绵体，把这个时期诸子百家所创造的共同成果都吸收容纳进来，并且综合总结成为一种卷之则退藏于密的《易》道，因而理所当然地被后世公认为代表了中国文化的根本精神。"②我们研究易学文化，对此务必要有充分认识和真正把握。

---

① 《马克思恩格斯选集》，第四卷，703～704 页，北京，人民出版社，1995。
② 余敦康：《中国哲学论集》，376～377 页，沈阳，辽宁大学出版社，1998。

二、秦汉易学思想的发展

（一）

在学术界，关于秦汉思想的总体特点，或曰儒学独尊、经学极盛，或曰儒道互补、儒道兼综等，但似乎都说不上确切。笔者认为，秦汉思想的发展，是秦汉易学思想的衍扩和展开，是对《周易》之义加以体悟和发挥的结果。一部秦汉思想史，可以视为适应时代需要，以《易传》为内在灵魂和重要源头，以易学研究和运用为重要载体，以易学思想为主潮、主旋律的思想发展史。中国思想文化在秦汉时期的发展及其对后世的影响，也主要表现在易学思想方面。有了这种认识，应该有助于秦汉思想史研究实现某种突破。

同任何时代、任何形式的思想文化一样，秦汉易学的发展，与当时的社会政治、经济活动及人类思维的演进，与自然生态环境的变迁有着直接或间接的内在联系。易学研究和运用的高潮先后出现过三次，分别是秦汉之际、两汉之际和汉魏之际。三次都是处在皇朝更迭、社会动荡的时代，同时也是自然环境变化剧烈、自然灾害频频发生的时期。特别是孟、京和《易纬》象数易学兴盛的西汉后期和东汉前期，那时中国北方的气候正经历一个由暖而寒的变化过程，导致了各种严重天灾。人类生存环境尤其是自然条件的异常和恶化，使人们感到困惑、恐惧，更感到自身命运难以把握，同时也促使一批智虑之士探讨其中的原因，寻求应对的方策。受生产力所限，时人不可能有更科学的认识，而经学又是统治思想和正统学术，于是本为卜筮之书而又"道阴阳"且与天文、历法相关的《周易》以及易学和易学思想，就成了人们探索自然界和人类社会发展、演变以应付各种天灾人祸的思想工具和精神武器。

考察秦汉易学发展特别是三次高潮的消长进程，确实可以发现，在义理之学兴盛时，人们往往侧重人事，关心社会、人生问题，而在象数之学盛行时，天象、气候等自然现象又成为人们关注的焦点。像西汉后期极盛的象数易学就可能与两汉之际气候变冷有关。但在易学及易学思想中，天象和人事又是相互交织、密切联系在一起的。象数易学虽然偏重自然，但也常常比附人事，具有明显的社会政治内涵；义理之学重在人事，但又往往以天象、天道作为其理论依据和逻辑前提。二者只是在侧重点上有所不同。即使在郑玄、王弼这两位典型人物那里也不难发现这方面的例证。再者，撰著《易传》的易学家们坚持天地人一体观，其思维方式乃是推天道以明人事的整体思维方式。故此在笔者看来，象数派、义理派易学也都是如此，没有什么根本区别，更非完全对立和排斥，不应视如冰炭。只有将象数之学、义理之学熔为一炉，兼治并重，综合考察，才能更好地认识易学人物、著作的思想和成就，才能更好地把握易学发展的整体脉络、基本规律和主要精神。

(二)

经过研究，笔者将秦汉易学思想的发展分为秦代、西汉前期、西汉中后期、东汉前期、东汉后期五个阶段，力求既能展现易学思想自身的发展线索，又能与经学史、学术史、思想文化史和社会政治史的发展阶段相契合。

1. 秦代易学思想

秦始皇统一天下，对《周易》不加焚毁，且颇为重视，这一方面是因为其乃卜筮之书，而宗教巫术等神秘主义因素在秦国一直较为活跃，秦始皇本人对此也深信不疑；另一方面则是因为《周易》的宇宙观等思想内涵和整体思维方式合于秦始皇的思想性格和政治需要。曾经作为秦始皇政治纲领的《吕氏春秋》吸收了众多易学研究成果，这不能不对秦始皇有所影响。再者，以"皇帝"为号，"数以六为纪"①，与《周易》亦存在着种种关联。还有，《周易》赋予龙以帝王之象，而秦始皇特别钟情于龙，当与《周易》有某种内在联系。总之，无论是从宗教巫术的角度，还是从思想理论的角度，《周易》都对秦始皇产生了重要影响。除了秦始皇，不少秦廷重臣如李斯等也曾看好《周易》，注意易学。于是，在其他典籍及学

---

① 《史记·秦始皇本纪》。

术遭到焚毁和禁绝的情况下，众多学派将《周易》作为护身符，将易学作为避风港和借以表达自己思想主张的工具。而与此同时，易学几乎成为显学，其包容性、超越性和影响力又有了进一步体现和发展。

2. 西汉前期易学思想

汉兴以后，与黄老之学有着较多联系的易学得到了更大的发展空间。除了传本之卦序和文字有所不同的南（楚地）北（北方）两大传授系统，当时还有大批士人致力于《周易》的研究，陆贾、贾谊和韩婴就是其中的典型代表。他们的易学思想和成就，体现了汉初易学和易学思想发展的基本脉络和特点。他们以《周易》为资鉴，对秦亡汉兴的历史，对无为而治带来的负面影响和潜在危机等，都进行了深刻的理性反思，流露出深广的忧患意识，并力主社会政治改革。陆、贾、韩三人的易学理论和实践为后来易学的发展开辟了更加宽广的道路，也反映出思想文化领域儒家影响逐渐增重的趋势。

面对儒家势力的迅速发展，道家学派也不断利用易学来深化自己的思想学说，并使易学出现新的高潮，《淮南子》易学可为其代表。它在接受先秦道家之说的同时，继承、发展《易传》的思想成果，提出了自己的宇宙生成论，追求社会和谐安定乃至天人之间、自然与社会之间的整体和谐。它以天地盈虚、盛极必衰之理告诫统治者居安思危，并发挥《易传》自强不息、刚健有为的精神，对纯任自然、无所作为的无为之说进行了改造，明确主张改革社会政治制度。当然，和陆贾等人一样，《淮南子》也吸收了《易传》天人之论中不少神秘主义因素。

3. 西汉中后期易学思想

汉武帝即位以后，易学发展步入一个新阶段。儒学取代道家黄老之学成为统治思想，它所尊崇的包括《周易》在内的五经成为刘汉皇朝治理国家的理论依据，并立为官学。易学亦颇受其惠。列为官学的首先是承自孔子的田何之学，杨何、田王孙先后为博士，后又有施、孟、梁丘之学和京氏之学，其中孟、京易学作为象数易学的代表，成为汉代易学的主流形态。当时民间易学有费氏、高氏之学，后者与官方易学一样为今文，前者则为古文之学。除了这些专治易学的经师，董仲舒、司马迁、魏相、严遵、刘向、谷永、刘歆、扬雄等一大批学者也都关注、研究易学。

董仲舒兼重《春秋》《周易》，将《周易》的阴阳观念与阴阳五行学派的五行理论结合起来，推出了一整套更为系统和神秘的阴阳五行学说，提出了系统的、集大成的天人感应、灾异谴告理论，构成了后来孟、京、《易纬》象数易学重要的观念背景和理论依据。史学大家司马迁与易学也有着不解之缘。易学是司马迁的家学渊源之一，其父司马谈受《易》于杨何。司马迁立志"正《易传》，继《春秋》"①。在撰著《史记》的过程中，他继承、发挥《易传》天人合一的思想和推天道以明人事的整体思维方式以及董仲舒的天人之学，"究天人之际"。他的"通古今之变"，更是来源于《周易》的变通思想。深得《易传》和易学殊途同归、百虑一致之旨的沾溉，司马迁融会百家之长，志在"成一家之言"②。易学是司马迁史学的哲理基础，司马迁的易学思想与史学思想是交相辉映的。就总体学风而言，董仲舒、司马迁还是属于义理派易学的路数。

汉武帝以后，特别是宣帝以后，易学作为官方经学的组成部分而得到迅速发展，但同时也开始发生分化和变革，其主要表现就是象数易学的兴盛。象数易学的高歌猛进始于汉宣帝时的丞相魏相。在易学领域，他首次系统地将《易》卦与方位、四时结合起来。与此同时或略晚的孟喜则建立起以卦气说为中心的较为完整的象数易学体系，真正从理论上为汉代象数易学奠定了坚实基础。孟喜卦气说的主干是十二月即十二消息卦之说，六日七分说、七十二候说等也是其易学体系中的重要内容。孟喜易学引发了易学史上一次巨大变革，彻底改变了汉初以来的易学风格，标志着象数易学的全面兴起。孟喜之后，焦延寿著《易林》，完善和丰富了《周易》的占筮形式，最大限度地方便了人们的宗教巫术活动，但从中也反映出焦延寿对天人整体和谐理想的追求。

全面继承和发展孟喜象数易学的是京房。京房打破以《序卦》为代表

① 《史记·太史公自序》。
② 《汉书·司马迁传》。

的传统方法，用八宫卦来排列六十四卦的顺序。他设立了世应、飞伏的体例，以便更好地解释阴阳二气变易消息的规律。他将八纯卦及其各爻与十天干、十二地支相配，创设了纳甲、纳支说。以五行配《易》卦，更是京房的一大发明。另外，为了更好地以卦爻与二十四节气相配，他还提出了建候说、积算说和六日七分说等。京房上述诸说，主要是对《周易》占筮体例的理解和发挥，但其中始终贯穿着一个基本思想，即阴阳说，而这正是对《易传》阴阳变化理论的直接继承和发展，并体现出一种文化价值理想，其基本点就是追求自然与社会的整体和谐。更为重要的是，京房曾将自己的易学理论直接运用于政治实践，并最终为此献身。

孟、京卦气说并未能遏止刘汉皇朝危机四伏、走向没落的势头，但仍有许多士人借助这些理论来从事社会政治、思想文化活动，其中较突出的有刘向、谷永。他们基于深广的忧患意识，要求最高统治者居安思危，慎终敬始，甚至流露出改朝换代思想，以求实现以自然和谐为依据的社会和谐。刘向、谷永还成了继董仲舒、京房等人之后推阴阳、演灾异的重要人物。刘向之子刘歆也精于易学，曾与刘向一起对易学文献进行全面整理。由刘向创始而由刘歆完成的《七略》，强调了《周易》六艺之首的特殊地位，系统著录了一批易学文献，成为最早的易学文献书目。他主持的《三统历》，更是将《易传》之说和当时流行的卦气说全面引入历法领域。

西汉末年，社会危机严重，传统经学研究已难以发挥更大的政治作用，需要借助经学大搞造神活动，于是谶纬大量兴起，《易纬》又在其中占有突出地位。《易纬》对《易传》太极说进行改造和发挥，以太易、太初、太始、太素为序，提出了天地起源四阶段论，并使之与奇偶之数的变化结合起来。《易纬》的卦气说比孟、京所论更为完备，更为清晰，也更便于占验。其四正四维说、六日七分说、爻辰说、易数说特别是九宫数说等亦独具特色。《易纬》发挥《易传》天人之论，致力于追求自然与社会的整体和谐，并在易学领域首次将这种和谐明确表述为"中和"。这与当时限田限奴婢的改革活动有着某种内在联系。《易纬》在大谈阴阳灾异的同时，还强调改朝换代、易姓而王是不可避免的，从而深化了当时更命思潮的内涵。

为了消除日益严重的社会危机，一批士人搬出道家的思想理论，易学领域也再度兴起以道家学说解《易》之风，其中的代表人物是严遵、扬雄。严遵著《老子指归》，他既熟悉《周易》的宗教巫术形式，又对其思想内容领会颇深。这在他的宇宙生成、阴阳变化及社会政治理论方面均有反映。扬雄对易学发展则做出了更为突出的贡献，这主要体现在其《太玄》中。《太玄》形式上模拟《周易》，亦是当时更命思潮在易学领域的反映，并与王莽代汉改制有着某种关联。

4. 东汉前中期易学思想

光武中兴后，古文费氏易学渐兴，但属于今文的象数易学特别是《易纬》之学仍在易学领域占据主导地位。《白虎通》吸收、借鉴《易传》《易纬》之说，构筑了一个以太初、太始、太素、三光、五行为次序的宇宙生成模式，系统阐述了三纲六纪理论，目的在于营造一个上下各安其位的和谐的社会氛围，实现天人整体和谐。作为《白虎通》撰集者的班固，也曾借助《易传》《易纬》及严遵之说，提出了一个以"太极之元"为本原的宇宙生成、万物起源和社会演进理论，反映出对社会和谐理想的追求。《易传》的变通思想和"一阴一阳之谓道"的观念亦在其《汉书》及辞赋作品中有所反映。班固还承于《七略》之说，在《汉书·艺文志》中肯定了《周易》六艺之首的特殊地位，并系统著录了一批易学文献。

与班固几乎同时的思想家王充则在桓谭自然主义倾向的基础上，建立起较为系统的自然主义宇宙观。他提出了汉盛于周、今胜于古的历史发展观，直接继承和发挥了《易传》变化日新思想。受启于《易传》的中正、太和观念，他力倡百姓安而阴阳和，向往天人之间的整体和谐。王充之后，张衡本于《易传》，推出了以元气为本原的自然主义的宇宙生成、万物起源理论，并强调整体和谐、革故鼎新、自强不息，但同时也采纳了《易纬》一些神秘主义的说法。王充、张衡易学思想的出现，是当时象数易学逐渐衰微，非官方的费氏易学日趋兴盛的一种反映。

5. 东汉后期易学思想

东汉后期，特别是党锢之祸之后，与整个经学一样，易学也逐渐与政治分离。这样，易学研究就不再紧随政治需要而亦步亦趋，不再简单追求经世致用，其直接表现就是古文费氏易学的兴盛及其与今文之学的某种程度的合流。郑玄、荀爽等是其中的关键人物。郑玄杂糅今古，其爻辰说等在《易纬》的基础上引申、扩大，体系更加庞杂，但又继承和发挥了费氏易学的传统，人文理性因素逐渐增重。荀爽则将乾升坤降说作为解《易》的普遍原理，重在揭示象数本身的内在规律，带有更明显的人文主义特征。象数易学发展到荀爽之时，象数形式与义理内容的矛盾越来越尖锐、激化。虞翻承于荀爽的传统，以卦变说解《易》，其中蕴含着阴阳变易的辩证思想，但其卦变论以及旁通说、互体说、半象说等又将象数易学引向极其复杂的道路，最终走向反面而引出了扫落象数的王弼易学。

当时还有一批士人致力于社会政治活动，寻求一种表达政见的方式，掀起一股社会批判思潮，其中同样闪现着易学的影响。王符吸收、借鉴《易传》和汉代易学成果，提出了以元气为本原的宇宙生成论，深化了王充、张衡的自然主义天道观。他本于《易传》，怀着深广的忧患意识，要求最高统治者居安思危，推行京房曾提出的考功课吏法，以实现社会和谐、天人和谐。荀悦、仲长统在政治理想方面与王符相近，但更重人事。王符、荀悦、仲长统都曾吸收、借鉴《易传》的变通思想，提出自己的社会改革思想和历史发展观。他们重视《周易》，但却在一定程度上否定了其宗教巫术形式，反对占卜时日等活动。他们都曾吸收道家学说，与以《老》解《易》的专门易学活动相互呼应。特别是荀悦，作为史学家，他在《汉纪序》中明确将"通古今"作为修史的一大宗旨，再次显示了易学对史学的影响。他借助易学提出了一系列抽象的哲学概念，成为向魏晋玄学迈进的关键人物。

在东汉后期的社会危机中，道教迅速产生并发展起来。道教学说一开始就对易学十分重视，形成了独具特色的道教易学。《太平经》吸收、改造《易传》的太极说，运用元气说解释宇宙生成、万物起源，并承于《易传》中正、太和观念、整体和谐理论以及尚贤、养贤和重德思想，提出了以中和、平均为重要内涵的致太平的社会政治理想。魏伯阳《周易参同契》更是易道融合的典型，它不仅吸收了易学的爻辰说、十二辟卦说等，而且提出了坎离为易说，并将卦气说发展为月体纳甲说。应该说，《太平经》《周易参同契》的易学思想主要是为其道教理论和实践服务的，但却通过对汉易中天人感应、阴阳灾异之说的一定程度扬弃，从另一个方面推动了易学的转型。

以刘表、宋衷为代表的荆州学派易学，继承费氏易学传统，以阐明义理为宗旨，基本上摆脱了象数模式的束缚，从而在郑玄等以义理解《易》的道路上前进了一大步，开了一代新风，使秦汉易学迅速走向终结。易学由此步入一个明显的转型阶段。王肃继承古文费氏易学传统，注重义理，排斥象数之学。到了王弼，更是以费氏易学的治学风格为宗镜，扫落象数，将玄学观点引入易学之中，使易学走上了玄学化的道路，秦汉易学也找到了自己的最后归宿。

（三）

可以看出，《易传》是秦汉思想的内在灵魂和重要源头，易学研究和运用是秦汉思想发展的重要载体，易学思想则是秦汉思想发展的主潮、主旋律。《易传》和易学对秦汉思想的启示和影响，大体表现在以下几个方面。

1. 宇宙观

《易传》太极生两仪、阴阳交感而化生万物的思想，对秦汉时期关于宇宙生成、万物起源的理论影响甚著。当时人们大都认为，宇宙以元气为本原，经过阴阳二气的运动变化而形成天地万物，而元气往往被视为混沌未分的原始物质而等同于《易传》的太极，刘歆更将二者合为"太极元气"。其中尽管有以董仲舒为代表的神学目的论与以王充为代表的元气自然论的区别，但在借鉴、吸收《易传》宇宙本原和构成理论方面，它们又是一致的。当然，它们同时也吸收和发挥了一些道家之说，《淮南子》《易纬》《白虎通》及张衡等有生于无的观念即其明证。此外，郑玄之说特别值得注意。郑玄一方面以"极中之道、淳和未分之气"来解释太极，使太极阴阳说与元气理论进一步紧密结合；另一方面又提出五行说或称五行生成说来阐述宇宙万物的生成。他指出，五行之数就是《系辞上》的天地之数，以五行相生顺序排列，有生数和成数，分别为生万物和成万物之数。郑玄认为，气的变化决定于数的变化，"二五阴阳各有合"，从而使天地之气化生万物。

2. 历史发展观

秦汉时期的易学家、思想家不少都继承、发扬了《易传》阴阳变易、革故鼎新等辩证思想，承认人类历史是不断发展的、进化的。如京房将象数易学理论中的阴阳变化之义贯彻到社会历史中，他在《京氏易传·革卦》中说"天地革变，人事随而更也"。《易纬》更强调易姓更王、改朝换代是不可避免的，甚至是一条规律，并进而勾画出一个帝王、圣人受命于天的图式。《白虎通》等则进一步歌颂了历史上"汤武革命"等社会变革。同时，受《易传》天尊地卑、乾坤定位等不易之义和循环往复思想的影响，易学家、思想家们强调变不易实，宗法等级制度是永远不可变革的，变革的只是某些具体制度，而且这种变革带有明显的循环色彩。

3. 人生理想观

《易传》力倡"与天地合其德"①，将天人合一视为人生理想的最高境界，一方面要求顺天而动，不违背自然规律；另一方面要求发挥人的主体意识和能动精神，对自然界积极引导、开发，从而实现天人之间的相互协调。它特别强调，人应效法天道而刚健有为，自强不息。这对秦汉易学家、思想家影响至深。司马迁在著史过程中贯彻了自强刚健的人生观，倾心于功成名就，彪炳春秋。京房为了实现自己的价值理想，百折不挠，自强不息，以卦气说为武器，屡屡进言，指斥权奸，以致惨遭弃市。身为刘汉宗室的刘向，一生仕途坎坷，进谏亦往往不能奏效，但他却矢志不移，以痛切至诚之言揭露、抨击外戚专权。他们都可以说是《易传》自强不息、奋发有为思想的杰出实践者。

4. 社会政治观

作为时代发展的产物，秦汉易学思想中蕴含着丰富的社会政治内容。由于阶级矛盾一再激化，社会危机接连不断，以变化为宗旨的《周

---

① 《周易·乾卦·文言》。

易》就成了人们应付各种事变的工具，易学势必也就一再走红。从贾谊到司马迁、刘向，再到班固、王符等人，一大批易学家、思想家本于《易传》，生发了强烈的忧患意识。他们在要求最高统治者居安思危、慎终敬始、以谦自守的同时，呼吁及时改革社会政治制度，不断消除各种社会隐患和危机，其最高理想和最终目标则是使中正、太和观念所体现的阴阳和谐落实到社会人际关系当中，实现以自然和谐为依据的社会和谐，即上下相安，各得其所，保持君臣、父子、夫妇之间正常、和谐的关系和秩序。秦汉易学中的这一思想特别突出，孟喜、京房、《易纬》、荀爽等则将其纳入自己的象数模式之中。

5. 治学风格和特色

战国秦汉之际，随着政治统一形势的发展和稳固，诸子百家为了保持自身的生命力，往往既相互对立，相互碰撞，相互攻讦，又相互吸引，相互渗透，相互认同。这样，在当时的思想文化领域就出现了三次较大规模的综合融会，一次是稷下道家或说黄老之学的形成，一次是《吕氏春秋》的编撰，而最成功的一次则是《易传》的问世。《易传》以百虑一致、殊途同归为出发点，吸收、融摄儒、道、墨、法、阴阳等诸子思想而又扬弃诸子，高于诸子，这种前所未有的、高度的包容性、综合性、超越性和巨大的影响力，使它的思想理论成为秦汉思想的内在灵魂和重要源头。这样，秦汉思想在风格上同样具有包容性、综合性、超越性的明显特色。陆贾、贾谊直到郑玄、荀爽等，都是融会各家、博采众长而建立起自己的思想理论体系的，很难按照先秦诸子百家的标准从中找出纯而又纯的儒家、道家或其他什么家、什么派。假若非要将其归入某家某派的话，那么不妨将他们与《易传》的作者一样归入易学家之列。因为他们几乎无一例外地都受到《易传》和易学的启示、影响，将《易传》等易学著作当作最为重要的资鉴和依据，用以构建自己的理论学说和思想体系。这一切，正是我国思想文化在秦汉时期得到进一步发展的重要标志，也是多姿多彩、既古老又常新的中华文明不断发展的重要环节。

三、易学与汉代辞赋

两汉时期，特别是汉武帝即位以后，赋体文学极度兴盛，成为一代文学之正宗。与此同时，经学则成为统治思想和官方学术，地位显赫。而《周易》群经之首的地位，又使易学成为经学乃至整个思想文化领域的核心。如前所述，一部秦汉思想史，的确可以视为适应时代需要，以《易传》为内在灵魂和重要源头，以易学研究和运用为重要载体，以易学思想为主潮、主旋律的思想发展史，可以视为秦汉易学思想史的自然衍扩和伸展。而秦汉思想较之先秦有所发展、有所提高，对于后世思想有所启示、有所影响，也主要表现在易学思想方面。在研究过程中，笔者亦注意到《周易》和易学对汉赋的沾溉、影响，注意到汉赋作家、作品对易学思想主潮、主旋律地位的认同、体悟和渲染。在汉代，不少士人既是赋作家，又是易学家、思想家，其易学思想和成就在其辞赋作品中同样有所反映。汉赋演变与易学发展过程相伴而行，相互促动，相得益彰。汉赋中所见易学史料甚多，其中在贾谊、扬雄、班固、张衡等人的赋体作品中表现得尤为突出。

（一）

秦始皇君臣不焚《周易》，且喜爱易学，易学得以传承不绝，并依然保持强劲的发展势头。汉兴以后，《周易》继续走红，流传区域更为广泛，易学研究和运用出现了新的热潮。当时朝野上下许多人士致力于此。贾谊就是其中的重要代表。作为汉初著名的赋作家、思想家，贾谊对《周易》的占筮形式和思想内容均有所认识和把握。初入朝时，他便与中大夫宋忠一起到长安卜肆拜访民间易学大师司马季主。为长沙王傅时，有服（鵩）鸟集于舍，贾谊作《鵩鸟赋》，"私怪其故，发书占之"，此"书"当为《周易》。长沙马王堆汉墓帛书《周易》的入葬年代与贾谊为长沙王傅的时间相近，饶宗颐曾推定，贾谊在长沙所见之《周易》经传，当属此类。① 另外，贾谊在《新书》中屡屡引《易》，备论其价值，亦足见其易学功力之深厚。

就辞赋作品而言，贾谊的易学思想主要体现在其《鵩鸟赋》中。关于宇宙生成和发展，贾谊的认识有一个变化过程。起初他以"道"为哲学思想的最高范畴，为一切事物的本源和最后根源。宇宙万物都是由"德"所生，而"德"又是"以道为本"。不过"道"属于非物质的东西，是神秘的"无"。这主要是受了老子的影响。后来，贾谊进一步借鉴、发挥《周易》的辩证思想和思维方式，在《鵩鸟赋》中形象而系统地表述了自己的宇宙发展观："天地为炉兮，造化为工；阴阳为炭兮，万物为铜。合散消息兮，安有常则？千变万化兮，未始有极！""万物变化兮，故无休息。斡流而迁兮，或推而还。形气转续兮，变化而蟺。沕穆无穷兮，胡可胜言！"在贾谊看来，宇宙万物由天地、阴阳自然产生，且千变万化，转徙回还，反复无定，转化更替，永无休息。贾谊又由天道推衍出人道："祸兮福所倚，福兮祸所伏。忧喜聚门兮，吉凶同域。彼吴强大兮，夫差以败；越栖会稽兮，勾践霸世。斯游遂成兮，卒被五刑；傅说胥靡兮，乃相武丁。"也就是说，社会、人生同样充满了变化。

我们知道，成书于战国中后期易学家之手的《易传》，曾提出过较为系统的宇宙生成论。在《易传》中，万物的产生被视为阴阳、天地交感的结果，而太极则是宇宙的本源、天地的根源，也就是天地未分时的统一体，所谓"《易》有太极，是生两仪。两仪生四象，四象生八卦"②。与此同时，《易传》肯定了变化的普遍性和永恒性，认为世界万物都处于变化、发展之中，所谓"在天成象，在地成形，变化见矣"，③ 所谓"《易》穷则变，变则通，通则久"，④ 等等。关于变化的根源，《易传》强调"刚

---

① 饶宗颐：《略论马王堆〈易经〉写本》，见《饶宗颐史学论著选》，上海，上海古籍出版社，1993。
② 《周易·系辞上》。
③ 同上。
④ 《周易·系辞下》。

柔相推而生变化"，并进而提出了"一阴一阳之谓道"的命题。[①] 一阴一阳相互对立，相互推移，这就是最根本的规律。《易传》还运用推天道以明人事的整体思维方式，将这一规律落实到社会、人生问题上面。贾谊《鹏鸟赋》正是以此为本的。近人刘师培在其《文说·宗骚》中指出："祸福无门，贾生赋鹏，此《易》教之支流也。……为炭为铜，隐含太极之旨。"此说精当。

应该指出的是，贾谊继承、发扬《周易》变易思想的落脚点，还是现实的社会政治问题。当时，黄老之学无为而治的思想氛围和统治方略，使经济生产得到恢复和发展，而在统一的形势下又埋藏着分裂的隐患，在升平气象的背后，还潜伏着重重危机。以天才少年著称的贾谊，在分析历史、总结历史经验教训的同时，重点研究现实社会政治问题，清醒地意识到诸侯王坐大、土地兼并盛行、商业侵蚀农业、社会逐利、道德滑坡以及匈奴扰边等一系列隐患和危机。《鹏鸟赋》所言都是有感而发的。在辞赋作品中，在《新书》以及给汉文帝的上疏中，他以充满危机之感和忧郁情结的《周易》为资鉴，居安思危，流露出深广的忧患意识。贾谊一生仕途坎坷，命运多舛，充满悲剧色彩，然而他的这种忧患意识绝不仅仅是悲天悯人的感情宣泄，而是一种忧以天下的博大而崇高的思想情怀和担待意识，是一种社会责任感、历史责任感，是一种对社会隐患和潜在危机加以洞察、预防的理性反思。基于这种忧患意识，基于对秦亡教训的深刻分析和全面总结，贾谊又继承、发挥《易传》革故鼎新的理念，要求及时改变单纯无为而治的局面，积极有为，消除各种隐患和危机，以儒家的礼乐仁义思想为基础，参以法家的权势法制理论和阴阳家的阴阳五行学说等，建立一套全新的政治体制，同时实现统治思想的转变。于是贾谊"以为汉兴至孝文二十余年，天下和洽，而固当改正朔，易服色，法制度，定官名，兴礼乐，乃悉草具其事仪法，色尚黄，数用五，为官名，悉更秦之法"[②]。与其赋作一样，此举也在一定程度上体

---

① 《周易·系辞上》。

② 《史记·屈原贾生列传》。

现了易学对贾谊的深刻启示和影响。

(二)

西汉后期的著名赋作家、思想家扬雄，也是易学史上的重要人物。他"以为经莫大于《易》，故作《太玄》"①。扬雄的易学思想和成就主要反映在《太玄》及《法言》等著作中，但在辞赋作品中也不乏其例。在宇宙论方面，扬雄将玄作为最高范畴，这主要源自《老子》的道，且又因《老子》称"道"为"太"，所以也称"太玄"。同时，这又是对《易传》太极说进行吸收、改造和发展的结果。其友刘歆在《三统历》中提出"太极元气，函三为一"之说，使太极同于元气，并与元气合为一个范畴，而"太极元气"在未分化以前即包含天地人生成的元素而浑然一体。对此，扬雄多有借鉴，指出："夫玄也者，天道也，地道也，人道也。"(《太玄·玄图》)就是说，玄与包含天地人生成元素而浑为一体的"太极元气"一样，也是一种元气，是一种化生宇宙万物的原始物质。而在辞赋作品中，扬雄又将"元气始化"看作宇宙万物产生的开端。他在《核灵赋》中说："自今推古，至于元气始化。"又说："太易之初，太初之先，冯冯沉沉，奋搏无端。"这里的"太易"实际上就是"太始元气"。可见，扬雄认为宇宙万物形成开始于元气，也就是玄，而它作为世界最原始的阶段，是没有什么开始的，这就进一步肯定了元气的永恒性和世界的物质性。在《解难》中，扬雄自比为"观象于天，视度于地，察法于人者"，试图构建一个贯通天道、地道、人道，包罗万象、广大悉备的宇宙图式，这同样是本于《易传》的天地人一体观和推天道以明人事的整体思维方式。

受《周易》及老子盛极则衰、物极必反等对立面转化思想的影响，扬雄认为任何事物都不是固定不变的，其发展超过一定限度，就要向自身的反面发展。他在《太玄赋》中说："观《大易》之损益兮，览老氏之倚伏。省忧喜之共门兮，察吉凶之同域……雷隆隆而辍息兮，火犹炽而速灭。自夫物有盛衰兮，况人事之所极。奚贪婪于富贵兮，迄丧躬而危族。丰盈祸所栖兮，名誉怨所集。"他在《解嘲》中则说："吾闻之，炎炎者火，

---

① 《汉书·扬雄传》。

隆隆者绝；观雷观火，为盈为实，天收其声，地藏其热。高明之家，鬼瞰其室。"《汉书·扬雄传》王先谦补注引李光地云："此段全释丰卦义。炎炎者火，隆隆者雷也；当其炎炎隆隆，以为盈且实也。然丰卦雷居上，则是天收其声；火居下，则是地藏其热；此其盛不可久而灭其绝之征也。丰之义如此，故卦爻俱发日中之戒，至穷极，则曰'丰其屋，蔀其家，窥其户，阒其无人'，即扬子所谓'高明之家，鬼瞰其室'也。扬子是变《易》辞象以成文，自王辅嗣以来，未有知之者。"很显然，扬雄在这里流露出的是一种忧患意识。《易》为忧患之作。《周易·系辞下》说："《易》之兴也，其当殷之末世、周之圣德邪？当文王与纣之事邪？是故其辞危。危者使平，易者使倾。其道甚大，百物不废。惧以始终，其要无咎。此之谓《易》之道也。""《易》之兴也，其于中古乎？作《易》者，其有忧患乎？"又说："《易》之为书也不可远……又明于忧患与故。"与此相联系，《易传》强调物极则反、"盈不可久"[1]，强调"君子安而不忘危，存而不忘亡，治而不忘乱，是以身安而国家可保也"[2]。汉武帝时期，经过罢黜百家、独尊儒术、表彰六经，儒家经学取代黄老之学成为统治思想和官方学术，易学亦得到进一步繁荣和发展，而刘汉皇朝同样也进入了国运鼎盛的状态。然而，此后不久，刘汉皇朝即开始走下坡路，由盛而衰，社会危机日益严重，政治环境渐趋险恶，士人深感祸福无常而个人挽救危机的才智又难以施展。这样，在包括扬雄在内的清正的士大夫中间，以《周易》为本的深广的忧患意识自然会有所流露。

撰写《易传》的战国中后期易学家们，以"天下同归而殊涂，一致而百虑"[3]为宗旨，怀着强烈的超越意识和包容精神，站在一个更高的层次上，试图把儒、道、墨、法、阴阳诸家思想的合理内核和有益成分统统吸收过来，然后再进行加工、整合、消化，建构起自己的思想体系，这样就使它高于百家，超越百家，从而形成了一个承上启下，与九流十

---

① 《周易·乾卦·象传》。
② 《周易·系辞下》。
③ 同上。

家比肩而立甚至超迈其上的具有独特风格的思想流派，《易传》就成了秦汉思想的内在灵魂和重要源头。受《周易》包容性、超越性思想风格和学术宗旨的影响，扬雄也表现出对诸子百家特别是道家之说兼收并蓄、综合融合的倾向。有趣的是，他在表面上摆出的却是孔门卫道士的姿态。《汉书·扬雄传》说："雄见诸子各以其知舛驰，大氐诋訾圣人，即为怪迂，析辩诡辞，以挠世事，虽小辩，终破大道而或众，使溺于所闻而不自知其非也。"又说这是扬雄"象《论语》"而撰《法言》的缘起。扬雄自己也曾在《法言》中明确提道："万物纷错则悬诸天，重言淆乱则折诸圣"。的确，在《解难》中，扬雄承于司马迁之说，将《易传》的著作权直接归于孔子："宓牺氏之作也，綷络天地，经以八卦，文王附六爻，孔子错其象而象其辞，然后发天地之臧，定万物之基。"但究其实际，扬雄并不排斥儒家以外的思想学说，而是有选择地加以吸收、借鉴，对老子之说更是如此。他自己也不否认这一点，像《解难》中提道的："老聃有遗言，贵知我者希。此非其操与！"可见，他是将老子视为知己和同道的。而且，扬雄的玄即与老子之说存在着某种内在的关联。当时将扬雄视为圣人的桓谭对此辨析甚明，并在《新论·正经》一语道破："扬雄作《玄》书，以为玄者，天也，道也，言圣贤制法作事，皆引天道以为本统，而因附续万类、王政、人士、法度。故宓羲氏谓之易，老子谓之道，孔子谓之元，而扬雄谓之玄。"汉武帝绌诸子、崇儒术之后，其他各家特别是道家学说并未消失，而是以暗流或支流的形式继续存在和流传。包括扬雄在内的具有忧患意识的士人对道家思想更是倾心，并将其当作治愈心灵创伤的良方，当作实现自我超越的动力。通过拟《周易》而作《太玄》等易学实践，通过辞赋创作，扬雄继承了贾谊等人会通《易》《老》的传统，确立了以道家黄老之说解《易》的范例，构筑了一个完整而宏阔的易学体系，并深深启发和影响了后来的魏晋玄学。

（三）

进入东汉以后，在经学、史学和文学等方面均有所建树的班固，对易学发展也起过重要作用。承于刘向、刘歆《七略》之说，他在《汉书·艺文志》中肯定了《周易》六艺之首的特殊地位，并系统著录了一批易学文献。他继承、发挥《易传》《易纬》之说，提出了关于宇宙生成、万物起源和社会演进的理论。而这又主要表现在其赋体文学作品中。《典引》曰："太极之元，两仪始分，烟烟煴煴，有沉而奥，有浮而清。沉浮交错，庶类混成。肇命民主，五德初起，同于草昧，玄混之中。蹄绳越契，寂寥而亡诏者，《系》不得而缀也。阙有氏号，绍天阐绎，莫不开元于太昊皇初之首，上哉琼乎，其书犹可得而修也。亚斯之代，通变神化，函光而未曜。"在这里，班固先是引用《易传》太极生两仪以及"天地絪缊，万物化醇"①之说，次则引用《易纬·乾凿度》"清轻者为天，浊重者为地"之语，认为"太极之元"是宇宙的本原，它分为阴阳两仪，经过交错变化，产生天地万物，而《易传》"天地絪缊，万物化醇"的"絪缊"与元气是同质同格的。接下来，在天地草创万物混沌之时，天为民立主，从而开始了五德的交替运行，而其始则是刘向、刘歆父子依据《说卦》所谓"帝出乎震"认定的始于以木为德王的伏羲。这就将《易传》太极说与阴阳五行学说巧妙地结合了起来。在《幽通赋》中，班固也本于《易传》之说，谈到自然界和人类社会的产生、发展。如赋中说："天造草昧，立性命兮。""浑元运物，流不处兮。""天造草昧"乃《周易·屯卦·象传》之语，《周易·说卦》则有"昔者圣人之作《易》也，将以顺性命之理"云云，而"浑元运物，流不处兮"，《文选》李善注引曹大家注："浑，大也。元气运转也。物，万物也。言元气周行，终始无已，如水之流，不得独处也。"可见，班固的这些理论，较之扬雄的"太易"之说，又有了进一步的发展。

　　作为正统思想的代表，班固此论的目的在于论证刘汉政权的合理性、神圣性："若夫上稽乾则，降承龙翼，而炳诸典谟，以冠德卓绝者，莫崇乎陶唐。陶唐舍胤而禅有虞，虞亦命夏后，稷契熙载，越成汤武。股肱既周，天乃归功元首，将授汉刘。"(《典引》)汉代接续尧的统运，以火德王，而中兴汉室的光武帝同样也是得自天统。班固在《东都赋》中说："往者王莽作逆，汉祚中缺，天人致诛，六合相灭"，于是光武帝

---

　　① 《周易·系辞下》。

"绍百王之荒屯，因造化之荡涤，体元立制，继天而作，系唐统，接汉绪，茂育群生，恢复疆宇。勋兼乎在昔，事勤乎三五。岂特方轨并迹，纷纶后辟，治近古之所务，蹈一圣之险易云尔。且夫建武之元，天地革命，四海之内，更造夫妇，肇有父子，君臣初建，人伦寔始，斯乃伏羲氏之所以基皇德也。分州土，立市朝，做舟舆，造器械，斯乃轩辕氏之所以开帝功也。龚行天罚，应天顺人，斯乃汤武之所以昭王业也"。在班固看来，刘秀建立东汉皇朝的情景，就如同《易传》所谓"包牺氏之王天下"和"神农氏作"云云，就如同其推崇和颂扬的汤武革命。这些都说明，班固虽然是在运用易学来更好地宣传大汉声威，但也或隐或显地反映出《周易》变通思想的某种影响。如他在《答宾戏》中提到："吾闻之，壹阴壹阳，天地之方。乃文乃质，王道之纲。有同有异，圣哲之常。"他在撰《汉书》特别是十志的过程中，确实也曾贯彻了这种变通之义。

与此相联系，在辞赋作品中，本于《周易》的忧患意识，通过对历史和现实的反思、体悟，班固也流露出对社会境遇、人生遭际的某种忧虑和感伤。东汉前期，刘汉皇朝尚处于上升阶段，但社会危机已初露端倪，政治腐败也开始蔓延。班固本人亦是仕途坎坷，官运多舛，最后甚至死于狱中。《后汉书·班固传》说："固自以二世才术，位不过郎，感东方朔、扬雄自论，以不遭苏、张、范、蔡之时，作《宾戏》以自通焉。"唐代张铣则在注释《幽通赋》时说："是时多用不肖而贤良路塞，而固赋《幽通》。"的确，班固在《答宾戏》中提到："慎修所志，守尔天符，委命供己，味道之腴，神之听之，名其舍诸！"在《幽通赋》中，班固则强调："变化故而相诡兮，孰云预其终始？"《易传》一再要求人们"惧以终始"①，"恐惧修省"，"思患而豫防之"②。班固赋中之说，与《易传》之义是颇有相通、相同之处的。

（四）

班固之后，汉赋大家张衡曾对中国文化史、思想史和科技史的发展

---

① 《周易·系辞下》。
② 《周易·既济卦·象传》。

做出过巨大贡献，同时在易学史上也值得一述。应该承认，与贾谊、班固一样，张衡确实算不上严格意义上的易学家，也没有留下专门的易学著作，但他曾致力于易学研究，"欲继孔子《易》说《彖》《象》残缺者，竟不能就"[①]。在汉代天文学领域，张衡是坚持浑天说的最具代表性的人物。他对浑天说有过许多实际运算，创制了其数学模型，而他发明的浑天仪，则对浑天说作了形象生动的说明。张衡所著《灵宪》一书，在揭示天体构成及其运行规律的同时，借鉴易学等有关学说，提出了一个较为系统、完整的宇宙生成、万物起源的理论，除了受道家思想的沾溉和启示，其中显然含有《周易》变化发展、矛盾统一的思想因素，特别是他认为元气分化为刚柔、清浊、阴阳、天地、动静、平圆并相互作用、相互影响，主要就是源于《易传》阴阳、天地交感之说。所以张衡在《思玄赋》中提到"天地纲缊"，提到"玩阴阳之变化"等。这些都很容易使我们想起《易传》所云："天地感而万物化生"[②]。"天地纲缊，万物化醇"。当然，我们也得承认，张衡的宇宙论与他的天文学研究及其实际观测也是密不可分的。

　　《易传》要求人们必须通过对天道的理解和把握，顺应、效法自然的和谐，以求得社会秩序、人际关系的和谐，进而实现包括自然与社会在内的整体和谐。这就是《易传》著名的中正思想：《周易》每卦六爻，各有其位，初、三、五为阳位，若阳爻居阳位，阴爻居阴位，即为得位或当位，得位为正，象征阴阳各就其位，合于其自然的秩序。每卦有上体、下体之分，二为下体之中，五为上体之中，若爻居中位，即为中，或曰得中，象征守持中道，行为适中，不偏不倚，合于阴阳和合的法则。在此基础上，《易传》又提出了"保和太和"的思想：一阴一阳相互交感、相互配合、刚柔相济、彼此推移、相反相成、协调一致，而当达到最佳的结合、最高的和谐状态时，就称为"太和"。《乾卦·彖传》："乾道变化，各正性命，保和太和，乃利贞。首出庶物，万国咸宁。"《易传》太和、中

---

① 《后汉书·张衡传》。
② 《周易·咸卦·彖传》。

正之说所反映出来的天人和谐思想对张衡也颇有影响。就自然和谐而言，他向往"阴阳交和，庶物时育"（《东京赋》），"时和气清，原隰郁茂，百草滋荣"（《归田赋》）的自然景象。在张衡看来，这种自然和谐也应反映到社会人际关系之中，以保持"区宇乂宁，思和求中"（《东京赋》）的局面。而当时的社会现实并非如此。东汉中期以后，豪强贵族疯狂兼并土地和财富，外戚、宦官势力急剧膨胀，社会危机迅速加深，政治腐败日益严重。本于《周易》，张衡生发了一种强烈的忧患意识。《后汉书·张衡传》提到："时天下承平日久，自王侯以下，莫不逾侈，衡乃拟班固《两都》，作《二京赋》，因以讽谏。"在《西京赋》中，他让凭虚公子尽情暴露西京天子的奢侈无度，而在《东京赋》中，则通过秦始皇骄奢淫逸而导致最终灭亡的史实，给当时的统治者以警醒和鉴戒。他还用《周易·坤卦·文言》"履霜，坚冰至"之义，强调"坚冰作于履霜"，要求最高统治者居安思危，防患于未然。他继承、发挥《易传》厚德载物、进德修业、以仁守位等重德思想，建议最高统治者真正做到"守位以仁，不恃隘害"，"进明德而崇业，涤饕餮之贪欲，仁风衍而外流，谊方激而遐骛"，"不穷乐以训俭，不殚物以昭仁"。正因为如此，借助《周易》之义，他要求最高统治者"清风协于玄德，淳化通于自然"，"招有道于仄陋，开敢谏之直言，聘丘园之耿洁，旅束帛之戋戋"，"方其用材取物，常畏生类之珍也。赋政任役，常畏人力之尽也。取之以道，用之以时"。他呼吁最高统治者施惠于民，使百姓富足安康。在他看来，只有这样，才能实现"君臣欢康"，"上下通情"，"草木繁庑，鸟兽阜滋，民忘其劳，乐输其财，百姓同于饶衍，上下共其雍熙"。不难看出，真正实现包括自然和谐与社会和谐在内的天人整体和谐，是张衡的最高追求和终极理想。

关于历史发展观，张衡吸收、贯彻了《易传》"通其变，使民不倦"①等对立统一、变化发展的观念。如《应间》说："世易俗异，事势舛殊，不能通其变，而一度撰之，斯契船而求剑，守株而伺兔也。"张衡认为，对那些腐败透顶、不行仁德的政权，可以通过《易传》所服膺、赞美的汤

---

① 《周易·系辞下》。

武革命的方式取而代之。《东京赋》说：秦政暴虐，"百姓不能忍是，用息肩于大汉，而欣戴高祖。高祖应箓受图，顺天行诛，杖朱旗而建大号"，张衡对此是大加颂扬的。他还特别指出："必以肆奢为贤，则是黄帝合宫，有虞总期，固不加夏癸之瑶台、殷辛之琼室也，汤武谁革而用师哉！"在《南都赋》中，他将高祖、光武起兵称为"真人革命之秋"。张衡此论，虽是在宣扬大汉之威德，但也显示出他对现实政治的失望，对《周易》革故鼎新思想的认同和吸纳。《周易·革卦·彖传》有言："天地革而四时成，汤武革命，顺乎天而应乎人，革之时大矣哉！"张衡所云，与此是相通的。

在人生价值观方面，《周易》之旨对张衡也多有濡染和启示。张衡在《思玄赋》中说："天盖高而为泽兮，谁云路之不平？勔自强而不息兮，蹈玉阶之峻峥。"《易传》要求人们效法天地自然生生不已、健动不息的本性，做到刚健中正，保持一种积极进取、兢兢业业、自强不息、及时立功的人生态度和开拓精神，即所谓"天行健，君子以自强不息"[1]。张衡在当官为政的过程中，确实也发扬了这种精神，志在报效朝廷，报效国家。在任河间相时，他见豪强大族不守法度，为非作歹，即雷厉风行，"治威严，整法度，阴知奸党名姓，一时收禽，上下肃然"[2]，颇受百姓称赞。然而，张衡明白，在小人权奸横行的时代，清正的士大夫们很难为世俗所容。张衡自己也说："时天下渐弊，郁郁不得志"（《四愁诗序》）。这些都使张衡平添了一种忧患之情，萌生了一种归隐之志。他"常思图身之事，以为吉凶倚伏，幽微难明，乃作《思玄赋》"[3]，以抒发其情志。其中提到："唯天地之无穷兮，何遭遇之无常！""夕惕若厉以省誉兮，惧余身之未敕。苟中情之端直兮，莫吾知而不恧。默无为以凝志兮，与仁义乎逍遥。不出户而知天下兮，何必历远以劬劳？"这显然是取自《周易·乾卦》所谓"君子夕惕若，厉无咎"。在《南都赋》中，张衡本于

---

[1] 《周易·乾卦·彖传》。
[2] 《后汉书·张衡传》。
[3] 同上。

《易传》的趋时说，称赞了"进退屈伸，与时抑扬"的君子。在《髑髅赋》中，张衡则阐发了一种同其自然观相一致的生死观。他说自己死后，将"与阴阳同其流，与元气合其朴。以造化为父母，以天地为床蓐。以雷电为鼓扇，以日月为灯烛。以云汉为川池，以星宿为珠玉。合体自然，无情无欲"。应当讲，这既合于老庄之旨，更是对《周易》天人合一思想、天地人一体观的很好的继承和发挥。

可以看出，承接扬雄等人的治《易》传统，张衡易学的一个重要特点是会通《易》《老》，以道家自然无为之说解《易》，阐释易学主旨。此举对后来的易学家特别是王弼等人同样颇有启示和沾溉。但是，作为古代的赋作家、思想家、科学家，张衡不可能彻底摆脱宗教巫术等神秘主义思想的纠缠。而且《周易》本身就是以宗教巫术为外在形式的，存在着神秘主义的因素，这对张衡影响更大。据《后汉书·张衡传》，张衡认为，"圣人明审律历以定吉凶，重之以卜筮，杂之以九宫"，这有着"经天验道"的作用。他还抱怨时人不肯学习"数有征效"的"律历、卦候、九宫、风角"。在这里，卦候、九宫、风角都是与易学特别是象数易学有关的占筮之术。张衡本人也精通此道。相传他曾自注其辞赋作品，其间就对互体等象数易学体例有所运用。如《思玄赋》"历众山以周流兮，翼迅风以扬声"，张衡自注："从初至三为艮，艮为山，故曰历众山。从二至四为巽，巽为风，故曰翼迅风。"又"二女感于崇岳兮，或冰折而不营"，自注："遯上九变为咸。咸，感也。巽，长女；兑，少女，故曰二女。从三至五曰乾，乾为冰，故曰冰折而不营。"又"天盖高而为泽兮，谁云路之不平"，自注："互体，四至乾变为兑，兑为泽，故曰天为泽。言天高尚为泽，谁言其路之不通者乎？欲其行也。"张衡也明确提到自己信从占筮的结果。如《思玄赋》说："文君为我端蓍兮，利飞遯以保名。""占既吉而无悔兮，简元辰而俶装。"天人感应、阴阳灾异的思想在张衡的赋作中时有表露。

张衡此举表明，天人感应、阴阳灾异此时仍能在一定程度上起到缓和社会矛盾、调节社会关系的作用。在当时的社会政治生活中，大批清正的经学之士要实现自己的政治理想，除了阴阳灾异这个武器，很难有别的更好的选择。这种情况反映到易学领域，就是以卦气说为中心的孟、京象数易学虽然已不像西汉后期那样极度盛行，但与现时政治的关系还是最为密切的，并没有尽失其社会政治功效。张衡易学也不可能完全跳出现实政治及居于主流和官方地位的思想潮流之外。

（五）

由上述材料不难看出，贾谊、扬雄、班固、张衡等人辞赋作品与易学存在着或隐或显、不同程度的种种联系，并在一定程度上折射出汉代易学演变和发展的轨迹。汉赋中反映出的易学思想和成就是多方面的，这大体包括宇宙观、历史发展观、人生理想观、社会政治观、治学宗旨和风格等。例如，就宇宙观而言，我们知道，战国秦汉时期的宇宙观主要表现为宇宙生成论，即关于宇宙生成、万物起源过程及其规律、特点的理论。成书于战国中后期易学家之手的《易传》曾经提出自己的宇宙生成论，这就是著名的阴阳太极说，即太极生两仪，阴阳、天地交互感应而化生万物的理论。在这里，被汉代易学家解释为混沌未分之气的太极是宇宙万物的本源，是世界总过程的开始，阴阳、天地的交互感应、互相推移，又是宇宙生成、万物起源的根本动力。再来看上面提到的几位赋作家，从贾谊的为炭为铜，到扬雄的"太易"和"元气始化"；从班固的"太极之元"，到张衡引述《易传》"天地纲缊"云云，都是将《易传》和易学的太极阴阳学说当作思考、阐释宇宙生成问题的出发点和立足点的。又如历史发展观，几位赋作家都本于《周易》和易学的变通之义，阐释了社会、人生不断变化、盛极则衰、至极则反的道理。

实际上，除了思想内容、价值取向等，汉赋的创作题材、艺术手法等深受《周易》和易学的启示、影响。《易传》借助推天道以明人事的整体思维模式，以人效法天地、效法自然为基础，试图构筑一个天人合一、天人一体的宇宙图式。《系辞上》说："《易》与天地准，故能弥纶天地之道。"又说："夫《易》开物成务，冒天下之道，如斯而已者也。"《系辞下》则说："《易》之为书也，广大悉备，有天道焉，有人道焉，有地道焉，兼三才而两之，故六。"也就是说，《易经》总括了宇宙间天地人的一切道理。《周易·乾卦·文言》曰："夫大人者，与天地合其德，与日月合其明，与四时合其序，与鬼神合其吉凶。先天而天弗为，后天而奉天时。"
这些表述，本质上就构成了一种宏大的宇宙图式。而汉赋特别是大赋的
创作，"驰骛乎兼容并包，而勤思乎参天贰地"①，"控引天地，错综古
今"。"赋家之心，包括宇宙，总揽人物"（《西京杂记》），且致力于追求
恢宏博大的气势。这样的取材范围和艺术手法，不能说与《周易》和易学
没有任何内在联系。还有，作为传统取象思维的渊薮和典范，《周易》和
易学极重取象，强调"圣人立象以尽意，设卦以尽情伪，系辞焉以尽其
言"②。而汉赋创作则是"假象尽辞，敷陈其志"③。应该说，二者之间虽
不尽相同但又不无相通之处。再者，汉赋多用比兴特别是比的表现手
法，而其源头不单单是《诗经》，《周易》等亦在其中。宋代陈骙在《文则》
中曰："《易》文似《诗》。""《易》之有象，以尽其意；《诗》之有比，以达其
情。文之作也，可无喻乎?"清代章学诚也曾在《文史通义》中强调：
"《易》象虽包六艺，与《诗》之比兴尤为表里"。"《易》象通于《诗》之比
兴"。另外，汉赋韵散相间的句式，溯其渊源，也是包括《周易》在内的。
还应指出，就文章风格而言，汉赋颇得《周易》和易学之沾溉。刘师培在
《论文杂记》中曾说："贾生《鵩赋》，旨贯天人，入神致用，其言中，其
事隐，撷道家之菁英，约儒家之正谊，其原出于《周易》；及孟坚、平子
为之，《幽通》《思玄》，析理精微，精义曲隐，其道杳冥而有常，则《系
辞》之遗义也。"当然，深受《周易》和易学启示、濡染的汉赋作品还有很
多，远不止刘氏提及的这几篇。不妨这样讲，在汉赋产生和发展的过程
中，几乎处处闪动着《周易》和易学的身影。

在汉赋创造过程中，许多作家、作品不仅贯彻了《周易》的精神主
旨，而且在行文中屡屡引《易》述《易》。这些材料为我们研究汉代《周易》
的文本、易学的流传提供了弥足珍贵的线索和资鉴。如张衡《应间》：
"不见是而不悗，居下位而不忧。"其中，"不见是而不悗"，出自《周

---

① 《汉书·司马相如传》。
② 《周易·系辞上》。
③ （西晋）挚虞：《文章流别论》，见（清）严可均：《全上古三代秦汉三国六朝文·全晋
文》，819页，北京，中华书局，1958。

易·乾卦·文言》，今本作"不见是而无闷"。《后汉书·张衡传》王先谦集解引惠栋曰："今《易》愠作闷，宜从古文。"又如上引《思玄赋》："文君为我端蓍兮，利飞遯以保名。"《文选》李善注："遯，卦名也。上九曰'飞遯，无不利'，谓去而迁也。《九师道训》曰：'遯而能飞，吉孰大焉。'"《后汉书·张衡传》王先谦集解引惠栋曰："晁说之云：《遯》上九'肥遯'，陆希声云本作飞。说之未知陆所据。栋案：姚宽《西溪丛语》曰：《周易》'肥遯，无不利'。肥，古字作	，与古	字相似，即今之飞字，后世遂改为肥字。张平子赋引《易》上九'飞遯，无不利'，谓去而还也。曹子建《七启》云'飞遯离俗'，是古《易》皆作飞，故陆氏据以为说，王辅嗣注此爻云'缯缴不能及'，似王本作飞也。子夏传云：'肥，饶裕也。'孔氏正义从之，遂改为肥。"应该说，这些都是很有价值的材料，对我们整理、解读《周易》及其他易学文本颇有助益。

　　无论是汉赋研究，还是易学研究，都是当今学术研究中的热门话题，研究成果众多，但其中的缺憾也是明显存在的。如何在研究对象、研究内容、研究方法上有所深化、有所拓展、有所突破，保持一种不断创新、不断发展、不断超越的势头，是一个亟待解决的问题。对中国易学史特别是汉代易学史的研究来说，我们应该紧密结合不同时期的社会政治背景和思想文化氛围进行探讨，充分借鉴、利用所有相关的文献资料和研究手段，其中自然也包括注意汉赋的价值和作用。我们必须适应新时期学科整合、学术发展的潮流趋势，打破传统的学科壁垒和专业畛域，借助人文社会科学诸学科之间渗透、融通、互补的合力，在考察易学发展时注意发掘汉赋中的相关材料，而在汉赋研究时又密切关注它与易学等文化思潮的内在联系。可以相信，在立足于古代典籍整理和阐释的基础上，沿着这种跨学科、多视角、全方位的治学之路走下去，汉赋研究和易学研究一定会取得更好的成绩。

四、疑经变古思潮与宋代易学考辨

"华夏民族之文化，历数千载之演进，造极于赵宋之世。"①就易学研究领域而言，也是同样如此。其中，易学考辨特别是关于孔子是否作《易传》这一问题的考辨，又是与当时的疑经变古思潮密切联系在一起的，并从一个侧面展示了宋代学术思想发展、演变的轨迹和规律。

（一）

汉武帝"罢黜百家，独尊儒术"以后，儒家经典成为政治、学术上的权威，儒家经学成为中国传统社会的统治思想和官方学术。随着时间的推移，由于敬畏儒家经典的神圣，一些学者在解经时往往只注重文字的疏通而轻于义理的阐发，扼制了儒家经典内在价值的不断开掘和发挥，传统经学逐渐陷入困境。特别是汉儒解经只知笃守家法，每每囿于旧说，"非唯诂训相传，莫敢同异，即篇章字句，亦恪守所闻，其学笃实谨严，及其弊也拘"②。唐代颁行《五经正义》，主张"疏不破注"或"疏不驳注"，不只是对经书，甚至对汉人所撰的经书传注等也不得轻议，在一定程度上限制了经学的发展，使得传统学术承袭有余而创新不足。与此形成鲜明对比的是，这一时期，由于统治者的推崇，佛、道二教获得迅速发展，尤其是佛教以其理论的精致在社会上产生了广泛影响，经学的地位则遭遇到空前的挑战。唐代中期，要求对经学进行变革的呼声开始悄然兴起，其中啖助、赵匡、陆淳以及韩愈、柳宗元等人都做出了积极努力，并开启了经学变革的先声。

宋朝建立之初，学风仍承唐朝之余绪，还有些保守，但解经不拘传注且注重探求义理的学术风气一直在潜流暗涌。仁宗时期，随着社会矛

---

① 陈寅恪：《邓广铭宋史职官志考证序》，见《陈寅恪集·金明馆丛稿二编》，277 页，北京，生活·读书·新知三联书店，2001。

② 《四库全书总目·经部总叙》。

盾的渐趋加剧，要求改革的呼声越来越高。在政治改革大潮的激荡下，经学研究领域内又再度焕发生机，出现了一股推陈出新、去伪存真的势头。为促成学风的转变，范仲淹、欧阳修等人敢于指陈旧说，独抒己见，一方面通过改革科举制度，要求考生鄙薄章句，不惑传注，注重经义的阐发；另一方面自己又身体力行，怀疑经传，引导传统经学的变革，最终形成了左右社会时局、影响学术走向的疑经变古思潮。肇始于庆历时期的疑经变古思潮，既与当时的儒学复兴运动大致同步，又与摒弃章句注疏之学、倡导义理之学的经学变革相榫接，彼此包容，相互促进。以熙宁年间王安石《三经新义》的颁布为标志，以章句训诂为特征的汉唐章句之学向以自由说经为特征的义理之学的转型最终完成。

在疑经变古思潮中，北宋学者在许多领域都做出了开拓性的贡献，及至南宋，这一思潮并未停滞。除了沿袭北宋欧阳修的疑经路数，重视文献依据，多着眼于经学形成的过程来展开考辨外，南宋的疑经变古思潮又更多地与文化学术思想的发展形成互动之势，出现了以理学调整、修正现存儒家经典，从而为其学术体系奠基的崭新气象。值得注意的是，南宋后期，随着时局的日益危沉，一些学者坚持"义理"与"事功"并重，对理学家空谈性命、义理的学风提出了严厉批评，希望从经史百家中探索出有益于当世的致用之学。于是，为学要切于实务之风开始盛行。从一定意义而言，这对宋代疑经变古思潮的进一步深化，对辨伪思想及其方法的进一步完善，都产生了较为积极而深刻的影响。

（二）

前面说过，《周易》包括《易经》和《易传》（《十翼》）两个部分。从《史记·孔子世家》《汉书·艺文志》开始，一直到隋唐时期陆德明的《经典释文》、孔颖达的《周易正义》，大都认为是孔子所作。随着中唐变古之风渐起，一些学者考订经传文字，特别是唐代后期，在并无版本依据的情况下，更多地凭借文义进行推理和判断，已呈现出重新考辨《周易》的学术旨趣。北宋经学不再为旧说所囿，创新意识渐趋增强。在此背景下，欧阳修撰《易童子问》等著作，通过否认孔子作《十翼》，率先在易学领域刮起了更为强劲的变古之风。其易学考辨所表现出来的疑经思想、辨伪方法对当代乃至后世的学术发展极具引导和推动作用。

欧阳修认为，《系辞》和《文言》绝非孔子所作。在他看来，孔子所说的"系辞"是"爻辞"。"夫系者，有所系之谓也，故曰系辞焉。以断其吉凶。是故谓之爻，言其为辞各联属其一爻者也。是则孔子专指爻辞为系辞。"（《传易图序》）欧阳修所持根据有三：一是"孔子言'圣人设卦系辞焉'，是斥文王、周公之作为'系辞'，必不复自名其所作又为《系辞》也"。二是"况其文乃概言《易》之大体，杂论《易》之诸卦，其辞非有所系，不得谓之《系辞》必也"。三是《系辞》文字"是皆险怪奇绝，非世常言，无为有训故、考证，而学者出其臆见，随事为解，果得圣人之旨邪？"由此，欧阳修断言："今乃以孔子赞《易》之文为上、下《系辞》者，何其谬也！"（同前）

既然《系辞》不是孔子所作，那么《文言》是否也存在相同的问题呢？欧阳修将《文言》与《论语》类比，进而指出："若《文言》者，夫子自作，不应自称'子曰'。又其作于一时，文有次第，何假'子曰'以发之？乃知今《周易》所载，非孔子《文言》之全篇也。盖汉之《易》师，择其文以解卦体，至其有所不取，则文断而不属，故以'子曰'起之也。其先言'何谓'而后言'子曰'者，乃讲师自为答问之言尔，取卦辞以为答也。"（同前）可见，欧阳修通过仔细辨别"子曰"与"何谓"的使用情境，进一步断定《文言》非孔子所作。

与此同时，欧阳修又找到了《文言》中其他"自相乖戾"之处。例如，关于"元亨利贞"，《文言》既说是乾之四德，又说是"乾元者，始而亨者也；利贞者，性情也"。欧阳修认为，这两个说法是互相矛盾的，因为"元亨利贞"乃古之占辞，"自尧舜已来，用卜筮尔"，《彖传》解释其为"不道其初"，也没有说成是四德。而且，根据《左传》襄公九年记载，四德说源自穆姜，早在孔子未生之前，所以《文言》亦非孔子作。（《易童子问》）

值得关注的是，欧阳修对《十翼》的考辨特别重视从"人情"出发，这种"人情"实则是"以常人之情而推圣人"，凸显出一种严谨的理性精神。欧阳修认为《系辞》《文言》等篇存在着一个突出的问题，那就是"繁衍丛胜"。在欧阳修看来，孔子之文章，如《易》《春秋》原本"其言愈简，其义愈深"，在《文言》《系辞》中，仅系辞以明吉凶这一个意思就先后出现多次，繁复芜杂。而且欧阳修注意到：《系辞》认为八卦的产生"非人之所为，是天之所降也"，伏羲氏"仰则观象于天，俯则观法于地，观鸟兽之文与地之宜，近取诸身，远取诸物，于是始作八卦"，而《说卦》则说"昔者圣人之作《易》也，幽赞于神明而生蓍，参天两地而倚数，观变于阴阳而立卦"，"则卦又出于蓍矣"。就连八卦的产生也说法不一且彼此抵牾，让人无所适从。所以，欧阳修指出："人情常患自是其偏见，而立言之士莫不自信，其欲以垂乎后世，唯恐异说之攻之也。其肯自为二三说以相抵牾而疑世，使人不信其书乎?"正是以"以常人之情而推圣人"，欧阳修此举才做到了"勇于敢为而决于不疑"(《易童子问》)，而不至沦为徒逞匹夫之勇，其相关结论也就更加具有说服力。

欧阳修虽然认为《系辞》《文言》等篇皆非圣人之作，却没有完全否定《系辞》《文言》与孔子的关系，没有完全抹煞《系辞》《文言》《说卦》《杂卦》存在的价值。就《十翼》与孔子的关系而言，欧阳修认为"其源盖出于孔子，而相传于《易》师也"，"其间转失而增加者，不足怪也。故有圣人之言焉，有非圣人之言焉"(《易或问》)。诚如所论，如果不顾事实，盲目崇拜，一定以为是"圣人之作，不敢有所择而尽信之，则害经惑世者多矣"(《易童子问》)；反之，如果加以考订真伪，不曲为之说，还是能够从中发现其"益于学"的价值。"《系辞》者，谓之《易大传》，则优于《书》《礼》之传远矣；谓之圣人之作，则僭伪之书也。盖夫使学者知《大传》为诸儒之作，而敢取其是而舍其非，则三代之末，去圣未远，老师名家之世学，长者先生之余论，杂于其间者在焉，未必无益于学也。"(《易童子问》)这一认识是很有学术启发意义的。所以，继欧阳修之后，王开祖、司马光、金君卿、李清臣、刘安世等人也曾对《十翼》中的某一篇或几篇表示怀疑。

然而，欧阳修对《十翼》的考辨在当时亦招致了一些反对之声，这既有传统思想观念对欧阳修之论的不认同、不接受，也与欧阳修的考证尚存在一定疏漏之处有关。毕竟，为顺应时代发展的需要，欧阳修欲从思想层面寻求突破以应用于人事，这种急切的功利主义倾向也是在所难免的。但是，欧阳修以其力排《系辞》《文言》的首创之功和辨伪学识，在易学文献、易学思想领域，特别是在孔子是否作《十翼》的问题上所激发的连锁反应，还是值得称道的。

（三）

正是受到疑经变古思潮的冲击，北宋学者的经学成就有不少都是开拓性、原创性的。在此基础上，南宋时期的理学蔚为大观，又为这一思潮的进一步拓展注入了新的活力。尤其需要指出的是，有许多理学家与易学有着某种不解之缘，有的本身就是易学大师。理学解《易》的目的不单是为了探讨儒家经典文本的微言大义，其深层用意还在于依托《周易》构建自己的思想体系。所以，在理学内部，针对同一易学问题所作的考辨，往往也会因立场不同而截然两途，尤其是在孔子是否作《十翼》的问题上。

南宋时期的理学集大成者朱熹，并不赞同欧阳修的观点，而坚信《系辞》为孔子所作。朱熹在《经义考》中认为，"欧阳作《易童子问》，正王弼之失数十事，然因图书之疑并《系辞》不信，此是欧公无见处"。对欧阳修排击《系辞》，朱熹不以为然。而且，在朱熹看来，欧阳修"极论《系辞》非圣人之书"，有可能误导后学，应该"多使学者择取其是而舍其非"，而不应"以为圣人之作不敢取舍而尽信之"。朱熹能够秉持"公心通论"，不因前贤否定孔子作《系辞》而盲从，这种态度对经学辨伪乃至一切学术研究极具启发意义。但对于《十翼》中的《序卦》，朱熹又表示怀疑。当弟子问到"《序卦》，或以为非圣人之书"时，朱熹指出："先儒以为非圣人之蕴，某以为谓之非圣人之精则可，谓非《易》之蕴则不可"①。"大抵古书多此体，如《易·序卦》亦是此类，若便断为孔子之笔，恐无是理也"②。其中流露出否定《序卦》是孔子所作的倾向。

即便如此，朱熹还是承认"《易》道深矣，人更三圣，世历三古"的传

---

① （南宋）黎靖德：《朱子语类·卷七十七》。
② （南宋）朱熹：《晦庵别集·孙季和》。

统说法，而这一态度也直接影响到了他对《周易》究竟为何书的考辨。朱熹认为："读伏羲之《易》，如未有许多《彖》《象》《文言》说话，方见得《易》之本义只是要作卜筮用。如伏羲画八卦，哪里有许多文字言语？只是说八个卦有某象，乾有乾之象而已。其大要不出阴阳刚柔吉凶之理，然亦未尝说破，只是使人知得此卦如此者吉，彼卦如此者凶"；到文王、周公时，"添入'乾，元亨利贞'、'坤，元亨利牝马之贞'，早不是伏羲之意，已是文王、周公自说他一般道理了。然犹是就人占处说。如卜得乾卦，则大亨而利于正耳"；只有到得孔子时，才在卜筮上面生发出许多道理，"欲人晓得所以吉，所以凶"，说得深刻、透彻。[①] 也就是说，无论是伏羲、文王，还是周公、孔子，尽管他们作《易》的内容有所不同，却都是将《易》看成是卜筮之书。既然《易》之本义是作卜筮之用，便不是义理之作。由卜筮生发出义理"非学者可及"，"此皆是圣人事"，也只有孔子才能从中见出圣人之道，"说出个进退存亡之道理"。但朱熹没有就此止步，而是再向前推，认定卦、爻未画以前，"只是个至虚至静而已，忽然在这至虚至静之中有个象，方说出许多象数、吉凶道理"。可见，孔子由占筮阐发的理原本就具备于卦、爻之中了。不难看出，朱熹易学考辨的深层意味在于"盖《易》之为书，是悬空做出来底"，他对《易》理的探究与他认为的"未有天地之先，毕竟是先有此理"[②]，有着异曲同工之妙。

　　朱熹在孔子是否作《十翼》的问题上，何以表现出矛盾的心态？其实不难理解。一方面，朱熹怀疑孔子作《序卦》是因为《易》之《序卦》体例类同《书》之小序，"大抵古书多此体，如《易·序卦》亦是此类，若便断为孔子之笔，恐无是理也"。这一点先已提及，表明朱熹确实有自己的判断依据，秉持了学术上的"公心通论"。另一方面，为使其理学体系得以最终确立，必须要有孔子等圣人的义理作依据，以夯筑其更加牢固的理论基石。如不承认《十翼》为孔子作，朱熹的易学观、经学观也就失去了

---

① （明）朱鉴：《文公易说》。
② （南宋）黎靖德：《朱子语类·卷一》。

前提。当然，应该注意的是，朱熹最终认为孔子作《十翼》，也不排除囿于传统说法、考辨不细致等因素。

虽同属于理学疑经，陆九渊建立的心学一派，其取向却与朱熹不同。陆九渊主张"心即理"，即通过"为学患无疑，疑则有进"来张扬主体精神，认为"昔人之书不可以不信，亦不可以必信"，"盖书可得而伪为也，理不可得而伪为也"①。这就对这一时期疑经变古思潮的进一步演变产生了重要影响。陆九渊的弟子及其后学更是秉承师传，对包括《易传》在内的儒家经典进行了大胆的怀疑。其中，杨简的表现尤为引人注目。

针对《系辞》的作者问题，杨简认为不全是孔子所作，仅仅是"期间得之于孔子者多矣"，并在《己易》中作了更为具体的论证。"'吾道一以贯之'，此孔子之言也。其曰'易与天地准'，此亦非孔了之言也。何以明之？天地即易也。幽明本无故，不必曰'仰观''俯察'而后知其故也，死生本无说，不必'原始''要终'而后知其说也，是皆非吾孔子之言也，其徒之自己说也。神即易，道即善，其曰'继之者善也'，离而二之也，离道以善，庄周陷溺乎虚无之学也，非圣人之大道也。""'夫易，圣人所以崇德而广业也'，此孔子之言也。圣人即易也，德业即易也，继曰'天地设位，而易行乎其中'，又非孔子之言也。何者？离易与天地而二之也。'子曰'之下，其言多善，间有微碔者，传录纪述者之差也，其大旨之善；不系之'子曰'者，其言多不善，非圣人之言故也；乾即易，坤即易，其曰'乾坤毁，则无以见易。易不可见，则乾坤或几乎息'，又曰'形而上者谓之道，形而下者谓之器'，其非圣言"②。杨简以上所论，正如他给自己的易学著作命名为《己易》一样，以自己之心为易，全由己意考辨。因为按心学观点，天地间万物、万事、万理无不皆我心所固有。所以杨简认为："善学《易》者求诸己，不求诸书，古圣作《易》凡以开吾心之明而已。不求诸己而求诸书，其不明古圣之所指也。"正是因此

---

① 《陆九渊集·拾遗》。
② （南宋）杨简：《慈湖遗书·泛论易》，见文渊阁本《四库全书》。

之故，天地与圣人、易与天地绝不能析分为二，既然乾与坤都是易，而易已具于我心，其形上形下等诸如此类的对立关系便不复存在。

应该看到，无论是欧阳修，还是朱熹，他们对孔子作《易传》的考辨，均程度不同地坚持了历史的和文献的客观标准。而在杨简那里，则主要是以心学理论来判断孔子言论的真伪，坚持《十翼》并非全为孔子所作。这样一来，杨简以此标准来判断孔子之言真伪，其中的客观依据亦几乎荡然无存，其易学考辨也就真正为"学苟知本，六经皆我注脚"的心学主张作了最好的"注脚"。

（四）

虽然南宋时期的理学集北宋之大成，思想体系得以最终确立，而在理学之外，随着南宋社会日益羸弱，重实事实功的思想渐渐抬头。一些有识之士联系时局，起而批判理学"义理""心性"的空疏、无用。这一鲜明的态度在经学考辨尤其是在对孔子是否作《易传》的考辨中也相当突出地表现出来。其中，永嘉学派的叶适就在这方面提出了许多重要见解，他的《习学记言序目》一书值得我们特别重视（本书引叶适所言均出自此书，不再另注）。

如前所述，自《易传》提出"伏羲画八卦"之后，从汉代的司马迁一直到唐代的孔颖达都尊奉此说。而六十四卦、三百八十四爻究竟为谁所演，虽然《易传》作者没有确定，但传统观点一般认为是文王所作。叶适根据《周礼》所载则认为，所谓"伏羲文王作卦重爻"的说法"与《周官》不合，盖出于相传浮说，不可信"（《上下经总论》）。"大卜掌三《易》之法：一曰《连山》，二曰《归藏》，三曰《周易》，其经卦皆八，其别皆六十又四。占人以八卦占筮之八，故筮人掌三易以辨九筮之名。详此，则《周易》之为三易，别卦之为六十四，自舜禹以来用之矣。而后世有伏羲始画八卦，文王重为六十四，又谓纣囚文王于羑里，始演《周易》"，"学者因之有伏羲先天、文王后天之论，不知何所本始"（《春官宗伯》）。也就是讲，"伏羲画八卦"、"文王演为六十四卦"仅仅是"相传浮说"，没有任何历史依据。学者应该重在有根有据地考察，不能人云亦云，陈陈相因。"后世之言《易》者，乃曰'伏羲始画八卦'，又曰'以代结绳之政'，神于野而诞于朴，非学者所宜述也"(《周易四·系辞》)。正基于此，叶适对《周易》一书的性质也做出了明确判断。"然则《周易》果文王所改作，而后世臣子不以严宗庙，参典谟，顾乃藏之于太祝，等之于卜筮，何媟嫚其先君若是哉?"(《春官宗伯》)显然，《周易》不过是藏于太祝的占筮之书，把它说成是周文王所改作也是与史不符的。"《周易》者，知道者所为，而周有司所用也。"至于《易》的真正作者，在叶适看来，是根本无从知晓的，索性明确指出"《易》不知何人所作"。

前已提及，欧阳修主要怀疑《系辞》《文言》非孔子所作，在当时已经是石破天惊，而叶适在怀疑"伏羲、文王作卦重爻"的基础上，对孔子作《十翼》的说法，无论是在怀疑的范围上，还是在怀疑的程度上，比欧阳修都是有过之而无不及。"言'孔氏为之《彖》《象》《系辞》《文言》《序卦》之属'，亦无明据。《论语》但言'加我数年，五十以学《易》'而已，易学之成与其讲论问答，乃无所见，所谓《彖》《象》《系辞》作于孔氏者，亦未敢从也"(《上下经总论》)。叶适对孔子作《十翼》在总体上是怀疑的。但是，叶适又认为，"《彖》《象》辞意劲厉，截然著明，正与《论语》相出入，然后信其为孔氏作无疑"(同上)。"孔子独为之著《彖》《象》，盖惜其为他异说所乱，故约之中正以明卦爻之指，黜异说之妄以示道德之归"。(《习学记言序目·序》)叶适似乎又肯定了《彖》《象》二篇为孔子所作。这样一来，就与前面在整体上怀疑《十翼》为孔子所作的观点相悖。

对于叶适在这个问题上的自相矛盾之处，学人中批评者不少，大都认为是叶适认识上的局限所致，但对其中原委很少探究。其实，在叶适看来，《十翼》中的《彖》《象》最能反映孔子之本义、表达圣人之真义，而当时一部分学者对最能反映《易》之本义、孔子真义的《彖》《象》不甚重视，反而对《十翼》中的"浮称泛指""去道甚远"之篇津津乐道。对于这一学术怪象，叶适表达了强烈的不满。正如他在评论《乾卦》时所言："乾《文言》详矣，学者玩《文言》而忘《彖》《象》。且《文言》与上下《系》《说卦》《杂卦》之说。嘐嘐焉皆非《易》之正也"。(《周易一·乾坤》)"按上下《系》《说卦》浮称泛指，去道虽远，犹时有所明，唯《序卦》最浅鄙，于《易》有害"。(《序卦》)这就是说，叶适否定的只是孔子作《十翼》之说，并没有否定《十翼》中有最能反映圣人本义的内容。叶适恰恰是要通过此举，在学术研究中起到一种匡谬纠偏的作用。

不仅如此，叶适还将否定《易传》为孔子所作与对理学道统论的批判紧密地联系起来。首先，叶适将批判理学的"太极"观作为突破口。"'《易》有太极'，近世学者以为宗旨秘义。按卦所象唯八物，推八物之为乾、坤、艮、巽、坎、离、震、兑，孔子以为未足也，又因《象》以明之，其微兆往往卦义所未及……无所不备矣，独无所谓'太极'者，不知《传》何以称之也？自老聃为虚无之祖，然犹不敢放言，曰'无名天地之始，有名万物之母'而已。至庄、列始妄为名字，不胜其多，始有'太始'、'太素'、'未始有夫，未始有无'茫昧广远之说。传《易》者将以本源圣人，扶立世教，而亦为'太极'以骇异后学。后学鼓而从之，失其回归，而道日以离矣。又言'太极生两仪'，'两仪生四象'，则文浅而义陋矣。"（《系辞上》）确实如叶适所言，孔子述《易》根本没有说到"太极"问题，将"《易》有太极"归于孔子的名下毫无道理可言。"太极"这个概念本来自道家，作为虚无之祖的老聃都没有提出，传《易》者倒把这些概念挂于圣人（孔子）名下以"骇异后学"。这样，只能与儒家之"道"越行越远。何况理学家的宇宙生成模式是脱胎于《系辞上》的"《易》有太极"，而这一"宗旨秘义""文浅而义陋"，没有任何的神秘之处。

与此相联系，叶适也就顺势揭出了理学的实质："本朝承平时，禅说犹炽，儒、释共驾，异端会同。期间豪杰之士，有欲修明吾说以胜之者，而周、张、二程出焉，自谓出入于佛老甚久，已而曰'吾道固有之矣'，故无极太极、动静男女、太和参两……皆本于《十翼》，以为此吾所有之道，非彼之道也。及其启教后学，于子思、孟子之新说奇论，皆特发明之，大抵欲抑浮屠之锋锐，而示吾所有之道若此。"（《习学记言序目·序》）在叶适看来，理学援"《十翼》以自况"，以迎合佛老思想；视《十翼》为孔子作，以建立接传圣人之道统。理学的体系本身与儒家真传背道而驰且不说，"然不悟《十翼》非孔子作，则道之本统尚晦"（同上）。既然源头不存，那么道统何在？至此，叶适一再坚持《十翼》非孔子所作，其真正目的得以彰显：借《十翼》非孔子所作反对理学欲"一以贯之"

的道统论，从而真正为当时以程朱为代表的理学家们的"淫诬怪幻"言论担当起"条其大指，稍厘析之"的大任。

除了杨简、叶适，在南宋学者中，对《易传》或其中的一篇或几篇进行辨疑的，还有郑樵、赵汝谈、吴仁杰、王柏、金履祥等人。他们认为，《十翼》的部分篇章的作者，或为孔子门人，或为后世经师，说法不一，但都是与杨简、叶适之说相呼应的。

（五）

综上所述，宋儒在疑经变古思潮中，不仅仅是希望通过全面考察、整理文献，使现存的先秦儒家经典恢复固有风貌，其最终目的是要在此基础上还圣人思想的本来面目，借此真正转变社会风气，实现经世致用。"疑经"并不是否定六经元典，而是在对六经元典正本清源的基础上，突出"尊经""崇圣"的意识，以恢复经学的活力，恢复经典的权威，借此实现儒学的再次复兴。同时，"疑经"又必须以"变古"的意识为前提。宋儒这种强烈的"变古"意识虽然是为了"复古"，但这种"复古"又是通过宋儒"与时偕行"，以排斥汉唐注疏传义、独自阐发儒学经典大义的方式表现出来的，其间不可避免地融入了有宋一代特定文化背景的影响，又包含了以复古为开新的因素，从而使儒学思想在宋代呈现出崭新的形态和面貌。因此，宋代疑经变古思潮所体现出的儒学更新的思想意识，不仅为宋儒易学考辨提供了充分的理论依据，同时也提供了一定的思想动力和方法支持。宋代易学考辨能够得以持续深入、广泛地展开，确实得益于此。

在宋代学术发展的进程中，《易传》是否为孔子所作，每每被置于浪尖风口之上，始终作为各家学派争论的焦点而无法回避，其中的思想动因应当引起足够重视。欧阳修考辨《十翼》是他有感于时代风气，致力于维护、复兴儒学使然，以期达到完善经学体系和尊经崇圣之目的。也就是说，欧阳修对《系辞》的怀疑，既有排击当时一度沉渣泛起之谶纬、佛老而重振儒学的考虑，又有促进经学形态变革，倡导以经学入世的积极因素。就理学内部而言，朱熹的易学考辨，虽也继承了北宋以来"理学疑经"的思路，但是在《十翼》作者的问题上，对欧阳修的辩驳，往往是更多地围绕着其理学体系的构建展开，将之吸纳到自身所构建的理学"大义"之中。而在杨简看来，孔子作《系辞》之内容真伪取决于是否合乎其心学一派所崇尚的圣贤思想，取决于能否佐证其心学理论并为其提供更好的注脚。叶适认为《十翼》非孔子作，不乏学术传承的因素，因为叶适在治学上确实受到过欧阳修的深刻影响，"以经为正而不汨于章读笺诂，此欧阳氏读书法也"（《五言古诗》）。更为重要的是，叶适的这一看法始终与永嘉学派一贯坚持的道义和事功紧密联系的学术主张相吻合，凸显出叶适试图扭转当时易学研究抛弃于今为用的圣人本意而陷入空谈、追求"义理"的思想倾向。尽管以上宋代学术名家考辨《十翼》立场各有不同，观点针锋相对，但还是在某种程度上反映了有宋一代疑经变古思潮的总体趋向，表现出儒学更新的意识，带有鲜明的时代印痕。虽然在其具体的考辨过程中，求真的标准有时往往会屈从于致用的目的，但无论如何还是在易学史和辨伪学史上写下了浓墨重彩的一笔。

欧阳修否定孔子作《十翼》，不仅在当时引发了激烈的争论，而且成为学术史上影响深远的一大公案。明末清初，易学考据之风大兴，胡渭等人对宋代图书易学的精审考辨及猛烈批判，不能不说是与欧阳修肇始于易学领域内的《十翼》作者之辨有着某种内在的渊源关系。特别是20世纪二三十年代，学术界形成一股声势强劲的疑古思潮。以顾颉刚为首的古史辨派为"为打破汉人的经说"，"辨明《易十翼》的不合于《易》上下经"[1]，将矛头直指传统易学。而古史辨派在《十翼》作者这一问题上的观点，自不待言，就直接受到了欧阳修以及宋代疑经变古思潮的沾溉和影响。尽管20世纪五六十年代，研究《周易》的立场、方法较之前有所改变，但欧阳修的观点仍然为大多数学者所认同。步入80年代，随着相关新材料特别是出土材料的不断发现，尽管学界中仍然有人在固守、坚持着《十翼》是孔子所作的经学旧说，但依然不能改变孔子不是《易传》直接作者的事实。毕竟，前修未密，后出转精，此乃学术演进、文化发展之大势。21世纪，易学研究的进一步深入拓展，新的学术方法的不

---

[1]　顾颉刚：《古史辨·自序》，第3册，上海，上海古籍出版社，1982。

断运用，更足以表明，包括《系辞》《文言》等在内的《易传》与儒家以及孔子有着某种密不可分的内在联系(这一事实，我们必须承认)，但我们又必须看到，《易传》绝非某一时期的某一学者所为，更不是成于某一时期的某一学派。因为不只是儒家，道家、墨家、法家、阴阳家等其他学派的思想倾向在《易传》中都有不同程度的反映。正因为如此，《易传》才真正做到了吸收百家，综合百家，又扬弃百家，超越百家，成为各家各派以自己的思想观念治《易》而又彼此影响、彼此交融的范例。

目前，学术界应进一步加强对宋代易学考辨的研究，将孔子与《易传》的关系这一易学考辨中的重要问题，纳入到宋代疑经变古思潮的演变过程中加以细致考察。这样，不仅能够深化和丰富关于宋代易学史、辨伪学史的认识，也能够见微知著，更好地展现出中国传统学术思想的发展脉络和基本规律。

五、钱大昕的易学成就

钱大昕是清代乾嘉学派的典型代表，也是经学研究的权威人物。在治经过程中，他始终坚持兼攻众艺、会通群经的学术理念，强调"必通全经而后可通一经"①。而江藩也曾说过：钱大昕"不专治一经，而无经不通；不专攻一艺，而无艺不精"②。唯其如此，作为一代儒宗，钱大昕在专经研究方面也是颇有特色、多有贡献的。这其中当然就包括《周易》和易学研究。

(一)

众所周知，《周易》为六经之首、六艺之源，易学在中国经学史上，一直处于极为显赫的地位。在易学漫长的演变、发展过程中，曾经形成

---

① (清)钱大昕：《潜研堂文集补编·与王德甫书一》。
② (清)江藩等：《汉学师承记(外二种)·钱大昕》，52 页，北京，生活·读书·新知三联书店，1998。

两个不同的学术流派，即义理之学与象数之学。三国时期的玄学家王弼、宋代的理学家程颐，是义理之学的代表人物，而汉代孟喜、京房等人的卦气学说，则被公认为象数之学的核心内容。至宋代，又有"图""书"易学兴起。到了清代，学者们对于《周易》的研究仍然兴致不减，热情高涨，而其中惠栋的易学著述更成为乾嘉汉学兴起的重要标志。钱大昕曾强调："松厓徵君《周易述》，摧陷廓清，独明绝学，谈汉学者无出其右矣"。[①] 在为惠栋作传时，钱氏又说：惠氏"专心经术，尤邃于《易》，谓：'宣尼作《十翼》，其微言大义，七十子之徒相传，至汉尤有存者。自王弼兴，而汉学亡，幸存其略于李氏《集解》中。'精研三十年，引申触类，始得贯通其旨，乃撰次《周易述》一编，专宗虞仲翔，参以荀、郑诸家之义，约其旨为注，演其说为疏。汉学之绝者千有五百余年，至是而粲然复章矣。"[②]这是在"张大惠氏在易学上恢复汉易的绝绪，由汉易而推广为'汉学'"[③]。钱氏虽不像惠栋那样为易学名家，且他自己也谦称"予于《易》素非专家"[④]，但他确实对《周易》及易学做过深入思考和系统研究，其相关成果散见于他的多种著述，其中以《潜研堂文集》《十驾斋养新录》较为集中。另外，钱大昕还有《演易》一文，其未刊之稿本藏于今上海图书馆。

关于《周易》文本的产生，钱大昕坚持了《汉书·艺文志》"人更三圣，事历三古"[⑤]以及由马融开其端的"人更四圣"说法，进一步强化了伏羲、文王、周公和孔子在易学史上的重要地位。他指出："《易》之道，肇于皇羲，演于文王、周公，而大备于孔子。孔子读《易》，韦编三绝，序《彖》《系》《象》《说卦》《文言》，以三圣人为之经，宣尼为之传，此心此理，先后同揆，故舍《十翼》以言《易》，非《易》也。"[⑥]钱大昕的这种认识

---

① （清）钱大昕：《潜研堂文集补编·与王德甫书一》。
② （清）钱大昕：《潜研堂文集·惠先生栋传》。
③ 徐复观：《两汉思想史》，第3卷，345页，上海，华东师范大学出版社，2001。
④ （清）钱大昕：《潜研堂文集·周易读翼揆方序》。
⑤ 《汉书·艺文志》。
⑥ （清）钱大昕：《潜研堂文集·周易读翼揆方序》。

是对司马迁、刘向、班固等人的观点的继承和总结，只是现在看来不够准确。

关于《左传》《国语》中的占筮之法，钱大昕也有过研究、探讨，并提出了自己的看法。他说："春秋之世，三《易》尚存。其以《周易》占者，一爻变，则以变爻辞占。如观之否，归妹之睽，明夷之谦之类是也。数爻变，则以象辞占。如艮之八，屯贞悔豫皆八是也。六爻皆不变，亦以象辞占，泰之八是也。以爻辞占，称九六；以象辞占，称八。九六、八之名，唯《周易》有之，若杂以它占则否。'千乘三去'，'射其元王'，不云蛊之八、复之八者，非《周易》爻辞也。"①我们知道，就《周易》筮法而言，在求得一卦的卦象后，需要依据某一卦爻辞来判断吉凶。对此，朱熹在《易学启蒙》中曾参考旧说，归纳出七项法式。钱大昕总结出的春秋时期的占筮之法，较之朱熹之说，有同有异，虽不够精确，特别是象辞的出现时代不可能早于《左传》《国语》，但不管怎样，我们还是能够在其中得到某种启示的。

太极阴阳说是《易传》宇宙生成理论的基本内容，向来为历代学者所重视，有关的解说也是多种多样。例如，汉代郑玄曾将太极解释为"极中之道、淳和未分之气"。对于"太极"一词的含义及其流变，钱大昕也做过认真考察。他说："《易·上系》云：'《易》有太极，是生两仪。'有《易》而后有太极，非太极在天地之先也。韩康伯谓'有必生于无，故太极生两仪'。'有生于无'，语出《老子》。康伯以《老》《庄》说《易》，故云尔也。濂溪言'无极而太极'，又言'太极本无极'，盖用韩康伯义。'无极'二字，亦见《老子》（'复归于无极'），六经初未之有也。陆子静疑《太极图说》非濂溪作，又谓'极'训'中'，不训'至'，合于汉儒古义，较朱文公似胜之。"②从这里我们也可感受到钱氏实事求是、不因人废言的良好学风。钱氏对陆九渊（子静）颇为反感，对其"六经注我"之说更是厌恶至极，斥之为"尊心而废学"，对朱熹则颇为尊重。但在这里，钱氏特别

① （清）钱大昕：《潜研堂文集·答问一》。
② （清）钱大昕：《十驾斋养新录·卷十八·太极》。

肯定了陆九渊关于"太极"的解释，认为要比朱熹所解为确，"合于汉儒古义"。钱氏此举，可谓难能可贵。

　　与对汉儒的推崇相联系，和惠栋、张惠言等乾嘉诸老一样，钱大昕系统考察和研究了汉代处于官方和主流学术地位的象数易学，其中既有郑玄、虞翻的易学，又有《易纬》之说。钱氏并不是一味反对和摒弃谶纬文献，而是主张有选择地加以利用。关于《易纬》，钱氏也同样表现出这样的倾向。《易纬》在汉代本有多种，但流传到清代时大都亡佚，仅有《乾凿度》上下两卷尚属完整。清代学者曾致力于《易纬》的辑佚工作。乾隆年间，朝廷诏儒臣校《永乐大典》，从中辑出了《易纬》八种，其中有《易稽览图》。钱大昕对此书很感兴趣，为之作序曰："此书首言甲子卦气起《中孚》卦气之法，以坎、离、震、兑四正卦主春、夏、秋、冬，爻主一气，余六十卦，卦主六日八十分日之七，始中孚，终颐，而周一岁之日，大指即《说卦传》'帝出乎震'一章之文而推演之。其以风雨寒温验政治得失，亦与《洪范》五行相为表里。汉人引此书者，或称《中孚经》，或称《中孚传》，或称《易内传》，或称《易传》。盖七十子之微言间有存者，而术士怪迁之说，亦颇杂其中。要其精者足以传经义，其驳者亦足以博异闻，穷经嗜古之士，宜有取焉。第中多脱简讹字，难以尽通，安得博物如郑康成、何邵公者出而正之。"[①]这一学术观点，至今仍有助于我们认识《易纬》及其他纬书的文献价值。

　　"纳甲"说是汉代象数易学的重要内容，由京房最早推出。京房将八卦及其各爻与十天干、十二地支相配，创建了纳甲说。八卦各配以十天干，天干之首为甲，故称"纳甲"；各爻分别配以十二地支，故称"纳支"。一般称"纳甲"而兼赅"纳支"。"纳甲"说还与"五行"说相互融合、相互为用，并得到后世易学家的不断丰富和发展。对于"纳甲"说以及与其密切联系的"纳音"说，钱大昕有过认真考索和深入研究。为了真正了解和把握"纳音"说，他曾仔细研读晋代葛洪所言："按《玉策记》及《开明经》，皆以五音六属，知人年命之所在。子午属庚，卯酉属己，寅申

---

① （清）钱大昕：《潜研堂文集·易稽览图序》。

戌，丑未属辛，辰戌属丙，巳亥属丁。一言得之者，宫与土也。三言得之者，徵与火也。五言得之者，羽与水也。七言得之者，商与金也。九言得之者，角与木也"。① 钱氏看来，《玉策记》《开明经》乃汉魏人所撰，故纳音为古法无疑。他还指出："盖纳音之原实出于纳甲。纳甲者，以十干配八卦，乾纳甲壬，坤纳乙癸，震长男而纳庚，巽长女而纳辛，坎中男而纳戊，离中女而纳己，艮少男而纳丙，兑少女而纳丁。又以十二支配八卦，乾纳甲子壬午，坤纳乙未癸丑，震纳庚子午，巽纳辛丑未，坎纳戊寅申，离纳己卯酉，艮纳丙辰戌，兑纳丁巳亥。"京房、干宝等人曾用纳甲之法说《易》，但其起源则可以追溯到先秦时期。根据《左传》庄公二十二年所记，钱氏说："周史筮陈侯，得观之否，知其当代姜姓有国。先儒谓六四辛未，未为羊，巽为长女，故曰姜，则布干支于八卦，古法已有之矣。"关于"纳音"，钱氏指出："以六十甲子配五音，三元运转，还相为宫，而实以震、巽、坎、离、艮、兑六子所纳之干支为本"。"凡六十甲子，再终百有二十而复于始，还相为宫，循环无端，要皆本于纳甲。而用六子不用乾、坤，犹之八卦方位以震、兑、坎、离居四正，而乾、坤退居无事之地也。""于《易》，《蛊》之《彖》曰'先甲''后甲'；《巽》之五曰'先庚''后庚'。甲者，纳甲之始；庚者，纳音之始也。谁谓纳音非古法哉！"② 此前，宋代沈括(《梦溪笔谈》《补笔谈》)、元代陶宗仪(《辍耕录》)等对"纳音"及其与"纳甲"的联系已有述及，但有不少疏失之处。这样，经过钱氏的努力，我们就可以比较清楚地了解"纳甲""纳音"之说的源流了。

众所周知，郑玄曾经以"爻辰"之说解《易》，在汉代象数易学发展史上占有重要地位。例如，比之初六，辰在未，上直东井；坎六四，辰在丑，上直斗及天弁；中孚六四，辰在丑，上直天渊；困九二云，初六，辰在未，上直天厨，等等，皆援天文以取象。钱大昕首先考察了郑玄以"爻辰"说《易》的学术渊源，指出郑玄初习《京氏易》，后又从马融受《费

---

① (西汉)葛洪：《抱朴子内篇·仙药》。
② (清)钱大昕：《潜研堂文集·答问一》。

氏易》，而费直撰有《周易分野》一书，郑氏以"爻辰"解《易》，或由费氏而出。他还进一步引申说明郑玄"爻辰"之例曰："初九，辰在子。《颐》初云'舍尔灵龟'，子为天鼋，龟者，鼋属也。《同人》初云'同人于门'，《随》初云'出门交有功'，《节》初云'不出户庭'，子，上直危，危为盖屋，故有门户之象。《节》九二'不出门庭'，二亦据初，故云门也。《明夷》初云'三日不食'，子为玄枵，虚中也，故有不食之象。九二，辰在寅。《泰》二云'用冯河'，寅，上直天汉，云汉天河也。九三，辰在辰。《大壮》三云'羸其角'，辰，上直角也。九五，辰在申。《革》五云'大人虎变'，申，上直参，参为白虎也。上九，辰在戌。《睽》上云'见豕负途'，戌，上直奎，奎为封豕也。初六，辰在未。《小过》初云'飞鸟以凶'，未为鹑首也。六三，辰在亥，上直营室，营室为清庙，《萃》《涣》之象辞皆云'王假有庙'，谓六三也。六四，辰在丑，《大畜》四云'童牛之牿'，丑，上直牵牛也。上六，辰在巳，《小过》上云'飞鸟离之'，巳为鹑尾也。《小过》六爻，唯初、上有飞鸟之象，此其义也。《解》上云'公用射隼'，巳，上直翼，翼为羽翮，有隼象也。此皆可以'爻辰'求之者也。"[1]这里对郑玄的"爻辰"之说引申阐发，紧紧联系天文取象之图式，对后人颇有启发，可谓有功于郑学甚巨。

在汉代易学家中，钱大昕考察、研究最为着力的当推虞翻，因为虞翻是汉代象数易学的集大成者，而乾嘉诸老对虞翻也尤为关注，如惠栋、张惠言等。关于虞翻六十四卦旁通之说，钱氏认为，八卦皆两两相对，或取交变，如乾与坤、坎与离、震与巽、艮与兑是也；或取反复，如震与艮、巽与兑是也。交变之例，即乾变为坤、坎变为离、震变为巽、艮变为兑，虞翻六十四卦旁通之例即本于此。钱氏进而指出，在这六十四卦旁通之例当中，乾坤、坎离、颐大过、中孚小过为反复不衰之卦；泰否、既济未济，反复兼两象易，兼旁通；而随蛊、渐归妹，反复，兼旁通。[2]

---

① （清）钱大昕：《潜研堂文集·答问一》。
② （清）钱大昕：《十驾斋养新录·卷一·六十四卦》。

虞翻解《易》，除了"旁通"以外，又有所谓"之卦"之说。不过，历代诸家所说解的往往言人人殊，互有差异。依照钱大昕的理解，所谓"之卦"，就是指以两爻交易而得一卦，其中乾、坤是诸卦之宗。复、临、泰、大壮、夬是阳息卦，姤、遁、否、观、剥是阴消卦，皆自乾、坤而来，而诸卦又生于消息卦。在这些卦中，三阴三阳之卦自泰来者有九，自否来者亦有九；二阴二阳之卦自临来者有四，自遁来者亦有四，自大壮来者又有四，自观来者又有四。在经过一番细致的分析之后，钱氏认为，虞翻的卦变理论存在着某些不够周延的地方：其一，虞翻于鼎云大壮上之初，于革云遁上之初，有失严密，因为除此之外，遁二之五亦为鼎，大壮五之二亦为革，鼎、革于例不应仅从遁、大壮而来。钱氏进而指出："愚谓鼎盖离二之初，革盖兑三之二也。"其二，虞翻于颐曰晋四之初，于大过曰讼三之上，于中孚曰讼四之初，于小过曰晋三之上，但是却于大过仍取大壮五之初，于颐兼取临二之上，又于坎云观上之二，于离云遁初之五，这是自紊其例，是不足为信的。其三，虞翻只论及三阴三阳之卦例和二阴二阳之卦例情况，没有论及一阴一阳之卦例情况。钱氏依虞氏之例重新加以整理，指出：复初之二为师、初之三为谦，剥上之五为比、上之四为豫，姤初之二为同人、初之三为履，夬上之五为大有、上之四为小畜，每卦当生二卦。其四，睽本大壮之三，而虞翻注《系辞传》"盖取诸睽"时，又云无妄五之二，也是自乱其例的突出表现。①

虞翻说《易》，又有所谓"两象易"之说，如于谦云剥上之三，于豫云复初之四，于比云师二之五，于大畜云萃五之二成临，于丰云噬嗑上之三，于旅云贲初之四等，皆别取两象易为义。对于这一理论，后儒多不能详加解释。钱大昕在经过认真分析、深入研究之后，对诸卦一一加以推演，作"六十四卦两象易图"。只是由于乾坤、坎离、震巽、艮兑八纯卦上下两象相同，钱氏在图中没有列出。②

---

① （清）钱大昕：《潜研堂文集·答问一》。
② （清）钱大昕：《十驾斋养新录·卷一·六十四卦两象易图》。

对于三国时期王弼(辅嗣)的易学，钱大昕评价不高，认为其"好异求新"，"疏于训诂"①。这与他对汉易的肯定和张扬是相一致的，因为王弼易学的出现，本身就是对汉代象数易学的反动和否定。当然，王注本身的确也存在着不少疏失、错谬之处，钱氏所论并不为过。至于唐代易学，钱氏强调，孔颖达等人编纂的《五经正义》专用王注，也是很不可取的。同时，钱氏肯定了李鼎祚的《周易集解》，认为"自王弼兴，而汉学亡，幸存其略于李氏《集解》中"②。在他看来，"《周易》李氏《集解》，蒐罗荀、虞之说最多，古法尚未尽亡"③。惠栋撰次《周易述》，使汉学粲然复章，就是以李氏《周易集解》作为主要的文献基础的。

（二）

自宋以来，易学研究发展的路向发生了很大转变，由象数之学衍出的"图""书"之学异军突起，成为宋易的重要特征。宋代的大易学家，大多也是理学家，他们虽排斥佛老，讳言易学与道家、道教的关系，但却笃信道士陈抟传出的"图""书"之学。尤其是朱熹，曾为《周易参同契》作注，并将"先天图""河图""洛书"等《易》图置于《周易本义》卷首，从此确定了"图""书"的重要地位，使之流传更广，影响更大，许多研究者利用这些《易》图来弥补儒家思想的某些不足，而对于这些《易》图的来历及其授受源流的考察和研究，也成为易学史上的一个重要课题。入清以后，随着反理学思潮的兴盛，以黄宗羲、黄宗炎、胡渭等为代表的一批学人，对"图""书"之学进行了深刻揭露和猛烈抨击。受这些学术前辈以及乾嘉文化风尚的影响，钱大昕对《易》图也有所探讨和论辩。在他看来，"河图"、"洛书"两图，宋代朱震《周易卦图》始首列之，刘牧《易数钩隐图》以九为"河图"，十为"洛书"，朱熹则用蔡元定之说，改之以十为"河图"，九为"洛书"，并引蔡元定之说，强调"河图""洛书"之象自汉代孔安国、刘歆以来即是如此，只是到刘牧手上才以九为"图"，十为"书"

---

① （清）钱大昕：《潜研堂文集·左氏传古注辑存序》。
② （清）钱大昕：《潜研堂文集·惠先生栋传》。
③ （清）钱大昕：《潜研堂文集补编·与王德甫书一》。

的），后来诸家因未加详察而误从刘氏之说。钱氏认为，朱熹以九为"洛书"，或许是用卢辩注《大戴礼记》所谓"法龟文"之说。不过钱氏也注意到，朱熹对于刘牧改易之举的态度并非绝对否定，因为朱氏云"易范之数诚相表里"，云"安知'图'之不为'书'，'书'之不为'图'"，说明朱氏只是表示怀疑而已。钱氏还指出，九宫之图，实际上是方士准乎《大戴礼记·明堂》的明堂九室之制，又以白、黑、碧、绿、赤、黄、紫记其方位，别为太一遁甲之术，以占卜凶吉休咎，而陈抟之流则不用白、黑等字，遂为此图。钱氏同时指出，此图流传已久，汉代河洛秘纬极度盛行，但未见有指此九宫之图为"河图"或"洛书"者，"未审后儒何所见而凿凿言之也"[①]。这就是说，河洛图式本与《易》无关，以其解释八卦乃出于后人附会。很显然，钱大昕对此二图的怀疑和否定态度，是承于黄宗羲、黄宗炎等人特别是胡渭之说而有所深化、有所发展的。

与此相联系，钱大昕还考论过先天八卦和后天八卦的方位问题。关于八卦方位，钱氏指出，早在《周易·说卦传》中就有明确记载：震东方，巽东南，离南方，乾西北，坎北方，艮东北。钱氏据此类推云，坤、兑次于离后乾前，则由此可知坤为西南方，兑属西方。这就是所谓后天八卦或者说文王八卦方位。钱氏认为，既然是伏羲始作八卦，以木德王，且《系辞传》云"帝出乎震"，说的正是伏羲其人，因而"《说卦传》所言方位出于伏羲所定，万世无可变易之理"。"而后儒私造先天一图托于伏羲"，改成乾南坤北，离东坎西，震东北，巽西南，艮西北，兑东南，定位混乱有误，而不知《说卦传》所云却实在有着明确的根据，即"《月令》以中央土列季夏之后，此坤位西南之明证"，而"十月纯坤之卦，又当西北极阴之乡，唯纯乾可以制之，故《释天》'十月为阳'，而于坤之上六有'龙战'之象，于传言'战乎乾'，又云'阴阳相薄'，相薄而阳必胜，非纯乾不能，此乾位西北之义也"。钱氏还分析说，先天八卦方位同样也不合于虞翻纳甲之义。[②] 在他看来，"汉唐以前，儒家与方士均

---

① （清）钱大昕：《十驾斋养新录·卷一·河图洛书》。
② （清）钱大昕：《十驾斋养新录·卷一·八卦方位》。

未有言'先天图'者，宋初方士始言之，而儒家尊信其说，欲取以驾乎文王、孔子之上，毋乃好奇而诬圣人乎！天地、水火、雷风、山泽，各自相对，本无方位之可言；后儒援'天地定位'四语，傅会先天之说，尤为非是"①。可见，在易学研究领域，钱大昕的确深受黄宗羲、黄宗炎、胡渭等人启发和影响。胡渭在《易图明辨·题辞》中曾声言："《诗》《书》《礼》《乐》《春秋》皆不可以无图，唯《易》则无所用图。六十四卦、二体、六爻之画，即其图矣。白黑之点，九十之数，方圆之体，复姤之变，何为哉？其卦之次序、方位，则乾坤三索、出震齐巽二章，尽之矣。图，可也，安得有'先天''后天'之别？'河图'之象，自古无传，从何拟议？'洛书'之文，见于《洪范》，奚关卦爻？五行、九宫，初不为《易》而设"。钱氏对胡渭是十分推崇的，曾为其撰写传记，并在文中引述了胡渭的这一段话。② 但另一方面，钱大昕及其之前的胡渭等人在这里也都承认，宋人"图""书"之学是渊源有自的。1977 年在安徽阜阳双古堆汉墓出土了"太乙九宫占盘"，"其图实与'洛书'完全相符（与'河图'并不符）。这就无可辩驳地证实了早在西汉之初，或者更早，就已有了与'洛书'相同的图形。宋人造'洛书'等，就是模拟前人'太乙九宫占盘'之类的图式而出，也就进一步说明了宋人'图''书'，绝非臆造"③。有此新发现，胡渭、钱大昕等人的学术识见也就更值得肯定了。

（三）

与此同时，钱大昕也继承、发挥西汉费直开创的古文易学的学术传统，倡导以传求经、以传解经的治《易》路数，强调"舍《十翼》以言《易》，非《易》也"。也就是说，《易经》的诠释必须与《易传》之义相互发明，相为表里，不可离开《易传》来理解、阐释经文大旨，不可随意妄为说解经义。他批评一些学者的治《易》方法和风格，指出："后之儒者，不以传求经，而以意汩之，始疑经与传不合，于是分为伏羲之《易》、文王之

①　（清）钱大昕：《潜研堂文集·答问一》。
②　（清）钱大昕：《潜研堂文集·胡先生渭传》。
③　刘大钧：《周易概论》，193 页，成都，巴蜀书社，1986。

《易》、孔子之《易》，甚且谓孔子之《易》，不必合于羲、文之《易》。乌呼，何其支离而害理与！"①值得注意的是，钱大昕与当时其他学者复兴和张扬汉易的治学旨趣大体相同，汉代象数易学成为其研习的主要对象，而虞翻之说更得到特别细致、深入的探讨和研究，但明显不同于惠栋及张惠言等人对虞翻、对象数易学的过誉、过信甚至盲从，他对象数易学中穿凿附会的东西基本上采取了否定、摈斥的态度。这是与他实事求是的学术理念和学术精神相契合、相呼应的。所以，他称赞孙梦逵作《周易读翼揆方》，"潜心《十翼》，融洽贯串，因其各指所之之辞，揆其变动不居之方，其诠解大义，直而有要，简而不支，而互体、飞伏、世应、纳甲之术，俱无取焉"，且"不苟同乎先儒"②。在这里，钱大昕的治《易》理念和学术取向表现得是非常清楚的。当然，钱氏所探求和阐发的义理与宋易中义理学派是有着明显不同的。他说："古之圣贤，求《易》于人事，故多忧患戒惧之词；后之儒者，求《易》于空虚，故多高深窈妙之论"。此处"后之儒者，求《易》于空虚"云云，其实主要就是针对宋易中的义理学派来说的。因为在他看来，"圣人观《易》，不过辞、变、象、占四者"，可是一些易学研究者"舍象占而求卦画，又舍卦画而求画前之《易》，欲以驾文王、孔子之上，自谓得千圣不传之秘，由是自处至高，自信至深，谓己之必无过，且患人之言其过，辩论滋多，义理益昧，岂《易》之教固若是乎"③？这是钱氏站在求真求实的学术立场，来质疑那些阐发空洞义理的学者。

既然不反对进行有价值、不空疏的义理探索，可见钱大昕对那些通过阐发《周易》之义理来表达某种学术文化乃至社会政治主张的易学著述并无恶意，比如理学家或受理学家影响的易学人物和著作，而且他自己有时也会借助说《易》来表达自己的思想观念。例如，《周易·涣卦》六四爻辞："涣其群，元吉。"钱氏就此指出：《吕氏春秋》尝引斯爻而说之曰：

---

① （清）钱大昕：《潜研堂文集·周易读翼揆方序》。
② 同上。
③ （清）钱大昕：《潜研堂文集·与程秀才书》。

"涣者，贤也；群者，众也；元者，吉之始也。'涣其群，元吉'者，其佐多贤也。"吕氏去古未远，传授当有所自。孔子云："宽则得众。"又云："群而不党。"孟子云："得道者多助。"《白虎通》曰："君之为言群也。"六四居大臣之位，以进贤为己任，旁求俊乂，聚之于朝，所谓"其心休休如有容"者，故有元吉之占。且"拔茅征吉"，泰之所以吉亨也；"勿疑朋盍簪"，豫之所以志大行也。朋党之议，皆起于叔季之世，圣人处涣散之时，以收拾人心为本，而先散其群，毋乃蹈商王"亿兆夷人，离心离德"之覆辙乎！伊川言"君臣同功，所以济涣，天下涣散而能使之群聚，可谓大善之吉"，与《吕览》义亦相近。[①]又如，对于思想宗旨多以程颐之说为本的杨万里的《诚斋易传》，钱氏指出："其说长于以史证经，谭古今治乱安危贤奸消长之故，反覆寓意，有概乎言之。开首第一条论《乾卦》云：'君德唯刚，则明于见善，决于改过。主善必坚，去邪必决，声色不能惑，小人不能移，阴柔不能奸。故亡汉不以成、哀而以孝元；亡唐不以穆、敬而以文宗：皆不刚健之过也。'呜呼！南渡之君臣，优柔寡断，有君子而不用，有小人而不去，朝纲不正，国耻不雪，日复一日，而沦胥以亡。识者谓唯刚健足以救之。诚斋此传，其有所感而作与！"[②]这就凸显了《诚斋易传》在南宋之时的现实意义，也就是说，与《周易》一样，该书也是一部忧患之作。再如，关于《周易·系辞上》"易简而天下之理得矣"，钱大昕推阐其义曰："四时行，百物生，天地之易简也。无欲速，无见小利，帝王之易简也。皋陶作歌，戒元首之丛脞。从脞者，细碎无大略。吴季札所谓其细已甚，民弗堪也。易简之道失，其弊必至于丛脞。"[③]这就将易简之理与政治上的宽简无为很好地结合了起来。

　　特别能够反映钱大昕这种治《易》倾向的，还有他的《履卦说》一文。钱氏在该文中说："《履·象》：'上天下泽。'天极其尊，泽较地而逾卑，

---

①　（清）钱大昕：《潜研堂文集·答问一》。

②　（清）钱大昕：《潜研堂文集·跋诚斋先生易传》。

③　（清）钱大昕：《十驾斋养新录·卷一·易简》。

上下各安其位，而无觊觎之心，此守成极盛之象也。五居尊位，四阳辅之，'刚中正，履帝位而不疚'，具大有为之资，无自暇逸之志，宜乎'利有攸往'矣。而夬履之厉，圣人惕然戒之，何哉？阳健于上，阴说乎下，有将顺而无匡救，孔子所谓'予无乐乎为君，唯其言而莫予违也'。若是者，虽正亦危，况未必皆正乎！《兑》之义，主乎说，以一阴加二阳之上，二阳不能说君；而六三一阴独专之，上下相说，说且不解。上不知其眇且跛也，而委以视履之柄，下亦忘其眇且跛也，而矜其视履之能。力少任重，穷大失居，非干覆𫗧之刑，即致负乘之寇，不特自诒伊戚，抑且祸及国家矣。故于《象》有'不咥人'之戒，而于六三著'咥人'之凶。"①在这里，通过对《周易》的诠释，钱氏的社会政治思想得到非常清晰的表述，而其治《易》风格和特色也得到一定程度的展示。无怪乎后来陈澧在《东塾读书记》中对钱氏的这段话全文引述，极力推崇，并指出："澧谓钱氏可谓善言《易》矣。钱氏《养新录》于爻辰、两象易之类详考之，而其自为说则如此，乃知《易》义切于人事。治此经者，勿徒骛于古奥也。"②

在治《易》过程中，钱大昕还将《易》《庸》结合起来，着力阐发孔子和儒家的中庸之道。他说："孔子作《易十翼》，《彖传》之言'中'者三十三，《象传》之言'中'者三十。其言'中'者，曰'正中'，曰'时中'，曰'大中'，曰'中道'，曰'中行'，曰'行中'，曰'刚中'，曰'柔中'。刚柔非中也，而得中者无咎，故尝谓《易》六十四卦、三百八十四爻，一言以蔽之，曰'中'而已矣。子思述孔子之意而作《中庸》，与《大易》相表里。……'素其位'者，'时中'之用也。在《易》六爻之位，二名誉，四多惧，三多凶，五多功。然而当其用者，三四有时而吉；失其用者，二五有时而凶；所谓'君子无入而不自得焉'者也。乾之用九，戒之以'无德不可为首，惧其过刚而失中也'；坤之用六，戒之以'永贞'，惧其过柔而失中也。六十四卦，不外乎'时中'，而《乾》《坤》特言其用。故曰《易》

---

① （清）钱大昕：《潜研堂文集·履卦说》。
② （清）陈澧：《东塾读书记（外一种）·易》，北京，生活·读书·新知三联书店，1998。

与《中庸》，其理一而已矣。"①钱氏此论，承于宋儒之说而有所发展，对后来的学者多有启发。近世熊十力、冯友兰、杨向奎等人都曾论及《易》《庸》关系，或有钱大昕之说的影响在其中。

此外，钱大昕还注意通过解《易》来表达一种谦逊敛退、戒骄戒躁的为人为学态度。他曾告诫其弟钱大昭（晦之）曰："夫一人一家之书，岂足以尽天下之理，而欲强天下之人从己，自信愈坚，而其蔽欲甚，向之所夸者，适足以滋谤尔。《易》曰：'丰其蔀，日中见斗。'丰之卦内明外动，恃一己之智，以为天下莫己若，而动而多悔，人所共见，己莫之见焉。此未知用晦之义也。晦之，勉乎哉！有昼无夜，百物奚以生？有朔无晦，岁功奚以成？有作无息，人心奚以宁？水自以为无渣，而泥沙点之；镜自以为无欺，而尘埃掩之。勿逐物而汶汶，勿堕行而冥冥，亟返吾朴，善藏尔名！"②凡此种种，都说明，钱大昕治《易》，是将义理和象数之学熔为一炉，兼治并重，较之惠栋、张惠言等人专宗象数之说尤其是虞翻之说，能够更好地体现、诠释《周易》及《易》学的根本精神和核心价值。

我们知道，钱大昕精于文字、音韵、训诂之学和版本学、金石学，且卓有建树，多有创获。在易学研究中，他的这种优势和特点也得到一定程度的发挥。例如，他发现，《周易》六十四卦的《象传》皆有韵。对其中以今韵求之而不合者，钱氏则通过引证《说文》《广韵》《方言》等文献，做了精审、确当的考释，从而认定古本《周易》的这些文字应该是协韵的，与今本略有不同③。再如，关于《周易》卦名之四声，他认为不应有两读的现象。像观卦之"观"相传读作去声（见于陆德明《经典释文》），但《释文》于个别"观"字又兼收平、去两音。钱氏对此持否定态度，指出"六爻皆以卦名取义，平则皆平，去则皆去，岂有两读之理？而学者因循不悟，所谓是末师而非往古者也"④。又如，关于"易"之读音及其演

---

① （清）钱大昕：《潜研堂文集·中庸说》。
② （清）钱大昕：《潜研堂文集·晦之字说》。
③ （清）钱大昕：《十驾斋养新录·卷一·易韵》。
④ （清）钱大昕：《十驾斋养新录·卷一·观》。

变，钱氏也曾做过考察。他说："予向谓汉儒读经，字有异义，无异音。今又得一证。《易凿度》云：'易一名而含三意，所谓易也，变易也，不易也。'郑康成作《易赞》及《易论》，申其义云：'易简，一也；变易，二也；不易，三也。'是郑读易简与变易、不易初无两音。晋宋以后，分去、入两读……自一字分数音，而经学益多穿凿之解"。[①] 对于《周易》之古本、今本在某些文字上的不同，钱氏也进行过考察。如《周易正义》，"咸淳乙丑九江吴革所刻《正义》大字本极精审。《杂卦》'遘，遇也'，不作'姤'，与唐石经同。案《说文》无'姤'字，徐铉新附乃有之。古《易》卦名本作'遘'，王辅嗣始改为'姤'。后儒皆遵王本，唯《杂卦传》以无王注偶未及改。宋本犹存此古字，明人撰《大全》者尽改为'姤'，自后坊本相承，皆用《大全》本"[②]。这些对于我们全面了解、系统研究易学文本的演变和易学发展的历程，还是颇有帮助的。我们研究中国易学史，应该关注一下钱大昕的易学成就。

六、杨向奎先生易学研究述略

众所周知，杨向奎先生是我国当代著名学者，他的《宗周社会与礼乐文明》《西汉经学与政治》《中国古代社会与古代思想研究》《清儒学案新编》等著作，他的曹雪芹与《红楼梦》研究，都在学术界产生了重要影响。作为经学研究的一大重镇，居于六经之首的《周易》和易学，杨先生也在各种著述中多有探析，其研究方法和成果在 20 世纪中国易学发展史上同样占有重要地位。

（一）

杨向奎先生指出：《易经》是卜筮书，但其中蕴含着深奥的哲学理论，《易传》则是前期儒家本孔子意旨而发挥的。在《易》卦起源问题上，

---

① （清）钱大昕：《十驾斋养新录·卷十九·易》。
② （清）钱大昕：《十驾斋养新录·卷一·朱文公本义》。

杨先生赞成以张政烺先生为代表的数字卦理论，并进一步提出了自己的见解。他说："我们……曾经看到在卜骨上的筮卦，即在卜骨上表示卦义的数字，这是古文字学家的发现，但并没有完全解决问题，为什么在卜骨上有筮卦？这数字究竟是记载筮卦的数字，还是和卜骨本身有关，如果是筮卦数字，为什么刻在卜骨上？这些刻字都和其余卜辞不相干，那么只能说它是记事，即记筮卦于卜骨上。如果不是记事，即卦数与卜骨有关，也就是由卜而逐渐有卦的内容，即筮出于卜，筮出于卜后，然后筮成《易》而前进；卜则限于骨甲，无发挥余地而渐衰，是龟短而筮长。战国而后卜几乎消灭，而卦普遍流行。《易经》外有《易传》，《易》亦由筮书变为有丰富理论的哲学典籍。殷人已经用筮，说明宗周继承了此一传统。"①《周礼·春官·太卜》曰："太卜掌三易之法：一曰《连山》；二曰《归藏》；三曰《周易》。"汉代人提到《归藏》为殷易，而近年在湖北江陵王家台出土的秦简《归藏》也证明，殷人已经用筮，殷易之说是有根据的，杨先生此论也深中肯綮，对我们多有启发。

　　古往今来，关于"周易"之"周"何指，一直存在两种不同的说法，或说为周普、普遍之义（郑玄、陆德明等），或说指周代，《周易》即周代之《易》（孔颖达、程颐、朱熹等）。杨先生同意后一种说法，并从图腾崇拜的角度加以论证。他说："周易"之"周"是指周朝，宗周是黄帝一系的正统，他们的图腾崇拜是龙，这与《周易》之以"龙"为主要象征是有关的。同时，杨先生又论及刚柔与中这《易》中"三德"的来源，指出："'三德'的命题不是来自宗周正统派的思想体系中，而是来自申楚系统的南国文化。这个系统出自古老的炎帝一支，齐许申吕是炎帝后，与楚为邻，申为楚吞并后，两者为一，而楚国文化遂多申的色彩，可以称之为'申楚文化'。""南国多申巫，而申巫是古代文明的载体及传播者"，"孔子时申楚尚多巫卜"，由此入手，又通过分析《尚书》中的《吕刑》《洪范》与《易经》的内在联系，杨先生认为，《易经》与申楚关系密切。② 的确，近年

① 杨向奎：《宗周社会与礼乐文明》（修订本），216 页，北京，人民出版社，1997。

② 同上书，398～399 页。

出土的简帛《周易》及不少学者的研究成果都表明，《易经》是南北文化系统综合融会的结果，《易传》和易学是以儒家、道家为主而又综合百家、超越百家的产物。杨先生的论断是正确的。

与此相联系，杨先生注意从社会信仰发展的角度来探讨《易》之起源。他说："因有信仰而祭神，因祭神而有明堂、太室；祭神为了祈福，因祈福避祸而求神先知；因求神示乃有贞卜；贞卜有术，在商则为龟甲兽骨之卜，西周逐渐由贞卜而转于筮占，于是《易》卦兴而有《周易》，遂为经书之首，由卜筮书转为哲理古籍，《易传》不同于《易》卦，非卜筮所能范围者。卜筮神秘，理解其内容为巫祝专职，演为哲理亦多不可解，千百年来注解者繁，王弼注代郑玄后，《易》为三玄之一，后来中国传统哲学各流派多与此书有关，由巫祝而哲而玄，乃《易》之三变也。"①这些论述皆颇具卓识。

在《汉书·艺文志》中，承于《易传》及司马迁等人关于《周易》产生过程的说法，班固提出了"人更三圣"的观点，认为伏羲作八卦，周文王演为六十四卦，并作卦辞、爻辞，而孔子则作《易传》(《十翼》)。后来马融改造、发展了这一观点，提出文王作卦辞、周公作爻辞的说法，并为后来的陆绩、孔颖达等人所接受，以至于宋代朱熹又概括、总结出了"人更四圣"之说。在杨先生看来，这一说法虽不能完全信以为实，但也绝非毫无所本、毫无学术价值的向壁虚造。他指出："文王演《易》之说，虽有争论，但《易》之来源甚古，殷商已见端倪，宗周之初有所发展当无疑问。其初因奇偶而有八卦，八卦不能尽变化，重为六十四卦，而加卦辞、爻辞，初为巫祝专职，西伯幽囚演《易》而有所推演。""原始卜筮都为巫祝专职，他们是古代最渊博的学者，八卦之重，爻辞、象辞之设，没有他们的参与，无法完成。他们多是无名专家，孰为《易》之加工者，当无可考。但文王演《易》之说，被轻轻否认亦无据，巫祝卜筮都为王家服务，以文王、周公之才而习《易》，因习《易》而演《易》而重卦，舍巫祝而自为之，此所以有文王、周公之参与。文王、周公固饱经忧患者，

---

① 杨向奎：《宗周社会与礼乐文明》(修订本)，210～211 页，北京，人民出版社，1997。

'作《易》者其有忧患乎'，正合符者。"他还引高亨先生之说，认为平实近理，最为得体。① 论及孔子与《周易》的关系，杨先生不同意所谓《鲁论》之说，肯定孔子学《易》乃史有其事。《论语·述而》记孔子曰："加我数年，五十以学《易》，可以无大过矣。"《为政》则记孔子曰："吾十有五而志于学，三十而立，四十而不惑，五十而知天命，六十而耳顺，七十而从心所欲，不逾矩。"杨先生将这两段话联系起来进行考察，在总结何晏等《论语集解》以来有关成果的基础上，指出："'知天命'与'学《易》'是相通的，学《易》然后知天，故云'五十而知天命'。"② 长沙马王堆汉墓帛书《周易》之《要》篇的记载以及近来一些学者所作的相关考辨，已经基本证实了杨先生的结论。

（二）

作为中华文化的源头和主干，《易》道广大，无所不包。《周易》和易学对中国传统文化的形成和发展影响至深，在中国学术史、思想文化史上的地位极为重要。杨先生对此也有所论述。他说："《易经》学者之注释多本于《易传》，而《易传》乃前期儒家本孔子意旨而发挥。后来变作儒家的正统思想，随着孔子儒家在我国长期的历史发展中取得正统派的地位，这种传统思想变作我国正统思想，它教育着我国人民，陶冶着我国人民的情操。"③ 孔子"刚健中正"的思想，主要是在继承《周易》之说的基础上形成的。"《中庸》是子思撰述的书，正是他理解了孔子对于'刚健中正'的评价而有的著作。《中庸》之道源自《易经》，所以子思依傍《易传》而著书。在十翼中《文言》《系辞》发挥儒家的《易》理最多，而《中庸》无论在义理在文辞各方面都与上述两传相近，完全可以纳入《易传》的行列中，变作'十一翼'，不会有'非我族类'之感。"杨先生还列举了李心传、朱熹、项安世等前贤以《中庸》说《易》的例证。④ 确实，直到近世，熊十

① 杨向奎：《宗周社会与礼乐文明》（修订本），109～111 页，北京，人民出版社，1997。
② 同上书，289 页。
③ 同上。
④ 同上书，404～405 页。

力还在强调"《中庸》本演《易》之书"。① 杨先生的观点正是对前人之说加以综合创新而成的。由《易》《庸》关系出发，杨先生肯定了易学在儒家自身改造过程中的作用。他说："《中庸》是发挥《易·乾》当位、刚健中正之德的大著，因之列它于《易传》中，不会有生疏之感，在哲学上它完成了《大易》刚健中正的道德哲学体系，这种道德哲学是儒家的'本体论'。本体是恒量，表现在中华民族的性格上，它是'极高明而道中庸'，表现在个人身上它也是完整的中庸之道。在儒家本身的改造方面，它使一个以相礼为业而乞食的团体变成一个刚健中正的君子儒。"②

杨先生还高度评价了《周易》和易学的宇宙观，特别强调了其在自然科学史上的价值和影响。他说："《易》以奇偶为阴阳，阴阳合而万物生，遂为中国传统哲学最古老的宇宙观。在世界科学史上原始阴阳说，盖优于原始原子说；无阴阳奇偶之辩证发展，则原子说亦无能为力。宇宙渊泉，必须有正负能量之载体，古代哲学家名之曰阴阳，阴阳变化无穷，则宇宙之所由生。"③"'—'代表阳而'六'代表阴，符号是'—'，'--'；阴阳的发现及其无限的发挥在中国社会思潮中有无比的作用。我们以为，宇宙的动力是阴是阳，当然阴阳不是无物质的力，它们有载体，也就是任何具体事物都有阴阳两性，不能有脱离具体事物的阴阳'离子'，但人们可以概括宇宙为阴阳组成。阴阳的发现，早于西方的原子说而优于西方的原子说。到现在为止，在哲学上、在基础科学上，正负、阴阳的概念永不可少，没有它们的存在也就没有宇宙，保持它们之间的平衡，是世界上最重要的'生态平衡'。"④"在《易》卦中，有乾坤六爻在变化不已，以'—'为乾，以'--'为坤，在世界数学史上，这就是'1'与'0'的二进位制，在现在科学上产生了良好的作用，但在先秦儒家的理解中，其中的意义远不止此，他们于其中发现自然万物发生发展的道

---

① 熊十力：《原内圣》，见刘梦溪：《中国现代学术经典·熊十力卷》，312 页，石家庄，河北教育出版社，1996。
② 杨向奎：《宗周社会与礼乐文明》（修订本），406 页，北京，人民出版社，1997。
③ 同上书，109 页。
④ 同上书，212~213 页。

理。他们以乾'—'为阳，以坤'– –'为阴，阴阳两者而成一体，有此阴阳二体的交互变化而生万物，生生为'易'。因此他们为《易经》定性，这不仅是一部卜筮术，它是在模拟自然的变化、生生。现在的自然科学家以大功率的粒子对撞机模拟自然的演变，因而探索宇宙的起源。我们古代的《大易》学者也是在作这种探索，他们有图有表，在《皇极经世》中，邵康节试图用数学的方法来说明自然界的发展。我们不能说他们是'白日做梦'，他们的意图明确，要探索自然，自然不是神造，《大易》是一部模拟宇宙的'圣典'，虽然还有待进一步探索。"①我们知道，杨先生是一位对自然科学深有研究、颇有建树的史学大师，他对《周易》和易学的上述评价，是很有说服力的。

（三）

关于中国易学发展史，杨先生也曾提出自己的见解，其中主要集中在汉、宋、清代易学方面。关于汉代今文经和古文经在易学上的分野，杨先生通过分析《汉书·儒林传》《艺文志》等文献记载，认为《周易》的今古文学派与其他经典有所不同。其原因，"一来是《易经》没有经过秦火，文字和师说都可以流传下来，没有训诂章句上的显著区别。二来《易》是卜筮书，多讲阴阳灾异，而这些是西汉今文经师的特色，就此而论，易学诸家都属于今文学派。费（直）、荀（爽）讲阴阳变化；孟（喜）、京（房）更是讲阴阳变化的大本营。就文字论，他们都可以传授古文，古文一直在流传下来，所以刘向可以看到中古文，因之各家都有古训。《易经》的今、古文学派，不同于其他经典，西汉所有易学都保存古文，而所有易学也都同于今文学派讲阴阳灾异"。②

在研究中国易学发展史时，杨先生注意从天人之学的角度，将《春秋》和《周易》联系起来进行考察。《春秋》和《周易》都在儒家经典中占有特别重要的地位，人们可以从中更好地了解、把握自然界和人类社会的

---

① 杨向奎：《宗周社会与礼乐文明》（修订本），411～412 页，北京，人民出版社，1997。
② 杨向奎：《中国古代社会与古代思想研究》（下），903 页，上海，上海人民出版社，1964。

发展、演变及其规律，得到更为重要的教益和启发。早在春秋末年，《周易》与《春秋》的原型《鲁春秋》就为人们所并重。《左传》昭公二年载，晋国韩宣子来鲁，"观书于太史氏，见《易象》与《鲁春秋》，曰：'周礼尽在鲁矣，吾乃今知周公之德与周之所以王也。'"这里的《易象》就是《易经》。在群经中，《春秋》是以人事体现天道，《周易》则是以天道推衍人事；《春秋》是借助史实的记述来表达其中隐含的微言大义，《周易》则是依据普遍的思想原理来揭示具体实际所应遵循的规律和法则。所以，入汉以后，《易》与《春秋》并重仍是经学领域的一个特点。董仲舒明确将《周易》与《春秋》并列，谓"《易》《春秋》明其知"。① 司马迁也是《周易》与《春秋》并重，立志"正《易传》，继《春秋》"②，认为立足于人事的《春秋》是通过史实的记述来反映其中隐含的微言大义，本于天道的《周易》则是依据普遍的思想原理来推出具体实践所应遵循的规律和准则。也就是说，《周易》为本，《春秋》为用，二者有着密切的内在关联，是相辅相成、相得益彰的。特别应该指出的是，《周易》和《春秋》都曾推究宇宙万物生成的根源，《易传》提出了太极之说，而《春秋》则提出了元（元气）的概念。西汉末年，刘歆还在《三统历》中对此作了较为详尽的阐释。通过分析这一思想发展进程，在谈到《公羊》学派时，杨先生指出："他们是以《易》代表天道，以《春秋》专讲人事；《易》以道天地的变化，《春秋》以辩人事的是非，而人间是非是与天道变化分不开的，这样天人的相应，也是《易》与《春秋》的结合。这就是他们的'天人之际'，也就是'天人之学'。"③受董仲舒影响，此后不仅治《春秋》的学者往往兼重《周易》，而且治《周易》的学者对《春秋》也极为重视。杨先生已经注意到这一点。如在谈到宋代司马光时，杨先生就指出："他的《潜虚》继承《太玄》和《易经》，而《资治通鉴》继承了《春秋》，这仍然是《易》与《春秋》的天人之学。"④又如关于清代惠栋，杨先生指出："惠栋亦多讲'天人之道'。他

---

① （西汉）董仲舒：《春秋繁露·玉杯》。
② 《史记·太史公自序》。
③ 杨向奎：《绎史斋学术文集》，126 页，上海，上海人民出版社，1983。
④ 同上书，149 页。

希图沟通《易》与《春秋》，以为《易》是'天学'，宇宙万物之成长，实与《易》之成长相因，乃二而一者。而《春秋》纪事，效法《易经》，以人事结合天道，所以他说：'《易》与《春秋》，天人之道也。'"杨先生认为，根据惠栋的理论，"天地万物发生发展即《易》的发生发展；万物的发展，是宇宙的实体，而《易》是宇宙实体的表德。《春秋》纪事，效法于《易》，历代以纪'元'开始，即为效法《易》以太极为首。《易》为天道，《春秋》为人事，天道与人事结合，正好是'天人之学'。"①

与此同时，杨先生又注意从儒家仁诚理论的发展来把握中国易学发展的线索。杨先生认为，孔子、子思先后提出的仁与诚，是儒家的道德哲学，也是中国传统文化的核心，而仁与诚皆源于《周易》"生"的哲学，源于其生生不息的思想。在《宗周社会与礼乐文明》《哲学与科学》等论著中，杨先生对此多有阐释，并用以考察中国易学乃至整个中国传统文化的发展。杨先生指出：宋代程颢借助《易传》"生生之为易"和"天地之大德曰生"的理论，从而使"仁"与宇宙本体更好地结合在一起，进一步发展了仁诚理论。② 至清代，"戴东原发展了这种思想，以生生为仁，有仁则有诚，既仁且诚，而生生不已"。与程颢等人一样，"东原在名义上说《易》，其实借《易》以发挥自己的哲学思想"。③ 这些都称得上是易学及其相关研究的不刊之论。

清代易学是杨先生用力较多的研究重点之一，其中惠栋、张惠言、焦循等人的易学理论更是受到杨先生的特别重视。在研究惠栋时，除了考察其天人之学，杨先生又分析说：惠栋专宗汉学，力求通过古字古音以明古训，通过古训以明经，此乃古文经学的体系，但其说《易》又采取今文学派的学说，多阴阳灾异之说，而且"汉代经学，尤其是今文经学不离谶纬，《易经》更多纬书，于是惠氏著作中亦多谶纬思想。汉末道教的形成本来和今文谶纬学有密切关系，在惠氏《易》学著作中，援引道书

---

①　杨向奎：《中国古代社会与古代思想研究》（下），906～907 页，上海，上海人民出版社，1964。

②　《杨向奎学术文选》，29 页，北京，人民出版社，2000。

③　杨向奎：《清儒学案新编》，第八卷，624 页，济南，齐鲁书社，1994。

随处可见。儒与佛、道，在魏晋以后互相排斥，两宋理学乃排斥佛学而引进道书，惠栋既张'汉帜'，遂仍与道教合流"。惠栋曾引《周易参同契》《阴符经》以及《抱朴子》《灵宝经》等以解《易》。汉学本来是与理学对立的，但二者又通过《阴符经》等道教经典而结合起来。杨先生特别强调："汉学家而有浓厚的道士气息，是评论清代汉学的人，所未曾注意过的事！"①正因为惠栋易学中存在这些杂质，杨先生又充分肯定了王念孙、王引之对惠栋及其所本的汉代荀爽易学的批驳。杨先生曾以《经义述闻》卷一中的一条训诂材料为例，指出："他们驳斥了惠定宇说，同时也驳斥了荀爽说。这不仅是个别文字的解诂，而是有关整个易学的看法，荀爽易学是惠栋所遵守的汉易学说，这是一个西汉图谶之学的流派……王氏父子虽然是个别训诂的驳斥，但也触动了荀、惠易学的全身。惠氏易学，当时是没有人驳斥的，《四库全书总目提要》的评论，可见一斑。《经义述闻》中更有长文驳斥虞氏易。他们没有从思想的角度出发进行批判，但他们实事求是的态度，起了驳斥乌烟瘴气的汉易学的效果。"杨先生还高度评价了王氏父子在易学上的考据成果，如《经义述闻》卷二所说："凡《易》言君子、小人者，其事皆相反。"杨先生就此认为，他们的有些结论已经接近历史的真实，并给人以清新的启发。② 对焦循易学，杨先生则颇有微词。他说："清人说《易》，不识大体，《易经》为卜筮书，各种变化，都为卜筮服务，社会人事，变化无端，《易》之占卜，必须有以应之，故亦多变。经中之有义理可言者，为分阴阳，宇宙二分为阴阳，是其卓识，因阴阳而有奇偶，因奇偶而有变化，是谓之易，易即变易，有变易则宇宙生成。这宇宙论在哲学史上占有重要地位，《易传》循此路发挥而抛却占卜，遂使《周易》哲学具有完整体系，元和惠氏，及甘泉焦氏皆治《易》世家，但不足语此……焦里堂之说《易》，永不能脱离卜筮本身，交易止于八卦中，不能脱颖而出，并《易传》不

---

①　杨向奎：《中国古代社会与古代思想研究》（下），905～909 页，上海，上海人民出版社，1964。

②　同上书，1002～1003 页。

解，难与言《易》。"①杨先生的这些论述，无论对研究清代易学，还是对探讨整个清代学术、清代思想文化，都具有广泛而深刻的启发意义和指导作用。

中国易学史上的冲突和争论，往往是在义理之学和象数之学这两大流派之间进行的。如果我们按照这一传统的分野来看杨先生的易学研究，似乎杨先生倾向于义理之学，是义理派。但实际上，致力于求真求实的杨先生对象数易学并无反感，也不排斥，甚至还有较高评价。例如，他肯定了朱熹以《易》为卜筮之书且不忘卜筮亦谈义理的做法。②他对张惠言易学理论的评价，更表现出对象数易学的充分重视。作为深受惠栋影响的乾嘉学者，张惠言为学渊博而精于《易》，于《易》主虞氏，谈象数自其本色，《易图条辨》是其代表作。易以数的变化解说象之发展。张惠言曾说："康节之言曰：两仪，天地之祖也。太极分而为二，先得一为一，后得一为二。二谓两仪。四象者，阴阳刚柔也。有阴阳然后可以生天，有刚柔然后可以生地。夫所谓分而为二者，何耶？其谓气变之始耶？太极未分也。其既分矣，非天非地，非阴非阳，而别有二物耶？且曰：先得一为一，后得一为二，则太极生一，而一生二也，又不可言分也。"③杨先生指出："先一为一，后一为二的提法，有深刻意义。在数学上，以'一'为生成元素，故一可生二，'二'为后继元素，而'一'为唯一的非后继元素。当《易传》分宇宙为阴阳两半，而以'一'为阳、'二'为阴的时候，'二'也是唯一的非后继元素，故《易》为二进位，一、三、五、七、九与二、四、六、八、十，各居一方。在不统一的宇宙中，数永远是二进位。'太极生一，而一生二'，'一'代表阳，'二'代表阴。这代表'二'的后继元素，此时也是生成元素，而不是后继元素，我们不能违反这种原则……阴阳合而生万物。这样，用数的变化来说明宇宙生成次第是可以成立的，我们不能说'它是中古的胡涂概念'（傅孟真先生

---

① 杨向奎：《清儒学案新编》，第六卷，218～219页，济南，齐鲁书社，1994。

② 《杨向奎学术文选》，35～37页，北京，人民出版社，2000。

③ （清）张惠言：《易图条辨》，见《易学集成》影印清道光元年合河康氏刻本。

语）。在哲学上，这样来说明宇宙模型是允许的，数学永远是科学的有效工具。"杨先生认为张惠言是同意邵雍"先得一为一，后得一为二"之说的，是值得肯定的。杨先生强调："张惠言的《易图条辨》是一部有用的书，他对于宋人宇宙模型的解释有恰当处，不能指之为任意胡说，或者是'胡涂的概念'。"①随着易学研究的深入和现代科技的发展，杨先生的结论已经得到普遍认同。

（四）

在杨先生博大精深的学术体系中，易学研究是一个重要内容，并与杨先生对其他相关问题的研究相互呼应、密切相连。纵观上文所述杨先生的易学研究成就，笔者以为，杨先生治《易》有以下两个主要特点：第一，杨先生的易学研究是多视角、全方位的，既有对《周易》和易学文本及其相关材料的具体而微的开掘、考证和阐释，又有对易学史及其相关问题的宏观认识和总体把握。第二，杨先生没有拘泥于传统的象数与义理之分，而是将二者熔为一炉，融会贯通，综合超越，始终注意将易学问题置于宏大的思想文化背景和流变中来系统考察，将易学研究建立在社会史研究的基础上，从而有所创获、有所发展。如他从社会信仰的角度来认识《周易》和易学的起源，以天人之学，以仁诚理论的发展为线索来揭示、把握易学演变的脉络和规律。当然，杨先生易学研究的这两个主要特点，在杨先生的其他研究领域也同样有所体现，只是形式不同而已。可以说，杨先生的易学研究，从一个侧面展示了杨先生学术理念、学术成就及治学风格的无穷魅力和巨大影响。

我们注意到，易学研究是当今学术研究中的热门话题，研究方法和成果众多，但其中的缺憾也是明显存在的。比如，由于种种原因，以往的研究每每只是在传统经学的范围内周旋，把注意力放在典籍授受、经传注释、学派演变等问题上，关心的是历史上那些专门的易学著作，那些专治易学且有著述传世的易学家。所以，如何在研究对象、研究内

---

① 杨向奎：《哲学与科学——自然科学续编》，211～213 页，济南，山东大学出版社，1997。

容、研究方法上有所深化、有所拓展、有所突破，保持一种不断创新、不断发展、不断超越的势头，是一个亟待解决的问题。要实现易学研究的多视角、全方位、立体化展开，就应该紧密结合不同时期的社会政治背景和思想文化氛围进行探讨，充分借鉴、利用所有相关的文献资料和研究手段，将考察范围、研究对象扩展至受《周易》及易学启示、影响的全部历史过程和文化现象上来，包括曾经研究易学、运用易学的所有重要人物和著作的思想主张，而不管这些人物是否是有所师承的易学家，不管这些著作是否是专门的易学著作。在这方面，杨向奎先生已经为我们树立了一个典范。我们进行易学研究，一定要珍视杨先生留下的这份宝贵的学术遗产，不断加以发扬光大。

七、易学的基本精神：和谐与创新

作为群经之首、大道之源，《周易》不仅是中华文化重要的源头活水，同时也是中华民族精神和智慧的集中体现。和谐与创新是《周易》的根本精神，也是中国传统思想文化的主潮、主旋律。和谐思想在中华民族发展的进程中一直不断地涌动、回荡、传播；而创新是一个民族进步的灵魂，是一个国家兴旺发达的不竭动力。中华民族是勤劳智慧、富有创新精神的民族，是勇于创新、善于创新的民族。和谐与创新对中国经济社会、思想文化的演进和发展产生了极其深远的影响。

（一）

《周易》有着丰富的和谐理念，是中华民族和谐精神、和谐理念的重要渊薮。众所周知，《周易》以变为本，倡导变革，呼唤创新，但这种变革和创新是要变无序为有序，化冲突为和谐，实现人际关系、社会秩序的和谐，进而实现包括自然与社会在内的天人整体和谐。这就是《周易》的中正思想：《周易》每卦六爻，各有其位，初、三、五为阳位，二、四、上为阴位，若阳爻居阳位，阴爻居阴位，即为得位或当位，得位为正，象征阴阳各就其位，合于其应然的秩序。每卦有上体、下体之分，二为下体之中，五为上体之中，若爻居中位，即为中，或曰得中，象征守持中道，行为适中，不偏不倚，合于阴阳和合的法则。在此基础上，《周易》又提出了"太和"思想：一阴一阳相互交感，相互配合，刚柔相济，彼此推移，相反相成，协调一致，当达到最佳的结合、最高的和谐状态时，就称为"太和"。《周易·乾卦·彖传》说："乾道变化，各正性命，保合太和，乃利贞。首出庶物，万国咸宁。"按照这种文化价值理想，人类的社会政治伦理的实践活动都应以"太和"这种最高境界、最理想状态的和谐作为终极目标，实现社会和谐、天人整体和谐，各种变革和创新活动自然也不例外。

《周易》倡导的和谐，大体上包括三层含义：一是天人关系（人与自然）的和谐；二是人际关系（人与人、人与社会）的和谐；三是人自身的心灵和谐。《周易》的这一和谐理念就是要通过人的发展来协调和沟通社会发展诸要素，最终使人与自然、人与社会获得更高层次、更高水准、更加全面的发展。也就是说，人的心灵和谐是整个社会保持和谐状态的基础，最终能够推动人际关系、人与自然走向和谐的局面。

（二）

我们知道，人与自然的关系，在中国传统社会被概括为天人关系，名曰天人之际。在中国历史上，天人关系一直是一个重要的理论焦点，而其中一种贯穿始终的见解是"天人合一"，即人是自然界的一部分，人与天地万物是一个有机统一的整体。《周易》是这一思想的重要源头，而其中这种天人关系的背后，即天人合一思想的终极指向，则是天道与人道如何协调，如何才能实现人与自然的和谐共处。《周易》指出："《易》之为书也，广大悉备，有天道焉，人道焉，地道焉。兼三才而两之，故六。"[1]上古先民正是通过对天道规律的体察来指导人类社会，即《周易》所说的："立天之道曰阴与阳，立地之道曰柔与刚，立人之道曰仁与义。"[2]"知崇礼卑，崇效天，卑法地。天地设位而易行乎其中矣。"在《周

---

[1]　《周易·系辞下》。
[2]　《周易·说卦传》。

易》中，通过对万事万物等自然现象的体察，把"天尊地卑，乾坤定矣，卑高以陈，贵贱位矣"作为世界运动变化的根本原则，把天道规律奉为人道的圭臬。"法象莫大乎天地"，人必须通过"仰以观于天文，俯以察于地理"的观象过程，才能预见吉凶悔吝，察往知来，顺天而行。而且，《周易》认为"天生神物，圣人则之。天地变化，圣人效之。天垂象，见吉凶，圣人象之"①，"变化云为，吉事有祥。象事知器，占事知来。天地设位，圣人成能"。② 天对人类社会是有神喻作用的，只有顺应天道规律的"圣人"才能与天地感应。

　　《周易》在强调要"顺天而行"的同时，又认为在尊重自然规律、不违背天道的基础上，人类要充分地发挥主观能动精神，以期在现实中达到与自然和谐一致的理想境界。《乾卦》："乾，元、亨、利、贞。"《子夏易传》释为"始、通、和、正"，又有古人释为"春、夏、秋、冬"。元为春，万物始生；亨为夏，万物亨通；利为秋，万物和成；贞为冬，万物收藏，表达的是自然界的运动规律。《说卦传》又运用八卦及其代表的方位进一步阐释了四季变化规律：乾之元气至春分始震，震是东方之卦，万物开始生长；巽是东南之卦，是立夏，其时万物生长一片洁齐；离是南方之卦，是夏至，其时万物包括飞、潜、动、植都已出现；坤是西南之卦，是立秋，坤为大地，万物立秋时赖大地养成；兑为西方之卦，是秋分，万物成熟，一片欢悦；乾为西北之卦，是立冬，其时寒暖交替，阴阳二气相搏；坎为北方之卦，是冬至，其时万物归藏，唯有水在流动；艮是东北之卦，是立春，其时旧的发展过程已经结束，故曰"成终"，但春风吹动，新的发展过程又将开始，故曰"成始"。艮是万物成终成始之卦。在《周易》看来，一年四季的时间与空间运动都是和谐有序的，万物在时空中生长、茂盛、成熟、收敛，年复一年也是和谐有序的。

　　对于自然界这样一个生生不息的和谐发展过程，作为万物之灵的人类又当何为？《周易·乾卦·文言》就此作了别具特色的论述："与天地

---

　　① 《周易·系辞上》。
　　② 《周易·系辞下》。

合其德，与日月合其明，与四时合其序，与鬼神合其吉凶。先天而天弗违，后天而奉天时。""与天地合其德"就是说人道要效法天地之道，但并不是说，人在自然面前无所作为。相反，人却而可以"裁成天地之道，辅相天地之宜"①，发挥自己的主观能动性，遵循自然规律，与天地相协调，对自然万物的变化加以辅助、节制或调整，使其更加符合人类的需要，否则，也就谈不上人与自然的和谐，人类也就失去了进一步生存延续的时机。

（三）

自然界的发展和谐有序，由之产生的人类社会也应当遵循某种既定秩序，和谐而有序地发展，因而《周易》认为人类社会是天地、自然发展到一定阶段的产物。"有天地然后有万物，有万物然后有男女，有男女然后有夫妇，有夫妇然后有父子，有父子然后有君臣，有君臣然后有上下，有上下然后礼义有所错"②。天地作为万物之始产生于前，人类夫妇、父子、君臣产生其后。要使社会的发展也如自然一样出现和谐有序的局面，人际关系的和谐确是其不可或缺的先决条件。《周易》所蕴含的人际关系和谐的思想，包括两个层面的含义，一是人与人之间的和谐；二是人与社会或者说社会群体之间的和谐。

人与人关系的和谐是指个人之间相互理解、相互调适的最佳行为状态。《周易》强调，要想保持群体的协调，就要学会求同存异。例如，《同人卦·象传》中的"君子以类族辨物"与《睽卦·象传》中的"君子以同而异"，就表达了这样的思想：区分辨别群体及各种事物，要审异求同；在事物的处理上，要重视大同，不可计较小异。可以看出，无论是《同人卦》的意在"同"，强调从异中求同，还是《睽卦》的意在"合睽"，强调同中存异，都是要表明：在社会生活中，人与人的交往只有求同存异，才能促进人际关系的和谐。而这些，又是与孔子"和而不同"的思想相一致的。

---

① 《周易·泰卦·象传》。
② 《周易·序卦传》。

但不容忽视的是，这种和谐是在人际关系的矛盾中不断地调节出来的，是一个动态的过程，而不是现有、即成的状态。对于《易》象内部所隐含的阴阳相对的特点，宋代学者张载曾作了颇为精到的解释："有象斯有对，对必反其为。有反斯有仇，仇必和而解。"[①]也就是说，只要有象就必定有一个东西与它相对，凡是相对的事物，它的行为方式必然是相反的，免不了有矛盾、有挫折、有斗争。如果出现了这种情况，最后解决的方法一定要和，不能让矛盾冲突扩大。在张载看来，也只有用和谐的方法来消除矛盾、解决矛盾，才能使事物向一个更新的方面来发展。"仇必和而解"这一深刻的道理，确实体现了中国人化解矛盾的高超智慧。在中国历史上广泛流传的"六尺巷"的故事，也从一侧面充分地说明了"仇必和而解"的道理。据清代桐城派学者姚永朴《旧闻随笔》以及《桐城县志略》等史料记载：清康熙年间，张英在朝廷当文华殿大学士、礼部尚书。老家桐城的老宅与吴家为邻，两家府邸之间有个空地，供双方来往交通使用。后来邻居吴家建房，要占用这个通道。在这期间，张家人写了一封信，给在京城当大官的张英，要求张英出面，干涉此事。张英收到信件后给家里回信："一纸书信只为墙，让他三尺又何妨。万里长城今犹在，不见当年秦始皇。"家人得书，遂撤让三尺。吴氏闻之，感其义，亦退让三尺，故六尺巷得其名，后世传为美谈。如今，在安徽桐城，依然有一条保存完好，长 100 米、宽 2 米的巷道，人称六尺巷。

虽然人与人的和谐是人与人相互理解、相互调适的良好行为状态，但并非总能适时地呈现出来，现实社会中人与人之间的矛盾反而是常态，发展到一定程度，与人争辩是非曲直而待人裁决，诉讼也就纷纷而起。《周易》中有《讼卦》，但全卦的核心思想并不是教人如何争讼，反以不争讼为高明，争讼纵然取得胜诉，仍不免遭受"终朝三褫"之辱。《周易》极为重视对"讼"的化解，《讼卦·象传》认为"君子做事谋始"，提出了防"讼"于未萌的观点，确实反映了古人追求人人和谐、息讼免争的思想。《讼卦》的这一思想，做过鲁国司寇的孔子也非常认同和赞许："听

---

① （宋）张载：《正蒙·太和篇第一》，见《张载集》，7 页，北京，中华书局，1978。

讼，吾犹人也。必也使无讼乎！"①显然，孔子看重的也是如何将"讼"化解于争端之前，未雨绸缪，而不是徒劳于解决具体的诉讼纷争。遇到争讼，往往要动用刑法，于人于己均不利。为解决人与人之间的冲突和纷争，在礼与法之间，孔子和儒家更加注重礼的作用。孔子弟子有若说过："礼之用，和为贵，先王之道斯为美，小大由之！"②这些，当源于《周易》对"讼"的认识。受其影响，历代清正明智或以此相标榜的官员，往往也要表达一番息讼、无讼的态度。于是，在古代的一些官府衙门，我们往往能看到带有这样一些语言的对联："莫寻仇，莫负气，莫听教唆到此地，费心、费力、费钱，就胜人，终累己。"③

《周易》也十分重视人与社会关系的和谐。在人类社会诸结构中，家庭结构可谓根本，在家庭的诸多关系中，夫妇关系是根本，《家人·象传》说："女正位乎内，男正位乎外。"男子正，需有齐家治国平天下的品德，女子正，需有柔顺之德而正内，所以家庭中的女子只有顺从才可获得吉祥。《序卦传》说："伤于外者必返其家，故受之以《家人》。""家人"，即组成一个家庭的成员就必须遵循家道。要想保持家庭的和谐，就必须建立一个合理正常的家庭秩序。《家人·象传》说："家人有严君焉，父母之谓也。父父，子子，兄兄，弟弟，夫夫，妇妇，而家道正。"在一家之中，上有严君父母，下有兄弟姐妹，父母尽父母的责任，儿子尽儿子的责任，兄尽兄的责任，弟尽弟的责任，丈夫尽丈夫的责任，妻子尽妻子的责任，一家人各尽其道，这样就会使家道得正。如果社会上家家咸正，那么整个天下必然太平安定。正如程颐所强调的"家内之道"："父子之亲，夫妇之义，尊卑长幼之序，正伦理，笃恩义，家人之道也"④。

《周易》极为重视尊卑贵贱，认为这有利于社会秩序的稳定。"天尊地卑，乾坤定矣。卑高以陈，贵贱位矣"⑤。"夫乾，天下之至健也，德

---

①　《论语·颜渊》。

②　《论语·学而》。

③　见于河南南阳旧府衙、山西平遥旧县衙等处。

④　（北宋）程颐：《易传·卷三》。

⑤　《周易·系辞上》。

行恒易以知险；夫坤，天下之至顺也，德行恒简以知阻"①。乾是至健，是刚；坤是至顺，是柔。刚柔关系，象征天地、君臣、父子、夫妇的关系，君、父、夫为刚，臣、子、妻为柔。刚柔相应为吉，相敌为不吉，就反映了对于个人所属社会关系的重视。当然，在中国古代，夫主外，妻主内，而在男女平等的当今社会，男女平等，夫妇之间要相互尊重，相互理解，对于《周易》所提出的刚柔、尊卑关系，不能机械地理解，应随着时代的发展赋予其新的内涵。

值得注意的是，《周易》历来为统治阶级重视，重要的原因在于，它是能够为历代王朝之政道与治道提供借鉴的一部不可或缺的重要典籍。《周易》要求当政者与民众要形成一种和谐的政治关系，以创造社会良性运转和协调发展的最佳政治环境，而这无疑也是人与社会关系和谐的应有之义。

为营造稳定、和谐的社会局面，当政者首先必须以诚信的态度对待下属："处近君之地，以刚而能柔，众阴之所顺附……则当开诚心，布公道，待以广大之度，不为物我之私，然后有以致人心之皆服。"②《益卦·象传》也认为："有孚惠心，勿问之矣。惠我德，大得志也。"当政者只有"有孚惠心"，广泛地深入民众，才能做到《剥卦·象传》所谓"上以厚下安宅"。司马光就此作过一个形象的比喻："基薄则墙隤，下薄则上危，故君子厚其下者，所以自安其居也。"③也就是说，如果当政者能领悟"上以厚下安宅"的道理，以敦厚的态度对待下属，制定比较宽松的政策赢得民心，方能实现《屯卦·象传》所说的"以贵下贱，大得民也"，从而为创建稳定、和谐的社会奠定较为坚实的基础。孔子曾强调："己所不欲，勿施于人"④；"己欲立而立人，己欲达而达人"⑤。这些应该是以《周易》之说为本的。

---

① 《周易·系辞下》。
② （明）梁寅：《周易参义·卷一》，见文渊阁本《四库全书》。
③ （宋）司马光：《温公易说·卷二》，见文渊阁本《四库全书》。
④ 《论语·卫灵公》。
⑤ 《论语·雍也》。

但是，真正地创造社会和谐局面，当政者只有诚信的态度是远远不够的，还必须担负起教化人民的义务。《周易》就此提出了"三陈九德"的问题："履者，德之基也；谦，德之柄也；复，德之本也；恒，德之固也；损，德之修也；益，德之裕也；困，德之辨也；井，德之地也；巽，德之制也。"①在《周易》看来，凡君子都应依据此"九德"修善德行，做到"履以和行，谦以制礼，复以自知，恒以一德，损以远害，益以兴利，困以寡怨，井以辩义，巽以行权"。唯"九德"兼具的君子才能以道辅济君父，去创造社会和谐局面。《贲卦·彖传》指出："文明以止，人文也。观乎天文，以察时变。观乎人文，以化成天下。"这里的"天文"是指日、月、星辰；"人文"是指人类社会的伦理道德。为政者通过体察天文自然的和谐变化，采用仁、礼等人文之道，既倡礼法，又定尊卑。只有采取这种方式来教育人民，时间既久，才最终能"化成天下"，达到社会和谐。

《周易》强调，为了教化百姓，达到社会和谐，为政者还要采用"神道设教"的手段："观天之神道而四时不忒，圣人以神道设教而天下服矣"②。天道运行，四时不忒，带有一定的神秘性质，如果圣人利用天之神秘性以设教，天下人民莫不服从。很明显，圣人巧妙地利用宗教意识维护统治秩序，也会有助于到达构建社会和谐的目的。与此同时，为政者还认识到了感化人心在教化百姓时的重要性。《咸卦·彖传》说："天地感而万物化生，圣人感人心而天下和平。"天地感是阴阳相感。《周易》强调圣人在上位，是阳；人民在下位，是阴。圣人以至诚之心感化天下人民，也是阴阳相感，所以能达到"天下和平"。

（四）

众所周知，人是社会中的人，自我必须努力与他人、与社会乃至个人生存的自然环境建立一种正常、有序的联系，使自我与日益扩大的人际关系网络保持和谐畅通。但是实现这个目标需要有一个基本前提，即

---

① 《周易·系辞下》。
② 《周易·观卦·彖传》。

个人通过加强自我修养，做到厚德载物、谦虚礼敬、诚信朴实，使心灵保持和谐的状态。否则，人与自然的和谐、人际关系的和谐根本无从谈起，更无法企及。《周易》就个人如何保持和谐健康的心理状态也多有所论及。

《周易》重视个人的道德修养，重视养心。《乾卦·象传》："天行健，君子以自强不息。"《坤卦·象传》："地势坤，君子以厚德载物。"这就告诫人们要像上天一样自强不息，修养德才，具备无穷的德行；又要像大地那样广阔深厚，负载万物，培养宽容敦厚的德行。《乾卦·文言》指出："君子进德修业。忠信所以进德也。修辞立其诚，所以居业也。"进德修业，就是修养德才，而忠信是修养德行的根基。在儒家看来，"君子欲观仁义之道，礼其本也"，视礼为仁义之道的外在表现。同时，又认为"忠信，礼之本也"①，特别重视是否具备忠信的素质，毕竟，忠信是人内在的纯朴真诚，具备这种品质，才能不断提高修德层次。修辞立其诚，则是忠信之德的外在表现，具备这种才干方能真正居业，进而真正能做到"知至至之"，"知终终之"，并能"居上位而不骄，在下位而不忧"，"乾乾因其时而惕，虽危无咎矣"②。

那么，个人的这种道德修养如何才能具备？《乾卦·文言》做出了很好的回答："君子以成德为行，日可见之行也。"即成德要体现在践行之中，"学以聚之，问以辩之，宽以居之，仁以行之"。这就明确指出，君子之德不是天生的，是在"可见之行"中经过"学聚、问辩、宽居、仁行"的修养锻炼得来的，是后天努力的结果。《周易》又认为，即使是这种经过后天磨炼的修养，也不能满足于一时所得，君子进德修业永无止境，"终日乾乾，与时偕行"。

前已提及，为营造社会的和谐秩序，诚信，是为政者的基本素质之一。其实，不仅仅是为政者，诚信亦是每一个人的为人处世之本，同样有助于个人和谐心灵的培育。《中孚》是《周易》中专讲诚信之德的卦，其

---

①　《礼记·礼器》。

②　《周易·乾卦·文言》。

卦辞云："中孚，豚鱼吉，利涉大川，利贞。""中孚"象征诚信。诚信在心中，连愚蠢无知的豚鱼也能感动而孚信之，那么世上没有什么东西不能感动不能孚信的。同理，人对任何事物都要诚信，只要有忠信之德，就没有什么险难不能克服，自会吉利亨通。要做到诚信，就必须胸怀谦逊之心，虚心接受别人的意见和建议。《周易·谦卦》对此又作了最好的说明，以警示人们要培养谦虚的人格态度，内心知道抑制，外表力求柔顺，对人要有所施与。《谦卦·象传》曰："地中有山，谦。君子以哀多益寡，称物平施。"这里讲谦虚决不只是指谦让、减损，也要增益，补充不足。就是说，谦虚，不仅是克制、谦让，保持自己内心的平和，更重要的是，使他人得益，补充不足，有益于他人内心状态的平衡。可以说，"哀多益寡，称物施平"是谦的本质。而《周易》中的"谦"，寓示着不偏不倚，无过和不及，非亏非盈，这也是内心和谐的最佳状态。因此，以"中"为最高准则，允执其"中"，培育心灵的和谐，足以增进人与人以及人与社会关系的和谐、稳定。

　　我们知道，长期以来，从清代的钱大昕，到近世的熊十力、冯友兰、杨向奎等，都是《易》《庸》并称，以《庸》释《易》，把《中庸》视为解《易》之作，甚至称之为"十一翼"①。这是有道理的。《中庸》"致中和"之说与《周易》一样强调和谐，而这种和谐立足于人的心性，立足于人的内心情感，立足于人的精神修养、境界提升。它说："喜怒哀乐之未发，谓之中；发而皆中节，谓之和。中也者，天下之大本也；和也者，天下之达道也。致中和，天地位焉，万物育焉。"对此，我们应该高度重视。

　　（五）

　　自古以来，中华民族就是一个勤劳智慧、富有创新精神的民族，是勇于创新、善于创新的民族。千百年来，中华民族生生不息，日益强大，靠的就是这种创新精神。值得注意的是，中华民族创新精神在代代相承、逐渐丰富、不断发展的历史进程中，与易学结下了深深的不解之缘，形成了广泛的互动关系。

---

　　①　张涛：《秦汉易学思想研究》，39页，北京，中华书局，2005。

众所周知，《周易》为群经之首，是我国现存最古老的文化经典，是中华文化重要的源头活水，易学思想则是中华民族精神的一种集中体现，是中国传统思想的主潮、主旋律。《周易》以变化"日新"为根本，易学主张"天行健，君子以自强不息"①，颂赞"刚健笃实，辉光日新"②，要求"去故""取新"③，强调"日新之谓盛德，生生之谓易"④。刚健有为，自强不息，推陈出新，革故鼎新，是贯穿于《周易》经传和整个易学发展史的基本思想线索。《周易》和易学的辩证思维、科学内涵、包容精神、与时俱进思想、社会变革理论、整体和谐理念等，也是与变革、创新联系在一起的。从一定意义上说，《周易》就是讲创新的书，易学就是研究创新的学问。更为重要的是，易学中倡导变革、鼓励创新的丰富内涵，对中华民族创新精神的形成和发展产生了至深至巨的影响，中华民族的无数杰出人士在其启迪和激励下，积极投身理论创新、文化创新、科技创新、制度创新等创新实践，推动着人类文明不断向前发展。另外，易学自身的演变和发展也得到了中华民族创新精神的滋养和濡染。不论是象数之学、义理之学的形成，还是图书易学、近代易学的产生，都可以看作是中华民族创新精神在易学领域的具体体现，看作是易学家及其他受易学影响而研究、运用易学之人士对中华民族创新精神的丰富和发展。

综观易学与中华民族创新精神之间的不解之缘和互动关系，大体上可以得出以下几点认识。

第一，中华民族创新精神是基于一种忧患意识和刚健有为、自强不息的精神，而这种意识、这种精神主要来源于易学。《易》为忧患之作。兴于殷衰周盛之时的《易经》卦象和卦爻辞即隐含有自我反思的忧患意识，而经过战国时代《易传》的阐发，这种忧患意识更加深广、更加浓重，逐步形成为一种社会责任感、历史责任感，形成为一种理智的、富

---

① 《周易·乾卦·象传》。
② 《周易·大畜卦·象传》。
③ 《周易·杂卦传》。
④ 《周易·系辞上》。

于远见的精神状态。正是为了消除忧患，易学呼吁人们以戒惧而沉毅的态度看待个人、家族、国家的前途和命运问题，"明于忧患与故"①，居安思危，未雨绸缪，遇到艰难困顿时不气馁、不屈服，自信自尊，刚健有为，自强不息，革故鼎新，拨乱反正，及时进行各个领域、各种方式的变革和创新，从而趋利避害，逢凶化吉，求得新的更大的发展。中华民族创新精神深受易学此论的影响。

第二，中华民族创新精神是在包容、吸纳、融摄外来文化的有益成果的基础上形成的，这与易学的影响不无关系。在人类文明史上，任何思想学说，如果没有包容、吸纳、融摄其他思想学说的态度和能力，就不能长期生存并发展壮大。那些真正有生命力的思想学说，都是适应时代发展和社会政治的需要，在保持自我、自信的基础上，对其他学说采取宽容和开放的态度，从中汲取各种养料，来丰富和发展自己。以《易传》为代表的战国易学以"天下同归而殊涂，一致而百虑"②为宗旨，把儒、道、墨、法、阴阳等诸家思想的有益成分统统吸收、融会进来，终于形成了综合百家、超越百家的具有独特风格的思想体系。另外，易学所谓"圣人有以见天下之动而观其会通"③中的"会通"之说，也是中华民族杰出人士接受外来文化成果的观念背景之一。受其影响，中华民族以"厚德载物"④、"弥纶天地之道"⑤的胸怀和气势，对外来文化的有益成果采取了兼容并蓄的态度，其创新精神表现出明显的包容性、融合性。佛教在中国的传播及其中国化、本土化，明清时期西学与中国传统学术、传统科技的融合、会通等，就是突出的例证。实际上，这种包容精神本身就是一种创新。

第三，中华民族创新精神是以科学思想、科学方法为重要前提的，而这种科学思想和方法与易学密切相关。作为中国传统科技发展的一种

① 《周易·系辞下》。
② 同上。
③ 《周易·系辞上》。
④ 《周易·坤卦·象传》。
⑤ 《周易·系辞上》。

文化条件和背景，易学有着一定的科学内涵，其中强调制器尚象，"备物致用，立成器，以为天下利"①。中国传统社会的物质文明成就和科学技术上的创新发明，多受易学此论启发。易学的阴阳思想、辩证思维、整体观念、符号系统、感应观念、类比方法、系统原理、序列思想、相对原理、对称图式、互补原理、均衡思想、周期循环思想等，对科技创新、科技发展更是颇有启示和影响。这也说明，中华民族历来是重视科学思想、科学方法且拥有很强的科技创新能力的。

第四，中华民族创新精神不仅表现在理论创新、文化创新、科技创新等方面，而且表现在制度创新方面，这与易学也有某种内在联系。《周易》不是对客观世界的纯粹理性的、抽象的认识，易学也始终是与人们的社会实践紧密相关的。"夫《易》何为者也？夫《易》开物成务，冒天下之道，如斯而已者也。是故圣人以通天下之志，以定天下之业，以断天下之疑"②，在易学看来，任何变革和创新都应落实到社会政治领域中来，一切变革和创新成果都应广泛推行于天下，反映整个社会和广大人民的利益，所谓"化而裁之谓之变，推而行之谓之通，举而错之天下之民谓之事业"③。唐代柳宗元、刘禹锡等人的永贞革新，宋代范仲淹的庆历新政、王安石的熙宁变法、明代嘉靖新政、张居正改革、晚清维新变法等创新事业，都有易学革故鼎新、拨乱反正之论在其中发挥或隐或显的重要作用，都是"《易》穷则变，变则通，通则久"④之理念在社会政治领域的具体实践，都反映了易学的"涉世妙用"（张居正语）和实践功能。

第五，中华民族创新精神要求遵循事物发展的特有规律，强调变革和创新活动应考虑各种具体的客观条件，既要抢抓机遇，莫失良机，又不能标新立异，不能盲目妄动，不能走极端。易学可谓这一思想的主要

---

① 《周易·系辞上》。
② 同上。
③ 同上。
④ 《周易·系辞下》。

源泉。易学在提倡"见几而作"①"极深而研几"②的同时，强调"变通""趣时"③，"与时偕行"④，"时止则止，时行则行，动静不失其时，其道光明"⑤。人们的变革和创新活动应该始终正确把握时机，否则就会适得其反。历史上王莽改制的失败，即是一个典型的反面例证。由于易学的启迪和教益，中华民族的许多杰出人士在创新之时，往往能够审时度势，与时俱进，及时抓住各种难得的机遇，使变革和创新活动取得成效。

第六，中华民族创新精神是同和谐理念密切相连的，它将实现社会和谐乃至自然与社会的整体和谐视为变革和创新的终极目标，易学则是这一理念的重要渊薮。易学倡导变革，呼唤创新，但这种变革和创新是要变无序为有序，化冲突为和谐，实现人际关系、社会秩序的和谐，进而实现包括自然与社会在内的天人整体和谐。

（六）

"我们要想懂得中华民族的精神，懂得中华民族五千年文明史的核心价值观，离开了《周易》是不行的。而且，懂了《周易》才可以懂得儒家，才可以懂得道家，才可以懂得中国传统文化的精髓。而《周易》，其智慧，其核心价值观，就是和谐，就是阳刚阴柔的辩证统一，就是自强不息，厚德载物。"⑥《周易》的和谐思想是中国传统文化的精髓之所在，集中了我国古代先哲的人生智慧，不仅是具有中华民族特色的人格理论和行为准则，又是中华民族传统文化的基石，对中华民族五千年文明的发展曾产生过极其重要的作用。

当今时代，人们为了追求眼前的利益，而忽视了人与自然的和谐，对自然的过度开发，人类赖以生存的基本条件已日趋恶化，岌岌可危。

---

① 《周易·系辞下》。
② 《周易·系辞上》。
③ 《周易·系辞下》。
④ 《周易·乾卦·文言》。
⑤ 《周易·艮卦·象传》。
⑥ 余敦康：《中国智慧在〈周易〉，〈周易〉智慧在和谐》，载《光明日报》，2006-08-24。

这种生态恶化的状况如不加以及时有效的遏制，不仅威胁到今天，而且势必累及我们的子孙后代。而借鉴《周易》相关的和谐理念，合理调适、协同人与自然的关系，达到人类与生存环境的良性互动，从而使生态文明建设步入良性发展的轨道，最终达到人与自然的高度统一，则不失为有益的尝试。不仅如此，《周易》的和谐理念还为我们提供了一种提升人类生命境界和精神修养的资鉴。由于过分关注物质享受，而缺乏精神层面的追求，当今社会出现了较多不和谐的现象，人与人关系紧张，人与社会的矛盾加剧，忍让、负责、利他的传统美德的生存空间受到了越来越多的挤压。如果任其发展，整个社会将陷入混乱的局面，人类的身心健康也无从谈起。所以，为了促进人与自然、人与社会、人与人及人自身心灵的和谐，促进我国的生态文明建设、和谐社会建设与经济社会发展，进一步充分汲取《周易》的和谐思想、和谐智慧，也就势所必然了。

创新是国家和民族进步、发展的不竭动力，而由以前所述可以发现，在中华民族的和谐思想和创新精神形成和发展的进程中，始终闪动着易学的影子，两者是相伴而行、相互促动的。当然，毋庸讳言，《周易》和易学讲和谐、讲变革、讲创新，但讲和谐、讲变革、讲创新的却并非仅有《周易》和易学。除了《周易》和易学，其他传统经典和学术文化也曾在中华民族和谐思想创新精神形成和发展过程中发挥过一定作用，但总的来说却不如《周易》和易学表现得这样突出、这样显著。目前，我国正在动员全党全社会的力量，坚持走中国特色自主创新道路，努力建设创新型国家。我们应该通过深入研究易学中的创新思想，通过全面考察易学文化与中华民族创新精神的不解之缘和互动关系，来为这一盛德大业提供某种历史资鉴。

第二章　经典探微

一、《孝经》的作者与成书年代

《孝经》是儒家重要经典之一，流传广泛，影响深远。然而，关于它的作者与成书年代，一向众说纷纭，聚讼不已。归纳起来，主要有以下八种说法：（1）孔子所作（《汉书·艺文志》《白虎通·五经》《孝经钩命诀》《孝经援神契》、郑玄《六艺论》）；（2）曾子所作（《史记·仲尼弟子列传》）；（3）曾子弟子所作（晁公武《郡斋读书志》、王应麟《困学纪闻》引胡寅语）；（4）曾子弟子子思所作（《困学纪闻》引冯椅语）；（5）孔门七十子之徒所作（毛奇龄《孝经问》《四库全书总目》、周予同《群经概论》）；（6）孟子弟子所作（王正己《孝经今考》）；（7）后人附会而成（朱熹《孝经刊误后序》及其所引胡宏、汪应辰语）；（8）汉儒伪作（姚际恒《古今伪书考》、黄云眉《古今伪书考补证》、蒋伯潜《诸子通考》）。

在以上诸说中，笔者倾向于曾子弟子所作的说法。晁公武《郡斋读书志》："详其文义，当是曾子弟子所为书也。"王应麟《困学纪闻》引胡寅语："曾子问孝于仲尼，退而与门弟子言之，门弟子类而成书。"遗憾的是，晁、胡二人都未加详论，所以被当作推测之辞。后来，姚鼐在《孝经刊误书后》中也提出，《孝经》"盖曾子之徒所著述"。今人黄得时亦持此说①，惜所论仍简，不足以服人。

（一）

首先看一下其他古籍引用《孝经》的情况。最早称引《孝经》的是《吕氏春秋》。《吕氏春秋·察微》："《孝经》曰：高而不危，所以长守贵也；满而不溢，所以长守富也。富贵不离其身，然后能保其社稷而和其人民。"这段话与《孝经·诸侯》文字全同。又《孝行》："故爱其亲，不敢恶人；敬其亲，不敢慢人。爱敬尽于事亲，光耀加于百姓，究于四海，此天子之孝也。"这段话没有说引自《孝经》，但与《孝经·天子》相较，只是个别文字相异，很可能引自《孝经》。汪中《经义知新记》指出："《吕氏春秋》《孝行》《察微》二篇并引《孝经》，则《孝经》为先秦之书明矣。"有的学者认为《吕氏春秋》所引属读者旁注，后人误入正文②，但未拿出任何证据。所以可见，《孝经》在《吕氏春秋》编成之前即已写定并流传开来。《吕氏春秋》约成于公元前239年，那么，《孝经》成书肯定不会晚于这个时间。

接下来看一下古人为《孝经》作注的情况。蔡邕《明堂论》曾引魏文侯《孝经传》。魏文侯生活于战国初期，在位50年（公元前445—前396年）。他崇尚儒学，礼贤下士，对孔门后学极其敬重，曾拜子夏以及子贡弟子田子方为师，对子夏弟子段干木礼敬有加，并重用子夏的另一弟子李克（悝）。他本人也湛深儒术，曾作书六篇，弘扬孔子学说，《汉书·艺文志》列在诸子略儒家类（此书今佚，马国翰《玉函山房辑佚书》有辑本）。另外，据《说苑·尊贤》，大臣蹇重曾以"孝子""忠臣"之事进说劝谏，魏文侯欣然接受。战国时代是一个开放的时代，社会生活经历了巨大变化，但以血缘为纽带的宗法等级制度依然存在，孝仍是社会最主要的道德原则和伦理规范，是维护封建政权及其统治秩序的重要工具。魏文侯也肯定意识到这一点，于是为《孝经》作了注。

---

① 参见黄得时：《孝经今注今译》，台北，台湾商务印书馆，1972。

② 参见黄云眉：《古今伪书考补证》，69页，济南，齐鲁书社，1980；蒋伯潜：《诸子通考》，杭州，浙江古籍出版社，1985。

有的学者以《汉书·艺文志》未曾著录，便否认魏文侯作《孝经传》一事[1]，这似乎过于武断。考《汉志》六艺略孝经类，确实未著魏文侯《孝经传》，但有《杂传》四篇，不著撰人。王应麟《汉书艺文志考证》说："魏文侯《孝经传》，盖《杂传》之一也。"此说颇有见地。且《汉志》有《魏文侯》六篇，姚振宗《汉书艺文志条理》认为，魏文侯《孝经传》亦有可能"在此六篇中也"。《汉志》有互著、别裁之例，姚氏的说法不无道理。《汉志》主要取自刘向、刘歆父子的《别录》《七略》。《汉志》六艺略乐类有《乐记》二十三篇。马国翰辑《魏文侯》，根据《礼记·乐记》孔颖达疏，指出："刘向《别录》，《乐记》二十三篇，《魏文侯》为第十一篇，以《乐记》佚篇有《季札》《宝公》例之，《季札篇》采自《左传》，《宝公篇》取诸《周官》，知此篇为文侯本书，而河间献王辑入《乐记》也。"也就是说，《乐记》中的《魏文侯》，裁自《汉志》所著《魏文侯》六篇。这一他山之助，使我们有理由推定，孝经《杂传》中的魏文侯《孝经传》，又在《魏文侯》六篇中。

再看一下称引魏文侯《孝经传》的蔡邕及其著述。据《后汉书·蔡邕传》，生当东汉末年的蔡邕，"性笃孝，母亲滞病三年，邕自非寒暑节变，未尝解襟带，不寝寐者七旬"。他对宣扬孝道的《孝经》一定很喜欢、很有研究，且多得其沾溉。蔡邕长期校书东观，"以经籍去圣久远，文字多谬，俗儒穿凿，疑误后学"，便与其他学者一起，"奏求正定六经文字。灵帝许之。邕乃自书丹于碑，使工镌刻，立于太学门外。于是后儒晚学，咸取正焉"。这就是著名的熹平石经。假若魏文侯《孝经传》为后人伪托，以蔡邕的博学多识，治学谨严，他是不会随意引用的。

魏文侯既然已为《孝经》作注，那么，《孝经》的成书年代肯定不会晚于魏文侯，其作者至少与魏文侯生活在同一时期。

（二）

从思想内容上来考察，《孝经》当成书于曾子弟子之手。在与《孝经》

---

① 参见蒋伯潜：《诸子通考》，339 页，杭州，浙江古籍出版社，1985；屈万里：《先秦文史资料考辨》，379 页，台北，联经出版事业公司，1983；杨伯峻：《经书浅谈》，北京，中华书局，1984。

有关诸人中，早于魏文侯和与其同时的有孔子、曾子和曾子弟子以及孔子其他再传弟子。《孝经·开宗明义》："仲尼居，曾子侍。"在这里，孔子不可能称弟子曾参为"曾子"，而曾参也不可能自称"曾子"而直呼其师之字。仅从这一点，就可以说，《孝经》非孔子或曾子所作，乃是不待智者而后明也。

细读《孝经》，再对照《论语》《大戴礼记》曾子十篇等，笔者发现，《孝经》的主要部分与在孔子思想基础上进一步发展起来的曾子思想是一致的，或者说是源于曾子的思想。《孝经·开宗明义》："夫孝，德之本也，教之所由生也。"《三才》："夫孝，天之经也，地之义也，民之行也。天地之经，而民是则之。"《大戴礼记·曾子大孝》记曾子说："民之本教曰孝"。"夫孝者，天下之大经也"。二者都从很高的角度，强调了孝的重要性。曾子看重孝在维护宗法等级制度方面所起的作用，把事父同事君结合起来，认为守孝道者对君主必然忠诚。他指出："事父可以事君，事君可以事师长。使子犹使臣也，使弟犹使承嗣也。"[①]《孝经·广扬名》则说："君子之事亲孝，故忠可移于君；事兄弟，故顺可移于长。"二者的关系是非常明显的。

曾子把保护身体不轻易受到损伤，当作孝的一种重要表现。《论语·泰伯》载，曾子病，召门下弟子曰："启于足！启于手！《诗》云：'战战兢兢，如临深渊，如履薄冰。'而今而后，吾知免夫，小子！"《孝经·开宗明义》则言："身体发肤，受之父母，不敢毁伤，孝之始也。"二者之间有明显的渊源关系。在曾子看来，孝不仅体现于衣食奉养，而且体现于对父母的尊敬、安慰。曾子认为，"君子之孝也，忠爱以敬，反是乱也"，要求"尽力而有礼，庄敬而安之"[②]。他强调，"孝有三，大孝尊亲，其次不辱，其下能养"，并特别指出，"烹熟鲜香，尝而进之，非孝也，养也"。他还提到："养可能也，敬为难；敬可能也，安为难；安可能也，久为难；久可能也，卒为难。父母既殁，慎行其身，不遗父母

---

① 《大戴礼记·曾子立事》。
② 同上。

恶名，可谓能终也。"①《孝经·纪孝行》则说："孝子之事亲也，居则致其敬，养则致其乐，病则致其忧，丧则致其哀，祭则致其严。五者备矣，然后能事亲。"若事亲不敬，"虽日用三牲之养，犹为不孝也。"可以说，二者的思想倾向是非常一致的。

还有，曾子强调："慎终追远，民德归厚矣"②。他认为，要使人们变得忠厚老实起来，就应在办理父母丧事时认真慎重，祭祀祖先时极致虔诚。《孝经·丧亲》则提出了办理父母丧事的具体要求："孝子之丧亲也，哭不偯，礼无容，言不文，服美不安，闻乐不乐，食旨不甘，此哀戚之情也……为之棺椁衣衾而举之，陈其簠簋而哀戚之，擗踊哭泣，哀以送之，卜其宅兆而安措之，为之宗庙以鬼享之，春秋祭祀，以时思之。生事爱敬，死事哀戚，生民之本尽矣，死生之义备矣，孝子之事亲终矣。"《孝经》还特别强调对祖先的祭祀，《卿大夫》提及"守其宗庙"，《士》提到"守其祭祀"，《感应》提出："宗庙致敬，不忘亲也；修身慎行，恐辱先也。"这显然是"慎终追远"的进一步引申、发展。《孝经》既出于魏文侯同时或略早，又非曾子本人所著，那么很可能出自曾子弟子的手笔。他们假托其师与孔子对话，借用孔子之口，表达了曾子论孝的基本思想。古人治学重视师传，托名"曾子"者一般不会是孔门其他人的弟子。而且在孔门中，曾子一向以孝著称，唯独他有可能将孝道当作专门之学，用来教授生徒。

应该指出，《孝经》的理论主张确实亦有与曾子的思想倾向互相抵牾的地方，最突出的就是能否对父母谏争的问题。《大戴礼记·曾子事父母》曾子言："父母之行，若中道则从。若不中道，则谏。谏而不用，行之如由己。从而不谏，非孝也。谏而不从，亦非孝也。孝子之谏，达善而不敢争辨。争辨者，作乱之所由兴也。"这就继承和发挥了孔子"事父母，几谏，见志不从，又敬不违，劳而不怨"③的思想主张。对此，曾

---

①　《大戴礼记·曾子立事》。
②　《论语·学而》。
③　《论语·里仁》。

子还非常注意身体力行。《孔子家语·六本》载，"曾子耘瓜，误斩其根。曾皙怒，建大杖以击其背。曾子仆地而不知人久之。有顷乃苏，欣然而起，进于曾皙曰：'向也参得罪于大人，大人用力教参，得无疾乎？'退而就房，援琴而歌，欲令曾皙而闻之，知其体康也"①。由于无意中做错了一件小事，曾子老老实实地忍受父亲的痛打，一直到休克也不逃跑，苏醒过来后，还去问父亲，是否因用力打自己受累而使身体不适，甚至操琴歌唱，以使父亲知道自己并未因挨打而影响健康。曾子的孝行，真可谓无以复加。这种思想倾向，是不见于《孝经》的。

《孝经》专设《谏争》一章，肯定了君令、父命有义与不义之分，不可尽从，认为一味听从父命，并不能算是孝。它说："昔者天子有争臣七人，虽无道，不失其天下；诸侯有争臣五人，虽无道，不失其国；大夫有争臣三人，虽无道，不失其家；士有争友，则身不离于令名；父有争子，则身不陷于不义。故当不义，则子不可以不争于父，臣不可不争于君，故当不义则争之。从父之令，又焉得为孝乎！"这种带有合理、进步因素的思想观念，绝不是曾子更不是孔子所具备的。它是战国之世社会文明迅速发展的产物，最早只能出于曾子弟子一辈学者的手笔。

进入战国以后，随着以宗法血缘关系为纽带的世族世官制度的进一步发展，传统的人身隶属关系大为松弛，士阶层地位提高，公室与私门养士之风极盛。有些著名的士，还可以上傲王侯，高尚其事。首开养士之风的是魏文侯。魏文侯对孔门弟子颇为敬重，而孔门后学也在魏文侯及公室成员面前表现得相当自由、洒脱。魏文侯欲见段干木，段干木却跳墙而走，让文侯吃了闭门羹。文侯不但没有发怒，反而"过段干木之闾而轼之"，后"见段干木，立倦而不敢息"②。还有田子方，路遇太子击，太子"引车避，下谒。田子方不为礼"。太子问："富贵者骄人乎？且贫贱者骄人乎？"田子方答道："亦贫贱者骄人耳。夫诸侯而骄人则失其国，大夫而骄人则失其家。贫贱者，行不合，言不用，则去之楚、

---

① 事又见（西汉）刘向：《说苑·建本》；（汉）韩婴：《韩诗外传·卷八》。
② 《孟子·滕文公下》；《吕氏春秋·期贤》。

越，若脱躧然，奈何其同之哉!"①田子方对太子出言不逊，太子也只得听之任之，魏文侯仍旧与之齐礼，尊以为师。以段干木、田子方为代表的一批孔门再传弟子，已经适应时势的变化，扬弃了其师辈的思想主张。他们倡导建立一种和谐、合理的君臣关系，这种关系带有契约雇用的色彩，具有互利互惠的性质。对于与君臣关系密切关联的父子关系，他们所持有的态度亦是如此。正是在这样的背景下，作为与段干木、田子方同出孔门弟子的曾子弟子们，在思想观念上不能不有所变化。在《孝经》中，他们一方面保存和宣传了其师的基本思想；另一方面又提出了一些新的理论主张。

我们可以看一下曾子晚年的活动。曾子在孔门学有成就，即收徒讲学，弟子亦有七十多人。父母死后，他"南游于楚，得尊官焉"，名声日著。后来，"齐迎以为相，楚迎以为令尹，晋迎以为上卿"，曾子都谢绝了。② 当时，战国初年，这里的"晋"，指的是魏国，其君就是魏文侯。"晋"为魏国的另一称号。《战国策·魏策一》魏大夫王钟自称"晋国"，《孟子·梁惠王上》梁惠王亦自称"晋国"。1957 年安徽寿县出土的鄂君启节错金铭文中，楚国也称魏为"晋"。再说"上卿"一职，三晋中韩国未设，赵国亦在战国中期以后才设，而魏国则在文侯时就已设置。③ 魏文侯即位时，曾子约 60 岁，尚可为官参政。还有，子夏到魏国的西河之地讲学，被文侯尊拜为师，后来先是不幸丧子，接着又因痛苦过度，双目失明。作为同学和朋友，曾子曾两次前往慰问。④ 这也说明，曾子到过魏国，甚至在那里收徒讲学。魏文侯仰慕曾子的道德学问特别是他的孝行，或在此时拜为上卿。曾子没有接受，而其理由也是为了更好地弘扬孝道。尽管这样，魏文侯不但没有加害于曾子，反而更加重视他的孝道，并看好了基本体现曾子思想而成书于其弟子的《孝经》，为之作注。

有的学者认为，曾子弟子的年龄不会大于魏文侯，身为子夏的弟

①　《史记·魏世家》。
②　(汉)韩婴：《韩诗外传·卷七》。
③　参见(明)董说：《七国考·卷一》，北京，中华书局，1956。
④　《礼记·檀弓上》。

子，又有诸侯之尊，文侯不可能为"从师弟"的书作注。[①] 笔者以为，魏文侯礼贤下士，并未留意学术上的辈分。他尊子夏为师，却又师从田子方。这里，田子方为子贡弟子，子夏自然是其"师叔"。但文侯不管这些，连这叔侄两人一起都尊为师了。另外，曾子弟子的年龄未必就小于魏文侯。文侯即位时假定 20 岁，此时 60 岁的曾子早已收徒讲学，岁数比文侯大的肯定会有。在孔门弟子中，秦宓只比孔子小 4 岁，颜路、伯牛也分别只比孔子小 6 岁和 7 岁。曾子门下恐怕也不乏类似情况。退一步讲，即使年龄比自己小，魏文侯亦未必就对其不尊重。如段干木，年龄比文侯要小些，但因其贤能，文侯便多予礼遇，待为上宾，甚至表示"当事之者也"[②]。所以说，以年龄大小来否定曾子弟子撰作《孝经》，是站不住脚的。当然，认定作者是曾子的某一弟子如子思，也是缺乏根据的。

(三)

前人以"称经之始，起于《庄子》"，证明《孝经》成书最早不过庄子时代。此说很值得商榷。考《庄子·天运》："孔子谓老聃曰：丘治《诗》《书》《礼》《乐》《易》《春秋》六经，自以为久矣。"这里的"六经"之语，是出于孔子之口，所以杨伯峻先生指出："如果这说可信，甚至'六经'之名，孔子以前早已有之，他才能说我们研究这'六经'"[③]。如果说《庄子》所记不可信，那么稍后于孔子的墨子却已经称书为"经"了。从《庄子·天下》言墨家各派"俱诵《墨经》"可知，《墨经》为墨子自著。且《墨子·贵义》载墨子向楚惠王献书一事，说明墨子有自著之书。因此，晋代鲁胜在《墨辩注叙》中说："墨子著书，作辩经以立名本。"清代毕沅校《墨经》时也说："此翟自著，故号曰经。"尽管《墨经》后来也掺入了墨家后学增补的成分，但不可否认，墨子确已经将书称为"经"了。墨子略晚于曾子（约小 25 岁），而与其弟子同时甚至略早。儒墨两家既互相对立，又互

---

① 屈万里：《先秦文史资料考辨》，379 页，台北，联经出版事业公司，1983。
② （西汉）刘向：《新序·杂事五》。又见《吕氏春秋·期贤》；《淮南子·修务》。
③ 杨伯峻：《经书浅谈》，3 页，北京，中华书局，1984。

相关联、影响和启发。起初"墨子学儒者之业，受孔子之术"，^①后来才转向非儒，自立学派。墨子的重要弟子禽滑厘，开始也曾"受业于子夏之伦"^②，儒家弟子亦有学于墨子的。《墨子·耕柱》载，"子夏之徒问于子墨子"。刘向《别录》也提到："《墨子》书有文子。文子，子夏之弟子，问于墨子"。据此，笔者以为，曾子弟子著书时，仿照墨子之例，以"经"名书，是完全有可能的。

不少学者见《孝经》与《左传》的某些字句相同，便认定它抄袭了《左传》，并将其作为其晚出的证据。对此也应加以澄清。关于《左传》的著者年代，汉代以降争论不休，至今尚无定论。笔者认为，司马迁《史记·十二诸侯年表序》称《左氏春秋》（即《左传》）成于春秋末年鲁君子左丘明，绝不是没有根据的。近三四十年来，学术界倾向于这样一种观点：左丘明是当时很有修养的瞽史，类似于古希腊诗人荷马，《左传》的大部分史实最初即出于他的传诵。后人又兼采各国史乘，加以补充，笔录下来，并成为儒家内部的私人授受之学。经子夏门下讲习、润饰以后，才著于竹帛。也就是说《左传》的编订，从春秋末年开始，经过了一个相当长的时期，最后完成于战国初年。^③至于具体的成书年代，卫聚贤先生认为在公元前425年至公元前403年，杨伯峻先生以为在公元前403年至前389年之间，并指出作者曾见过魏文侯。这些都是很有价值的意见。准此，《左传》成书应在魏文侯之时。许多学者还提到，《左传》编订之地亦在魏国。他们认为，《左传》于晋国之事叙述尤多，对由晋而出的魏国更有不少夸张。《左传》闵公元年："赐毕万魏……卜偃曰：'毕万之后必大。万，盈数也；魏，大名也。以是始赏，天启之矣。天子曰兆民，诸侯曰万民。今名之大，以从盈数，其必有众。'初，毕万筮仕于晋……辛廖占之，曰：'吉……公侯之卦也。公侯之子孙，必复其始。'"昭公二十八年亦记孔子之言："魏子之举也义，其命也忠，其长有后于

---

① 《淮南子·要略》。
② 《史记·儒林列传》。
③ 张舜徽：《中国史学名著题解》，21～24页，北京，中国青年出版社，1984。

晋国乎！"凡此种种都反映出对魏国的歌颂和赞美。结合子夏晚年设教于魏国西河之地并为魏文侯师一事看，《左传》成书之地应在魏国，至少与魏国有着较为密切的关联。此说大体可信。

《左传》与曾子及其弟子也并非毫无关系。刘向《别录》记《左传》的传授情况时说，左丘明传曾子之子曾申，曾申传吴起。这个说法未必完全可信，但它却证明曾氏父子肯定与《左传》有关。可以这样推测：曾子从子夏那里了解到尚未最后编订的《左传》，并让儿子曾申研习。曾子弟子与曾申一同受业于曾子，对《左传》自然也十分熟悉，后来便在编著《孝经》时加以借鉴、参稽，而子夏弟子为《左传》定稿，也曾参考过《孝经》，"或为传时取辞于是"①。这里还应补充一句，魏文侯作《孝经传》，不仅是注意到《孝经》本身，或许还注意到它与颂扬魏国的《左传》的关系。

至于《孝经》与《左传》文字相同、相似之处，也可以进一步分析。如《左传》昭公二十五年："夫礼，天之经也，地之义也，民之行也。"《孝经·三才》："夫孝，天之经也，地之义也，民之行也。"一作"礼"，一作"孝"，但并不能说就是后者对前者的简单改动。在儒家学说中，孝与礼是密不可分、相互辅翼的，都是维护宗法等级制度和社会秩序的重要手段。《左传》文公二年就有言："孝，礼之始也。"《孝经》强调孝，《左传》强调礼，各有侧重，而又使用了相同、相似的言词，是极其自然的，说不上谁抄谁的问题，至多是互相参用。从其他文字也看不出二者之间有什么前后渊源关系。

前人又说，《孝经》文义不完整，不如《左传》通顺，显为抄袭《左传》。实际上，古人治学各有所专，曾子门下为"德行之儒，或疏于辞②"，而子夏在孔门中素以文学著称，极重修辞，加上《左传》从诵说、笔录到排比、整理、裁剪润色、反复锤炼，最后才成书，所以便会在文风上与《孝经》有所不同。总而言之，虽然两书之间有关联，但绝不是《孝经》抄袭《左传》。《左传》的编订与《孝经》处于同一时期，甚至还要晚一些。

---

① （清）姚鼐：《孝经刊误书后》。
② 同上。

有的学者见《孝经》思想、文义有与《孟子》相同、相近之处，便认为《孝经》袭用《孟子》，^① 甚至推定《孝经》成书于孟子弟子。^② 笔者则以为，应该是《孟子》承袭了《孝经》之义。孟子极力推崇曾子，尤重其孝道，并加以借鉴、继承和发挥，而《孝经》又基本上反映了曾子的思想主张，因此，如陈澧《东塾读书记》所称，"《孟子》七篇中，多与《孝经》相发明者"。但是对于曾子弟子的思想观念，孟子并未完全认同。《孟子·离娄上》："父子相夷，则恶矣。古者易子而教之，父子之间不责善。责善则离，离则不祥莫大焉。"这与《孝经·谏争》的"当不义子不可不争于父"，是大相径庭的。对于段干木拒见魏文侯这一史事，孟子也予以批评，认为所作"已甚"^③。孟子以孔学嫡传和继承人自任，《孝经》中明显属于曾子后学的某些思想观念，他是不会接受的。

又有学者认为《孝经》中的《谏争》一篇，多袭用了《荀子·子道》。^④ 按《荀子·子道》："入孝出弟，人之小行也；上顺下笃，人之中行也；从道不从君，从义不从父，人之大行也。"又记孔子言："昔万乘之国，有争臣四人，则封疆不削；千乘之国，有争臣三人，则社稷不危；百乘之家，有争臣二人，则宗庙不毁；父有争子，不行无礼……"这些内容确与《孝经·谏争》相近，但言辞并不相同，且更为激切。战国初期，传统的人身隶属关系开始出现变化，所以《孝经》在主张严守孝道的同时，要求对父母谏争。战国中期以降，包括父子关系在内的社会关系更加趋向宽松。《韩非子·五蠹》载："楚之有直躬，其父窃羊，而谒之吏。"正是在这样的社会氛围中，《荀子·子道》才大胆提出"从义不从父"的理论，这只能是对《谏争》的进一步发展。

再者，《荀子》的最后成书，应该在荀子去世前后。荀子去世大约在

---

① 参见黄云眉：《古今伪书考补证》，济南，齐鲁书社，1980；杨伯峻：《经书浅谈》，北京，中华书局，1984。

② 参见王正己：《孝经今考》，见罗根泽：《古史辨》，第4册，上海，上海古籍出版社，1982。

③ 《孟子·滕文公下》。

④ 参见杨伯峻：《经书浅谈》，北京，中华书局，1984。

公元前238年或者更晚，而引用过《孝经》的《吕氏春秋》始著于前240年，此时荀子尚健在，即使有单篇流行的情况，其书亦未能广泛流传。《孝经》不可能抄袭《荀子》，又在成书和流行后为《吕氏春秋》所称引。另外，据唐代杨倞等前贤考证，《荀子》的《大略》以下诸篇处于荀子后学之手。梁启超《要籍解题及其读法》甚至说："杨倞将《大略》《宥坐》《子道》《法行》《哀公》《尧问》六篇降附于末，似有特识。《宥坐》以下五篇，文义肤浅，《大略篇》虽间有精语，然皆断片，故此六篇宜认为汉儒所杂录，非荀子之旧。"这样看来，《子道》问世就更晚了，《孝经》根本无法加以抄袭。既已承认《孝经》成书于《吕氏春秋》以前，却又说《孝经》袭用了《荀子·子道》，亦属疏略。

还有学者以为，与《韩诗外传》相似，《孝经》每篇皆引《诗》作结，而此种形式约起于战国之末，盛行于西汉初年，所以《孝经》之撰作，最早与《韩诗外传》同时。① 实际上，著述引《诗》的形式，早在《墨子》中就已经出现了。《墨子·所染》末尾为："《诗》曰'必择所堪，必谨所堪'者，此之谓也。"由此看来，以引《诗》作结来论证《孝经》晚出，也是不妥当的。此例亦可以补证前面提到的以"经"名书的问题。

根据以上分析，可以得出这样的结论：《孝经》的著者为曾子弟子，他们假托孔子与曾子的对话，宣传了曾子论孝的基本思想，同时也提出了自己的一些新的观念。《孝经》的成书时间为战国初年魏文侯在位之时，也就是公元前455年至公元前397年。

二、《穀梁传》中的重民思想

《春秋》三传的《穀梁传》，是儒家学派的一部重要典籍，在我国社会政治与学术文化发展史上占有一定地位。关于《穀梁传》的产生时代及最初的传授情况，前人说法不一，这里不及详论。然而《汉书·艺文志》说

① 蒋伯潜：《诸子通考》，337页，杭州，浙江古籍出版社，1985。

它同《公羊传》等书"末世口说流行"，这个"末世"，指的就是战国时代，确切地说，就是战国中后期。所以我们应该肯定，《穀梁传》形成于战国之时，尽管到汉初它才著于竹帛，写成定本。白寿彝《中国史学史》(第一册)等即持此说。

《穀梁传》形制短小，语言简朴，仅有四万一千多字，但却有着丰富的思想内涵，其中在社会政治思想方面，最为突出的就是它的重民思想。

(一)

在谈《穀梁传》重民思想以前，先考察一下"民"的含义。最初民与帝对举，凡上帝治下的人，都称做民，而君则是代天治民的"天然代表"，所以君统治的对象也都是民。如周康王二十三年所制"大盂鼎铭文"提到："粤我其遹省先王，受民受疆土。"也就是说，广义的民有时还包括最高统治者之外的所有贵族、平民和奴隶。不过，上古时代特别是到了春秋战国时期，民基本上是指被统治的人民群众了。《说文解字》上说："民，众萌也。"段玉裁注："萌犹懵懵无知貌也。"前此，徐锴在《说文解字系传》中曾对"古文之象"做过生动的解说："古文民，上为髻形，下其足行，中象蒙然衣被之状，衣食而已。今文民象之也。"这种训释，虽不乏对群众的诬蔑和轻视，但我们可以由此得知，那时的民确指包括农民在内的以被统治者为主体的广大的中下层民众。另外，民的此种含义，还可以从《孟子》《荀子》等典籍中得到印证。

随着社会生产的发展，人类文明的演进，人民的作用日益显示出来。夏商时期，宗族贵族把上帝视作至高无上的主宰，呼之为天。继起的西周王朝，鉴于汤武革天之命的史实，深感"天命靡常"而"小民难保"，认为不能盲目依恃天命，轻视小民。于是一些有见识的政治家表现出对民意的重视，提出了"敬天保民"的主张。周公曾说："天唯时求民主。"[1]周武王也曾说："民之所欲，天必从之。"[2]这就把天意和民意直

---

① 《尚书·多方》。
② 《左传·襄公三十一年引》。

接联系起来。春秋时代，重民思想进一步滋生和发展，出现了"民，神之主也"的观念，明确指出人民是神之祭主。[①] 虢国史嚣曾有言："吾闻之：国将兴，听于民；将亡，听于神"[②]。晋国师旷更大胆地说："天之爱民甚矣，岂其使一人肆于民上！"[③]虽然他们都还未跳出天神的圈子，但已充分体现出天神按照人民意志行事的思想，而这正是重民思想的反映。

战国时代，和春秋之时一样，社会动荡，兼并战争的规模越来越大，大量人口遭到毁灭，而人口的多寡又在一定程度上是国家能否强盛，政权能否巩固的重要因素。另外，在旧制度瓦解、崩溃的过程中，人民群众的地位、作用日益提高和加强，一些新兴地主阶级的政治代表，为了向旧贵族夺权，也更加自觉地争取人民的拥戴，借助人民的力量。于是，春秋时代即已产生的重民思想便很快高涨起来。《管子》《晏子春秋》都曾提到"民本"，《左传》也提到"爱民""得民""息民""利民"等。特别是孟子提出的重民理论，在当时影响很大。这一时期问世的《穀梁传》，也通过解说、训释《春秋》，评述历史人物的行事（尽管有些解释、评述穿凿附会，颇不足取），表现出相当浓烈的重民思想。《穀梁传·桓公十四年》明确提出，"民者，君之本也"，将民置于十分重要的地位上。与孟子等人的重民理论一样，这种思想不是历史长河中偶然激起的一朵浪花，而是对当时社会状况和人民处境进行全面总结的结果，同时也是历史发展，人民觉醒，关于人的价值观念随之提高的必然结果。

刚刚经历了制度变革的战国时代，地主阶级与农民等劳动群众之间的矛盾尚未激化到对抗的程度，但作为统治阶级，他们绝不可能与民同乐，他们一方面搜求民力，用于生产和战争；另一方面又对人民疯狂压抑，横征暴敛，残酷剥削。贫苦百姓辗转沟壑，不厌糟糠，生活无着。

---

① 语见《左传·桓公六年》。"神之主"的"主"，一般解释为"主人"，于义未确。实际上，"主"即"祭主"之意。

② 《左传·庄公三十二年》。

③ 《左传·襄公十四年》。

孟子曾尖锐地指出:"民之憔悴于虐政,未有甚于此时者也。"①他还把人民的悲惨境况,同统治者的腐朽生活做了鲜明的对比,说"庖有肥肉,厩有肥马,民有饥色,野有饿莩",指斥统治者是"率兽而食人"。②《穀梁传》亦不满统治者的种种无道之举,强烈要求他们志存民生,与民休息,力戒残民、害民,减轻剥削和压迫。《春秋·襄公二十四年》记载:"大饥。"对此,《穀梁传》说:"五谷不升谓之大侵。大侵之礼,君食不兼味,台榭不涂,驰侯,廷道不除,百官布而不制,鬼神祷而不祀。此大侵之礼也。"也就是说,当天灾严重,年景不好,人民生计最为困难之时,君主更应自我敛制,厉行节俭,以赈灾济难,抚恤百姓。

对于那些爱护百姓、志在民生的圣主明君,《穀梁传》屡屡予以褒美。《春秋·僖公二年》:"冬十月,不雨。"《穀梁传》说:"不雨者,勤雨也。"它用"勤雨"二字来解释经文,认为僖公勤恤民隐,唯恐不雨害农,所以经文有赞扬之义。在"僖公三年",它又说僖公"勤雨""闵雨""喜雨",称颂僖公"有志乎民"。同时,《穀梁传》经常对那些只顾个人私利,不管百姓死活的君主加以训斥。在"文公二年"、"文公十年",它指出文公不为无雨忧悯,"无志乎民",应予谴责。《春秋·成公十八年》:"筑鹿囿。"《穀梁传》说:"筑不志,此其志何也? 山林薮泽之利,所以与民共也。虞之,非正也。"在《穀梁传》看来,成公为了游猎消遣而修建苑囿,是夺民利。一般说来,《穀梁传》对君评论严峻,对民则较为宽厚,表现出强烈的倾向性。

传统社会生产的主体部分是农业生产,而农业生产又必须在严格的时节气候内进行。但是,由于战争频繁,土木屡兴,统治者往往竭泽而渔,不顾农时,强迫农民参加各种非生产性活动,或者服各种徭役。为战争需要建筑的城池工事,也耗费了很多民力。早在春秋之世,孔子就主张"使民以时"。进入战国,孟子强调节约民力,"不违农时"。《穀梁传》也表达了类似的思想。《春秋·隐公七年》:"夏,城中丘。"《穀梁传》

---

① 《孟子·公孙丑上》。
② 《孟子·梁惠王上》。

说："城为保民为之也，民众城小则益城，益城无极。凡城之志，皆讥也。"它认为，随心所欲、毫无止息地大兴土木，会给人民带来繁重负担，贻误农时，影响生产，因而《春秋》对此予以贬斥。当然，《穀梁传》也不是盲目反对任何土木工程，关键要看影响农事与否。《春秋·庄公二十九年》："冬十有二月……城诸及防。"《穀梁传》说："可城也，以大及小也。"这里，"大"指农事，"小"指工程之事，是说农事做完后，开始着手工事，可以做，只是也算不上善政。晋代范宁注说："今云可者，谓冬可用城，不妨农役耳，不谓作城无讥。"此论颇为精当。这也说明，对待社会政治问题，《穀梁传》并未迂腐而不知时变。

战国之世，各统治集团"争地以战，杀人盈野；争城以战，杀人盈城"，给人民群众造成了巨大灾难，几同于"率土地而食人肉"[①]。针对这种情况，《穀梁传》力主寝兵息民，反对兼并土地、劫掠人口的无休止的战争，希望人民能生活在一个相对安定的环境中。它主张"善为国者不师"[②]，认为齐桓公"兵车之会四，未尝有大战也，爱民也"[③]，在《穀梁传·桓公十四年》指出：人民为国君之本，国君应当加以爱恤。今宋君为报仇而征调本国百姓作战，"使人以其死，非正也"。

应该承认，和孟子一样，《穀梁传》的重民，终极目的是为了维护统治集团的利益，巩固宗法等级制度。而在战国之世，强者为雄，义者显焉，要想保住既得利益，不靠武力强权，就得靠仁义德政，所以如同孟子倡导仁政、王道，《穀梁传》又注意强调礼乐教化和仁德之治。它在解经时往往称引古代礼制，以加强自己学说的说服力，促使统治者实行德政，对人民宽仁施惠。它屡讥统治者修筑城池，其中的主导思想，即修城以保民，何如修德以保民。在解释《春秋·昭公八年》"冬十月，葬蔡灵公"时，它说，"失德不葬，弑君不葬，灭国不葬"，认为失德与弑君、灭国一样凶恶。

---

① 《孟子·离娄上》。
② 《穀梁传·庄公八年》。
③ 《穀梁传·庄公二十七年》。

能否行德政，得民心，这是《穀梁传》评价某一统治者善恶的重要标准之一。《穀梁传·隐公四年》说："得众则是贤也。"鲁国大夫季氏实行"寒者衣之，饥者食之"、"共其乏困"①的措施，重视争取和招徕百姓，而鲁昭公却不知施行仁德，收揽人心，关心民事，结果为季氏所迫，出奔晋国。《穀梁传·昭公二十九年》说："昭公出奔，民如释重负。"鲁昭公为君主，按照当时正统的宗法观念，人民对其应绝对忠诚，季氏是大臣，但仅仅因为得民心，便得权柄，将国君拒于国门之外。《穀梁传》用赞赏的态度肯定季氏得民得政，而对世袭君主因失民而失国并不同情，甚至加以贬斥，这是重民观念对世袭君权的一次不寻常的挑战。《穀梁传》在这里暗示，如果君主对人民不好，人民就可以逐除他。也就是说，虽然君位的封建要依靠周天子，君位的继承一般也依靠世袭，但在特殊情况下，人民群众有干扰或改变世袭制度的力量。在这前后，孟子曾强调"得乎丘民而为天子"，②"得其民斯得天下矣"③，并进一步指出，国君若治理不好一个国家，大臣进谏，"反复之而不听，则易位"④。孟子认为，像桀纣那样不仁不义的昏君暴主，是人人得而诛之的。他说："贼仁者谓之'贼'，贼义者谓之'残'，残贼之人谓之'一夫'，闻诛一夫纣矣，未闻弑君也！"⑤可以说，《穀梁传》与孟子之说是彼此呼应，有异曲同工之效的。

《穀梁传》反对战争，但作为现实政治的继续，战争又是不可避免的。战国时期，决定战争胜负的主要因素是双方的实力，而这种实力来自人民。《穀梁传》已经意识到民心向背与战争胜负的关系。《春秋·僖公十五年》说："战于韩，获晋侯。"它认为晋军未败，而其君被获，说明晋侯已大失民心，进而说明得民而战者胜，失民无众者败。从这里也可以看出，《穀梁传》是把人民摆在首位的，君主却不一定都重要，这主要

---

① 《左传·昭公十三年》。
② 《孟子·尽心下》。
③ 《孟子·离娄上》。
④ 《孟子·万章下》。
⑤ 《孟子·梁惠王下》。

取决于他对人民态度的好坏。围绕着对民的态度而论君，这种思想与孟子"民贵君轻"（"民为贵，社稷次之，君为轻"）的理论颇多相通之处，只是不如孟子直截了当。同时《穀梁传》还强调，即使战争不可避免，也应尽量使人民的生命和财产少受损失。如僖公三年记齐桓公侵蔡之事时说："不土其地，不分其民，明正也"。

孟子曾一再呼吁统治者，对处于下层的广大人民的欲望和要求不能忽视，并说："乐民之乐者，民亦乐其乐。忧民之忧者，民亦忧其忧。"[1]"桀纣之失天下也，失其民也。失其民者，失其心也。"[2]《穀梁传》也指出，人民群众的生活习性和思想动态，应当引起统治者的高度重视。它在庄公二十九年说："古之君人者，必时视民之所勤。民勤于力则功筑罕，民勤于财则贡赋少，民勤于食则百事废矣。"《穀梁传》力图证明这么一个道理：无论在社会生活的哪一个方面，都必须重视人民群众这一正在崛起的因素，倾听百姓呼声，与民同乐。

（二）

从"民者，君之本也"的重民思想出发，《穀梁传》进一步论证了君臣父子的关系，提出了不少难能可贵的思想观念。

群雄并争的战国局面，造成了巨大的社会灾难，但也使君臣之间的人身隶属关系继春秋之后进一步松弛，特别是有知识、有文化的士，可以各持己见，在各国奔走游说，合则留，不合则去，有相当的自由，"诸侯不听则不达其上，听而不用则不践其朝"[3]。这些都为比较正确、合理的君臣父子观的产生提供了某些有利条件。

作为一种为统治阶级及宗法制度服务的思想工具，《穀梁传》强调尊王，即尊崇周王室。然而周自平王东迁后，王室日渐衰微，虽为诸侯大宗，地位却已与诸侯无异。降至战国，周王室更是名存实亡。《穀梁传》的早期传授者们不愿面对这个无情的现实，仍然重温着昔日孔子的旧

---

① 《孟子·梁惠王下》。

② 《孟子·离娄上》。

③ （西汉）刘向：《列女传·母仪传·邹孟轲母》。

梦，幻想着回到"礼乐征伐自天子出"的时代。《穀梁传·僖公八年》提出："王人之先诸侯，何也？贵王命也。朝服虽敝，必加于上；弁冕虽旧，必加于首；周室虽衰，必先诸侯。"《春秋·隐公三年》："三月庚戌，天王崩。"《穀梁传》说："高曰崩，厚曰崩，尊曰崩。天子之崩，以尊也。其崩之何也？以其在民上，故崩之。其不名何也？大上，故不名也。"它是将天子置于臣民之上的。《穀梁传》还强调"诸侯之尊，弟兄不得以属通"①，认为诸侯虽应听命于天子，但地位原在臣民（包括宗法血缘之亲）之上的。它极力推崇"忠民"、"孝子"，强调臣顺君，子顺父。如果说"列君臣父子之礼，序夫妇长幼之别"是儒家学说的一个重要特点，那么我们完全有理由说，《穀梁传》正充分体现了这一特点。清代钟文烝说《穀梁传》"多特言君臣、父子、兄弟、夫妇，与夫贵礼贱兵、内夏外夷之旨"，确实深中肯綮。

但是，《穀梁传》并没有把君臣上下的这种伦常等级关系简单化。它强调君臣一体，共理国政。《春秋·桓公十八年》："葬我君桓公。"《穀梁传》解释道："葬我君，接上下也。"它先解"我君"二字，以为这是君臣一体的称谓。《穀梁传》发展了孔子"君使臣以礼，臣事君以忠"②的思想，认为君臣关系不是绝对服从的隶属关系，而是投桃报李、礼尚往来、一报还一报的对待关系。它要求君臣能固守己位，保持政权的稳定，但也应善待属下，礼遇臣民，做一个明君。另外，它要求臣下做忠臣、孝子，却又认为他们不仅有服从君命、为其服务的义务，而且也有坚持原则、尽职谏君的权利。它主张以道义事君，反对谄媚逢迎，一味讨好。在解释《春秋·襄公二十三年》"臧孙纥出奔邾"时，《穀梁传》引蘧伯玉之语道："不以道事其君者，其出乎？"与此相一致，孟子在囿于"君臣大义"的同时，要求君主和臣民间有某种平等关系，要求君主同臣民交朋友，对他们亲爱、尊重，谏行言听，臣民也应"务引其君以当道，志于

---

① 《穀梁传·襄公二十年》。
② 《论语·八佾》。

仁而已"①，并主张入仕求官时保持气节。孟子说："古之人未尝不欲仕也，又恶不由其道。不由其道而往者，与钻穴隙之类也。"②此论与《穀梁传》所言，可谓珠联璧合，异曲同工。

《穀梁传》呼吁君臣上下保持一种合理、和谐的关系，认为能否如此，是决定国家安危存亡的关键。它指出，许多社会动荡现象的发生，原因就是"上下不相得"，也就是君臣上下的关系没有处理好。宣公十五年说："为天下主者，天也，继天者君也，君之所存者命也。为人臣而侵其君之命而用之，是不臣也；为人君而失其命，是不君也。君不君，臣不臣，此天下所以倾也。"在《穀梁传》看来，如果君昏臣佞，渎于职守，君臣上下的关系趋于混乱，政权垮台，国家灭亡就是必然的。《春秋·僖公十九年》："梁亡。"《穀梁传》说："自亡也。湎于酒，淫于色，心昏耳目塞，上无正长之治，大臣背叛，民为寇盗。梁亡，自亡也。"可见它对君臣上下关系的重视。

《穀梁传》强调，要正确处理君臣上下的关系，君臣之间就应明确职责，各有所司。《穀梁传·昭公十年》说："子既生，不免乎水火，母之罪也；羁贯成童，不就师傅，父之罪也；就师学问无方，心志不通，身之罪也；心志既通，而名誉不闻，友之罪也；名誉既闻，有司不举，有司之罪也；有司举之，王者不用，王者之过也。"这里的职责讲得是非常明确和具体的。并且进一步指出，君臣上下的名分建立在各负其责的基础上，否则就不成立。《春秋·僖公二十三年》："庚寅，宋公兹父卒。"《穀梁传》说："兹父之不葬何也？失民也。其失民何也？以其不教民战，则是弃其师也。为人君而弃其师，其民孰以为君哉？"它在宣公十八年称许鲁宣公之弟叔肸为贤人，说叔肸见宣公靠弑杀得位"而非之也"，并"织屦而食，终身不食宣公之食"，也就是不向宣公行为臣之礼。《春秋·襄公二十七年》记卫献公杀大夫宁嘉，献公之弟专（或作鱄）出奔晋国。《穀梁传》说，专"君赂不入乎喜而杀喜，是君不直乎喜也，故出奔

---

① 《孟子·告子下》。
② 《孟子·滕文公下》。

晋。织绚邯郸，终身不言卫。专之去，合乎《春秋》"。对这些采取与国君相左立场而修身行义的人，《穀梁传》津津乐道，称誉有加。在它看来，君臣关系的好坏，主要取决于君主对臣下的态度如何，如果君主不行仁义，不以公正的态度对待臣下，且一意孤行，臣下完全可以弃之而去。换言之，君主也就不配做一国之君。在这前后，孟子也曾提出过进步的君臣伦理观念："君之视臣如手足，则臣视君如腹心；君之视臣如犬马，则臣视君如国人；君之视臣如土芥，则臣视君如寇雠。"[①]《穀梁传》的思想倾向与此是相同的，尽管不如孟子讲得那样尖锐和直白。

对那些昏君与权臣间的争斗，《穀梁传》不轻易表示孰好孰坏、谁是谁非，在解释《春秋·襄公二十五年》"齐崔杼弑其君光"时，《穀梁传》只是淡淡地说"庄公失言，淫于崔氏"，对齐庄公的多行不义与崔杼的包藏祸心，只字不提，态度很显暧昧。实际上，《穀梁传》是认为庄公君臣皆非正当，应各打五十大板。为了正确处理君臣上下的关系，《穀梁传》提出，君臣之间应该互相尊重，彼此谅解，"君不尸小事，臣不专大名，善则称君，过则称己，则民作让矣"[②]。只有这样，才能建立一种君明臣良、君仁臣义的政治机制，才能使整个社会处于和乐、融洽的气氛之中。这也是《穀梁传》的一个政治理想。

（三）

在私有制时代，包括地主阶级在内的一切统治阶级，不可能充分理解和承认人民群众创造历史，推动历史发展的伟大功绩，不可能从真正意义上重视劳动人民。《穀梁传》的重民思想，是站在统治阶级的立场，对人民的一种再评价，归根到底属于统治阶级的意识，其中还保留着不少商周时代的旧观念，对人民群众还有根本性的偏见，不仅不会从实质上触动宗法等级制度，而且有意通过对君主、君臣关系的调整来加以维护和巩固。但另一方面，它的重民思想又是统治阶级思想中比较开明、积极的部分，包含着氏族社会民主、平等的流风余韵，反映出新兴地主

---

① 《孟子·离娄下》。
② 《左传·襄公十九年》。

阶级与广大人民群众的利益还有某种程度的联系，同奴隶制度下不把奴隶当人看的做法相比，是一个进步。正因为这样，《穀梁传》的重民思想，不仅在战国之世有一定的积极意义，而且对后世产生了重要影响。

汉初，陆贾习《穀梁》之学，在总结秦亡教训，为统治者提供治民之术的著述中，多用《穀梁》之义。例如，他要求统治者实行仁义德治，并认为"夫欲富国强威、辟地服远者，必得之于民"①，主张爱惜民力，反对"疲百姓之力"②。这明显是受了《穀梁传》的影响和启示。汉武帝罢黜百家、独尊儒术之后，经学昌盛，《穀梁》之学虽然不如《公羊》之学显赫，但在西汉后期，由于适应了当时统治者的政治需要，也一度出现了大盛的局面，《穀梁传》的思想观念亦为更多的人们所接受，特别是它的重民理论和仁义德治的主张，为最高统治集团调整社会关系、缓和各种社会矛盾提供了重要的理论指导。

在研习《穀梁》的学者中，最有名而且重民思想最突出的，当推西汉元、成时期的刘向。刘向认为"君人者以百姓为天，百姓与之则安，辅之则强，非之则危，背之则亡"③，要求统治者注意与民休息，实行仁德之治。他在《说苑·贵德》中说："圣人之于天下百姓也，其犹赤子乎！饥者则食之，寒者则衣之，将之养之，育之长之，唯恐其不至于大也。"刘向还进一步提出了君臣父子互相为本的"二本"命题。在《说苑·建本》中，他说："君以臣为本，臣以君为本，父以子为本，子以父为本。弃其本，荣华槁矣。"刘向强调臣下对君主没有绝对的隶属关系，应该"三谏而不用则去"④，"诸侯不听则不达其上，听而不用则不践其朝"⑤。在《列女传·辩通传·赵佛肸母》中，他借传主之口，将佛叛乱归罪于君主的用人不当。当然，刘向的这种思想倾向，除了是受《穀梁传》的影响，还是西汉后期皇权衰弱的某种折射，其目的仍是为了巩固刘汉专制政权。

---

① （西汉）陆贾：《新语·至德》。
② （西汉）陆贾：《新语·本行》。
③ （西汉）刘向：《说苑·建本》。
④ （西汉）刘向：《说苑·正谏》。
⑤ （西汉）刘向：《列女传·母仪传·邹孟轲母》。

三、汉代《穀梁》之学一度兴盛的原因

在经学作为统治者的工具出现以后，《春秋》三传中，属于今文的《公羊传》和属古文的《左传》，都曾长期受到人们的瞩目和重视，与《公羊传》同属今文的《穀梁传》则少有问津，显得门庭冷落。但实际上，西汉后期也一度有过"《穀梁》之学大盛"的局面，并影响了当时社会政治的各个方面。

（一）

同《公羊传》相比较，《穀梁传》的一个突出特点是它强调礼乐教化，力主仁德之治，而这恰恰适应了西汉后期统治阶级的政治需要。

众所周知，汉武帝罢黜百家，独尊儒术，归根到底是崇尚《公羊传》和《公羊》学，尊崇以董仲舒为代表的《公羊》学派。汉武帝时期，外事四夷之功，内盛耳目之好，征发烦数，百姓贫耗，穷民犯法，酷吏击断，奸轨不胜，使各种社会矛盾包括同姓诸侯与中央皇权的矛盾日趋激化。虽然汉武帝一直提倡礼制的建设，但他更重视以暴力的高压手段处理问题，"不暇留意礼文之事"①，并对刑名法术之学产生了浓厚兴趣，转而实行严刑峻法，嗜杀无度。《公羊传》既有倡导礼乐仁德的一面，又有近于刑名法术之学、偏重法治的一面，而且后者显得更突出一些。《公羊传》庄公三十二年说："君亲无将，将而诛焉。"意谓臣子对君父不能有弑逆的念头，只要有了这种念头，就可以将其诛杀。当时守《公羊》义的儒者中，公孙弘"习文法吏事，而又缘饰以儒术"②，对酷吏张汤十分赏识。董仲舒著有《公羊董仲舒治狱》十六篇，其弟子吕步舒则参与处理淮南王刘安谋反一案。另外，还有不少习《公羊》的博士弟子出任廷尉史，"平亭疑法"。对汉武帝来说，圣人（《春秋》）、巫师（阴阳五行）、刽子手

---

① 《汉书·礼乐志》。
② 《史记·平津侯主父列传》。

(刑名)混合的《公羊》学，恰恰供给他残忍凶狠的暴行以理论根据，且与他"一君之身趣好殊别"①的性格相符。于是，《公羊》学得宠了，取得了几乎独尊的地位。

汉武帝死后，随着战争机制的解体和人民要求安居乐业的呼声高涨，与《公羊》学有密切关系的刑名法术之士遭到朝野上下的普遍反对和斥责。昭帝时，议盐铁而罢榷酤，轻徭薄赋，与民休息，生产得到迅速恢复，社会矛盾趋于缓和。宣帝即位后，要求"稽古礼文"，实行礼乐教化和仁德之治，已经成为社会各界的共同心态，成为儒家士大夫众口一词的呼声和为政治民的准则。王吉曾吁请宣帝"与公卿大臣延及儒生，述旧礼，明王制，驱一世之民，济之仁寿之域"②。据《汉书·韩延寿传》载，起初赵广汉为颍川太守，见当地豪强横行，"俗多朋党"，便以法术威制豪强，"构会吏民，令相告讦"，结果"民多怨仇"，很不得人心。后来韩延寿出任太守，一反赵广汉所为，崇礼仪，重教化，"举行丧让财，表孝弟有行，修治学官，春秋乡射，陈钟鼓管弦，盛升降揖让"，"令文学校官诸生皮弁执俎豆，为吏民行丧嫁娶礼"。百姓遵用其教，安于田亩，颍川大治。这可以看作当时社会风尚的一个缩影。在这样的社会文化氛围中，《公羊》学显然已经不能再当作统治思想的主要部分，《穀梁》学要走上前台，取而代之了。

在《穀梁传》中，称引古礼之处比比皆是，如"隐公元年"："礼，赗人之母则可，赗人之妾则不可。""隐公二年"："礼，妇人谓嫁曰归，反曰来归，从人者也。""桓公三年"："礼，送女，父不下堂，母不出祭门，诸母兄弟不出阙门。"《穀梁传》屡屡高扬传统礼仪，倡导礼乐教化，贬斥非礼行为。清代钟文烝说："《穀梁》多特言君臣、父子、兄弟、夫妇，与夫贵礼贱兵、内夏外夷之旨。"此诚为笃论。

如前所述，《穀梁传》非常重视百姓的作用。从重民的思想出发，《穀梁传》力主仁德之治。对于爱护百姓，关注民生的圣主明君，《穀梁

①　(宋)司马光：《资治通鉴·汉纪十四·武帝征和四年》。
②　《汉书·王吉传》。

传"认为《春秋》是予以褒美的。《穀梁传》反对战争，希望人民能生活在相对安定的社会环境中，指出"善为国者不师"，认为齐桓公"兵车之会四，未尝有大战也，爱民也"①。《穀梁传》主张礼乐教化和仁德之治的思想内容，与汉武帝锐志武功、多杀士众、竭民财力、奢泰无极的行径形成明显反差，明于此，也就无怪乎武帝不喜《穀梁》而善《公羊》了。

汉宣帝在《穀梁》学的兴盛中起了重要作用。宣帝是一个复杂的人物。他喜欢读《申子·君臣篇》，"颇修武帝故事"，曾拒绝王吉"述旧礼，明王制"的建议，反对太子刘奭专用德教儒术，认为"汉家自有制度，本以霸王道杂之"②，因而后世常以武宣并称。但另一方面，也是更重要的一个方面，宣帝"繇仄陋而登至尊，兴于闾阎，知民事之艰难"③，注意采取措施抚恤百姓，济贫救难，多次颁布假民公田、减免租税、赈贷种食的诏令，要求地方官"谨牧养民而风德化"④，并革除弊政，澄清吏治，平理刑狱，废除了武帝时实施的许多严刑峻法，进一步缓和了社会矛盾。宣帝意识到礼乐教化的重要作用，注意加强传统礼仪对社会的控制力量，使"海内兴于礼让"⑤。他曾下诏说："夫婚姻之礼，人伦之大者也；酒食之会，所以行礼乐也。今郡国二千石或擅为苛禁，禁民嫁娶不得具酒食相贺召，由是废乡党之礼，令民亡所乐，非所以导民也……勿行苛政。"⑥宣帝非常重视儒家士大夫的思想动向，重视作为统治思想的儒家学说，而这时的儒家学说，除了吸收董仲舒《公羊》学偏重刑名法术的理论，更多地继承了先秦思孟学派偏重仁义王道的思想内容，其重要武器之一，就是《穀梁传》。于是，甘露三年（公元前51年），在宣帝的支持下，《穀梁》学被立为官学，成为统治思想的主要部分。

（二）

在力主礼治的同时，《穀梁传》还强调宗法情谊，以此来缓和统治阶

① 《穀梁传·庄公二十七年》。
② 《汉书·元帝纪》。
③ 《汉书·循吏传》。
④ 《汉书·宣帝纪》。
⑤ 《汉书·丙吉传》。
⑥ 《汉书·宣帝纪》。

级内部特别是刘汉宗室内部的矛盾。这是《穀梁》之学在汉代一度兴盛的又一原因。

《公羊传》虽有强调宗法伦常的内容，但它更多地是要求大义灭亲，对乱臣贼子进行毫不留情的镇压。《穀梁传》则不然。在解释《春秋·隐公元年》"春王正月"时，《公羊传》说："立适以长不以贤，立子以贵不以长。""子以母贵，母以子贵。"《穀梁传》说："孝子扬父之美，不扬父之恶。""为子受之父，为诸侯受之君，已废天伦而忘君父，以行小惠，曰小道也。"《春秋·襄公二十年》："陈侯之弟黄出奔楚。"《穀梁传》说："诸侯之尊，弟兄不得以属通，其弟云者，亲之也，亲而奔之，恶也。"因为有密切的血缘关系，陈侯尚不容其弟，因而《春秋》显其恶。在解《春秋·昭公八年》"陈侯之弟招杀陈世子偃师"时，《穀梁传》认为，称招为弟，不合王朝礼制，但《春秋》为显其恶，特意如此，以说明招对骨肉之亲的极端残忍。这些内容，在宣帝之世有着某种现实意义。

西汉立国之初，高祖刘邦将秦亡的原因归结为没有实行分封制，便广封同姓子弟为诸侯王，作为中央朝廷的屏藩。然而，这些同姓诸侯随着实力的不断增强，越来越严重地威胁着皇权的巩固，结果在景帝时发生了吴楚七国之乱。叛乱平定后，诸侯王实力中落，王国地位如同汉郡。武帝即位，为防诸侯王"合纵以逆京师"①，又进一步强迫王国削地，并罢郡国盐铁，悉禁郡国铸钱。这些政策的实施，巩固了中央政权，但也使刘汉宗室间那种温情脉脉的骨肉之情、伦常之谊丧失殆尽，加剧了统治阶级内部的矛盾和纷争。淮南王刘安谋反失败后，武帝罗织罪名，广事株连，大兴冤狱，许多宗室贵族被难受诛。武帝末年，巫蛊之祸起，近臣江充乘机造饰奸诈，诬陷戾太子(卫太子)刘据，武帝也对太子无端猜忌，多方刁难。太子"进则不得上见，退则困于乱臣，独冤结而亡告，不忍忿忿之心，起而杀充"②。武帝"不省察，深过太子，发

---

① 《史记·平津侯主父列传》。
② 《汉书·武五子传》。

盛怒，举大兵而求之"①。太子战败逃亡，为吏围捕而自杀，史良娣及史皇孙兄弟皆遇害。宣帝是戾太子的孙子、史皇孙的儿子，当时"虽在襁褓，犹坐收系郡邸狱"②。后来武帝听说长安狱中有天子气，又派人将在押的宗室成员全都杀掉。由于廷尉监丙吉的拼死保护，宣帝才算活了下来。

在这些同室操戈，骨肉相残的事件中，作为统治思想主要部分的《公羊》学及《公羊》派起了什么作用呢？淮南王刘安谋反一案披露后，曾善待董仲舒的胶西王刘端称引《公羊》之义，要求严惩刘安。他说："《春秋》曰：'臣无将，将而诛。'安罪重于将，谋反形已定。臣端所见，其书节印图及他逆无道事验明白，当伏其法"③。董仲舒的弟子吕步舒"持节使决淮南狱，于诸侯擅专断"④。那位曾经师事董仲舒并得公孙弘赏识的酷吏张汤，在淮南案中更是"穷治根本"，"以深文痛诋诸侯，别疏骨肉，使蕃臣不自安"⑤。可见，《公羊》学和《公羊》派在其中起的是一种推波助澜、火上浇油的作用。在宗室内讧中深受其害的宣帝，即位后当然不能容忍《公羊》独尊的现象延续下去。

宣帝非常重视宗法情谊和血缘之亲，意识到它对巩固刘汉大统的重要作用。即位不久，他下诏说："盖闻尧亲九族，以和万国。朕蒙遗德，奉承圣业，唯念宗室属未尽而以罪绝，若有贤材，改行劝善，其复属，使得自新。"⑥武帝时行首匿相坐之法，虽父子、兄弟不得例外，致使"骨肉之恩废而刑罪多"。宣帝即位后下令予以废除。他说："父子之亲、夫妇之道，天性也。虽有患祸，犹蒙死而存之。诚爱结于心，仁厚之至也，岂能违之哉！自今子首匿父母，妻匿夫，孙匿大父母，皆勿坐。其父母匿子，夫匿妻，大父母匿孙，罪殊死，皆上请廷尉以闻。"⑦宣帝还

---

① 《汉书·武五子传》。
② 《汉书·宣帝纪》。
③ 《史记·淮南衡山列传》。
④ 《史记·儒林列传》。
⑤ 《史记·酷吏列传》。
⑥ 《汉书·宣帝纪》。
⑦ 同上。

多次垂青于那些讲究宗法情谊，兄弟间礼让为怀的臣下。丞相韦贤选定长子韦弘继承自己的爵位，但韦弘却因罪入狱。韦贤去世，族人、门生假托其命，立其次子韦玄成为继承人。韦玄成"坏容貌，蒙耻辱"，假装病狂，"欲让爵辟兄"，拒不应召。有些官吏要求惩处韦玄成，玄成"不得已受爵"。宣帝"高其节，以玄成为河南太守"①，又提拔其兄韦弘为东海太守。宣帝此种举动，颇合《穀梁》之旨而与《公羊》相左。《穀梁》学的兴盛已经水到渠成。

（三）

对汉宣帝这样以较疏远宗法关系入继大统的皇帝来说，要长期稳住自己的宝座，在注重宗法情谊的同时，又要强调尊王思想。《穀梁传》中尊王思想的存在，也是《穀梁》之学兴盛一时的一个原因。近人周予同曾在《博士制度和秦汉政治》中谈及这一问题，但语焉不详，这里有必要做进一步阐述。

春秋以降，周王室日渐衰微，尽管还保留着宗主的名义，地位却已与诸侯无异。生活于群雄并争时代的《穀梁传》的传授者们，不愿面对这一无情的事实，幻想着回到"礼乐征伐自天子出"的时代。《春秋·隐公三年》："三月庚戌，天王崩。"《穀梁传》说："高曰崩，厚曰崩，尊曰崩。天子之崩，以崩也。其崩之何也？以其在民上，故崩之。其不名何也？大上，故不名也。"《春秋·僖公八年》："春王正月，公会王人、齐侯、宋公……盟于洮。"《穀梁传》说："王人之先诸侯，何也？贵王命也。朝服虽敝，必加于上；弁冕虽旧，必加于首；周室虽衰，必先诸侯。"

汉昭帝死后，因无子嗣，权臣霍光迎立昌邑王刘贺为帝。刘贺恣行淫乱，旋即被废。接着，霍光又拥立宣帝。可是，宣帝入主汉室，本无任何政治基础，完全是霍光一手包办。因此，宣帝即位后一直对霍光"虚己敛容，礼下之已甚"②，甚至"内严惮之，若有芒刺在背"③，唯恐

---

① 《汉书·韦贤传》。
② 《汉书·霍光传》。
③ 同上。

自己重蹈刘贺之覆辙。同时，宣帝对刘贺也很不放心。刘贺被废后，封国改置山阳郡。宣帝曾诏令山阳太守张敞"谨备盗贼，察往来过客"①。张敞深知其中用意，于是条奏贺居处，著其废亡之效。得知刘贺无心再起而"不足忌"之后，宣帝才算一块石头落了地。

宣帝的担心不无道理。从血缘关系的远近上说，当时比宣帝更有可能即帝位的确有人在。武帝诸子中，除了刘贺，活着的还有广陵王刘胥。刘胥本人也跃跃欲试，幻想着登上大宝。起初他见昭帝无子，便"有觊欲心"。后见宣帝即位，他更是愤愤不平，说："太子孙何以反得立？"别的诸侯王如楚王刘延寿等，也认为刘胥可能即位而趋附之。"宣帝即位，延寿以为广陵王胥，武帝子，天下有变必得立，阴欲附倚辅助之，故为其后弟赵何齐取广陵王女为妻"，并写信给刘胥说："愿长耳目，毋后人有天下"②。虽然刘胥、刘延寿鲜于计谋，又不得朝中权臣匡助，最后被迫自杀。但这一事例表明，宗室贵族中的一些人对宣帝并不服气，宣帝的宝座当初也并非坚如磐石。

正是鉴于上述情况，宣帝在不满武帝肆意杀戮宗室成员的同时，又对武帝辟土广地、一统海内的文治武功钦慕不已，希冀保持那种"溥天之下，莫非王土，率土之滨，莫非王臣"的盛势。他曾诏有司议武帝庙乐，说："朕以眇身奉承祖宗，夙夜唯念孝武皇帝躬履仁义，选明将，讨不服，匈奴远遁，平氐、羌、昆明、南越，百蛮乡风，款塞来享……功德茂盛，不能尽宣，而庙乐未称，其议奏。"不久他即决定，"尊孝武庙为世宗庙，奏《盛德》《文始》《五行》之舞，天子世世献"③，置武帝于诸帝之上，给以最高荣誉。宣帝要"修武帝故事"，实现皇权的绝对统治，必然喜欢《穀梁传》的尊王之说。

我们还应该看到，《穀梁》之学的兴盛，除了它有利于当时的封建统治，适应了社会政治的需要以外，也有着很强的个人因素。晋代范宁在

---

① 《汉书·武五子传》。
② 《汉书·楚元王传》。
③ 《汉书·宣帝纪》。

《春秋穀梁传序》谈到"石渠分争之说"时指出："废兴由于好恶，盛衰继之辩讷。"此论可备一说。汉宣帝喜《穀梁》，确是秉承其祖父戾太子的遗爱。据《汉书·儒林传》等，"宣帝即位，闻卫太子好《穀梁春秋》，以问丞相韦贤、长信少府夏侯胜及侍中乐陵侯史高，皆鲁人也，言穀梁子本鲁学，公羊氏乃齐学也，宜兴《穀梁》"。于是宣帝"善《穀梁》说"，将《穀梁》学者蔡千秋提拔为谏大夫给事中，"复求能为《穀梁》者"，还派刘向等十多人从江博士和周庆、丁姓习《穀梁》，"自元康中始讲，至甘露元年，积十余岁，皆明习"。随后在甘露三年，宣帝"诏诸儒讲《五经》同异"于石渠阁，让太子太傅萧望之平奏其议，从中襄助，并亲自"称制临决"，终使《穀梁》一派获胜，周庆、丁姓皆为博士，取得了与《公羊》博士平等甚至更高的地位，"由是《穀梁》之学大盛"。

为什么宣帝去请教韦贤等鲁人并听从他们囿于乡土之见的建议呢？一是因为以《穀梁》为代表的鲁学守先王典章之遗，多圣人流风余韵，二是因为宣帝与鲁人的关系特别密切。宣帝祖母史良娣，家本鲁国。当初，年幼的宣帝幸免于巫蛊之祸，丙吉见他无所归依，就把他送到史良娣的哥哥史恭那里，由良娣的母亲贞君抚养。丙吉也是鲁国人，是宣帝的救命恩人，是向霍光建议让宣帝即位的人。韦贤、夏侯胜都曾在宣帝即位时"与谋议"，出了大力。史高则是史恭的长子，因旧恩封侯得官。可见，宣帝喜《穀梁》，确与其好恶有关。

再说"盛衰继之辩讷"。（辩，善辩，有口才；讷，言语迟钝，亦作"呐"。）汉初，瑕丘江公师事鲁申公，习《穀梁传》。"武帝时，江公与董仲舒并。仲舒通五经，能持论，善属文。江公呐于口，上使与仲舒议，不如仲舒"，"由是《公羊》大兴[1]。后来鲁人荣广受《穀梁》于江公，"高材捷敏，与《公羊》大师眭孟等论，数困之，故好学者颇复受《穀梁》"[2]。蔡千秋、周庆、丁姓都是荣广的弟子。宣帝善《穀梁》说，又选刘向等人向江公之子江博士及周庆、丁姓学习《穀梁传》。刘向等都是些聪明好

---

[1] 《汉书·儒林传》。

[2] 同上。

学、娴于辞辩的少年才俊。如刘向，二十岁出头即"以通达能属文辞，与王褒、张子侨等并进对，献赋、颂凡数十篇"，宣帝甚"奇其材"①。相比之下，当时持《公羊》义的博士严彭祖等人则略逊一筹，未见有什么口才。刘向等人出色的论辩才能，当是《穀梁》学在石渠会议上取胜的一个因素。

四、钱大昕的《诗经》研究

我们知道，清代乾嘉时期，经学成为当时学术界的主流形式和主体内容，而钱大昕精研群经，为经学研究注入了新的血液，增添了新的内涵，取得了新的成就。在中国经学史上，《诗经》研究占有极为重要的地位，自汉代以来有大批学者倾注毕生精力耕耘于这一领域。对于《诗经》，作为著名的朴学大师、乾嘉学派重要的代表人物，钱大昕亦曾做过认真考察和精深研究。尽管钱氏没有留下专门的《诗经》研究论著，甚至其观点往往以只言片语的形式散见于各种札记性质的著作中，但他"不专治一经而无经不通，不专攻一艺而无艺不精"②，对《诗经》研究领域许多聚讼已久、悬而未决的问题提出了自己的独到见解，为这些问题的最终解决奠定了良好的基础。

（一）

众所周知，历代学者治《诗》，皆十分重视《诗序》。关于《诗序》，钱大昕指出："说《诗》者不以文害辞，不以辞害志，诗人之志见乎《序》，舍《序》以言《诗》，孟子所不取。后儒去古益远，欲以一人之私意窥测古人，亦见其惑已。"③他强调，解说《诗》义不能"以文害辞"，也不能"以辞害志"，而应该根据传世的《诗序》来加以阐释，不可废《序》不用，如

---

① 《汉书·楚元王传》。
② （清）江藩等：《汉学师承记（外二种）·钱大昕》，52 页，北京，生活·读书·新知三联书店，1998。
③ （清）钱大昕：《十驾斋养新录·卷一·诗序》。

果完全依靠个人的感觉瞎猜乱讲，这种诗意的说解多半是经不起推敲、站不住脚的。而从现存的文献资料当中，我们似乎找不到钱氏关于《诗》三百篇具体篇章有关诗旨的说解性文字，这种情况也许正与其尊《序》的立场有某种关联。

在尊《序》的前提下，钱大昕对于《诗序》的作者及成书年代亦推出了自己的观点，而《诗序》的作者和成书年代历来是一个颇有争议的问题。宋代以前，学者们大多认为《诗序》作于秦汉之前，如《汉书·艺文志》说《诗序》传自子夏，郑玄则认为是子夏所作。魏晋以降，又出现了多种说法，或认定是汉儒所作，或认定是古《序》加汉儒附会而成，等等。另外，还有的认为是东汉卫宏所作，以南朝宋范晔《后汉书·儒林传》为代表。但南朝齐梁以下直至北宋，和之者寥寥无几。两宋之际以后，相当一部分学者认定《诗序》为卫宏所作且直至曹魏黄初四年始有引用，此前汉世之文章无引用者。这可以叶梦得（石林）、郑樵、朱熹等人为代表。入清以后，这一说法开始受到质疑而发生动摇。如陈启源在《毛诗稽古编》中强调："司马相如《难蜀父老》云：'王事未有不始于忧勤而终于逸乐。'此《鱼丽》叙也。班固《东都赋》云：'德广所被。'此《汉广》叙及《鼓钟》毛传也。一当武帝时，一当明帝时，皆用叙语，可谓非汉世耶？"陈氏又说："《诗叙》与它书史皆秦以前文字，而汉世诸儒传之者也，安见它书史可信而《诗叙》独不可信乎？"惠栋亦曰："《左传》襄廿九年季札见歌《秦》，曰：'美哉！此之谓夏声。'服虔《解谊》云：'秦仲始有车马礼乐之好，侍御之臣，戎车四牡，田守之事，与诸夏同风，故曰夏声。'（《诗正义》引之）又蔡邕《独断》载《周颂》卅一章，尽录《诗序》，自《清庙》至《般》诗，一字不异，何得云至黄初时始行于世耶？"（《九经古义》）惠栋除了认为《诗序》在汉代已经流行，还倾向于《诗序》为子夏所作。

在前人研究的基础上，钱大昕又做了进一步考订，指出："愚谓宋儒以《诗序》为卫宏作，故叶石林有是语。然司马相如、班固二人皆在宏之前，则《序》不出于宏已无疑义。愚又考孟子说《北山》之诗云：'劳于

王事而不得养父母.'即《小序》说也。唯《小序》在孟子之前，故孟子得引之。"①在《孟子》中，钱氏又找到了孟子引《小序》之说的重要材料，这就将《诗序》的创作年代又推前到秦汉之前，因而他指出："汉儒谓子夏所作，殆非诬矣。"②这就重新认可了汉儒的子夏作《诗序》之说，而此举也成为钱大昕尊《序》的一个直接原因。经过历代学者的不断探索，特别是由于战国楚竹书《诗论》的发现和研究，"我们已经知道《诗序》在秦汉之前就已经存在了，而且它的作者很可能就是卜子夏③。这说明，钱大昕之说的学术价值至今也并未销蚀。

（二）

在历代的《诗经》研究中，三百篇的用韵情况是学者们较早关注的一个问题。钱大昕精通小学，在古音学领域尤有创获，因而对《诗经》也有用韵方面的研究成果，并独具新意。他曾为段玉裁的《诗经韵谱》撰写序文，指出："《诗》三百五篇具在，参以经传子骚，类而列之，引而伸之，古音可偻指而分也。"④正是在精心研究《诗经》用韵的基础上，钱氏才得以用这样简约精粹的语言，高度概括了自己的独到见解。

一般学者研究用韵，大都注意考察句尾的押韵情况。但是，若单从句尾韵来看，有些诗句似乎并未用韵，让人难以解释。钱氏对此进行了探索，并有所发现，指出《诗》中存在两种不同的用韵情况。一是《诗》"句中有韵"："《诗》三百篇，往往句中有韵，韵不必在句尾也。"⑤例如，《周南·麟之趾》"于嗟麟兮"一句，看似无韵，实与章首"麟之趾"相应，以两"麟"字为韵；《召南·驺虞》"于嗟乎驺虞"一句，"乎"与"虞"字为韵，可见，《诗》之用韵不必皆在句尾。二是《诗》存在"双声为韵"的现象："双声亦可为韵。《小雅》：'决拾既佽，弓矢既调。射夫既同，助我

① （清）钱大昕：《十驾斋养新录·卷一·诗序》。
② 同上。
③ 冯浩菲：《历代诗经论述述评》，165 页，北京，中华书局，2003。
④ （清）钱大昕：《潜研堂文集·诗经韵谱序》。
⑤ （清）钱大昕：《十驾斋养新录·卷十六·诗句中有韵》。

举柴。'' 伀'、'柴' 固韵，'调'、'同' 双声，亦韵也。"① 不过，应该指出，钱大昕的这种见解，等于扩大了《诗》的用韵范围，所以很难为学术界所接受。不过，这一问题尚有进一步探讨的余地。

关于《诗经》中的合韵情况，钱大昕也有自己的研究成果，他认为合韵是双声假借或一字多音。他说："此（指合韵）古人双声假借之例，非举两部而混之也。'民''冥' 声相近，故《屯·象》以韵正，读'民'如'冥'也。'平''便' 声相近，故《观·象》以韵'宾''民'，读'平'如'便'也。"② 钱氏又说："古人音随义转，故字或数音。《小旻》'谋夫孔多，是用不集'，与'犹''咎' 为韵。《韩诗》'集' 做'就'，于音为协。"③ 钱氏之说，颇为后人所认同。例如，王力曾说："合韵是很自然的形式，讲古韵的学者从来不排除合韵。"④ 陆志韦则在《诗韵谱序》中指出："古人韵缓，音色相近的字就可以叶韵，不像六朝以后的严格。"当然，也有学者认为合韵是方言不同的反映。例如，顾炎武说："按真谆臻不与耕清青相通。然古人于耕清青韵中字，往往读入真谆者，当由方言不同，古犹今也。"⑤ 就现在的研究情况来看，学者们已经基本达成共识，认为合韵中音近通押和方言不同两种情况都存在，不可一概而论。从中我们可以感受到钱大昕之说的重要价值。

（三）

《诗经》实际保存的诗有三百零五篇，而篇目却是三百十一篇。原来在《小雅》部分，有六篇有目无词。这六个篇目是《南陔》《白华》《华黍》《由庚》《崇丘》《由仪》，它们被称为笙诗。关于笙诗有两种不同的解释，汉儒的观点是"有义无辞"，毛传以为"有其义而亡其辞"，郑笺则曰："孔子论《诗》《雅》《颂》各得其所时俱在耳。篇第当在于此。遭战国及秦之世而亡之，其义则与众篇之义合编，故存。"这只是将"亡其辞"解释为

① （清）钱大昕：《十驾斋养新录·卷十六·双声亦韵》。
② （清）钱大昕：《潜研堂文集·答问十二》。
③ （清）钱大昕：《十驾斋养新录·卷一·毛传多转音》。
④ 王力：《诗经韵读》，35 页，上海，上海古籍出版社，1980。
⑤ （明）顾炎武：《易音·卷三》。

其辞亡佚。不过此说遭到了部分宋儒的质疑和否定。他们的观点是"有声无辞说",例如,郑樵首创笙诗无辞之说,认为堂上之乐有辞,堂下之乐无辞,《南陔》六诗属于堂下之乐,初本无辞可传①。朱熹认同郑樵的说法,指出:"《南陔》以下,今无以考其名篇之义,然曰笙,曰乐,曰奏,而不言歌,则有声而无词明矣。"②洪迈亦倾向于此说,他在《容斋续笔》中强调:"亡其辞者不可歌,故以笙吹之,《南陔》至于《由仪》是也……亡其辞者,元未尝有辞也。"对于宋儒的六笙诗无辞说,钱氏明确表达了自己的反对态度,说:"六诗既有篇名,则必非无辞。"③他的这一观点得到后世的一致认同。"我们认为,《南陔》六诗有辞说是可靠的,无辞说则不可靠"④。

除了对六篇笙诗有无其辞提出自己的看法,钱大昕还研究过笙诗的归类和序次问题。根据他的考察,宋代学者苏辙始以《南陔》为次什之首,而朱熹则又依《仪礼》奏乐之次,升《南陔》三诗于《鱼丽》之前,而以《白华》为什首。朱熹的说法,涉及《仪礼》一书所载礼事用乐的情况,见于《仪礼》之《乡饮酒礼》《乡射礼》《燕礼》三篇,乡射礼用乐较简略,乡饮酒礼与燕礼用乐周备,基本相同。以《乡饮酒礼》篇为例,升歌之时"工歌《鹿鸣》《四牡》《皇皇者华》",笙奏之际"乐《南陔》《白华》《华黍》",间歌间笙之际"乃间歌《鱼丽》,笙《由庚》;歌《南有嘉鱼》,笙《崇丘》;歌《南山有台》,笙《由仪》";最后合乐之时堂上唱歌与堂下笙奏相间而行,间歌之诗为《周南》之《关雎》《葛覃》《卷耳》,间笙之诗为《召南》之《鹊巢》《采蘩》《采蘋》,歌乐与众声俱作。对于朱熹依《仪礼》奏乐之次移易《诗》之篇次的做法,钱氏并不赞同,表示"愚未敢以为然"。他说:"夫诗有诗之次,乐有乐之次,义各有取,不可强合。今依笙入三终、间歌三终,以改《小雅》之次,似矣;而间歌之后,即有合乐三终,其所奏者,《周南》之《关雎》《葛覃》《卷耳》,《召南》之《鹊巢》《采蘩》《采蘋》也,亦将

---

① (北宋)郑樵:《六经奥论·卷三》,见文渊阁本《四库全书》。
② (南宋)朱熹:《诗集传·卷九》,上海,上海古籍出版社,1980。
③ (清)钱大昕:《潜研堂文集·答问三》。
④ 冯浩菲:《历代诗经论说述评》,143 页,北京,中华书局,2003。

移二《南》以入《小雅》乎？且《采蘩》之后，尚有《草虫》一篇，又可移《采苹》于《草虫》之前乎？更以《春秋传》考之，金奏《肆夏》之三，工歌《文王》之三，又歌《鹿鸣》之三，或《颂》或《雅》，随时所用，岂皆依《诗》之序乎？"也就是说，礼事用乐奏乐之次与《诗》之篇序次第是两个不同的问题，不可混而为一。至于笙诗归类，钱大昕只讲"或附于什外，或进之什中，皆无不可"[1]，有些语焉不详。当然，在这一问题上，后世学者尚有进一步探索的必要和空间。

（四）

在如何对待前人的《诗经》研究成果的问题上，钱大昕处理得也恰到好处。他非常尊崇汉儒的见解，对《毛诗故训传》和郑玄的《毛诗传笺》多有采信，其中又特别重视毛公之说。钱氏关于毛传的认识，有两点特别值得一述。

首先，钱大昕认为毛公说解《诗》三百篇中的鸟兽草木之名，皆是依据《尔雅》为说，并肯定这种做法是合理的、正确的。例如《召南·鹊巢》中的"鸠"，毛公以为是"秸鞠"（即布谷鸟），而欧阳修说"别有拙鸟处鹊空巢，今谓之鸠，与布谷绝异"，于是后来一些儒者便舍毛而从欧阳之说。钱氏不同意欧阳氏的这种说法，指出："《诗》中鸟兽草木之名，当以《尔雅》为证。秸鞠为鳲鸠，见于《释鸟》，不闻别有拙鸟名鸠者。鳲鸠有均一之德，而妇人之义亦主从一而终，故《序》云'德如鳲鸠'也。"这就肯定了毛传的解释。由此出发，他十分重视《尔雅》在《诗》之字词训诂方面的重要价值，并批评"宋儒不信《尔雅》，故于经义多所窒碍"。例如，《周颂·我将》"仪式刑文王之典"，朱熹《诗集传》云："仪、式、刑，皆法也。"钱氏认为，《尔雅·释诂》训"仪"为"善"，正可用来解释该句诗，朱氏的解释反倒会带来重沓之弊。在钱大昕看来，"依《尔雅》说甚为直捷，而必欲改之，斯亦通人之蔽矣"[2]。

其次，钱大昕认为，毛公解《诗》，"自《尔雅》训诂而外，多用双声

---

① （清）钱大昕：《潜研堂文集·答问三》。

② 同上。

取义"。如《周颂·敬之》"佛时仔肩"，毛传训"佛"为"大"，钱氏以为"佛"之训"大"，犹"坟"之训"大"，皆同位之转声也。其他如训"泮"为"坡"，训"苞"为"本"，训"怀"为"和"之类，亦都是如此。毛公释《诗》，有时或兼取同位相近之声。如"愿"为"每"、"龙"为"和"、"溯"为"乡"之类是也①。钱氏所说"毛公虽不破字，而训'集'为'就'，即是读如'就'音"，大体上也是这个意思，因为他认为，"古人音随义转，故字或数音"②，而且"古人诂训之学通乎声音，声音之变无穷，要自有条不紊"③。据此，钱氏认定声之转乃是经典中常见的现象，并进而创为"正音"和"转音"的音韵理论，用以分析、研究古代语言。可见，在钱氏看来，唐代以后的学者难以理解毛公诂训之义，关键就在于不懂其双声取义的原理，便又重新为之说解，于是支离穿凿之说也就滋繁而出了。

同时，钱大昕将后世的相关《诗》学文献归纳为两大类，即"引《诗》"与"说《诗》"，这一结论在《诗》学界也有着较为广泛的影响。他说："引《诗》者主于明事，不主于释《诗》，所谓'赋《诗》断章'，不必尽合乎《诗》之本旨也。说《诗》者因其词而论其世，而知其人，则非通儒不能。"钱大昕举例说，《孟子》七篇引《诗》数十条，如以"忧心悄悄"言孔子，以"肆不殄厥愠，亦不陨厥问"言文王，引申触类，无所不可。关于说《诗》，钱氏举例道，《孟子》说《小弁》，推本亲亲之仁；说"溥天之下"四语，推言劳于王事，不得养其父母。钱氏赞成《孟子》所提出的"以意逆志"和"知人论世"两条原则，以为《孟子》说《诗》"其言曲而中，于当日诗人情事，无不曲肖"，属于善于说《诗》者一类。他进而强调，后世一些说《诗》者，"或是古而非今，或袭新而遗故，一己之偏，未能悉化"，以致"以辞害志者固已多矣"，该种现象也是值得注意的④。这两类文献之间的性质有所不同，因而在《诗经》研究史上的价值也就存在差异。钱氏对这两大类的具体情况和基本内涵进行了较为准确的界定，还是值得肯

---

① （清）钱大昕：《潜研堂文集·答问三》。
② （清）钱大昕：《十驾斋养新录·卷一·毛传多转音》。
③ （清）钱大昕：《潜研堂文集·答问三》。
④ （清）钱大昕：《潜研堂文集·虞东学诗序》。

定的。

综上所述，钱大昕在《诗经》研究中涉及了诸多领域，其中的一些观点具有重要的学术启发意义和参考价值。钱氏虽然没有推出专门的《诗经》研究论著，但他的学术成就还是显而易见、较为突出的，应该引起我们的广泛关注，也需要我们进行更加深入的探讨和更加全面的研究。

五、钱大昕论历代小学经典

作为清代乾嘉学派的重要代表人物，钱大昕考论、研究的范围非常广泛，曾撰有《廿二史考异》《十驾斋养新录》等，并有《潜研堂文集》《诗集》等，研究范围遍及经学、小学、史学、文献学、方志学等领域。乾嘉时期，中国的小学即语言文字学进入全面发展的黄金时代，而作为乾嘉学派的卓越代表，钱大昕在这一领域亦取得了很大成就。钱氏认为，"大约经学要在以经证经，以先秦两汉之书证经，其训诂则参之《说文》《方言》《释名》"①。因此，钱氏非常重视小学经典，对其多有考论和研究。

（一）

东汉许慎（叔重）的《说文解字》，是我国最早的集文字、音韵、训诂于一体的小学名著。从学术演变的轨迹和规律来看，清代的小学研究与其所辅翼的经学研究一样，志在复兴许（慎）、郑（玄）之学，表现出一种不可遏止的向古学逐级回归的倾向，而当时的小学特别是文字学研究，正是围绕着许慎的《说文解字》这一主要对象而展开的。因而，向来注重小学经典研究的钱大昕将不小的精力投入到《说文》体例之学的研究中，也是自然而然的了。

其一，考订《说文》的异文处理原则。在钱大昕看来，"今人视为隐

---

① 陈鸿森：《钱大昕潜研堂遗文辑存·与王德甫书二》，见《经学研究论丛》，第6辑，台北，学生书局，1999。

僻之字，大率经典正文也。经师之本，互有异同，叔重取其合乎古文者，称经以显之。其文异而义可通者，虽不著书名，亦兼存以俟后人之决择"。钱氏首先揭示了一个十分重要的语言现象，即"许叔重《说文解字》十四篇，九千三百五十三文，不见于经典者几十之四，文多而不适于用"。对此，钱氏明确提出："今世所行九经，乃汉、魏、晋儒一家之说，叔重生于东京全盛之日，诸儒讲授，师承各别，悉能通贯，故于经师异文，采摭尤备。"① 为了阐明自己的观点，钱氏从群经中采辑了大量异文实例加以论证，所举异文多达 322 例。许慎《说文》采摭、保留了这些异文，极为可贵，而钱氏又逐一说明这 322 组异文之间的音义关联，其学术贡献同样值得重视和称赞。

其二，考订《说文》连读特点。钱大昕经过考察后发现，宋刊大徐（徐铉）本《说文》，其"部首一字解义即承，正文之下但以篆、隶别之，盖古本如此"，而小徐（徐锴）《说文解字系传》"并部首解义亦改为分注，益非其旧，或后人转写以意更易耳"，进而指出，"许君因文解义，或当叠正文者承上篆文连读"②。也就是说，钱氏"最先指出《说文》中有注文连篆文读例"③。比如，《说文》"参"字条云："参商，星也。"当时的许多学者常常把句子读成"参，商星也。"钱氏不同意这一句读方式，强调："'参商'二字连文，以证'参'之从晶，本为星名，非以商训参。承上篆文'参'，故注不重出。"④凡此之类，经钱大昕揭明的例子还是很多的。

其三，考订"许氏引《诗》，往往不举全文"⑤。这是钱大昕研究《说文》体例得出的又一重要论断。钱氏发现，许慎在引述《诗》时，往往不举出全文，而是用省略之语，如"诂训"即"古训是式"，等等。实际上，对于其他儒家经典的征引，《说文》也同样如此，像"假"字条引《虞书》，"侪"字条引《春秋传》等。所以，钱氏认为，许氏引《诗》不举全文，不仅

---

① （清）钱大昕：《潜研堂文集·答问八》。
② （清）钱大昕：《十驾斋养新录·卷四·说文连上篆字为句》。
③ 周祖谟：《文字音韵训诂论集》，293 页，北京，北京大学出版社，2000。
④ （清）钱大昕：《潜研堂文集·答问八》。
⑤ 同上。

仅是《说文》引《诗》的特点，也是征引其他先秦文献的通常习惯。这一经典引用特征的归纳和揭橥，不仅对人们研读《说文》有一定的帮助，而且对研读其他古代典籍也是颇有启发意义和引导作用的，因为在汉代学者(如郑玄等)的学术成果中，征引文献不举全文的确是一种较为普遍的情况。

如上所述，钱大昕通过研究《说文》，创造性地揭示和总结出了其中的一些基本规律，极大地便利了人们正确掌握研究《说文》甚至整个小学的门径和方法，其贡献是十分突出的。如果认真审视整个清代小学史，不难发现，钱大昕的《说文》研究在当时就已经产生了一定的学术效应，特别是他有关《说文》义例的创获，在其友人和学生当中，影响颇为深广。

当然，由于时代的局限，钱大昕的学术认识也存在着某些不足之处，其中最突出的就是过于尊信《说文》，以致认为钟鼎等古文字"真赝参半"，"诞妄难凭"，"古文籀篆体制虽变，而形声事意之分，师传具在。求古文者，求诸《说文》足矣"①。这种认识显然是片面的，而且也妨碍了钱大昕本人在金石学等领域取得更大的成就。

(二)

小学经典的作者及其成书年代一直是学术界研究的热点问题，吸引了学者们很大的注意力。乾嘉时期，考据盛行，作为考据学者的钱大昕，对其中的一些经典也提出自己的考证结论，并对后世产生了重要影响。

正如《说文》是研究文字学的主干一样，《尔雅》是训诂学研究的主体内容，是小学中的经典之作。戴震曾说："儒者治经，宜自《尔雅》始。"②而钱大昕也说过："欲穷六经之旨，必自《尔雅》始"③。"训诂之学，莫尚于《尔雅》"。《尔雅》成书较早，《汉书·艺文志》著录有"《尔雅》

---

① (清)钱大昕：《潜研堂文集·小学考序》。
② (清)江藩等：《汉学师承记(外二种)·戴震》，101页，北京，生活·读书·新知三联书店，1998。
③ (清)钱大昕：《潜研堂文集·与晦之论尔雅书》。

三卷二十篇"，而没有明确指出其作者及成书年代。

关于《尔雅》的作者，郑玄在《驳五经异义》中说："《尔雅》者，孔子门人所作，以释六艺之言，盖不误矣。"南朝梁刘勰，唐刘肃、贾公彦均赞同此说。与这一说法不同的是始作于周公而后人增补之说。唐代陆德明曾力证此说，他在《经典释文》中指出："《释诂》一篇，盖周公所作。《释言》以下，或言仲尼所增，子夏所足，叔孙通所益，梁文所补。"至清代，惠栋又认定，《尔雅》中的《释诂》《释训》乃周公所作，以教成王。钱大昕持有相同观点，并进一步强调，《尔雅》始作者就是周公，只是后人有所增益而已。他说"姬公《尔雅》，诂训具备"①，还指出："《尔雅》一编，肇始于周公，故《诗》赞仲山甫之德，则曰'诂训是式'；宣尼告鲁哀公，亦云'《尔雅》以观于古'。厥后，七十子之徒，叔孙通、梁文诸人递有增益，如'张仲孝友''瑟兮僴兮''谑浪笑傲'之类是也。后儒执此数言，疑为汉人缀集，各出新意以说经，而经之旨去之弥远矣。"②其后，邵晋涵、王念孙、江藩等人也赞同此说。实际上，这一观点，在现代学术界仍不乏肯定和响应者。例如，殷孟伦就曾指出："《尔雅》一书是始作于周公，而成于孔子门人，为之增、益、补、考的则出于汉代的学者们"。③

《方言》是我国历史上的第一部方言学著作，在小学研究中占有举足轻重的地位。关于该书的作者，《汉书·艺文志》没有记载，汉末应劭最先提出《方言》的作者为西汉末年的扬雄，但是到了宋代，洪迈在《容斋随笔》中却有所质疑。对此，钱大昕亦提出了自己的看法。他说："《别字》十三篇，即扬雄所撰《方言》十三卷也。本名《輶轩使者绝代语释别国方言》，或称《别字》，或称《方言》，皆省文。"④这就认同了应劭以来的观点，且对后世的相关研究颇有启发。例如，当代有学者曾考察《别字》即《方言》，其中细致地引证钱氏之说，认为："'《别字》十三篇'也为扬

---

① （清）钱大昕：《潜研堂文集·经籍籑诂序》。
② （清）钱大昕：《潜研堂文集·小学考序》。
③ 殷孟伦：《尔雅简说》，见《说文尔雅研究》，山东大学中文系，1983，油印本。
④ （清）钱大昕：《三史拾遗》。

雄作品,《别字》十三篇即为《方言》十三卷,也就毫无疑问了。"①考定了《别字》即《方言》,也就证明了《方言》实为扬雄所撰,这在学术史上同样影响深远。

除了考察研究《尔雅》《方言》,钱大昕对《释名》作者刘熙也做过一番有益的探讨。《释名》凡八卷二十七篇,是我国第一部以声训为主,以音求义,探寻事物命名由来的小学专著。关于《释名》一书的作者,《隋书·经籍志》只著录作者是刘熙,不言何代人。到了宋代以后,一些目录类著作如陈振孙的《直斋书录解题》、马端临的《文献通考·经籍考》等,都称是"汉征士北海刘熙成国撰",因而当时人们一般都认为,刘熙是汉代人。至毕沅《释名疏证》问世,其中的序也认为刘熙应是汉末或魏初时人。对刘熙为三国魏初时人的说法,钱大昕在《跋释名》一文中提出了不同意见。他根据《三国志·吴志》中有关刘熙的三则史料进行考证。《程秉传》云:"避乱交州,与刘熙考论大义。"又《薛综传》云:"少依族人避地交州,从刘熙学。"又《韦曜传》云:"曜因狱吏上书言,见刘熙所作《释名》,信多佳者。"这三则材料中的前两则,毕沅都没有提及。钱氏据此三则材料推定,刘熙属于汉末名士,建安年间曾避地交州,而交州当时属于吴国管辖,所以《释名》一书能够在吴国流行。况且当时交州与魏国相隔遥远,不当有刘熙入魏之事。另外,钱大昕还否定了《后汉书·文苑传》中刘珍作《释名》的说法,进一步将今本《释名》的著作权归于刘熙②。钱氏的这一考论,有破有立,说服力很强。当然,关于刘熙其人其书,至今学术界尚有不同的看法,这也是正常的。

钱大昕对于小学经典成书年代的考证,其中最为典型的,当推陆德明的《经典释文》。钱氏曾指出:"陆氏自序云:'粤以癸卯之岁,承乏上庠。'考《唐书·儒学传》,秦王平王世充,辟为文学馆学士,补太学博士。高祖释奠,赐帛五十匹,迁国子博士,封吴县男,卒。是元朗于高祖朝已任博士,史虽不言其卒年,大约在太宗贞观之初;若癸卯岁,则

---

① 束景南:《别字即方言考》,见《文史》,第 39 辑,北京,中华书局,1994。
② (清)钱大昕:《潜研堂文集·跋释名》。

贞观十七年也，恐元郎已先卒，即或尚存，亦年近九十，不复能著书矣。且在国学久次，不当始云'承乏'。窃意癸卯乃是陈后主至德元年，元朗尝受业于周宏正，宏正卒于太建中，则至德癸卯元朗年已非少。本传但云解褐始兴国左常侍，不言为博士，恐是史家脱漏，细检此书所述近代儒家，唯及梁、陈而止，若周、隋人撰音疏，绝不一及，又可证其撰述必在陈时也。"①

在这一考证过程中，钱大昕提到了三个方面的依据：一是陆德明在唐高祖时已为博士，唐太宗之时的"癸卯之岁"即贞观十七年，当时陆氏已经去世，即使在世，也已年近九十，不可能再著书立说了；二是陆德明自唐初担任博士以来时间已久，资格较老，不应在自序中说自己"承乏上庠"，可能他在陈朝就已经任博士一职，只不过因史家脱漏而缺乏记载；三是陆德明在《经典释文》中所述近代儒家之言，时间下限截至梁、陈而止，至于周、隋人所撰音疏，该书无一提及。根据这三个方面的依据，钱氏认为，《经典释文》一书的撰述应在陈朝。值得一提的是，钱大昕在论及《释文》中《论语·泰伯》《先进》两篇中的"恖"字注释时说："陆德明著书在隋季，已有此字，盖出六朝人妄作。"②这似乎与前面的考证相互矛盾，我们推测，此文云"著书在隋季"，或钱氏一时笔误，或著述在考证之前，于是有此一时之言。

（三）

古书在传抄过程中会出现增删或脱误等现象，小学经典同样也存在这样的问题，这为后世的研究带来了极大的不便。钱大昕在他的研究过程中也注意到了这点，他的一些相关考证对于廓清小学经典的性质有着至关重要的启发作用。

《小尔雅》是最早出现的仿照《尔雅》体例并对其内容进行补充的训诂学著作，今本收入《孔丛子》中，《崇文总目》、晁公武《郡斋读书志》、陈振孙《直斋书录解题》等均谓其作者为孔子九世孙孔鲋。然而，关于其书

---

① （清）钱大昕：《潜研堂文集·跋经典释文二》。
② （清）钱大昕：《十驾斋养新余录》。

名、作者等问题，一直存在不小的争论。例如，戴震、段玉裁等人认定
《小尔雅》是后人掇拾而成，今本入于《孔丛子》亦是后世所为，孙志祖、
臧庸更认定《小尔雅》及《孔丛子》均是王肃伪作。然而，王煦、胡承珙以
及钱大昕之侄钱东垣等人则认定《小尔雅》不伪，东汉人已经援及该书。
对于这一问题，钱大昕也有所思考和研究。《汉书·艺文志》著录《小雅》
一篇，钱氏考论道："宋祁曰：'小字下邵本有尔字。'李善《文选注》引
《小尔雅》皆作'《小雅》'。此书依附《尔雅》而作，本名《小雅》。后人伪造
《孔丛》，以此篇窜入，因有《小尔雅》之名，失其旧矣。宋景文所引邵本
亦俗儒增入，不可据。"①也就是说，在钱氏看来，《小尔雅》本名《小
雅》，收入《孔丛子》时才叫《小尔雅》，而《孔丛子》乃后人伪造，故《小尔
雅》也已非其旧。钱氏此说，在后世产生了不小的影响，近人顾实（《汉
书艺文志讲疏》）、黄云眉（《古今伪书考补证》）等均加以认同。当然，近
些年来，随着相关研究的不断深入，人们也开始对钱氏之说提出异议，
试图重新考虑和讨论《小尔雅》的真伪问题②。

　　南朝顾野王的《玉篇》，是我国第一部用楷书撰写的字书，唐高宗时
曾经孙强修订增字。但五代时原书亡佚，宋真宗时由陈彭年等人重修，
称《大广益会玉篇》，也就是现在通行的本子。清代学者十分重视《玉
篇》，每每将其作为校正《说文》及诸书音义的重要资料。可惜由于屡经
改动，他们所见的广益本《玉篇》已非顾氏原貌，而且也非孙强所增之
本，存在很多问题。钱大昕同样深有所感，并考论道："《玉篇》玉部
'瑻'字引《说文》云：'玉，爵也。夏曰瑻，殷曰斝，周曰爵。'又人部
'伥'字引《说文》云：'僮子也。'按《说文》无瑻、伥二字。此所引者，徐
铉等新附注也。予尝谓今本《玉篇》不但非顾野王元本，并非孙强广益之
本。以此二条证之，益信。"③的确，徐铉等人的《说文》新附注出现于宋
太宗时，其所引《玉篇》决不会是顾野王原本，也不会是孙强修订增字

---

①　（清）钱大昕：《三史拾遗·卷三》。
②　参见黄怀信：《小尔雅汇校集释》，西安，三秦出版社，2003。
③　（清）钱大昕：《十驾斋养新录·卷十三·玉篇》。

本，只能是宋真宗时由陈彭年等人推出的《大广益会玉篇》。所幸的是，日本尚存有唐代写本《玉篇》残卷，清末黎庶昌将其翻印。这些残卷，注文很详，引证很多，还有顾野王所加按语，所以被认定为顾氏原本。宋人广益本与顾氏原本已经大相悬殊，不仅正文次第有所不同，而且原书注文中所引经传与字书以及顾氏所加按语，今本《玉篇》皆无。这也说明，钱氏的有关推测和判断是正确的。

这里，我们以《说文解字》《尔雅》《方言》《释名》《小尔雅》《玉篇》及《经典释文》等几部小学经典为例，简要叙述了钱大昕对小学经典的考论。由此可见，尽管钱大昕并非专以小学名家，也没有留下专门的论著，且其见解亦仅仅是一家之言，尚有待商榷或进一步求证，但他在这一领域所做的努力的确是颇有创获，多有贡献，为后世学者提供了有益的启示和宝贵的资鉴，值得充分肯定。

第三章　经学综论

一、经学的早期发展

儒家经学是关于儒家经典的学问，是儒家学派的经典诠释学。作为中国古代文明传承和发展的文字载体，儒家经典是陆续编订而成的。不仅各经，就连一经内部各个篇章，也并非成于一时或一人。孔子在这一过程中发挥了重要作用。孔子整理、编订六经，并用于私学教育，建立儒家学派，从而成为经学发展史上奠基性的人物。而此后的儒家学派，特别是子夏、孟子和荀子，也对经学的早期发展也做出了突出贡献。

（一）

1. 经与六经

我们通常所说的经学，就是解释和研究儒家经典的学问。最初被儒家奉为经书的有六种，即六经，汉代亦称六艺，包括《易》《诗》《书》《礼》《乐》《春秋》。《乐》今不存，因而汉代以后又有五经之称。人们之所以把儒家学派所尊奉的这些著作叫作"经"，其间不仅有一个演化过程，且历来也有各种不同的解释。经，最初字形写作"巠"，见于周代青铜器铭文。"巠"像织机之纵线，后来才加糸字旁写作"经"。许慎《说文解字》：

"经，织从丝也"①。段玉裁注："织之从丝谓之经。必先有经，而后有纬。""经"之本义是指编织中的丝线，线有纵横，故分经纬，引申之则谓经维、经纬、经营。这些都与典籍无涉。"经"作为典籍解释，在春秋战国时期才出现。《庄子·天运》："孔子谓老聃曰：'丘治《诗》《书》《礼》《乐》《易》《春秋》六经，自以为久矣，孰知其故矣。'"《天道》也提到"孔子繙十二经"。还有，《管子·戒》曰："泽其四经。"唐房玄龄（一说尹知章）注："四经，谓《诗》《书》《礼》《乐》。"战国初年又有以"经"名书的儒家经典《孝经》问世。有一种观点认为："经"乃官书，因为当时学在官府，六经为周公旧典，故与私人著述不同。郑玄《论语序》曰："《钩命决》云：'《春秋》二尺四寸书之，《孝经》一尺二寸书之。'故知六经之策皆长二尺四寸。"又曰："《孝经》谦，半之。《论语》八寸策者，三分居一，又谦焉。"也就是说，六经都是官书，与一般的书籍不同，因而简策形制特别大。还有一种说法："经"乃圣人所作，为万世不易之常道。但是，这两种说法反映的至多只能是汉代尊儒崇经以后的观念和情况②，而在此之前被称为"经"的，既不都是官书，也不限于儒家经典，其他一些开创学派的诸子文献就分别被其后学通称为"经"。由《庄子·天下》言墨家各派"俱诵《墨经》"可知，《墨经》为墨子自著。且《墨子·贵义》记墨子向楚惠王献书一事，说明墨子有自著之书。清代毕沅校《墨经》时也说："此翟自著，故号曰经。"另外，《国语·吴语》有"挟经秉枹"之语，是称兵书为"经"；史载有《内经》《外经》《难经》，是称医书为经；《荀子》曾引述《道经》，贾谊《新书》曾提及《容经》等。近年来出土的汉代简帛文献中甚至

---

① 从丝，原本无，段玉裁《说文解字注》依《太平御览》卷八二六补。
② 王充《论衡·谢短》："二尺四寸，圣人之语。"《宣汉》："唐、虞、夏、殷同载在二尺四寸。"《后汉书·周磐传》记，周磐临终，命"编二尺四寸简，写《尧典》一篇，并刀笔各一，以置棺前"。按之出土实物，1959年在甘肃武威东汉墓出土的《仪礼》简册，甲本简长55.5厘米至56厘米，丙本简长56.5厘米，与汉代的二尺四寸相当。1973年在河北定州八角廊西汉后期墓中出土的竹简《论语》，简长16.2厘米，接近汉代的八寸。这些的确都与郑玄所说相合。但1977年在安徽阜阳双古堆汉初墓中出土的竹简《诗经》《周易》，最长的《诗经》简长22厘米；《周易》简长15.5厘米，而据专家推测，原简也仅有26厘米（胡平生：《〈阜阳汉简·周易〉概述》，见《简帛研究》，第3辑，南宁，广西教育出版社，1998）。可见，郑玄所说，只能是汉武帝独尊儒术以后的情况。

还有《相狗经》《相马经》等数术类著作。因此，上述两种对"经"的解释并不可通。近世章太炎曾经提出："经者，编丝缀属之称，异于百名以下用版者。亦犹浮屠书称'修多罗'。'修多罗'者，直译为'线'，译义为'经'。盖彼以贝叶成书，故用线联贯也；此以竹简成书，亦编丝缀属也。"①章太炎还曾指出："今人书册用纸，贯之以线。古代无纸，以青丝绳贯竹简为之。用绳贯穿，故谓之经。经者，今所谓线装书矣。"②蒋伯潜亦曾称述章氏之说，指出："古以竹简丝编成册，故称曰'经'。印度之'修多罗'亦以丝编贝叶为书，义与此同，而译义则亦曰'经'。此说最为明通。据此，则所谓'经'者，本书籍之通称；后世尊经，乃特成一专门部类之名称也。"③总之，直到入汉以后，随着儒家经学的兴盛和独尊，人们才开始将"经"释为"常""常典""常道"、法定经典，以"经"专指圣人所作的儒家经典。

刘师培也曾对"经"之字义有所阐释，他在《"经"字之定义》中说："'经'字之义，解释家各自不同。班固《白虎通》训'经'为'常'，以五常配五经。刘熙《释名》训'经'为'径'，以经为常典，犹径路无所不通。案《白虎通》《释名》之说，皆'经'字引申之义，唯许氏《说文》'经'字下云'织也，从糸，巠声'。盖'经'字之义，取象治丝，从丝为经，衡丝为纬，引申之则为组织之义。上古之时，字训为饰，又学术授受多凭口耳之流传。六经为上古之书，故经书之文，奇偶相生，声韵相协，以便记诵，而藻绘成章，有参伍错综之观。古人见经文之多文言也，于是假治丝之义而锡以六经之名。即群书之用文言者，亦称之为经，以与鄙词示异。后世以降，以六经为先王之旧典也，乃训'经'为'法'；又以六经为尽人所共习也，乃训'经'为'常'。此皆'经'字后起之义也。"此说特别是以文言解释"经"，也未必准确，但对我们认识"经"字的本义和引申义还是很有帮助的。

---

① 章太炎：《国故论衡·文学总略》，见刘梦溪：《中国现代学术经典·章太炎卷》，石家庄，河北教育出版社，1996。
② 章太炎：《国学讲演录》，44 页，上海，华东师范大学出版社，1995。
③ 蒋伯潜：《十三经概论》，2～3 页，上海，上海古籍出版社，1983。

　　根据现有材料，六经并称最早见于前引《庄子·天运》。湖北荆门郭店出土的战国中期楚墓竹简中有《六德》，其中有："观诸《诗》《书》则亦在矣，观诸《礼》《乐》则亦在矣，观诸《易》《春秋》则亦在矣。"[①]此处尽管没有"六经"之语，但六部经书的名称却出现了，而且其排列次序与《庄子》完全一致。此外《语丛一》亦有六经并称的文字，只可惜有所残损。可见，至迟在战国中期，已经存在六经并称的现象。

　　前人对六经的前后排列顺序是有所不同的。一种安排是：《诗》《书》《礼》《乐》《易》《春秋》。上面提及的《庄子·天运》所记孔子之语、郭店楚简《六德》和《语丛一》都是如此。还有《庄子·天下》："其在于《诗》《书》《礼》《乐》者，邹鲁之士、缙绅先生多能明之。《诗》以道志，《书》以道事，《礼》以道行，《乐》以道和，《易》以道阴阳，《春秋》以道名分。其数散于天下而设于中国者，百家之学时或称而道之。"《论语》等文献尽管不曾六经并提，但在涉及诸经顺序时也与此相同。《论语·泰伯》记孔子曰："兴于《诗》，立于《礼》，成于《乐》。"《述而》："子所雅言，《诗》《书》、执礼，皆雅言也。"这说明，从孔子开始，已经有了这种顺序。在郭店楚简《性自命出》、马王堆汉墓帛书《周易》之《要》篇中，亦是《诗》《书》《礼》《乐》之顺序。另外，《礼记·经解》亦记孔子曰："入其国，其教可知也：其为人也，温柔敦厚，《诗》教也；疏通知远，《书》教也；广博易良，《乐》教也；洁净精微，《易》教也；恭俭庄敬，《礼》教也；属辞比事，《春秋》教也。故《诗》之失愚，《书》之失诬，《乐》之失奢，《易》之失贼，《礼》之失烦，《春秋》之失乱。"这里的次序虽有不同，但在总体上，特别是《诗》《书》为六经之首的安排上却一如前述。汉代以后的今文经学家大都倾向于此。如董仲舒《春秋繁露·玉杯》："《诗》《书》序其志，《礼》《乐》纯其美，《易》《春秋》明其知。"这种安排主要是考虑到诸经传授的难易、思想的隐显、知识的深浅。在孔门的教学活动中，基础课教材是《诗》《书》，实践课教材是《礼》《乐》，《易》《春秋》则以意蕴深微、文字

---

　　① 《六德释文注释》，见荆门市博物馆：《郭店楚墓竹简》，185页，北京，文物出版社，1998。

艰深而属于高层次的教学内容。或许因为这样，孔子及其后学往往言《诗》、《书》以兼概群经。

对六经的顺序还有一种排列方法，即《易》《书》《诗》《礼》《乐》《春秋》。在古文经学家们看来，这代表了六经产生时代的先后。班固撰《汉书》，在《艺文志》六艺略中以《易》《书》《诗》《礼》《乐》《春秋》等为序排列群经，在《儒林传》中又按这一顺序讲述经学的学术源流。的确，这种排列主要着眼于古文经学所认识的经书产生年代的先后。《易》源于伏羲画卦，时代最早。《书》以《尧典》居首，载述尧舜之事，列在第二。《诗》之《豳风·七月》或以为问世于先周，至迟是西周初期，而《商颂》或以为乃殷商之诗，列在第三。《礼》《乐》为周公所制，列在第四、第五。《春秋》乃孔子据鲁史所记删定而成，列在第六。应该指出的是，这种排列顺序也是与《易》学在汉代思想文化发展中的主流地位分不开的。在《汉书·艺文志》中，班固肯定了《周易》在六艺中的特殊地位，并将其与五常之道联系起来："六艺之文，《乐》以和神，仁之表也；《诗》以正言，义之用也；礼以明体，明者著见，故无训也；《书》以广听，知之术也；《春秋》以断事，信之符也。五者，盖五常之道，相须而备。而《易》为之原，故曰'《易》不可见，则乾坤或几乎息矣'，言与天地为终始也。"这里将《周易》置于群经之首，对后世影响甚深。另外，同样由班固编集的《白虎通》，其《五经》之篇就说："经，常也。有五常之道，故曰五经。《乐》仁，《书》义，《礼》礼，《易》智，《诗》信也……五经何谓？《易》《尚书》《诗》《礼》《春秋》也。"此前扬雄也曾对五经作过同样的排列："唯五经为辩。说天者莫辩乎《易》，说事者莫辩乎《书》，说体者莫辩乎《礼》，说志者莫辩乎《诗》，说理者莫辩乎《春秋》。"实际上，不只扬雄、班固这样的古文经学家，早在西汉中期，董仲舒以及受今文经学影响较深的司马迁也曾将《易》排在诸经之首。《史记·太史公自序》引董仲舒之语曰："《易》著天地阴阳四时五行，故长于变；《礼》经纪人伦，故长于行；《书》记先王之事，故长于政；《诗》记山川溪谷禽兽草木牝牡雌雄，故长于风；《乐》乐所以立，故长于和；《春秋》辩是非，故长于治人。"司马迁还称述先人之言曰："伏羲至纯厚，作《易》八卦。尧舜之盛，《尚书》载之，礼乐作焉。汤武之隆，诗人歌之。《春秋》采善贬恶，推三代之德，褒周室，非独刺讥而已也。"①尤其是司马迁称述的先人之言，明显亦是着眼于诸经产生之时代先后的。

"六艺"一词，始见于陆贾《新语·道基》："定五经，明六艺。"此后《淮南子·泰族训》及《汉书·董仲舒传》所载董仲舒天人三策、《史记·太史公自序》所载司马谈《论六家要指》等都曾提及。《汉书·艺文志》又承于刘向、刘歆《七略》，设有《六艺略》。而将"六艺"解释为六部儒家经典，则首见于贾谊《新书·六术》："是故内本六法，外体六行，以与《诗》《书》《易》《春秋》《礼》《乐》六者之术，以为大义，谓之六艺。"据《周礼·地官·保氏》，"六艺"本指礼、乐、射、御（驭）、书、数。钱穆曾指出："盖其先儒士习六艺，皆以进身于贵族，而得谷禄也。其后乃逐以称经籍"。"昔之儒者身习礼、乐、射、御、书、数之六艺，至汉既不传，乃以儒者所传古经籍足其数，以附会于六艺焉"②。有的学者认为，先秦只有五部经书，并无《乐经》。汉代所谓"六艺"，原本仅指六种学科或专业，即孔子在教学时开设并为儒家所传习的六种课程，也就是礼、乐、射、御、书、数。经书有五，故称"五经"；五经即六艺之经，故又有"六经"之名。而汉代不少"六经"的提法，往往是"六艺之经"的简称。③又有学者认为，"六经"为"六艺"之尊称，"六经"之"经"，乃常道、常法之义，与"五经"之"经"的意蕴是有区别的。④这些都是值得重视的一家之言。另外，在汉代，"六经"又有"六学""六籍"之称。董仲舒《春秋繁露·玉杯》："六学皆大，而各有所长。"《汉书·叙传》述《武帝纪》第六："宪章六学，统壹圣真。"述《艺文志》第十："六学既登，遭世罔弘。"述《儒林传》第五十八："汉存其业，六学析分。"班固《东都赋》则曰："盖六籍所不能谈，前圣靡得言焉。"

在汉代，除了立为官学的五经以外，《论语》《孝经》的地位也不断提

---

① 《史记·太史公自序》。
② 钱穆：《先秦诸子系年》，91 页，北京，中华书局，1985。
③ 王葆玹：《今古文经学新论》，52～57 页，北京，中国社会科学出版社，1997。
④ 邓安生：《论"六艺"与"六经"》，载《南开学报》（哲社版），2000(2)。

高，成为人人必读的经书，是为"七经"。后唐代推出《五经正义》，同时又在五经的基础上形成"九经"的说法：《易》《书》《诗》《仪礼》《周礼》《礼记》《春秋左氏传》《春秋公羊传》《春秋穀梁传》。至宋代，《孟子》的地位又被抬高。朱熹取《礼记》中的《中庸》《大学》两篇，配以《论语》《孟子》，合称"四书"，并加集注。从此《孟子》也进入经的行列，于是就有了"十三经"。清代章学诚在《文史通义·经解上》中说："后世著录之家，因文字之繁多，不尽关于纲纪，于是取先圣之微言，与群经之羽翼，皆称为经。如《论语》《孟子》《孝经》，与夫大小《戴记》之别于《礼》，《左氏》《公》《穀》之别于《春秋》，皆题为经，乃有九经、十经、十三经、十四诸经，以为专部，盖尊经而并及经之支裔也。"总而言之，对儒家经典的整理、考订、阐释、发挥和研究，就是经学这门学问的主要内容。

2.《易》的产生

汉代以后通常所说的《周易》，包括《易经》和《易传》两个部分。《易经》是一部占筮之书，《易传》则是一部哲学著作，而其哲学思想又是以解说《易经》为形式，借助占筮的特殊结构和方法展开的。中国古代思想文化的产生和发展，更是与卜筮密不可分。早在龙山文化时期，使用兽骨来卜测吉凶的现象已经产生，后来逐渐发展成为一种卜筮文化，或称宗教文化。人们利用占卜来预测吉凶，并用以决定国家大事，出现了专职或半专职的卜筮人员，而这又影响了中国文明的起源。占筮使用蓍草，按照一定法式推算出数目，求得某种卦象，然后依据卦辞、爻辞，对所问事情进行判断和推理。现存的《易经》可以说是这类活动的一种记录。实际上，上古时用于占筮的筮书有《连山》《归藏》《周易》（即《易经》）"三易"①，只不过《连山》《归藏》皆已亡佚，唯有《周易》流传于世。《易经》有符号和文字两个部分，基本要素是"—""- -"两个符号，分别代表阴阳，其三叠而成八卦，八卦中的一卦自重或其中两卦相互重叠，组成六十四卦。每卦除了有卦象（卦画、卦符），又有卦辞。一卦有六爻，每爻有爻辞。卦爻辞即筮辞，也就是经文。六十四卦的排列顺序，现在所

---

① 《周礼·春官·太卜》《周礼·春官·筮人》等。

知有两种情况：一是通行本，分为上下经，上经始于乾卦，次为坤卦，下经终于未济卦；二是长沙马王堆汉墓出土的帛书本，首为乾卦，次为否卦，终于益卦。《周易·系辞下》提及伏羲作八卦："古者包牺氏之王天下也，仰则观象于天，俯则观法于地，观鸟兽之文与地之宜，近取诸身，远取诸物，于是始作八卦。"关于六十四卦卦爻辞编订的年代和作者，《系辞下》曾说："《易》之兴也，其当殷之末世、周之盛德邪？当文王与纣之事邪？"又说："《易》之兴也，其于中古乎？作《易》者，其有忧患乎？"这就将卦爻辞的产生大体确定在殷周时期，但未指明谁推演八卦为六十四卦。马王堆汉墓帛书《周易》之《要》篇则进一步将"《易》始兴"与"纣乃无道，文王作"联系起来。司马迁则明确指出，伏羲作八卦，周文王被囚羑里而演为六十四卦、三百八十四爻，这实际上是认定文王作卦爻辞。汉代学者如扬雄、班固、王充等大都承袭了这一说法。当然，现在看来，这种说法并不确切。根据后世学者的研究，《易经》大体成书于西周初年，由当时的宗教巫术特别是卜筮之官和兼掌卜筮之事的史官采辑、订正、增补、编纂而成，并非出自具体的一时一人。与龟卜卜辞相比，文本化的《易经》筮辞在内容、形式和功能上都有所进步，已经蕴含着某些条理性、系统性、规律性的东西，成为后来占筮活动中推论的依据，成为人类认识进一步发展的中介和前提，显示出某种理性思维和逻辑推衍的因素。春秋战国时期，在《易经》仍继续发挥宗教巫术作用的同时，易学逐渐与卜筮过程分离，并摆脱其束缚，开始向哲理化、抽象化方向发展，卦爻辞被赋以各种思想内涵和价值意义。与此同时，巫史逐渐分离、兼掌卜筮之事，对《易经》成书和保存做出巨大贡献的原始史官发生转型，开始演变成为官僚化、专门化的史官。以他们为代表，一批有识之士结合卦象、卦名等，视《易经》为天道变化之书，将天道和人事密切联系起来，从自然界的变化和人事兴衰的过程理解《周易》的卦象。正是在这样的背景下，著名的《易传》问世了。

《易传》共七种十篇，均是对《易经》的解释和阐发，《易纬》称之为《十翼》。《易传》原本独立单行，直到西汉时还是如此。这可以从马王堆汉墓帛书《周易》中反映出来。将《易经》与《易传》合编在一起，将《象传》

《象传》《文言》之文各附于相关的经文之下，将《系辞》以下四种列在经后，这始于西汉末年的古文学者费直。东汉郑玄进一步从事这一工作，三国魏王弼又加以沿用和完善，经传合编本的形式于是流传至今。

总的来看，《易传》大体成书于战国中后期，但又非一人一时之作。只是十篇的理论主张还是彼此协调、相互一致的，在解释经文和筮法的过程中，形成了一个较为完整和宏阔的思想体系。我们认为，从总体上来说，《易传》是综合百家、超越百家的产物。对此问题，前文已有所论，这里不再赘述。

3.《书》的形成

《书》，秦汉之际始称《尚书》，见于马王堆汉墓帛书《周易》之《要》篇，而由伏生或其弟子张生、欧阳生较早使用(《尚书大传》)。在传世文献中，《史记》较早使用《尚书》之名。关于《尚书》名称的含义，历来有不同的说法。一般认为，其乃上古先王之书，故称。如《尚书孔安国传序》曰："以其上古之书，谓之《尚书》。"王充《论衡·正说》曰："《尚书》者，以为上古帝王之书。"刘熙《释名·释典艺》曰："《尚书》，尚，上也。以尧为上始而书其时事也。"《书》是夏、商、周三代的历史文献汇编，分作《虞书》《夏书》《商书》《周书》四部分。《虞书》《夏书》是商周时人依据远古传说和部分从夏代传下来的资料追记而成。《商书》的一部分是商代传下来的文献，一部分则经过了后人的加工。《周书》全是档案文献。

孔子对《书》是熟悉和重视的，将其作为教授弟子的重要教材。在《左传》中，孔子引《书》有两处，一处是襄公二十三年，一处是哀公六年。而在《论语》中，也有三条材料涉及《书》，分别见于《为政》《宪问》《述而》。汉代《尚书纬》甚至说："孔子求书，得黄帝玄孙帝魁之书，迄于秦穆公，凡三千二百四十篇。断远取近，定可以为世法者百二十篇，以百二篇为《尚书》，十八篇为《中候》。"班固在《汉书·艺文志》中说："《书》之所起远矣。至孔子纂焉，上断于尧，下讫于秦，凡百篇，而为之序，言其作意。"至唐代，刘知幾在《史通·六家》中亦说："《书》之所起远矣。至孔子观书于周室，得虞、夏、商、周四代之典，乃删其善者，定为《尚书》百篇。"这个说法虽不尽可信，但孔子对《书》做过某种整理修订工作则是可以肯定的。这种工作包括两个方面的内容。一是断限问题，以尧为上限，"独载尧以来"；二是选材问题，选入的诸篇皆有深义，《尚书大传》载孔子有"七观"之说，尽管不一定可靠，但也不会是空穴来风。① "最重要的是，孔子把整部《书》中的人与事加以消化，吸其精华，明其意蕴，由此以抽出政治上最高的若干原则及最大的鉴戒，并由此而指出历史演变的规律，形成他晚年作《春秋》的动机与是非褒贬的准据。这便超越了春秋时代贤士大夫一枝一节的援引论述的层次，把《书》的价值升华到新的水准"②。后来还流传有说明各篇撰旨的《书序》百篇（也称《小序》，实为六十三序），司马迁、班固、马融、郑玄等皆以为孔子所作，也应该是有一定根据的。

　　《尚书》在战国时期已广泛流传。据有的学者统计，《论语》《孟子》《左传》《国语》《墨子》《礼记》《荀子》《韩非子》《吕氏春秋》九种书中引《书》即有一百六十八条。其中有少数重复的，也有少数泛论《书》而未引《书》中字句的；其不见于《今文尚书》者共一百一十一条。③ 值得注意的是，不见于《今文尚书》二十八篇的这些佚文，有许多是在被人视为伪书的《古文尚书》中。而战国中期偏晚的郭店楚墓竹简《缁衣》就有四处引《古文尚书》。竹简《成之闻之》也曾引《书》："《大禹》曰'余才宅天心'，曷？此言也，言余之此而宅于天心也。"《大禹》即《大禹谟》。竹简所引文字虽不见于今本《古文尚书》，但其中"天心"一词却仅仅出现在今本《古文尚书》中的《咸有一德》。有的学者指出："简本既然引用了《诗经》《今文尚书》《古文尚书》中一些篇章的文字，可证《古文尚书》和《诗经》及《今文尚书》一样，于战国中期已在流行。因此，也就有理由认为两汉及魏晋时代的《古文尚书》很可能就是战国时代《古文尚书》的传本。简本引文与今本《缁衣》引文及今本《古文尚书》原文的文字虽略有不同，但内容大体一致，便是证明。文字略有不同可能是由传本不同所致。如果说战国中期

---

① 金景芳：《孔子与六经》，载《孔子研究》，1986（创刊号）。
② 徐复观：《孔子及孔门——经学基础的奠定》，见中国孔子基金会学术委员会编：《近四十年来孔子研究论文选编》，629 页，济南，齐鲁书社，1987。
③ 陈梦家：《尚书通论》（增订本），11～35 页，北京，中华书局，1985。

《古文尚书》在流传中已有不同传本，那么，两汉时代的《古文尚书》有河间献王本、壁中本、孔安国家藏本也就可以理解了。如果《古文尚书》在战国中期就已在流传，那么，《古文尚书》的伪造者当是战国中期或战国中期以前的人，而决不可能是晚至东晋时代的梅赜。"① 又有学者指出："郭店竹简引用了多条《古文尚书》的材料，其中大部分见于今传《古文尚书》（有几条不见于今本，说明今本有佚文），这足以证明《古文尚书》不伪。更有意思的是，《古文尚书》中有一篇叫《大禹谟》，《尚书》的《小序》却称此篇为《大禹》，而在郭店竹简中，此篇正叫《大禹》。这说明《小序》相当原始，这就为孔子作《小序》的说法增添了新的可靠证据。"② 这些论述还是有一定道理的，应该引起我们的重视。最近清华大学藏战国竹简的相关研究，又为我们解读《尚书》的产生和流传问题提供了新的契机和条件。

4.《诗》的编集

《诗》有 305 篇，举其整数，又称"诗三百"或"三百篇"。它是我国第一部诗歌总集。《诗》的编集，得益于周王室对诗歌的重视及其所建立的采诗、献诗和制礼作乐制度。相传周代继承了上古时代传下来的制度，王室派官员到各地采集民间歌谣，主要目的在于知民情、观风俗，以便更好地治理朝政。采诗之制未见载于先秦典籍。但据汉人所说，周代确有王官采诗（《汉书·艺文志》《食货志》）、各国自采以献于天子（《公羊传》宣公十五年何休注）的制度，而且据《国语·周语》，公卿列士也有献诗的义务。另外，周太师乐官也有义务搜集诗歌。《诗》的编者大体上就是这些王室乐官。从各个渠道汇集到朝廷的作品，由这些王室乐官来进行汰选、加工、编辑并合乐，书之简片，乐官习演，加以保管，使之流传。王室乐官编辑《诗》的过程是作品数量由少到多不断积累的过程。至春秋中期，周室进一步衰微，王官大批失业，于是对诗的大规模采集也

---

① 　王世舜：《略论〈尚书〉的整理与研究》，载《聊城师范学院学报》（哲社版），2000（1）。

② 　郭沂：《郭店竹简与中国哲学（论纲）》，见武汉大学中国文化研究院：《郭店楚简国际学术研讨会论文集》，武汉，湖北人民出版社，2000。

就基本上停止了。

今本《诗》305篇，分为《风》《雅》《颂》3类。《风》160篇，包括十五《国风》。《雅》105篇，其中《小雅》74篇，《大雅》31篇，又称"二《雅》"。《颂》40篇，其中《周颂》31篇，《鲁颂》4篇，《商颂》5篇，合称"三颂"。上海博物馆藏战国楚竹书《孔子诗论》中与此顺序颠倒，称为《讼》(颂)、《大夏》(夏、雅通)、《小夏》和《邦风》(汉代为避刘邦讳，邦改为国)。除了305篇，另有6篇笙诗，有目无辞，一般认为是有声无辞的笙曲。

关于《诗》的产生时代和作者。先说三《颂》。《周颂》是西周王室的祭祀乐歌，大体出现在西周前期不到一个世纪的时间内。其作者大约为王室的史官和太师(乐官)。《鲁颂》晚于《周颂》9个世纪，是春秋时期鲁国的宗庙祭祀乐歌，现存的四篇制作于鲁僖公之时。《商颂》一般认为是宋国的宗庙祭祀乐歌，或以为是殷商之诗，是经宋国大夫正考父校理的商亡后散佚的商代颂歌。

关于二《雅》。《大雅》全部是西周时期的作品，主要是朝会乐歌，大半产生于西周前期和宣王中兴之时。有的成于史官、太师，有的则是公卿列士所献之诗。《大雅》中也有一部分是产生于幽厉时代的讽谏诗。《小雅》74篇基本上是西周后期的作品，其中一部分类似于《大雅》，主要制作于宣王时代。另有一些讽谏怨刺之作。

《国风》主要是东周时期收集的15个国家和地区的民间诗歌，共160篇，篇幅、数量占《诗经》全部作品的大半。《国风》的绝大部分产生于春秋初期至中期，一部分是西周后期的诗作，而《豳风》中的少数作品则是从西周初期流传下来的。十五《国风》多以其所在国家或地区得名，其地域大体包括了今陕西、山西、河南、河北、山东和湖北北部等，主要集中在黄河流域，向南及于江汉流域。

总体来看，《诗》的撰作和编集时代，大致上起西周初期甚或以为是可上推至殷商时代，下至春秋中期。其中最晚的作品，一般认为是《陈风·株林》，创作时间约在公元前599年之前；也有学者认为是《曹风·下泉》，约作于公元前510年之前。《诗》的作者，既有王公贵族，又有下层平民。但其中只有少数作品可以知道具体的作者。如据

《左传》所载，许穆夫人赋《鄘风·载驰》（闵公二年），召穆公作《小雅·常棣》（僖公二十四年）[1]，芮良夫作《大雅·桑柔》（文公元年）。再就诗作本身而言，《小雅·节南山》提到"家父作诵"，《巷伯》提到"寺人孟子，作为此诗"，《大雅·崧高》《烝民》提到"吉甫作诵"，《鲁颂·閟宫》提到"奚斯所作"等。其他绝大部分诗作，目前只能归之无名氏而难以详考。[2]

《诗》经过采集、合乐、流传和保存，曾广泛用于各种公众场合。一是应用于各种典礼仪式，如祭祀、朝会等活动，再就是应用于庆贺、婚嫁和迎宾等礼节。《诗》最为普遍的用途在于赋诗言志，服务于政治活动。《左传》《国语》中记载了大量赋诗言志的史实。特别是列国间办理外交事宜，常常通过赋诗言志来表明自己的立场和态度，并收到很好的效果。

这里我们有必要特别提到孔子与《诗》的关系问题。孔子非常重视《诗》教，极力推崇《诗》的政治意义和教化作用，强调学《诗》将有助于提高语言表达能力、增广生活知识。《论语》记孔子称《诗》、论《诗》共 18 处，在诸经之中是最多的。上海博物馆藏战国楚竹书，有 31 枚简中记有孔子关于《诗》的论述，整理者定名为《孔子诗论》。在一、三、七等简中，都记有授诗者的名字，即孔子。在其中的五枚简上，记载了孔子关于赋诗、奏乐、著文时必须有志、情、言的论述："诗毋离志，乐毋离情，文毋离言。"竹书还记载了孔子授《诗》时的情形。在一些诗篇中，或记有诗的讲题，或就某一篇一记再记，说明孔子曾以一论、二论、三论的方法来解释诗义。这些再次证明孔子对《诗》的重视。孔子删《诗》说源于前引《史记·孔子世家》中有关孔子与《诗》的一段文字。其中虽未明言"删"，但实际上确实认定孔子自"古者诗三千余篇"中删取而得三百零五篇以弦歌之。所以此后班固、郑玄、陆玑、陆德明直至郑樵、马端临、

---

[1] 《常棣》之诗，《国语·周语中》记为周文公即周公旦所作，误。参见杨树达：《积微居金文说》（增订本），248～249 页，北京，中华书局，1997。

[2] 袁行霈：《中国文学史》，第 1 卷，79～80 页，北京，高等教育出版社，1999；褚斌杰、谭家健：《先秦文学史》，71～85 页，北京，人民文学出版社，1998。

王应麟、赵翼等人都坚持孔子删《诗》说。最早对孔子删《诗》说提出质疑的是孔颖达，此后朱熹、叶适、朱彝尊、崔述、李惇、方玉润、魏源等人也都反对这一说法。

应该讲，孔子删《诗》说并不可靠。《左传》僖公二十七年记赵衰在向晋文公推荐郤縠为三军统帅时说："臣亟闻其言矣，说礼、乐而敦《诗》《书》。《诗》《书》，义之府也；礼、乐，德之则也；德、义，利之本也。"早于孔子的郤縠以治《诗》、《书》闻名，可见当时已有一个较为固定的《诗》的本子。《国语·楚语上》记楚国大夫申叔时提到"教之春秋""教之世""教之诗""教之礼""教之乐""教之令""教之语""教之故志""教之训典"等，其中既然包括"教之诗"，那么肯定也应有一个施教所用的《诗》的本子。更为重要的是，《左传》襄公二十九年记载吴公子季札到鲁国聘问并观赏周乐，所演奏的《风》《雅》《颂》各部分，其编排顺序与今本《诗》大致相同。当时孔子只有八岁，根本不可能删《诗》。另外，孔子删《诗》，也应按照一定的礼义标准进行，删其当删，存其当存。《论语·卫灵公》记孔子曰："放郑声，远佞人。郑声淫，佞人殆。"《阳货》则记孔子曰："恶紫之夺朱也，恶郑声之乱雅乐也。"据此，孔子若删《诗》，理应删掉"郑声"，但在今本《诗》的十五《国风》中，恰恰是"郑风"存留最多，而有些符合礼义标准的逸诗却不在其中。还有，孔子删《诗》说未见于先秦古籍，更未载于《论语》。"再说，如果孔子删过《诗》，竹简也会有所记载，但现在所见到的竹简'孔子论诗'中却没有这方面的文字"①。当然，不可否认，孔子确曾对《诗》作过一番整理编订工作，并有一个本子，用于教授弟子。《论语·子罕》："子曰：吾自卫反鲁，然后乐正，《雅》《颂》各得其所。"既然诗乐一体，孔子的正乐也就包括了对《雅》《颂》之诗的重新编订甚至删削。② 甚至不能完全否认，今本《诗》中的个别诗篇就出于孔子的手笔。如高亨"认为《麟之趾》一诗，可能是孔子的《获麟

---

① 施宣圆：《孔子有没有删过〈诗〉》，载《文汇报》，2000-08-26。
② 董治安：《先秦文献与先秦文学》，216页，济南，齐鲁书社，1994。

歌》，孔子把它附在《诗经·周南》之末"①。还应指出，战国时期的儒家学派应当有一个相对统一和较为规范的《诗》的文本。

5. 三《礼》的出现

十三经中有三礼，即《周礼》《仪礼》《礼记》。先说《周礼》。《周礼》，原名《周官》，是我国上古时代唯一一部系统叙述政治、经济、军事等制度的典籍。其内容包括《天官》《地官》《春官》《夏官》《秋官》《冬官》六篇。西汉重新发现此书时，《冬官》已经亡佚，乃取内容相近的《考工记》代替，凑足六篇。《周礼》按照天地四时的观念设置六官，使之构成国家行政管理体系。天官冢宰，为六官之长，负责以六典即治典、教典、礼典、政典、刑典、事典辅佐君王治理国家；地官司徒，掌管土地和户口，负责分配土地，教民生产，收取赋税，征发徭役，整饬风俗；春官宗伯，即礼官，掌管祭祀和礼仪之事；夏官司马，掌管军政，负责组织军队，守土保疆，征收军赋，保障给养等；秋官司寇，掌管刑法，负责治安等；冬官司空，主管百工、土木建筑等。《周礼》对六官的职能作了全面规定，较为系统地体现了设官分职、经邦治国的政治理念和构想。

对于《周礼》，汉代古文学家认定成于周公之手，是周公制礼作乐的产物。后世也有不少学者坚持这种说法。而汉代以降的今文学家又将《周礼》说成是伪书，甚至认为是出自刘歆伪造。这些说法都失之偏颇。就书中叙述的职官等制度而言，在周代包括西周、东周时期并未完全实行。但其中确有一部分是周代制度建设的反映，而且可以在相关古籍中找到某些证据。如清代汪中曾根据《逸周书》《礼记》《大戴礼记》和《诗经毛传》等，"考之于古，凡得六征"，并指出："远则西周之世，王朝之政典，太史所记，及列国之官世守之，以食其业。官失而师儒传之，七十子后学者系之于六艺，其传习之绪，明白可据也。"②在此基础上，陈澧又自《礼记》郑注、孔疏和《周礼》郑注、贾疏中得到四条证据，并强调：

---

① 高亨：《诗经今注》，15 页，上海，上海古籍出版社，1980。
② （清）汪中：《述学·内篇二·周官征文》。

"此皆足征《周礼》是周室典制，但无以见其必为周公所作耳。"①晚近以来，除了借助各种传世文献，许多学者注意利用西周青铜器铭文也就是金文对《周礼》进行研究。郭沫若曾以西周青铜器铭文中的官制与《周礼》相比较，认为《周礼》不是作于西周，而是战国时期的著作，"盖赵人荀卿子之弟子所为"②。但是，学术界在这方面的探索并未停止。有的学者"通过有关西周官制文献资料概述及西周册命金文与《周官》对比研究，证明《周官》一书从百寮、百官、六官统属体系、官名、官职职司、属官、职官属从关系、职官组合、职官排列先后顺序、佐官制度等，以致诸细微末节，均与西周册命金文较为相合或接近。《周官》一书有相当成分为西周官职之实录，保存有相当成分之西周史料"③。1975 年，在陕西岐山董家村出土了一批青铜器物，其中有四件属于裘卫(或称卫)。有的学者指出，裘卫的裘是一种官职，即《周礼》的司裘。"要知道司裘这一官名仅见于《周礼》，其他任何古书都是没有的，所以司裘执掌的证实，无疑表明了《周礼》的真实可据。"另外，西周金文中的"有些官名，执掌和《周礼》有所不同，但如按照《周礼》所述职官之间的关系，却也不难理解"④。对于这些，我们应该予以关注。

　　然而，《周礼》中确有西周以后的东西，所以说它是战国时代著作的观点又较为流行。杨向奎通过分析《周礼》中所涉及的社会经济制度、政法制度和学术思想等，认为"《周礼》可能是一部战国中叶左右齐国的书"⑤。顾颉刚从《周礼》中六乡重视"颁法"、"读法"和六遂重视"诛赏"以及力役赋税负担加重，推测《周礼》是出于齐国及别国的法家之手⑥。钱穆从《周礼》所记祀典、刑法、田制、封建、军制、外族、丧葬、音乐

①　(清)陈澧：《东塾读书记(外一种)·周礼》，北京，生活·读书·新知三联书店，1998。
②　郭沫若：《金文丛考·〈周官〉质疑》，见刘梦溪：《中国现代学术经典·郭沫若卷》，石家庄，河北教育出版社，1996。
③　陈汉平：《西周册命制度研究》，218～219 页，上海，学林出版社，1986。
④　李学勤：《缀古集》，26 页，上海，上海古籍出版社，1998。
⑤　杨向奎：《〈周礼〉的内容分析及其成书时代》，见《绎史斋学术文集》，上海，上海人民出版社，1983。
⑥　顾颉刚：《"周公制礼"的传说和〈周官〉一书的出现》，见《文史》，第 6 辑，北京，中华书局，1979。

等方面进行考察，认为《周礼》是当成书于战国晚期[1]。有的学者则认为《周礼》是战国时代儒家的著作，其中可能采用了当时的政法制度和赋役制度[2]。还有学者认为《周礼》是秦统一前秦地学者的作品[3]。目前令人比较容易接受的意见是，《周礼》是自西周至春秋战国时期逐步完成的。如蒙文通说：《周官》"虽未必即周公之书，然必为西周主要制度，而非东周以下之治"。"《周官》一书虽为西周时代之主要制度，而书未必为西周之旧作，当改定于东迁以后惠王、襄王之时"[4]。还应指出，《周礼》并非成于一时一地一人，而是陆续有人加以增益、补充，只是大体上有一人总其成。还应承认，《周礼》的撰作目的、指导思想虽然与孔子和儒家相合，但在先秦史料中，并没有发现孔门传习《周礼》的直接或间接证据，而《周礼》中确实也不曾记述孔子的言行。

　　这里还要专门说一下《考工记》的问题。《考工记》本别自为书，是我国第一部手工艺技术汇编，非一时一地一人所作。关于其成书年代，晚近以来有多种说法。如郭沫若认为成书于春秋末年的齐国，但也有一些学人倾向于将其看作是战国时期的著作。有的学者通过分析其度量衡制、历史地理名称、金石乐器形制、青铜兵器形制、车制设计以及阴阳五行等问题指出：《考工记》的绝大部分内容为战国初年所作，有些材料则出现于春秋末期或更早，编者间或引用周制遗文；在流传过程中，已有所增益或修订。不过，从总体上来说，《考工记》采用了齐国的度量衡制度，引用了不少齐国方言，大部分记载可以与战国初期的出土文物资料相互印证，不妨称之为战国初期齐国的官书。在战国时期的流传过程中，《考工记》可能出现过几种古文本。如据《南齐书·文惠太子传》，南齐时襄阳楚王冢出土有科斗书《考工记》。经过秦灭六国的战火，又遭秦始皇焚书之劫，《考工记》曾一度散佚。西汉复出时，已有残缺，少了

　　① 钱穆：《〈周官〉著作时代考》，见《两汉经学今古文平议》，北京，商务印书馆，2001。
　　② 杨宽：《战国史》（增订本），676 页，上海，上海人民出版社，1998。
　　③ 金春峰：《〈周官〉之成书及其反映的文化与时代新考》，台北，东大图书公司，1993。
　　④ 蒙文通：《从社会制度及政治制度论〈周官〉成书年代》，见《蒙文通文集》，第 3 卷，成都，巴蜀书社，1995。

"段氏""韦氏"等六节。补入《周礼》时，或许山东儒生已经对其作了初步整理。[①]

再说《仪礼》。《仪礼》，原称《礼》，汉代人称为《士礼》，又称《礼经》，亦称《礼记》，至晋代始称《仪礼》。《仪礼》现有 17 篇，全是礼节仪式的汇编。礼，本是宗族贵族用来巩固宗族内部组织、统治普通百姓的一种手段，后来逐渐演变成为社会文明和秩序的象征。政治、经济、军事等方面的典章制度，也往往由礼体现出来。礼在孔子和儒家学说中占有极为重要的地位，甚至是核心地位。郑玄《三礼目录》曾按吉、凶、军、宾、嘉五礼对《仪礼》篇章加以归类。现在看来，17 篇大体上可分为四大类。第一类，冠昏（婚）之礼 3 篇：《士冠礼》，记载贵族男子加冠的礼仪；《士昏礼》，记载贵族男子娶妻的礼仪；《士相见礼》，记载贵族男子相互拜访的礼仪。第二类，乡射之礼 4 篇：《乡饮酒礼》，记载诸侯之乡大夫招待贤能和年高德重之士的仪式；《乡射礼》，记载乡大夫之下的州长在春、秋两季主持进行的射箭比赛的具体仪节；《燕礼》，记述诸侯与臣下宴饮的详细礼仪；《大射礼》，记载诸侯主持进行的射箭比赛的具体礼仪。第三类，朝聘之礼 3 篇：《聘礼》，记述诸侯各国之间相互聘问的具体礼仪；《公食大夫礼》，记述诸侯款待来访的他国大夫的具体礼仪；《觐礼》，记载诸侯朝见天子之礼。第四类，丧祭之礼 7 篇：《丧服》专载丧服之制；《士丧礼》《既夕礼》，记述一般贵族死后其子为其治丧的礼仪；《士虞礼》，记载去世的一般贵族在埋葬后，其子回家举行的虞祭也就是安魂礼的仪式；《特牲馈食礼》，记述一般贵族定期在宗庙中祭祀父祖的礼仪；《少牢馈食礼》《有司彻》，记载诸侯之卿大夫在宗庙中祭祀父祖的礼仪。综上可见，17 篇的内容，涉及贵族生活的各个方面。

根据有关文献和考古资料，《仪礼》记载的许多器物和制度大体行于春秋末年至战国初年[②]，其中不排除有孔子整理编订过的部分。我们知道，仁与礼是孔子学说的核心，而孔子又尤其重礼。在他看来，作为周

---

① 闻人军：《考工记译注·前言》，上海，上海古籍出版社，1993。
② 陈公柔：《〈士丧礼〉〈既夕礼〉中所记载的丧葬制度》，载《考古学报》，1956(4)。

代的典章制度和礼仪规定，礼对仁、对伦理道德和社会政治具有重要的指导、制约作用。《论语·颜渊》记孔子曰："克己复礼为仁。一日克己复礼，天下归仁焉"。"非礼勿视，非礼勿听，非礼勿言，非礼勿动。"《季氏》则载孔子言："不学礼，无以立。"对以往由礼物、礼仪构成的各种礼典，孔子也是颇有研究、非常熟悉的，并很有可能开始将其载录成文，撰成文本，用以教授学生。《礼记·杂记下》："恤由之丧，哀公使孺悲之孔子，学士丧礼，《士丧礼》于是乎书。"有的学者指出："孺悲既从孔子学，而后才有见于载记的《士丧礼》，《士丧礼》之传自孔子至为明显。又下篇《既夕礼》(言葬礼)既与《士丧礼》(言丧之礼)相连成文，又与《士虞礼》(葬后诸礼)、《丧服》(着丧服礼)内容直接相关，那么以上 4 篇应不可分割而统传自孔子，就并非臆测而有一定事实根据了。"①另外《聘礼》所记，如"执圭如重""入门鞠躬""私觌愉愉"等，皆合于《论语·乡党》。这也是应该引起我们充分注意的。

在今本《仪礼》中，除了孔子所定所传，其余内容则由孔门弟子及其后学陆续撰作而成，时间约在公元前 5 世纪中期到 4 世纪中期②。此后不久，《仪礼》即已广泛流传。《墨子》《孟子》《荀子》《礼记》及《大戴礼记》等对其多有引述。尤其是《礼记》，有 32 篇引用过《仪礼》，并加以解说。近年出土的郭店楚简中也有类似的例证。如《六德》："疏斩布实丈，为父也，为君亦然。"此当本于《仪礼·丧服》。据《丧服》所记，为父、为君服丧，皆有"斩衰裳，苴绖、杖……"。《六德》又云："疏衰齐戊麻实，为昆弟也，为妻亦然。"此亦本于《丧服》。在《丧服》中，为兄弟、为妻子服丧，皆有"疏衰裳齐，牡麻绖"。《六德》此处"裳"字省略。"戊麻实"，有的学者释读为"牡麻绖"③，甚是。这也证明《仪礼》中的某些丧服制度确实通行于战国之时。

最后讲一讲《礼记》。先秦儒家在传习《礼》《仪礼》的同时，也传授

---

① 董治安：《先秦文献与先秦文学》，218～219 页，济南，齐鲁书社，1994。
② 沈文倬：《略论礼典的实行和〈仪礼〉书本的撰作》，见《宗周礼乐文明考论》，杭州，杭州大学出版社，1999。
③ 荆门市博物馆：《郭店楚墓竹简》，189 页，北京，文物出版社，1998。

一些相关的参考资料，称为"记"。《汉书·艺文志》以为"七十子后学所记也"。《礼记》就是这类资料的一种汇编。今本 49 篇，又称《小戴礼记》，通常依据孔颖达《礼记正义》所引郑玄《目录》分为九类。①通论 16 篇：《檀弓上》《檀弓下》《礼运》等。②丧服 11 篇：《曾子问》《丧服小记》《杂记上》等。③吉礼 7 篇：《冠义》《昏义》《乡饮酒义》等。④制度 6 篇：《曲礼上》《曲礼下》《王制》等。⑤祭礼 4 篇：《郊特牲》《祭法》等。⑥明堂阴阳 2 篇：《月令》《名堂位》。⑦世子法 1 篇：《文王世子》。⑧子法 1 篇：《内则》。⑨乐记 1 篇：《乐记》。这一划分过细，可将 49 篇大体分为三类：一类是直接依附于《仪礼》的作品，是对经文的补充、阐释；一类是关于各种礼仪制度的通论；另一类是记述《仪礼》之外各种礼制规定的作品。

　　虽然《礼记》至西汉后期才编集成帙，但与《仪礼》一样，原本单行的记在春秋战国时期即已开始流行。如《左传》僖公十五年："天子七庙，诸侯五，大夫三，士二。"此语出于《礼记·王制》《礼器》及《祭法》等。又《左传》宣公八年："礼，卜葬先远日。"语出《曲礼上》："凡卜筮日，旬之外曰远某日，旬之内曰近某日。丧事先远日，吉事先近日。"而《祭法》"有虞氏禘黄帝而郊喾""夫圣王之制祭礼也"两段文字，又见于《国语·鲁语上》，只是略有不同。《孟子》中也有不少地方袭用《礼记》之文。《荀子》中更是多引《礼记》之文，如《乡饮酒义》中有一大段文字全见于《荀子·乐论》。尤为重要的是，郭店楚简中有《缁衣》，而上海博物馆所藏战国楚竹书中不仅有《缁衣》，而且还有《孔子闲居》。此外，郭店楚简中的其他许多篇章也与礼有关，如《唐虞之道》《成之闻之》《性自命出》《鲁穆公问子思》《六德》等与《礼记·学记》《表记》《檀弓》《丧服四制》等篇颇有相通之处。① 特别值得注意的是，经过有的学者考察，可知郭店楚简中的《缁衣》等篇应属《子思子》。据《隋书·音乐志》所载沈约之语，今本《礼记》中，《中庸》《表记》《坊记》和《缁衣》皆取自《子思子》。《子思子》不一定是子思一人的手笔，但不会晚于其再传弟子，也就是说不会迟于孟

---

① 彭林：《郭店简与〈礼记〉的年代》，见《郭店简与儒学研究》（《中国哲学》第 21 辑），沈阳，辽宁教育出版社，2000。

子一辈。另外，通过对郭店楚简及马王堆汉墓帛书《五行》与《礼记》中的《大学》在体例、内容等方面的比较研究，有的学者推定，《大学》的传应为曾子所作，而其经乃是曾子所述孔子之言。[①] 这说明，以单篇或数篇形式流行的《礼记》诸篇，在战国时代已经基本定型并广泛传布。当然，应该承认，今本《礼记》中的确也有一些内容明显存在后人润饰、加工甚至增益的痕迹。顺带指出，对于《大戴礼记》，我们也应作同样的认识。

6.《春秋》及其三传的问世

《春秋》是我国现存最早的编年体史书，记载了从鲁隐公元年（公元前722年）到鲁哀公十四年（公元前481年）的鲁国历史。先秦时期，"春秋"本用以泛称诸侯各国的历史典籍。如《史通·六家》提及《汲冢琐语》记有"夏殷春秋""晋春秋""鲁春秋"，并载《墨子》之语云："吾见百国春秋。"《墨子》之语又见于《隋书·李德林传》录李德林重答魏收书。《墨子·明鬼下》提到周、燕、宋、齐四国"春秋"。但是也有不叫"春秋"的。《孟子·离娄下》说："王者之迹熄而《诗》亡，《诗》亡然后《春秋》作。晋之《乘》、楚之《梼杌》、鲁之《春秋》，一也。"《左传》昭公二年："晋侯使韩宣子来聘，且告为政，而来见，礼也。观书于太史氏，见《易象》与《鲁春秋》。"孔子时年十二三岁。这种《鲁春秋》无疑是指鲁国历代史官所记的编年史，与墨子所谓"百国春秋"同一含义，不过当时已经残缺不全。孔子根据这种鲁国旧史即"史记"，同时参考了其他诸侯国的一些史书，经过一番整理修订，作成《春秋》，并用以教授弟子。《孟子·滕文公下》有言："世衰道微，邪说暴行有作。臣弑其君者有之，子弑其父者有之。孔子惧，作《春秋》。《春秋》，天子之事也。是故孔子曰：'知我者其唯《春秋》乎？罪我者其唯《春秋》乎？'……孔子成《春秋》而乱臣贼子惧。"本于孟子之说，司马迁在《史记·孔子世家》中更加具体地记载说："子曰：'弗乎弗乎，君子病没世而名不称焉。吾道不行矣，吾何以自见于后世哉？'乃因史记作《春秋》，上至隐公，下讫哀公十四年，十二公。

---

① 李学勤：《先秦儒家著作的重大发现》《荆门郭店楚简中的〈子思子〉》，见《郭店楚简研究》（《中国哲学》第20辑），沈阳，辽宁教育出版社，1999。

据鲁，亲周，故殷，运之三代。约其文辞而指博。故吴、楚之君自称王，而《春秋》贬之曰'子'；践土之会实召周天子，而《春秋》讳之曰'天王狩于河阳'：推此类以绳当世。贬损之义，后有王者举而开之。《春秋》之义行，则天下乱臣贼子惧焉。"司马迁在《十二诸侯年表序》中也说："孔子明王道，干七十余君，莫能用，故西观周室，论史记旧闻，兴于鲁而次《春秋》，上记隐，下至哀之获麟，约其辞文，去其烦重，以制义法，王道备，人事浃。"《左传》中的《春秋》经文多出哀公十五年、十六两年，后人称为续经，认为是孔子弟子所补。

　　《春秋》成书后，出现了不少对其经文加以解说的"传"，影响较大且流传至今的有三传，即《左氏传》《公羊传》《穀梁传》。《左传》原名《左氏春秋》，相传是春秋末年鲁国太史左丘明所撰。有关《左传》的最早记载，见于《史记·十二诸侯年表序》："鲁君子左丘明，惧弟子人人异端，各安其义，失其真，故因孔子史记具论其语，成《左氏春秋》。"《汉书·艺文志》班固自注："左丘明，鲁太史。"《汉书·艺文志》还说：孔子"以鲁周公之国，礼文备物，史官有法，故与左丘明观其史记，据行事，仍人道，因兴以立功，就败以成罚，假日月以定历数，藉朝聘以正礼乐。有所褒讳贬损，不可书见，口授弟子。弟子退而异言。丘明恐弟子各安其意，以失其真，故论本事而作传，明夫子不以空言说经也。"杜预《春秋左传序》孔颖达疏引南朝陈沈文阿曰："《严氏春秋》引《观周篇》云：'孔子将修《春秋》，与左丘明乘如周，观书于周史，归而修《春秋》之经，丘明为之传，共为表里。"《严氏春秋》为西汉严彭祖所作，所引《观周篇》并不见于今本《孔子家语》。后世一些古文学者大都坚持这一说法。宋代以后，也有学者指出，《左传》一些历史事实和预言、占筮之词等涉及到了战国前中期之事，其成书应在战国中期以前。至于作者，则有子夏、吴起等不同的说法。现在学术界更倾向于这样一种观点：《左传》基本上成于左丘明或其他史官之手，始传于春秋末年，其后儒家学者不断加以增益、润饰和授受，最后写定于战国中期以前。[1] 晋代杜预《春秋左传序》

---

① 沈玉成、刘宁：《春秋左传学史稿》，382～399页，南京，江苏古籍出版社，1992。

孔颖达疏引刘向《别录》记汉以前《左传》的流传情况："左丘明授曾申，申授吴起，起授其子期，期授楚人铎椒，椒作《抄撮》八卷，授虞卿，虞卿作《抄撮》九卷，授荀卿，荀卿授张苍。"应该说，这一授受源流的记载大体上是合于情理的。从其中提及的铎椒和虞卿分别有《抄撮》，可见当时《左传》已有节本。这两种节本实际上就是《汉书·艺文志》六艺略春秋类所著录的《铎氏微》《虞氏微》。而且据《战国策·楚策四》，虞卿确曾称引《左传》之语。《汉志》还著录有《左氏微》《张氏微》，它们也应是《左传》的节本。西晋时发现的汲冢古书中有《师春》一篇。《晋书·束皙传》载此事曰："《师春》一篇，书《左传》诸卜筮。师春，似是造书者姓名也。"宋代黄伯思《校定〈师春〉书序》则提到，杜预记汲冢古书有云："别有一卷，纯集《左氏传》卜筮事，上下次第及其文义皆与《左传》同，名曰《师春》。师春，似是钞集人名也。"①陈振孙《直斋书录解题》也载有此说。汲冢古书出于魏襄王墓，而公元前295年魏襄王薨，子昭王立，那么《师春》抄录《左传》最晚不过此时。另外，《韩非子·奸劫臣弑》也曾引述《左传》所载之事。这表明，至迟到战国后期，《左传》已经在各地尤其是三晋地区广泛流传。

《春秋》三传中的《春秋公羊传》和《春秋榖梁传》，分别简称为《公羊传》《榖梁传》。《公羊传》旧题作者为公羊高，相传是孔子门人子夏的弟子。《春秋公羊传注疏》引戴宏序说："子夏传于公羊高，高传与其子平，平传与其子地，地传与其子敢，敢传与其子寿。至汉景帝时，寿乃与齐人胡毋子都著于竹帛。"《公羊传》隐公二年"纪子伯者何，无闻焉尔"何休注也说："其说口授相传，至汉，公羊氏及弟子胡毋生（即胡毋子都）等乃始记于竹帛。"《榖梁传》又称《榖梁春秋》，旧题作者榖梁俶。唐杨士勋《春秋榖梁传序疏》："榖梁子，名俶，字元始，鲁人。一名赤。受经于子夏，为经作传，故曰《榖梁传》。传孙卿。卿传鲁人申公。"阮元《十三经注疏校勘记》引王应麟曰："榖梁子，或以为名赤，或以为名俶，颜师古又以为名喜。"按云："作俶是也。齐召南云：《尔雅》俶训始，故字元

---

① （宋）黄伯思：《东观余论·下卷》。

始。"颜师古注则见于《汉书·艺文志》班固自注"穀梁子，鲁人"之下。又，王充《论衡·案书》记作"穀梁寘"。尽管上述有关《公羊传》《穀梁传》作者和流传的记载有不少令人生疑的疏漏之处，而且它们至汉景帝时才著于竹帛，但其渊源肯定是在汉代以前。《汉书·艺文志》六艺略春秋类在提到《春秋》诸传的流传情况时说："及末世口说流行，故有公羊、穀梁、邹、夹之传。"所谓"末世"，当指战国时期，更具体一点，是指战国中后期。"口说"则是指口头传授，没有写成书面文字。秦二世时，博士诸生曾曰："人臣无将，将即反，罪死无赦。"①这应是本于《公羊传》庄公三十二年、昭公元年"君亲无将，将而必诛"之义。此事说明，当时《公羊传》确已以"口说"的形式流传于朝野上下。

同为《春秋》之传，三传有着各自的著述特点。《左传》偏重于历史事实的解释，《公羊传》《穀梁传》偏重于微言大义的阐发。但它们之间似乎又没有很严格的界限，《左传》也有阐发经义之处，《公羊传》《穀梁传》也不是没有对史实的解释，而且三传阐释经文的态度亦有不少是大体一致的。

7.《论语》《孝经》的成书

《论语》是一部语录体的著作，现存 20 篇，记述了孔子及其弟子的一些言论行事。《论语》又简称《论》或《语》。前 10 篇为上编，称为《上论》，后 10 篇为下编，称为《下论》。《汉书·艺文志》六艺略说："《论语》者，孔子应答弟子、时人及弟子相与言而接闻于夫子之语也。当时弟子各有所记。夫子既卒，门人相与辑而论篹，故谓之《论语》。"也就是说，"语谓言语也，论谓撰论也。先有孔子与弟子、时人及弟子相与言之语，而后及门人论篹，以成此书也"②。《论语·泰伯》中记有曾参之死及其死前与鲁国孟敬子的一段对话，而曾参是孔子最年轻的弟子，孟敬子的"敬"是谥号，其去世之年在战国初期则是可以肯定的。所以，杨伯峻指出：《论语》成书大概是在战国初期，即公元前 400 年左右，且非

① 《史记·刘敬叔孙通列传》。
② 顾实：《汉书艺文志讲疏》，73 页，上海，上海古籍出版社，1987。

成于一人之手①。

《论语》成书后即广泛流行。《礼记·坊记》中已有"《论语》曰"字样。《坊记》与屡见于战国竹简的《缁衣》皆为《子思子》的组成部分，自然也是出于同一时代。另外，郭店楚简中还有一些简文与《论语》相近。如《语丛二》的"小不忍，败大势"，近于《论语·卫灵公》的"小不忍则乱大谋"。《语丛三》："志于道，据于德，依于仁，游于艺。"这全同于《论语·述而》："子曰：志于道，据于德，依于仁，游于艺。"《语丛三》："毋意，毋固，毋我，毋必。"而《论语·子罕》："子绝四：毋意，毋固，毋我，毋必。"二者也是完全相同的。② 这说明，《论语》在战国中期的楚地已经相当流行，更不用说北方地区了。

《孝经》是一部专讲孝道的经典，文字很少，仅有 1799 个字，分为18 章。关于《孝经》的作者和成书情况，笔者认为，《孝经》的著者为曾子弟子，他们假托孔子与曾子对话，宣传了曾子论孝的基本思想，同时也提出了自己的一些新的观念。《孝经》的成书时间为战国初年魏文侯在位之时，也就是公元前 455 至公元前 397 年。《孝经》成书后即广泛流传。《孟子》曾袭用其义，《荀子》《吕氏春秋》亦曾加以称引。关于《孝经》的作者和成书问题，前文已有专门论述，在此不再赘述。

8. 经学和经学时代

由以上所述可以看出，儒家经典的形成主要滥觞于商周特别是西周时期，其早期制作是由西周王官进行的。《易经》大体成书于西周初年，由当时的宗教巫术特别是卜筮之官和兼掌卜筮之事的史官采辑、订正、增补、编纂而成。《书》为商周王室的档案文献汇编，多出于史官之手，又主要由他们保存并编集成册。《诗》的编集，也得益于周王室对诗歌的重视，得益于王室官员对诗歌的采集、汰选、加工、编辑并合乐。《礼》《乐》更是周王室制礼作乐的结果。而《春秋》的前身则是鲁国史官所作的

---

① 杨伯峻：《论语》（浅谈），见《经书浅谈》，北京，中华书局，1984。

② 廖名春：《荆门郭店楚简与先秦儒学》，见《郭店楚简研究》（《中国哲学》第 20 辑），沈阳，辽宁教育出版社，1999。

编年史。所以章学诚说："六艺非孔氏之书，乃周官之旧典也。《易》掌太卜，《书》藏外史，《礼》在宗伯，《乐》隶司乐，《诗》领于太师，《春秋》存乎国史。"①章太炎在论及经典的形式时也指出："周代《诗》《书》《礼》《乐》皆官书。《春秋》史官所掌，《易》藏太卜，亦官书。官书用二尺四寸之简书之。郑康成谓六经二尺四寸，《孝经》半之，《论语》又半之是也。"②在经典的滥觞和初成时期，学在官府，官守其书，师传其学，文化教育事业为贵族统治者所垄断。西周王官特别是史官承于前代的文献积累、文化积淀，初步编成了一些典籍，使其成为中华民族文化传承和发展的重要载体，成为人类文明不断演进的重要标志。然而，当时文化典籍的编集是与宗教巫术的盛行相伴而行的，而且这些典籍藏于并用于王室官府，并不利于学术文化的广泛传播和普及。

春秋战国时期，中国步入人类文明的轴心时代，社会经济、政治结构发生了巨大变化，人文化、理性化逐渐成为思想文化发展的主流，士阶层崛起，开始摆脱王室附庸的地位，拥有了个体自觉和独立人格，同时王官失守，学术下移，私学兴起，王官掌守的文化典籍有大批流散于天下民间，经典的制作和传播也随之进入了一个新的阶段。在这一过程中，孔子起着举足轻重的作用。如前所述，孔子对古老经典进行了加工整理、阐释发挥，并将其用作教授生徒、教书育人的教科书。《史记·孔子世家》："孔子之时，周室微而礼乐废，《诗》《书》缺。追迹三代之礼，序《书传》，上纪唐虞之际，下至秦缪，编次其事……故《书传》《礼记》自孔氏……古者《诗》三千余篇，及至孔子，去其重，取可施于礼义，上采契后稷，中述殷周之盛，至幽厉之缺，始于衽席，故曰'《关雎》之乱以为《风》始，《鹿鸣》为《小雅》始，《文王》为《大雅》始，《清庙》为《颂》始'。三百五篇孔子皆弦歌之，以求合《韶》《武》《雅》《颂》之音。礼乐自此可得而述以备王道，成六艺。孔子晚而喜《易》，序《彖》《系》《象》《说卦》《文言》。读《易》，韦编三绝……因史记作《春秋》，上至隐公，下讫

---

① （清）章学诚：《校雠通义通解·原道第一》，1页，上海，上海古籍出版社，2009。
② 章太炎：《国学讲演录》，45～46页，上海，华东师范大学出版社，1995。

哀公十四年，十二公。"这里提到的一些细节未必准确，但六经与孔子有关则是无可争议的事实。正因为这样，历代学人都将孔子看作六经的撰述者、编订者，认为孔子"述《易》道而删《诗》《书》，修《春秋》而正《雅》《颂》"①。这不是没有道理的，也不是毫无依据。原本只不过是上古三代社会政治、学术文化史料汇编的经典，经过孔子的修订、整理、诠释并用作私学教育的教材，得到更大范围和更大规模的传播，后来又经过儒家学派的不断注解、改造和发挥，成为宣传其思想主张和政治理念的精神工具，并在汉武帝之后成为带有神圣、权威意味的思想工具，成为封建时代的最高法典，成为封建统治者治国理民的理论依据。

作为经典诠释学的经学，是伴随着儒家经典的问世而产生的，并在孔子之后取得了实质性、飞跃性的发展，但是"经学"一词却出现较晚，首见于《汉书·倪宽传》："及（张）汤为御史大夫，以宽为掾，举侍御史。见上，语经学。上说之，从问《尚书》一篇。擢为中大夫，迁左内史。"又据《汉书·宣帝纪》，本始四年四月，郡国地震，宣帝诏曰："盖灾异者，天地之戒也……朕甚惧焉。丞相、御史其与列侯、中二千石博闻经学之士，有以应变，辅朕之不逮，毋有所讳。""经学"又别称为"经术""经艺"。如《史记·太史公自序》："仲尼悼礼废乐崩，追修经术，以达王道，匡乱世反之于正。"《汉书》更是多处提到"经术"。《史记·儒林列传》："故汉兴，然后诸儒始得修其经艺，讲习大射乡饮之礼。"《汉书·儒林传》抄录此语，只是个别文字有异，而其中"经艺"作"经学"。

儒家经典产生后，对其加以解释和整理的各种著作也就随之出现，并逐渐形成多种体例和名称。它们或重文字训诂，或重义理疏解，力求从不同方面诠释经典的思想内涵和重要意义。汉代之前已经有了《易传》诸篇、《礼记》和《大戴礼记》诸篇以及《春秋》诸传等原本是解释经文的著作。入汉以后，解经著作进一步丰富，所用的体例、名称也各有不同。有的称"传"或"大传"，如王同、周王孙、丁宽、服生皆作《易传》，伏生有《尚书大传》，《诗》学中有《齐后氏传》《齐孙氏传》，河间献王刘德及其

---

①　《隋书·经籍志》。

国诸博士有《周官传》；有的称"故"或"解故""解诂""故训传"，如《书》学中有《大夏侯解故》《小夏侯解故》，《诗》学中有《鲁故》《齐后氏故》《齐孙氏故》《韩故》《毛诗故训传》；有的称"说"或"说义"，如丁宽作《易说》，《书》学有《欧阳说义》，《诗》学有《鲁说》《韩说》，《礼》学有《中庸说》《明堂阴阳说》等，《论语》学中有《齐说》《鲁夏侯说》《鲁安昌侯说》《鲁王骏说》等，《孝经》学有《长孙氏说》《江氏说》《翼氏说》《后氏说》《安昌侯说》等；有的称"记"，如《书》学有刘向、许商《五行传记》，《乐》学有《王禹记》，《春秋》学有《公羊杂记》《公羊颜氏记》等；有的称"章句"，如《书》学有《欧阳章句》《大夏侯章句》《小夏侯章句》，《春秋》学有《公羊章句》《穀梁章句》等。至于东汉，解经的体例又有所增加，除西汉已经出现的以外，有的称"注"，如张楷作《尚书注》，郑玄为《易》《书》三《礼》作注；有的称"通"，如杜抚作《诗题约义通》；有的称"笺"，如郑玄作《毛诗笺》；有的称"学"，如何休《公羊解诂》又叫作《何休学》；有的称"释"，如谢该作《左氏释》；有的称"删"，如郑众作《春秋删》，孔奇作《春秋左氏删》；有的称"略"，如景鸾作《礼略》；有的称"问"，如荀爽作《公羊问》；有的称"难"，如张奂著《尚书记难》，临硕作《周礼难》，曹充作《庆氏礼章句辨难》；有的称"解"或"解说"，如伏黯作《齐诗解说》、服虔作《春秋左氏传解》；有的称"通论"，如洼丹有《易通论》；有的称"条例"，如郑兴、贾徽、颍容并作《春秋左氏条例》；有的称"训旨"，如卫宏从杜林受《古文尚书》，为作《训旨》；有的称"同异"或"异同说"，如贾逵著《欧阳大小夏侯尚书古文同异》，马融撰《春秋三传异同说》。此外还有其他一些体例和名称，如赵晔有《诗细》，侯包有《韩诗翼要》（一作《韩诗翼》），郑玄则有《诗谱》《三礼图》等著作。不过，当时最为通行的，不外乎"传""注"和"章句"三种①。汉代以后的经学家们对上述体例和名称又不断有所继承、有所改造、有所发展。

在汉武帝罢黜百家、独尊儒术、表章六经之后，儒家经典成为儒家

---

① 马宗霍：《中国经学史》，54～56 页，上海，商务印书馆，1937；又见《汉书·艺文志》等。

学派建构和展开理论体系的重要依据，成为社会政治统治合法性和权威性的重要来源，经学成为统治思想和官方学术，成为封建思想文化的核心和意识形态的基础，与当时社会政治、经济政策、文化教育的演变和发展息息相关，影响着中华民族心理特征、文化素质、民间习俗和精神风貌的形成。冯友兰曾将中国学术思想的发展划分为两个时期，一个是子学时代，一个是经学时代。他说："自汉武用董仲舒之策，'诸不在六艺之科、孔子之术者，皆绝其道，勿使并进'，于是中国大部分之思想统一于儒，而儒家之学，又确定为经学。自此以后，自董仲舒至康有为，大多数著书立说之人，其学说无论如何新奇，皆须于经学中求有根据，方可为一般人所信受。经学虽常随时代而变，而各时代精神，大部分必于经学中表现之。故就历史上中国学术思想变迁之大概言之，自孔子至淮南王为子学时代，自董仲舒至康有为则经学时代也。"①应该说，这种划分不是没有道理的。儒家学说始终是中国封建时代的统治思想，而对经典的阐释和发挥又一直是儒学的存在形态，是儒者表述思想、表达见解的基本方式。汉代以后，经学仍处在不断的演变和发展过程中，清代还出现了经学复兴的局面，重演了经今古文之争的剧目。康有为、章太炎作为各自学派的最后一位大师，将今文经学和古文经学的思想观念、理论学说发展到了极致，而经学作为一种政治文化和官方学术也由此彻底走向终结。另一方面，我们又必须承认，经学独尊、以经治国是始于两汉时期的，并在那时表现得最为突出、最为典型，特别是与社会政治的联系，其密切程度是后来任何一个时代所无法比拟的。正因为这样，梁启超将"汉之经学"看作是一种"时代思潮"②。也就是说，两汉是典型意义上的经学时代。

（二）

孔子去世后，由他整理编订的六经在儒家学派中承传不绝，经学的内容也不断丰富。战国时期儒家经典的流传，与当时盛行的养士之风有

①　冯友兰：《中国哲学史》（上册），485 页，北京，中华书局，1961。
②　梁启超：《清代学术概论》，1 页，上海，上海古籍出版社，1998。

着密切关系。养士之风为孔门后学传授经典提供了宽松的文化氛围和必需的物质条件。一些国家的统治者注意到儒学的经世致用之处特别是直接有利于其自身统治的那部分内容，因而主动参与了儒家经典的传习和诠释，如魏文侯曾作《孝经传》；另一方面，借助养士之风，儒家经典也展现了其独特的思想价值和社会作用，并乘势加速流传、扩大影响。同时，养士之风也使儒家获得了更多的机会来借鉴、吸收道、法、阴阳等诸家之说，然后将它落实到著述活动之中，从而增强了儒学的生命力。正是由于这些原因，尽管是诸子蜂起、百家争鸣，但就声势和影响而言，儒家仍在各家之上，为一大"显学"。在这一时期经学的发展进程中，子夏、孟子、荀子的成就和贡献最为突出。

相传六经的传授大都来自子夏（卜商）。东汉徐防曰："《诗》《书》《礼》《乐》，定自孔子；发明章句，始于子夏。"[①]就是说，在研习、传授孔子编订的经书之时，子夏做过划分章节、判明句读、解释文义等一系列工作。的确，对于诸经的传授，在孔门之中，子夏是功劳最大的。宋代洪迈说："孔子弟子唯子夏于诸经独有书，虽传记杂言未可尽信，然要为与他人不同矣。于《易》则有传，于《诗》则有序。而《毛诗》之学，一云子夏授高行子，四传而至小毛公；一云子夏传曾申，五传而至大毛公。于《礼》则有《仪礼·丧服》一篇，马融、王肃诸儒多为之训说。于《春秋》，所云'不能赞一辞'，盖亦尝从事于斯矣。公羊高实受之于子夏；穀梁赤者，《风俗通》亦云子夏门人。于《论语》，则郑康成以为仲弓、子夏等所撰定也。"[②]这些说法虽然不能皆信以为实，但按诸有关材料，也还是有踪迹可寻的。

关于《易》，《说苑·敬慎》及《孔子家语·六本》《执辔》中有子夏向孔子问《易》的记载，而此前的《韩非子·外储说右上》记子夏曰："《春秋》之记臣杀君、子杀父者以十数矣，皆非一日之积也，有渐而以至矣。"子夏此语，颇似于《周易·文言》："臣弑其君，子弑其父，非一朝一夕之

---

① 《后汉书·徐防传》。
② （南宋）洪迈：《容斋续笔·卷十四》。

故，其所由来者渐矣，由辩之不早辩也。"可见子夏与《易传》是有关系的。《史记·仲尼弟子列传》说："孔子传《易》于（商）瞿，瞿传楚人馯臂子弘（弓）。"索隐、正义皆引应劭说谓子弓为子夏门人。世传《子夏易传》当为子夏所作。子弓不仅受《易》于商瞿，而且受《易》于子夏，传《子夏易传》①。《尚书大传·略说》（辑本）记有子夏读《书》论《书》之事："子夏读《书》毕，见夫子。"孔子问："子何为于《书》？"子夏答道："《书》之论事也，昭昭若日月之明，离离若参辰之错行。上有尧舜之道，下有三王之义。商所受于夫子者，志之弗敢忘也……"子夏的回答得到孔子的赞扬。这至少说明子夏对《书》是非常熟悉、深有研究的。子夏对《诗》学提出过不少独到的见解，并得到孔子的称赞。如据《论语·八佾》，子夏问《诗》之"巧笑倩兮，美目盼兮"云云，孔子说："起予者商也！始可言《诗》已矣。"《汉书·艺文志》六艺略诗类序说："又有毛公之学，自谓子夏所传。"《郑志》（辑本）记郑玄在回答张逸之问，谈及《毛诗序》时说："此《序》子夏所为，亲受圣人，足自明矣。"郑玄在注《小雅·南陔》《白华》《华黍》之序时还提到，诸序本自合为一编，至毛公为《故训传》，始分以置诸篇之首。《孔子家语·七十二弟子》王肃注曰："子夏所序《诗》，今之《毛诗》是也。"三国吴陆玑《毛诗草木鸟兽虫鱼疏》（辑本）说："孔子删《诗》授卜商，商为之序。"南朝梁萧统编《文选》，收入《关雎》篇序，亦题曰卜子夏。其他文献中关于子夏习《诗》传《诗》的记载也有不少。所以，严可均、惠栋、钱大昕等都坚持认为《毛诗序》出于子夏之手。在此基础上，有的学者进一步强调："在毛公之前《诗序》传之已久，其必出自子夏无疑。"②有的学者则作了更为具体的分析："第一，子夏作《诗序》，不是凭空臆造，而是根据其师孔子的讲论，并参考其他有关古籍中的记载而写定的；第二，《诗序》成文之后，经过历代师师相传，无数次地口授翻抄，虽然大体不变，但某些字句也有译易增损。因此确切地说，

---

① 刘玉建：《两汉象数易学研究》，16页，南宁，广西教育出版社，1996。
② 参见朱冠华：《关于〈毛诗序〉的作者问题——与王锡荣先生商榷》，见《文史》，第16辑，北京，中华书局，1982。

《诗序》源于采《诗》者，国史标注，经籍称引，孔子讲论，子夏写定并传授，后人小有译易增损。"①另外，《韩诗外传》卷五记载有子夏问《诗》于孔子之事。而《新唐书·艺文志》著录有《韩诗》子夏序，或许亦渊源有自。对《春秋》，子夏更是多得孔子真传和亲炙。《春秋公羊传》卷首徐彦疏引《闵因叙》云："昔孔子受端门之命，制《春秋》之义，使子夏等十四人求周史记，得百二十国宝书。"《公羊传》哀公十四年徐彦疏引《孝经说》云："孔子曰：《春秋》属商。"《史记·孔子世家》在述及孔子修《春秋》时说："至于为《春秋》，笔则笔，削则削，子夏之徒不能赞一辞。"孔子作《春秋》，在收集资料、着笔撰著的过程中，子夏应是有所参与的。《韩非子·外储说右上》《春秋繁露·俞序》等也有一些子夏讲授《春秋》的记载。《左传》的成书也与子夏有关。卫聚贤在《左传的研究》中曾认定子夏是《左传》的著者，徐中舒在《左传选》中则推断说，"《左传》可能就是在子夏门下编写成书的"，"作者可能就是子夏一再传的弟子"。特别是其中的"君子曰"云云，据金德建考证，"执笔的可能是孔子或子夏，也可能是二人合作"，"能够和孔子合作写'君子曰'的，舍子夏莫属"②。也就是说，《左传》是经子夏讲授，由其弟子编订、润饰而成书的。而子夏传《春秋》与公羊高、穀梁赤，也是前人常常提及的。刘师培在《经学教科书》中就曾指出："《公》《穀》二传，咸为子夏所传，一由子夏授公羊高"，"一由子夏授穀梁赤"。另据《史记·乐书》，子夏也曾为魏文侯解答有关《乐》的问题。郑玄《六艺论》（辑本）曰："《论语》，子夏、仲弓合撰。"这些都是应该引起我们注意的。

孟子是战国儒家学派的重要的代表人物。赵岐《孟子题辞》言其"通五经，尤长于《诗》《书》"。《史记·孟子荀卿列传》则说孟子"退而与万章之徒序《诗》《书》，述仲尼之意，作《孟子》七篇"。孟子用《诗》《书》等经典教授生徒，并作为著书立说、游说诸侯、展开论辩、宣传仁义思想的理论依据。在五经之中，孟子尤长于《诗》《书》，曾大量予以引用。如

---

①　冯浩菲：《历代诗经论说述评》，160 页，北京，中华书局，2003。
②　金德建：《先秦诸子杂考》，15 页，郑州，中州书画社，1982。

《孟子》引《诗》三十四处，论《诗》五处。其中《告子下》记孟子与弟子公孙丑论《小雅·小弁》《邶风·凯风》之题旨，《万章上》《尽心下》分别解释《齐风·南山》《小雅·北山》《魏风·伐檀》之句意，以答弟子万章、咸丘蒙、公孙丑，还有《滕文公上》引《小雅·大田》以明周代税法等，都反映了孟子对三百篇的关注和精熟①。《孟子》引《书》十九处，论《书》一处，其中五处所引见于汉代所传《古文逸书》16 篇。更为重要的是，《诗》《书》中蕴含的丰富的民本思想，成为孟子民贵君轻等政治主张的理论来源之一。《孟子》中也有引《礼》之文，计有二处。《离娄下》述齐宣王曰："礼为旧君有服。"这是本于《仪礼·丧服》中大夫为旧君服齐衰三月之文。《万章下》孟子曰："在国曰市井之臣，在野曰草莽之臣……礼也。"这与《士相见礼》所谓"在邦则曰市井之臣，在野则曰草茅之臣"相似。《孟子》引《礼》之处不多，但论礼之处却颇为可观。"礼"字在书中出现了 65 次，足见孟子是非常重视礼仪制度的。对于《春秋》，孟子更是情有独钟，并明确提到了孔子作《春秋》。只是孟子不曾引《易》，但《易传》特别是《彖传》有不少观点源于孟子。经过孟子的宣传，五经的地位不断提高，影响不断扩大。不过，"孟子对'经书'，重在'序'和'述意'，既然这样做是出于政治活动失败后要在理论上继续申述自己的哲学政治主张，那末他在'经传'上的注意力，集中在确立由孔子到自己的道统，而不太注意注解章句，综核古事，便是很自然的。"②这也是孟子与后来经师治经的一个显著的不同之处。

在思想观念方面，荀子主张性恶论，强调礼制和法制建设的重要性，与孟子的性善论、仁义思想等多有不同甚至矛盾之处，但他同样关注经学的发展，并致力于经典的传授和研究，成为战国后期儒家经学的重要传人，做出了比孟子更大的贡献。刘向《孙卿书书录》说："孙卿善为《诗》《礼》《易》《春秋》。"《诗》《书》《礼》《乐》《易》《春秋》等在战国后期的流传，几乎皆与荀子有关。荀子很重视读经，强调："学恶乎始？恶乎

---

①　董治安：《先秦文献与先秦文学》，54 页，济南，齐鲁书社，1994。
②　朱维铮：《周予同经学史论著选集》，820 页，上海，上海人民出版社，1983。

终？曰：其数则始乎诵经，终乎读礼。"①他还对诸经的不同特点、价值和作用作过精辟阐述。如《荀子·劝学》曰："故《书》者，政事之纪也；《诗》者，中声之所止也；《礼》者，法之大分、类之纲纪也。故学至乎《礼》而止矣。夫是之谓道德之极。《礼》之敬文也，《乐》之中和也，《诗》《书》之博也，《春秋》之微也，在天地之间者毕矣。"《儒效》曰："《诗》言是其志也，《书》言是其事也，《礼》言是其行也，《乐》言是其和也，《春秋》言是其微也。"同时，在荀子看来，诸经各有其长短："《礼》《乐》法而不说，《诗》《书》故而不切，《春秋》约而不速。"②应该根据实际情况，对诸经有选择地加以研读。不过，由上述论述可以看出，在诸经之中，荀子又特重《礼》，这与他的礼义思想是一致的。

《荀子》引《诗》83 处，此外还有对《诗》的理解和阐发。其中大都同于《毛诗》，可见《毛诗》的确出于荀子；而《荀子》中少数同于三家《诗》的地方，又说明在三家《诗》中，至少《鲁诗》《韩诗》与荀子有一定联系。根据陆德明《经典释文叙录》等有关文献，孔子授《诗》子夏，六传而至荀卿。荀卿授《诗》浮丘伯，为《鲁诗》之祖；复以《诗》授毛亨，为《毛诗》之祖；而《韩诗外传》中有 44 处称引《荀子》，表明《韩诗》也与《荀子》相合。对于《书》，《荀子》引用了 15 次，其中 4 次不见于传世之《今文尚书》。荀子更是一位《礼》学大师，《荀子》中的《礼论》《大略》为其论述礼仪的专著，涉及婚、丧、祭、飨诸礼，内容往往同于《礼记》的《三年问》《乡饮酒》及《大戴礼记·曾子立事》等。其体例也与其非常相似，一般前引《仪礼》之文而后申以己说，只不过曾对原文有所剪裁删节而已。对于《乐》，荀子亦非常重视。《荀子·乐记》就是本于《礼记·乐论》的。荀子在《易》学领域也多有贡献，除了引《易》以论证自己的观点，荀子还注意阐发《周易》的义理，如《荀子·天论》即以《系辞》为本。他在《大略》中强调"善为《易》者不占"，从而坚持了人文化、哲理化的《易》学发展方向。荀子的《易》学来自馯臂子弓，在稷下时就已以善为《易》著称，曾传于浮丘

①　《荀子·劝学》。
②　同上。

伯，浮丘伯又传于陆贾、穆生。陆、穆皆为楚人，所以战国秦汉之际楚地的《易》学与荀子很有关系。马王堆帛书《周易》中提到的易学家有昭力、缪和，都是楚人。① 荀子更是《春秋》学的重要传人。有关文献提及荀子曾经传《左传》《穀梁传》。而《大略》所谓"《春秋》贤穆公""善胥命"云云，则又源于《公羊传》。另外，荀子也是《孝经》学的重要传人。清代汪中说："荀卿之学，出于孔氏，而尤有功于诸经"。"盖自七十子之徒既殁，汉诸儒未兴，中更战国、暴秦之乱，六艺之传赖以不绝者，荀卿也。"②皮锡瑞则说："荀卿传经之功甚巨"，"能传《易》《诗》《礼》《乐》《春秋》，汉初传其学者极盛"③。总之，子夏、荀子对群经之学在战国秦汉之际的流传多有贡献。所以，刘师培在《经学教科书》中曾经强调："子夏、荀卿者，集六经学术之大成者也。两汉诸儒，殆皆守子夏、荀卿之学派者与"！

当然，应该指出的是，作为"先王之遗言"④"先王之陈迹"⑤，《诗》《书》《礼》《乐》《易》《春秋》六经或者说其前身、其原型，都是一些古老的历史文献，并非儒家的专有领地，而是颇受道、墨、法等其他诸子各家的重视。刘熙载《艺概·文概》曰："九流皆托始于六经。"章太炎曾说："六籍者，道、墨所周闻。故墨子称《诗》《书》《春秋》，多大史中秘书。而老聃为守藏史，得其本株。"⑥陈钟凡也曾指出："儒家助人君顺阴阳，明教化，游文于六艺之中，留意于仁义之际，其学本六经，无待论矣；道家历记成败存亡祸福古今之道，然后知秉要执本，清虚自守，卑弱自持，合于尧之克攘、《易》之嗛嗛，则其学本于《周易》；阴阳家敬顺昊天，历象日月星辰，敬授民时，则其学本于《尚书》；法家信赏必罚，名家正名辨物，则其学本于《礼》《春秋》；墨家贵节俭，右鬼神，《礼经》恭

①　李学勤：《缀古集》，15 页，上海，上海古籍出版社，1998。

②　(清)汪中：《述学·补遗·荀卿子通论》。

③　(清)皮锡瑞：《经学历史》，周予同注释，北京，中华书局，1959。

④　《荀子·劝学》。

⑤　《庄子·天运》。

⑥　章太炎：《检论·订孔上》，见《章太炎学术论著》，杭州，浙江人民出版社，1998。

俭庄敬之学也；小说家街谈巷语，道听途说者之所造，大师陈《诗》观民风之旨也。"①所以，《墨子》《管子》《庄子》《韩非子》《吕氏春秋》等往往根据各自的立场和见解对诸经有所称引、有所阐发，只是其他诸子各家所用经书的本子与儒家不尽相同。如《墨子》引《诗》10 条，其中不见于今本的 4 条，与今本次序不同的 3 条，字句不同的有 3 条，大致相同的仅有 1 条；引《书》29 条，其中连篇名、文字都不见于今本的达 14 条之多，篇名、文字与今本不同的 1 条，文字不见于今本的 6 条，引《泰誓》而不见于今本的 2 条，与今本有出入的 2 条。这说明，墨家所读的《尚书》与儒家大不相同。② 但不管怎样，战国之时，各种经书的传布和流传已经相当广泛，它们对中国思想文化发展所起的载体作用也进一步凸显。

二、汉代经学与制度建设

在我国传统社会，经学不仅是学术，而且主要是政治，是专制政权的御用工具。尤其是在两汉时期，经学的作用与影响广泛地渗入于政治制度建设的各个层面，我们有必要做进一步研究，从中广泛、深入地挖掘有益的成分和成功的经验。唯其如此，我们才能继承好、利用好古人留给我们的珍贵的政治文化遗产，真正做到古为今用，推陈出新。

（一）

我们知道，在任何时候，政权的存在，国家机器的运转，都需要有一支各负其责、各尽其职的官吏队伍。其选拔标准及官吏素质如何，直接关系到统治阶级能否有效实现自己的统治。两汉时期，作为统治思想与官方学术的经学成为选拔、任用各级官吏的思想基础和理论依据，成为推动国家机器运转的精神力量。封建政权的选官制度也留下了深深的

---

① 引自王蘧常：《诸子学派要诠》，199 页，北京，中华书局；上海，上海书店，1987。
② 杨宽：《战国史》（增订本），674～675 页，上海，上海人民出版社，1998。

经学影响的印痕。

　　相对于其他诸子学派，以治经为本的儒生对选官制度有着特别的关注，儒家学说在这一方面具有明显的优势。汉初，经过儒者们的反复进说，加上自己的亲身感受和体验，本不好儒的刘邦意识到，用秦朝那一套思想和办法选官是行不通的，需要在官府中安排治经儒生这样受过教育、具有一定文化素质的士人，需要从《诗》《书》等儒家经典中汲取治国安邦的经验，并借助经学来健全和完善选官制度，于是在汉高帝十一年（前196年）颁布求贤诏，隐约反映了儒家王道德治的思想倾向，并首开察举制度的端绪。刘邦还曾在鲁地祭祀孔子，召见经学大师浮丘伯、申公师徒，对儒家经学表现出特殊的好感。刘邦去世后，惠帝、吕后曾诏举"孝弟力田"，文帝更诏举贤良，进行策问，从而标志着察举制度的正式产生，只不过制度远未完备，尤其是未定荐举的期限和人数。汉兴六七十年，随着政治、经济和文化事业的发展，黄老之学及受其左右的用人标准和选官制度已经越来越不适应变化了的形势，急需更新观念，由重功勋家世转向重德行道术、重为政才能，起用疏于进取、精于守成的治经儒生。武帝即位后，以察举为主体的选官制度从内容到形式都全面完善起来。建元元年（公元前140年），武帝"诏丞相、御史、列侯、中二千石、二千石、诸侯相举贤良方正直言极谏之士"。丞相卫绾奏曰："所举贤良，或治申、商、韩非、苏秦、张仪之言，乱国政，请皆罢。"武帝立即予以批准，卓然罢黜百家。建元五年，又正式置五经博士，尊奉儒家经义为最高的理论权威。元光元年（公元前134年），武帝首次"令郡国举孝廉各一人"①。不久，在贤良对策中，董仲舒力倡大一统，要求用儒家经学改良政治，统一思想，"诸不在六艺之科、孔子之术者，皆绝其道，勿使并进"，又建议"使诸列侯、郡守、两千石各择吏民之贤者，岁贡各二人以给宿卫"。于是武帝诏令郡国举孝廉、茂才。这标志着汉代察举制度正式开始运作。董仲舒在对策中还要求"兴太学，置名

---

　　①　《汉书·武帝纪》。

师，以养天下之士"①。经武帝同意，公孙弘等人设计，汉朝于元朔五年(公元前 124 年)正式兴立太学，建起培养人才、选择官史的重要基地。"自此以来，则公卿大夫士吏斌斌多文学之士矣"②。这样，经学与选官制度结缘了。绌诸子、崇儒术，使经学成为选官制度乃至整个官僚制度的指导思想，而博士弟子课试、察举等方式的实质或核心，就是经术取士。正如周予同所强调的："董仲舒主张尊崇孔学、罢黜百家，还只是表面的文章；最有关于中国社会组织的，是他主张设学校、立博士弟子，变春秋战国的'私学'为'官学'，使地主阶级的弟子套上'太学生'的外衣，化身为官僚，由经济权的获取进而谋教育权的建立和政治权的分润。董仲舒是中国官僚政治的定型者。"③可以说，儒家经学一步步走上统治思想和正统学术的宝座，治经儒者一步步登上政治舞台并扮演主角的过程，也就是选官制度逐渐完善和发展的过程，而其完善和发展的趋势，就是关于儒家经术和伦理道德的要求成为选拔官吏的最主要标准，只不过这时的儒家已非先秦儒家的简单再版，而是经过董仲舒等人的改造和发展，吸收、借鉴了道、墨、法、阴阳等诸家思想的新儒家了。

　　两汉选官有多种方式和途径，而且彼此相互补充，但最重要的则是博士弟子课试、征辟及察举。其中最直接体现经学影响的又当推博士弟子课试。

　　汉武帝接受董仲舒建议，在京城开办太学，置五经博士以教授弟子。博士弟子依据朝廷制定的标准、条件和名额，或由太常选拔，或由郡国选送。学习期间要进行考试，大致西汉为一年一试，东汉为两年一试。考试形式为射策，犹如抽签考试，在内容上一般不超出对经义的解释、阐发，并按其难易署为甲、乙之科。经过考试，区分高下，根据取官名额，授以相应的职官。武帝时，"能通一艺以上，补文学掌故缺；

① 《汉书·董仲舒传》。
② 《史记·儒林列传》。
③ 朱维铮：《周予同经学史论著选集》，502 页，上海，上海人民出版社，1983。

其高第可为郎中，太常籍奏。即有秀才异等，辄以名闻。其不事学若下材及不能通一艺，辄罢之，而请诸称者罚"①。随着太学规模的不断扩大和博士弟子的逐渐增多，补官名额也相应增加。平帝时，王莽秉政，一度增置两科，"岁课甲科四十人为郎中，乙科二十人为太子舍人，丙科四十人补文学掌故"②。东汉取消丙科，但到桓帝时却又废止了取官名额的限制，径以通经多少作为录用迁升的标准。"学生满二岁试，通二经者补文学掌故。其不能通二经者，须后试，复随辈试之，通二经者亦得为文学掌故。其已为文学掌故者满二岁试，能通三经者，擢其高第为太子舍人。其不得第者后试，复随辈试，第复高者亦得为太子舍人。已为太子舍人，满二岁试，能通四经者，推其高第为郎中。其不得第者后试，复随辈试，第复高者亦得为郎中。满二岁试，能通五经者，推其高第补吏，随才而用。其不得第者后试，复随辈试，第复高者亦得补吏"③。博通五经成了对太学生的最高要求。

汉代还借鉴秦朝征召之法，实行征辟，由皇帝或官府直接聘请某些有名望的士人，授予官职。被皇帝征召的，除了个别专门的技能之士，多是德高望重、学识渊博的经学大师。如武帝一即位便"遣使者安车蒲轮，束帛加璧征鲁申公"④。汉代曾被官府辟除的士人，也大都是经学之士，如匡衡、尹敏、郑众、李膺等。

察举是汉代最重要的仕进途径和方式，是选官制度的主体。察举的科目很多，可分为常行科目和特定科目两大类，而常行科目中最主要的一科则是孝廉，代表了察举的主流。据有的学者对现存有关资料的分析、统计，"两汉孝廉的个人资历以儒者为最多。儒生和兼有儒、吏双重身份的人合计起来，在孝廉中所占比例接近二分之一"⑤。当时察举孝廉定为岁举，即各郡每年按照规定数额举荐人才，送至朝廷，成为官

①　《史记·儒林列传》。
②　《汉书·儒林传》。
③　(元)马端临：《文献通考·卷四十》，北京，中华书局，1986。
④　《汉书·武帝纪》。
⑤　黄留珠：《秦汉仕进制度》，143 页，西安，西北大学出版社，1985。

吏选用升迁的清流正途。

汉代察举的特定科目有贤良方正、明经、茂才、童子、尤异、治剧诸科，无一不与经学有关。其中，汉官府特设的明经一科，通过察举通晓经学的人才，以示对经学的特别重视和对治经儒生的特殊关照。西汉中后期，明经取士即已盛行，不少儒者由此升任高官。如孔安国、贡禹、夏侯胜、张禹以明经为博士，龚遂以明经为昌邑郎中令，眭孟、翟方进以明经为议郎，召信臣以明经甲科为郎，盖宽饶以明经为郡文学，韦贤、韦玄成父子更以明经先后官至丞相。到了东汉，明经科的员额进一步扩大。章帝下诏，"令郡国上明经者，口十万以上五人，不满十万三人"①。明经虽非岁举，但每举人数众多，贡举率在孝廉之上，而且被举为明经者所获官职也较高。如果说在孝廉、茂才等科中，经学的影响还要通过治经儒者对其思想内容和精神主旨的领会、贯彻体现出来，属于较隐较深层次的东西。那么明经举士所反映的经学的影响、经学与仕途的关系则是最为浅直的、显而易见的，用当时人们的话来说，就是"经术苟明，其取青紫如俯拾地芥耳"②，就是"遗子黄金满籝，不如一经"③。

由于察举科目繁多，对于被举者需要执行较为明确的标准和条件。从汉武帝开始，逐渐确定了四项基本标准和条件，即四科取士。光武帝曾下诏："方今选举，贤佞朱紫错用。丞相故事，四科取士。一曰德行高妙，志节清白；二曰学通行修，经中博士；三曰明达法令，足以决疑，能案章覆问，文中御史；四曰刚毅多略，遭事不惑，明足以决，才任三辅令。皆有孝悌廉公之行。"④顺帝时"令郡国举孝廉，限年四十以上，诸生通章句，文吏能笺奏，乃得应选；其有茂才异行，若颜渊、子奇，不拘年齿"⑤。应该承认，这些标准和条件在执行过程中是难以真

① 《后汉书·章帝纪》。
② 《汉书·夏侯胜传》。
③ 《汉书·韦贤传》。
④ 《后汉书·安帝纪》。
⑤ 《后汉书·顺帝纪》。

正、彻底落实的，而且其中一些亦非一成不变，但不管怎样，对儒家经术的重视则是贯穿始终的指导方针和根本需求。

当然，汉朝一方面确立了儒家学说的统治思想和正统学术地位，对治经儒生特别垂青；另一方面也"博开艺能之路，悉延百端之学"，使"通一伎之士，咸得自效"①，坚持实行"霸王道杂之"，如专设明法一科，察举明习法律的人才，即是儒法并用，兼取儒家经学与诸子之学。

汉代经学与选官制度结缘，成为选拔官吏的指导思想和理论依据，使汉朝适时地改变人才观念，更新用人标准，在很大程度上放弃了以家世、功勋等为基础的世官、军功及吏进之制，开始注重德行道艺、学术水平，大批治经儒生由此涌入政界，用人途径得以拓宽，统治基础得以扩大，形成了一个名士众多、人才辈出的局面。这既有利于专制主义中央集权政治的巩固和加强，又有利于社会经济、文化教育的进步与繁荣。

另一方面，官吏队伍的儒学化、经学化，既是汉代最高统治集团借助儒家经学来统一思想，加强思想统治的一个重要步骤，又是儒学广泛传播和全面发展的一个重要契机。由于政治利益的诱惑，传授、研习儒家经典成为社会的普遍现象，经学迅速繁盛起来。班固在《汉书·儒林传》中说："自武帝立五经博士，开弟子员，设科射策，劝以官禄，讫于元始，百有余年，传业者寖盛，枝叶蕃滋，一经说至百余万言，大师众至千余人，盖禄利之路然也。"②为求得经学教材的统一性和权威性，汉末于太学门外立石经，即著名的熹平石经。"于是后儒晚学，咸取正焉。及碑始立，其观视及摹写者，车乘日千余辆，填塞街陌"③，蔚为壮观，足见经学影响之巨、传播之广。儒家学说本身在上升为正统学术和统治思想，并指导治经儒生步入政坛、从事政治实践的过程中，也不断地进行自我改造、自我完善，以便更好、更灵活、更有效地适应现实政治的

①　《史记·龟策列传》。
②　《汉书·儒林传》。
③　《后汉书·蔡邕传》。

需要和社会形势的变化，其重要表现，就是越来越多地吸收、借鉴了诸子各家的思想主张。一些经学之士从政治实践中感受到，儒家的礼制教化、王道德治离不开一定的社会历史条件，在灾害连年、经济凋敝的情况下，只有采用道家无为而治的主张，清心寡欲，与民休息，才有可能实现自己的政治理想。还有，尽管选官制度不断完善，取官名额渐趋增多，但并不能给所有治经儒生提供入仕的机会，朝野之间的流动性反而日益加大，士人们随时都面临着穷与达、跻身朝堂与隐退山林的不同命运，这就需要在坚持儒家经学宗旨和理念的同时，吸收、借鉴道家的人生观、价值观，以求满足不同境遇中的精神需要，使自己在处境变化时也能保持心态平衡和心灵和谐。两汉时期，许多经学大师都曾一度倾心于老庄之学，如刘向、刘歆、扬雄等。就是通过这样的互补、互通，儒家学说才得以不断发展、不断完善、不断增强自身的适应性和时代感，从而在中国传统社会始终居于统治思想和正统学术的地位。这也丰富了中国思想文化史、中国学术史的内容。

（二）

随着儒家经学成为封建政权制定政策、治理国家的理论依据，汉代各种经济政策的出台，也与经学结下了某种不解之缘。

最早运用经学理论，提出关于土地问题构想的，当推为群儒之首的董仲舒。董仲舒论古说今，揭露了由土地的买卖和兼并引起的社会危机："古者税民不过什一，其求易共；使民不过三日，其力易足。民财内足以养老尽孝，外足以事上共税，下足以畜妻子极爱，故民说从上。至秦则不然，用商鞅之法，改帝王之制，除井田，民得买卖，富者田连仟伯，贫者亡立锥之地。"值得注意的是，董仲舒虽然推崇井田制，将其作为调节贫富、遏止土地兼并的理想方案，但又意识到在现实条件下恢复井田制是不可能的，因而要求有所变通："古井田法虽难卒行，宜少近古，限民名田，以澹不足，塞并兼之路。"[①] 在这里，除了"限民名田"这一简单原则，董仲舒并未提及限田的最高额度和实际步骤等。然而即

---

① 《汉书·食货志》。

使这样，他的限田主张仍是创造性的、开先河的，对后人特别是治经儒者有着重要启示和深刻影响。遗憾的是，汉武帝未能接受这一主张，只是再次重申限制商人占田。

昭帝之时，著名的盐铁会议召开，恪守儒家经义的文人提出："理民之道，在于节用尚本，分土井田而已。"①他们试图通过恢复井田制来解决或缓和土地和财富占有不均的尖锐矛盾。尽管他们一味拘泥于古训旧制，又没有提出具体的政策措施，也未能引起最高统治集团的重视，但在两汉时期，这毕竟是第一次明确主张实现井田理想，平均分配土地。

昭宣之后土地兼并更加剧烈地发展，社会危机严重。要求解决土地问题的呼声迅速高涨起来。成帝时，丞相匡衡兼并土地及其租赋，一些士大夫即以"《春秋》之义，诸侯不得专地"，上告朝廷，结果匡衡被定为"专地盗土以自益"之罪，免去官职②。反对兼并的力量算是取得了一次小小的胜利。

至哀帝即位，大司马师丹提出："古之圣王莫不设井田，然后治乃可平……今累世承平，豪富吏民訾数巨万，而贫弱俞困。盖君子为政，贵因循而重改作。然所以有改者，将以救急也。亦未可详，宜略为限。"哀帝接受这一建议，并令臣下拿出具体的限制办法。丞相孔光与大司空何武一起，参照井田理想，拟定了一个限田、限奴婢的方案，其逾限者一律没收入官。这一方案在一定程度上得到广大劳动群众的拥护，"时田宅、奴婢贾为减贱"③。然而，由于以丁、傅两家外戚为代表的宗室贵族及官僚地主的反对和阻挠，这个方案尚未实行就被搁置起来，对土地兼并稍加干预的设想也化为泡影。

由剧烈的土地兼并引发的社会危机，不但使地主阶级和农民阶级的矛盾日趋尖锐，而且进一步激化了统治阶级的内部矛盾。一批经学之士

---

① （西汉）桓宽：《盐铁论·力耕》。
② 《汉书·匡衡传》。
③ 《汉书·食货志》。

对刘汉皇朝失去了信心，于是开始另寻出路，把王莽看成自己在政治上的代表，将解决社会危机、巩固封建统治的希望寄托在他的身上。就土地问题而言，和以往经学之士对土地兼并根源的理解一样，王莽也是将其归于井田的废置。于是，他取资于各种经学著作记述的井田制，甚至包括纬书中提出的井田理想，实行土地改革，果断地推出了王田制，并效法虞舜故事，下令"敢有非井田圣制，无法惑众者，投诸四裔，以御魑魅"，表示了坚持下去的决心①。应该指出的是，王莽的王田制确实是针对现实问题提出的，其中不乏进行改革的善良愿望，然而这一方案在当时并没有实现的社会基础。他所借鉴的井田制，是古代宗族国家土地所有制的产物，所以早在战国时期就基本消失了。而土地私有制经过长时期的发展，已经成为封建土地所有制的主导形式，占有土地的不仅有贵族、官僚地主和富商大贾，而且有广大个体小农。王莽试图托古改制，通过土地国有来根本解决土地买卖和兼并问题，显然是行不通的，最终只能走向破产。

到了东汉时期，治经儒生已不像在西汉那样致力于限田活动，而是和豪强势力、富商大贾打成一片，形成儒宗地主，加入到兼并土地的行列。标榜以柔道治天下的最高统治集团，对土地的买卖和兼并采取了宽容、放纵的态度，从未出台限田等政策，只是在东汉初年搞过度田。度田并不是为了解决土地问题，而是为了掌握全国土地和人口的准确数字，以合理分配赋税、徭役负担，增加政府收入。但是，即使这样的度田，也因为豪强地主的阻挠、反对，没有能很好地进行下去。

大土地所有制继续发展，豪强地主的庄园经济不断扩大，大批个体小农破产，沦为依附农民，即所谓徒附、宾客和部曲，政府直接控制的土地和剥削对象越来越少。出于整个统治阶级利益的考虑，一些清正的经学之士相继提出了改革土地制度的设想，其模式仍不出儒家经典中所述的井田制。仲长统提出："今欲张太平之纪纲，立至化之基趾，齐民财之丰寡，正风俗之奢俭，非井田实莫由也。"他还提出了更制境界、定

---

① 《汉书·王莽传》。

科租税、限制占田等具体措施①。然而，这些构想和以往的井田理想一样，只能是纸上谈兵，根本无法落实。

除了土地政策，两汉时期的重农政策也有着明显的经学色彩。我国最早系统地提出重农主张和重本抑末理论的，是战国时期的法家。尤其是在秦国和统一后的秦朝，法家学说居于统治思想地位，因而"尚农除末"的重农政策也得到较好推行。入汉以后，法家学说遭到贬斥，儒家经学的势力在悄悄增长，治经儒生也开始直接参与政府的重大决策，他们从最高统治集团的现实利益出发，对整个社会作宏观审视，进而进行一些调整、改造，吸收法家等各个学派的思想主张，包括重农的思想理论。

最早吸收法家思想，提出重农抑商系统理论的治经儒生是贾谊。他曾上书文帝："殴民而归之农，皆著于本。"文帝"感谊言，始开籍田，躬耕以劝百姓"②，并下诏："农，天下之本。其开籍田，朕亲率耕，以给宗庙粢盛。"③后来董仲舒又直接从儒家经义出发，阐述了重农的思想理论。此后，重农思想几乎成了儒家经学的专利，连统治者出台各种重农政策时，也往往要称述经义为依据。如成帝曾下诏："夫《洪范》八政，以食为首，斯诚家给刑错之本也。先帝劭农，薄其租税，宠其强力，令与孝弟同科。间者民弥惰怠，乡本者少，趋末者众，将何以矫之？方东作时，其令二千石勉劝农桑，出入阡陌，致劳来之。《书》不云乎：'服田力穑，乃亦有秋。'其勖之哉！"④可见，儒家经学已经与刘汉统治者的重农政策发生了密切关联。

为使重农政策落到实处，刘汉皇朝依据经学理论，对勤于耕作的农民减免赋税，在经济上给以优惠，并采取假民公田等具体措施，吸引无地或少地的农民回归田亩。章帝曾诏命常山等郡的地方官吏："《月令》，孟春善相丘陵土地所宜。今肥田尚多，未有垦辟。其悉以赋贫民，给与

---

① 《后汉书·仲长统传》。
② 《汉书·食货志》。
③ 《史记·孝文本纪》。
④ 《汉书·成帝纪》。

粮种。务尽地力，勿令游手。"①一些出身儒士的清正、明智的地方官吏，也注意依据经学之旨，认真贯彻重农政策。如和帝时黄香为魏郡太守。"郡旧有内外园田，常与人分种，收谷岁数千斛。"黄香指出："《田令》'商者不农'，《王制》'仕者不耕'。伐冰食禄之人，不与百姓争利。"于是他将园田"悉以赋人，课令耕种"②。这些都反映了经学对重农政策及行为的影响。

由于最高统治者的诏命和劝勉，经学之士的不断呼吁和率先垂范，两汉时期的重农政策得到一定程度的落实，从而加速了农业发展，改善了人民生活，缓和了阶级矛盾，促进了社会稳定，具有明显的积极意义。然而，封建统治阶级与广大农民群众的利益是根本对立的，贵族、官僚们不可能真正为农民着想，为百姓兴利。一些贪官污吏为获取眼前的一己私利，甚至不会顾及整个统治阶级的长远利益，处处竭泽而渔，坑农害农。所以，刘汉皇朝的重农政策又难以收到多么好的效果。

入汉以后，在进行自我调整和改造之时，经学也吸收了法家的抑商主张，以保证重农政策的真正落实，遏止商人势力的过度膨胀，维护封建政权的长治久安。当然，在这个问题上，汉代经学是有一个变化过程的。昭宣之前，治经儒生虽然从总体上倾向于抑商，但在一些具体做法上又表现出对商人的让步和放任。元成以后，随着法家学说的普遍沉寂和儒家经学的完全独尊，治经儒生似乎成了重农抑商的独家发言人。官府的抑商主要是限制商人势力的扩大，并非反对关乎民生的一切商业活动。新莽时期，在"劝农桑"的同时，为抑制富商大贾的盘剥，王莽根据《周礼·地官·泉府》有"赊贷"，另一经学著作《乐语》（今佚）有"五均"的记载，在听取刘歆等经学大师的意见后，依照《周易·系辞下》"理财正辞，禁民为非曰义"之语，下令"开赊贷，张五均，设诸斡者，所以齐众庶，抑兼并也"③，随后在长安、洛阳、邯郸、临淄、宛、成都等城市

---

① 《后汉书·章帝纪》。
② 《后汉书·文苑传》。
③ 《汉书·王莽传》。

设置五均官，其中"司市""贾师""肆长"等职掌，皆与《周礼》所载相同。东汉时期，政府虽然也曾根据儒家经义下令"禁民二业"，"商者不农"，不准商人占有土地，兼营农业，但在总体上却改变了对商业特别是商人实施的抑制、打击的政策，采取了放任甚至保护的态度，致使商人势力畸形发展，社会风尚骄奢淫靡。到了后期，几乎"举世舍农桑，趋商贾"，"治本者少，浮食者众"①。崔寔、王符、仲长统等清正、明智的经学之士，深感这是民众饥寒、社会动乱的一个重要原因，于是立足于儒家的政治理念，强烈呼吁重农抑商，崇本抑末，遏止商业和商人势力的恶性膨胀。然而此时东汉政权已经日薄西山，作为一种政治文化的儒家经学也趋于没落，他们的理想是根本无法实现的。

（三）

汉代自武帝以后，救灾活动也与儒家经学发生了密切关联。经学著作不仅在文化学术领域具有至高无上的地位，而且成了统治者处理各种社会问题包括救灾问题的理论依据。元狩元年（公元前 122 年），武帝首次于救灾诏书中称引经义。这一年，淮南王刘安谋反失败，被祸身亡者达数万人。接着又发生雪灾，大批百姓冻饿而死。武帝为此下诏："盖君者心也，民犹支体，支体伤则心憯怛。日者淮南、衡山修文学，流货赂，两国接壤，怵于邪说，而造篡弑，此朕之不德。《诗》云：'忧心惨惨，念国之为虐。'已赦天下，涤除与之更始。朕嘉孝弟力田，哀夫老眊孤寡鳏独或匮于衣食，甚怜愍焉。其遣谒者巡行天下，存问致赐。"至元鼎二年（公元前 115 年），江南地区发生水灾，武帝又"遣博士中等分循行，谕告所抵，无令重困"②。博士专掌经学传授，这次却被派出去视察各地灾情，可见武帝已把经学与救灾问题联系到一起。

昭宣之后，在处理救灾问题时，士大夫们往往把是否符合经义作为重要标准。据《汉书·谷永传》，元延元年（公元前 12 年），水灾不断，百姓失业流散，而有些官吏却奏请增加赋税。谷永上疏成帝，批评此举

① （东汉）王符：《潜夫论·浮侈》。
② 《汉书·武帝纪》。

"甚缪经义，逆于民心"①。在救灾活动中，皇帝下诏，大臣上奏，大都称引经书、标榜经义。这种情况一直持续到东汉后期。

我们应该客观看待经学在救灾活动中的功能和作用。一遇自然灾害，人民群众生活无着，对现实政治的不满情绪和反抗意识随即增强，社会矛盾变得尖锐起来。于是最高统治者借助经义，显示仁德，表明自己对受灾百姓的哀悯之情，以赢得拥戴和好感，缓和社会矛盾。当然，统治者对广大劳动群众是不可能真正有慈爱之心的，他们考虑更多的是自己的既得利益。

尤其需要指出的是，在汉朝组织大规模治理水患的过程中，经学有着特别突出的影响。汉代的经学大师特别是那些精通《禹贡》者也被视为深谙治河之道的人。成帝初年，大臣冯逡上疏，建议修治黄河，"事下丞相、御史，白博士许商治《尚书》，善为算，能度功用，遣行视"。因《禹贡》中有九河之文，"议者常欲求索九河故迹而穿之"②。当时最有名的还是平当以《禹贡》治河的故事。《汉书·平当传》载，大臣平当"以经明《禹贡》，使行河，为骑都尉，领河堤"。颜师古注云："《尚书·禹贡》载禹治水次第，山川高下。当明此经，故使行河也。"平当本人也十分看重经学与治河的关系。他曾于哀帝初年奏言："九河今皆实灭，按经义治水，有决河深川，而无堤防雍塞之文。"要求依照经义，采用疏导的办法治河。王莽当政，曾征召有治河才能的人员上百名。这些人提出了各自的办法治河，大臣韩牧、王横都曾谈及《禹贡》所载大禹治水之事，韩牧甚至以为"可略于《禹贡》九河处穿之"③。然而这一时期，关于治河问题，空谈者多，却几乎无施行者，以致始建国三年（11年），黄河在魏郡决口，清河以东数郡被淹。河水又侵入汴渠，兖豫两州连年遭受水灾。

东汉明帝即位后，决计治理黄河，使河汴分流。据《后汉书·循吏

---

① 《汉书·谷永传》。
② 《汉书·沟洫志》。
③ 同上。

传》，永平十二年（69 年），明帝召见通晓水利的王景，问以方略。"景陈其利害，应对敏给，帝善之"，除赐以钱帛衣物，还赐以有关图书，其中就有《禹贡图》。在治河过程中，王景"商度地势，凿山阜，破砥绩，直截沟涧"。李贤注《后汉书》，以为《禹贡》有"原隰底绩"之语，所以此处"破砥绩"，乃"言破禹所致功之处也"。与王景同时的班固著《汉书·沟洫志》，曾引《左传》《论语》之言以发论。再往后，阳嘉三年，顺帝派王诲治理黄河，"以竹笼石，葺土而为遏"，取得成功。边韶为此作《河激颂》，也提及："昔禹修九道，《书》录其功；后稷躬稼，《诗》列于《雅》。"①这些都显示出经学的重要影响。顾颉刚曾指出："禹治洪水是古代一件极大的故事；《禹贡》一篇就是记他治水的经过的，列在《尚书》的《虞夏书》中。固然这篇未必真是禹所作，却也不失为中国地理学史里第一篇大文字。在经书里，讲地理最有系统和最有真实性的，也推着它了。汉人治水，用了它作根据，在没有科学的地理学和河海工程的时候，也不失为一个办法。只是《禹贡》本书太简略了，只能使人知道些水道的大概，不能给人以治水的整个计划。"②的确，河川的治理是一项复杂的工程，有其自身的规律，仅仅依靠经学，仅仅取资于经学著述，是远远不够的。诚如周予同所说："试问假使黄河决口了，你就是将《禹贡》首一字背诵到末一字，你能像灵咒似的使水患平息吗？"③当时一些有成就的治水专家如王景等，主要依靠的还是自己的才华、经验和敬业精神以及人民群众的辛勤劳动。

东汉末年，经学的政治功能和影响日渐缩小，同时刘汉皇朝腐败没落，无力组织大规模的救灾活动，经学与救灾活动的关联也越来越少。灵帝、献帝所发的救灾诏书中，未见有称述经义之处。魏晋以降，虽然仍存在将经学运用于救灾活动的情况，但较之以经治国的汉代，是不能同日而语的。皮锡瑞在《经学历史·经学极盛时代》中说："孔子道在六

① （清）严可均：《全上古三代秦汉三国六朝文·全后汉文》，633 页，北京，中华书局，1958。
② 顾颉刚：《秦汉的方士与儒生》，66～67 页，上海，上海古籍出版社，1998。
③ 朱维铮：《周予同经学史论著选集》，103 页，上海，上海人民出版社，1983。

经，本以垂教万世。唯汉专崇经术，犹能实行孔教……降至唐宋，皆不能及。"在救灾活动与经学的关联上，亦是如此。当然，儒家经学的基本理论对后来的救灾活动仍有深刻的影响。如主要导源于《周易》的天人合一思想、天地人一体观等始终是后人强调人类与自然生态环境之间高度和谐的思想依据，成为中国传统救灾思想的理论支柱，而其推天道以明人事的整体思维方式又在后人思考救灾问题时发挥了重要作用。还有，儒家经学中的民本、重农和注重节俭、积储以及自然资源保护等思想观念，都成为中国传统救灾思想的基本内核①。这些都是我们应该很好地加以继承和弘扬的。

（四）

两汉时期，我国的法律制度有了进一步发展，并呈现出许多新的特点，而其中的一个重要特点，就是儒家经学渗入法律并对它产生深刻、广泛的影响，具体表现在将《春秋》等儒家经典的精神和记载作为判案、量刑的依据，史称《春秋》决狱或经义决狱、引经决狱。

最早运用《春秋》决狱，将经学引入法律之中的，当推汉武帝时的董仲舒、公孙弘。作为《春秋公羊》学大师，在《春秋繁露》等著述中，董仲舒既善于从具体史实、案例中引申出法律原则，又善于援引具体史实、事例来论述法律规定；不仅论证了《春秋》等儒家经典对法制的指导作用，而且还直接将其贯彻到具体的法律实践活动之中。在一定意义上讲，《春秋》的微言大义就是董仲舒所坚持的法律原则。后来董仲舒"老病致仕，朝廷每有政议，数遣廷尉张汤亲至陋巷，问其得失。于是作《春秋决狱》二百三十二事，动以经对，言之详矣"②。董仲舒对策之后，公孙弘则以《春秋》经义缘饰法律条文，并因此登上相位。另外，董仲舒的弟子吕步舒也曾以《春秋》专断淮南王刘安谋反案。在此以后，治经儒者竞相用经学思想对现行法律、刑典加以解释和阐发。班固著《汉书》，设《刑法志》，专从经学之旨立论。马融、郑玄等则以儒家经典为依据，

---

① 张涛等：《对中国传统救灾思想的认识》，载《光明日报》，1999-06-25。

② 《后汉书·应劭传》。

分别对刑律作了数十万言的注疏。

《春秋》决狱的基本原则，或者说经学渗入法律的突出特征，是"原心定罪"（又称"论心定罪""原情定过"），即在判案时以犯罪事实为根据并考察、分析犯罪者的主观动机和目的。只要有犯罪的动机和目的，即便是未曾实施犯罪，也要追究其刑事责任，而如果犯罪者的动机和目的原本合乎儒家经义及其倡导的道德规范，其犯罪仅属过失行为，虽违法亦可减免刑事处罚。董仲舒已经开始将"原心定罪"的原则用于司法审判。在他之后，汉朝在司法实践中也贯彻了这一原则。如哀帝时，薛宣之子薛况雇人刺伤父亲的政敌申咸。御史中丞主张处以弃市之刑。廷尉则提出："《春秋》之义，原心定罪。原况以父见谤发忿怒，无它大恶。加诋欺，辑小过成大辟，陷死刑，违明诏，恐非法意，不可施行。"①结果薛况被减去死罪，改判戍边。"原心定罪"要求在考察犯罪事实的前提下追究行为者的动机和目的，这一审判方针显然是正确的。只是在这里它又过分看重犯罪的主观因素，而对犯罪的客观事实有不同程度的忽略，使执法者难以把握和贯彻定罪、量刑的标准，以至于行为者动机的善恶，成了定罪、量刑的标准。如果动机是善的，即使触犯法令也当免刑；如果动机是恶的，即使行为合法亦可处以刑罚。那么，如何判断动机的善恶呢？名曰依据儒家经义，实际则是依靠司法官吏的主观意志。这就为统治者任意解释法律、滥用各种刑罚开了方便之门。

与"原心定罪"相关联的原则，是"君亲无将，将而必诛"。此语出自《春秋公羊传》庄公三十二年、昭公元年，意谓凡是蓄意杀害父母、君上而谋乱的，即使并未付诸行动，也当与叛逆者同罪。这就是说，只要存在谋乱的念头，就应处以刑罚。如汉武帝时，淮南王刘安谋反，胶西王刘端奏言："《春秋》曰：'臣无将，将而诛。'安罪重于将，谋反形已定……甚大逆无道，当伏其法。"②又如汉明帝时，广陵王刘荆有罪，长水校尉樊儵等奉诏理其狱，奏请诛之。明帝大怒，曰："诸卿以我弟故，

① 《汉书·薛宣传》。
② 《史记·淮南衡山列传》。

欲诛之，即我子，卿等敢尔邪?"樊儵则仰而对曰："天下高帝天下，非陛下之天下也。《春秋》之义，'君亲无将，将而诛焉'。是以周公诛弟，季友鸩兄，经传大之。臣等以荆属托母弟，陛下留圣心，加恻隐，故敢请耳。如令陛下子，臣等专诛而已。"①明帝只好无奈地叹息良久。"君亲无将，将而必诛"这条原则，对于强化中央集权，维护皇家威严，是大有帮助的，尽管有的统治者(如汉明帝)并未意识到这一点。

"诛首恶"也是与"原心定罪"相关联的一条原则。《春秋公羊传》僖公二年："虞，微国也，曷为序乎大国之上，使虞首恶也。"汉代治经儒者由此将"诛首恶"总结为《春秋》的一条经义，引入法律之中，强调从重惩罚共同犯罪中的"首恶"。如成帝时，广汉发生农民起义，太守扈商无力平息。益州刺史孙宝则亲入山谷，劝说起义农民回归田里。事后孙宝上疏，"奏商为乱首"，强调"《春秋》之义，诛首恶而已"，结果扈商被捕下狱，参与起义者则无罪赦免②。可见，"诛首恶"与"原心定罪"既有关联又有不同。后者强调的是如何定罪，前者偏重于如何量刑。"诛首恶"原则的运用，可以使我们从一个侧面看出，刘汉皇朝既要对危害封建政权的人施以重刑，杀一儆百，又力求多用德教，少用刑罚，使更多的人安心于被统治的地位。

此外，经学对法制的影响还表现在"亲亲得相首匿""恶恶止其身""以功覆过"等决狱原则上。"亲亲得相首匿"，是指一定范围的亲属之间隐庇犯罪，可以不追究刑事责任。《论语·子路》记孔子曰："父为子隐，子为父隐，直在其中矣。"《春秋公羊传》文公十五年也提到："父母之于子，虽有罪，犹若其不欲服罪然。"但是，这一原则在当时并未普遍运用，汉武帝甚至推行首匿相坐之法，父子、夫妇不得例外。直到宣帝时才废除这一法令，"亲亲得相首匿"之法始颁布于天下。

"恶恶止其身"，又称"罪止其身"，是指断狱时只对犯罪者本人进行处罚，而不株连他人。这一原则源于《春秋公羊传》昭公二十年提到的

---

① 《后汉书·樊儵传》。
② 《汉书·孙宝传》。

"恶恶止其身，善善及子孙"。汉光武帝时，赵憙为平原太守，会同诸郡讨捕盗贼，斩杀其头目，余党当判刑者达数千人，赵憙上书称："恶恶止其身，可一切徙京师近郡。"光武帝同意了①。然而这一原则与首匿一样，不适用于谋反、不道等重罪。

"以功覆过"，是指犯罪者如果曾对国家有功，审判时可以将功抵过，免于刑事处罚。这一原则主要运用于朝廷大臣犯罪的情况。其义亦出于《春秋公羊传》。《春秋》僖公十七年："夏，灭项。"《公羊传》："齐灭之也。不言齐，为桓公讳也。桓公尝有继绝存亡之功，故君子为之讳。"②汉宣帝时，大司农田延年因盗取公物，被人告发。御史大夫田广明称"《春秋》之义，以功覆过"，要求大将军霍光考虑田延年在参与拥立宣帝一事上的功劳，给以宽大处理③。这样一来，"以功覆过"使一些官僚士大夫超然于法律之外，成为封建等级制度的一个具体体现。

除了将以上原则运用于定罪、量刑等司法审判程序，在立法活动中、在确定有关法律的大政方针时，刘汉皇朝也多以儒家经义为理论依据。如汉成帝感于"律令烦多"，便援引《甫刑》(即《尚书·吕刑》)之语，诏命"减死刑及可蠲除约省者，令较然易知"④。章帝时，陈宠为尚书，称述《左传》昭公二十年所记孔子"宽以济猛，猛以济宽"之义，主张"荡涤烦苛之法"，为章帝所接受。后陈宠为廷尉，"又钩校律令条法，溢于《甫刑》者除之"，并提议朝廷平定律令，只保留"与礼相应"，"应经合义者，以易万人视听，以致刑措之美，传之无穷"⑤。章帝本人也曾依据《春秋》经传和《礼记·月令》之义，"咨访儒雅，稽之典籍"，"其定律无以十一月、十二月报囚"⑥。

经学与法制的结缘，还引起了司法队伍结构的变化。专职司法官吏

---

① 《后汉书·赵憙传》。
② 《公羊传·僖公十七年》。
③ 《汉书·酷吏传》。
④ 《汉书·刑法志》。
⑤ 《后汉书·陈宠传》。
⑥ 《后汉书·章帝纪》。

开始留意和重视经学及治经儒者的作用。如汉武帝时廷尉张汤十分器重儒士兒宽，并请博士弟子治《尚书》《春秋》，补廷尉史，参与审理案件。此外还有许多出身狱吏、法律之史的官员开始研习儒家经典，且用力颇勤，见效极快。如"少学法于父"，"亦为狱吏"的于定国，宣帝时任廷尉，"乃迎师学《春秋》，身执经，北面备弟子礼"①。又如陈宠"虽传法律，而兼通经书"②。这就大大提高了司法队伍的文化素质。与此同时，大批治经儒者直接涌入司法队伍，更使经学迅速渗入法制建设的各个方面。

应该说，儒家经学与法律结缘，《春秋》决狱的出现，使汉朝最高统治集团能够较为妥善地处理一些棘手的突发性事件，在一定程度上维护了社会治安环境。更为重要的是，《春秋》决狱的出现，使刘汉统治者获得暴力和怀柔这两种统治方法，以充分发挥刽子手和传教士的双重职能，这在一定程度上否定和改变了繁法严诛的局面，纠正了"缓深故之罪，急纵出之诛"③的偏差，改善了人民群众的生存空间，缓和了阶级矛盾，稳定了社会秩序，有利于经济社会的发展。然而，儒家经学内容庞杂，派别众多，《春秋》等儒家经典所表达的观念和理论并不像法律条文那样明确，甚至有前后抵牾之处，所以在判案时可以根据需要任意解释。再者，《春秋》决狱多是对经学著作断章取义，缺乏固定界说，容易造成同罪不同罚的混乱情况。这些都有损于法律的严肃性，从根本上侵害了人民群众的利益，妨碍了社会文明的发展。魏晋以后，随着经学的政治作用日趋减弱和封建法律制度的不断完备，经学对法律的影响尽管仍然存在，直接以儒家经义定罪、量刑的现象虽然仍有发生，但已远不如两汉时期那样明显和普遍了。尤其是到了唐代，随着唐律的推出，儒家经义、儒家道德基本上实现了法律化、法典化，引经断狱既无必要，自然也就逐渐归于消歇了。

---

① 《汉书·于定国传》。
② 《后汉书·陈宠传》。
③ 《汉书·刑法志》。

三、汉代经学与教育发展

两汉是我国文化发展的重要时期，其间教育事业取得了巨大成就。在这一过程中，经学的濡染和影响，治经儒者的作用和贡献，显得尤为突出。儒家经学与教育事业的这种相互促动、相得益彰的关系，成为中国传统社会和传统文化发展过程中的独特现象。

两汉的经学兴盛，为教育事业的发展提供了必要的机遇和氛围。我国有着重视教育的悠久历史和优良传统。早在三代，中央和地方两级学校教育已初具规模，中央有国学，地方有乡学。春秋末年以后，以孔子为代表的一批学者，冲破"学在官府"的格局，开创了私人讲学的风气，其中又以儒家最为突出。一方面，他们积极从事教育实践，出任官方和私家教师者甚多。"自孔子卒后，七十子之徒散游诸侯，大者为师傅卿相，小者友教士大夫，或隐而不见"[①]。即使在战火纷飞的年代，其教育活动也未完全中断。另一方面，他们又倡导尊师重教、兴学尚文，还提出了一系列关于教育政策、教育方法、教育内容、教育目的等方面的重要理论。儒家著作《礼记·学记》就是我国现存最早的一部比较系统完备的以教学论为主的教育专著，其中强调了教育在国家建设和社会发展中的优先地位，指出："君子如欲化民成俗，其必由学乎！""建国君民，教学为先"。在它看来，"能为师然后能为长，能为长然后能为君"。因此可以说，儒家学派是重视教育、从事教育活动的一个典范，因其"显学"的地位而在社会上产生了不小的影响。

秦始皇统一中国，焚书坑儒，施行严禁私学、以吏为师的政策，儒家经学受到沉重打击，文教事业遭到严重摧残。继起的西汉皇朝接受秦亡教训，采取休养生息、无为而治的治国方针，"诸儒始得修其经艺，

---

① 《史记·儒林列传》。

讲习大射乡饮之礼"①。儒家经学"列君臣、父子之礼,序夫妇、长幼之别"的政治主张、伦理观念开始受到最高统治者的喜爱,其教育理论也日渐引起社会的广泛重视。儒生陆贾倡导培养"至德之士",要求"兴辟雍、庠序而教诲之"②,得到高祖的肯定。惠帝时,废除挟书律,又大收篇籍,广开献书之路,也为儒家经学和整个文教事业的发展大开了绿灯。文帝即位,"颇征用"治经儒生,搜求儒家经典,为其置博士,使经学在朝野上下的影响进一步增强。天才少年贾谊向文帝大谈太子的教育问题,引述《学礼》所述东学、南学、西学、北学、太学之事,强调"承师问道"和"春秋入学"的重要意义③。贾山则明确主张"定明堂,造太学,修先王之道"④。景帝时,一批治经儒生又被用为博士,以备朝廷顾问。不过,总的来看,在这一时期,受经济和政治条件的限制,儒家经学的现实作用未能充分展现出来,其教育主张自然也就难以落到实处。

至汉武帝即位,经济社会有了突飞猛进的发展,为繁荣文教事业提供了雄厚的物质基础。武帝卓然罢黜百家,独尊儒家经学,并试图借助于经学和治经儒生来重振教育,使之为强化专制主义中央集权服务。这主要得力于两个著名的儒生:董仲舒和公孙弘。董仲舒在对策中明确强调教育的重要作用,建议设立太学,认为太学是培养人才、教化天下的基地。公孙弘则拟定了较为具体的实施方案。方案提出,在原有经学博士的基础上兴建太学,同时规定了博士弟子的限额、身份和选送办法以及太学管理、博士弟子出路等方面的原则。得到武帝的批准,于是就有了太学的兴办。武帝还下令设立郡国学校,由朝廷统一管辖。于是,我国封建社会的官学制度大体确定下来。在官学教育兴起的同时,由于社会上兴学重教之风的熏习,加上研习经学的需要,秦亡后复兴的私学教育,也变得更加活跃和兴盛了。

---

① 《史记·儒林列传》。
② (西汉)陆贾:《新语·至德》。
③ 《汉书·贾谊传》。
④ 《汉书·贾山传》。

治经儒者执著于兴文重教、尊师尚学，除了表现在他们的反复呼吁、努力倡导外，还表现在他们的身体力行，忠诚于教育事业。他们继承先秦儒家的传统，积极从事教学实践，在朝野上下充任教师，传道授业，诲人不倦，不少人弟子如云，桃李满天下。这些都对社会风尚产生了潜移默化的重要影响。尽管他们的主要目的是要宣传儒家经义，但他们培养的一批批学者和教师，又成为教育活动世代延续的决定性因素。

还应指出，先秦时期也好，入汉以后也好，与儒家并存的其他各家学派，虽然都在进行教学活动，收徒授业，传布其说，但受其思想宗旨的制约，如道家特别是其中的老庄学派主张绝学弃智，法家则力倡愚民政策，没有也不可能提出重文兴教的主张，有的甚至反对学校教育。尤其是秦汉之时，包括道家黄老学派在内的各家各派几乎都面临人才匮乏的困境，无法形成严整的教学队伍和授受系统，不足以与儒家相颉颃。这样，儒家对兴文重教的关注和投入就显得更为突出、更有特色了。

武帝以后，经学在教育活动中始终居于主导和支配地位。儒家经典不仅成为思想文化领域至高无上的神圣法典，而且成为封建统治者制定政治、经济等一切大政方针的理论依据。在各级各类学校中，以五经为核心的经学著作，也就理所当然地成了法定教材和必修课程。当时尽管也有人编订专门教材，授受文字、律令、天文、历算、音乐、史篇、方术、医学等课程，但同样须以儒家经义为宗镜。如学习文字所用《急就篇》《训纂篇》等教材，班固著《汉书·艺文志》时，承于刘向、刘歆《七略》之例，皆将其列入六艺略小学类中，意在说明它们是为解读儒家经典服务的。

当时在教学过程中起主导作用的教师，绝大多数都是儒家经师。他们一般渊源有自，有明确的授受系统和相对稳定的生源，或精通一经，或兼治群经，各以家法、师法教授。就太学而言，执教者均为博士。文景时尚有治诸子的博士，武帝后博士便为儒家经师所独占。对博士的选拔十分严格，学问、人品都有较高的标准。武帝立五经博士，各置弟子员，教于太学。其后五经博士分为十四：《诗》立齐、鲁、韩三博士，《书》立欧阳、大夏侯、小夏侯三博士，《礼》立大戴、小戴二博士，《易》

立施、孟、梁丘、京四博士,《春秋》立严、颜二博士,称今文十四博士。此外还有《穀梁春秋》博士。王莽当政时期增立《左氏春秋》《毛诗》《逸礼》《古文尚书》和《周礼》博士。光武中兴,又恢复今文十四博士之制。太学中的教师队伍迅速扩大,博士弟子人数也急剧增加,直线上升。武帝时定员五十人,昭帝时增为百人,宣帝末倍增之,元帝时增至千人,成帝时达到三千人。进入东汉,博士弟子改称太学生,人数亦一增再增。这就为以经学为中心的教育活动准备了充足的师资力量。

由于直到武帝时才正式确立官学制度,汉初八九十年间,教育事业几乎全靠私学来维持,而从事私学教育的,主要是一批治经儒者,著名的有叔孙通、伏生、申公、韩婴、辕固生、胡毋生等。后来被立为官学的各家经说,都是在这一时期通过私学逐步发展起来的。汉武帝崇儒术、兴太学后,私学教育并未停顿。朝廷对经学教育的热衷,产生了巨大的社会效应,天下之学士靡然向风。可是,尽管博士弟子、郡国生徒员额不断增加,但仅靠官学却难以满足众多求学者的受业要求,于是全国大部分教育工作仍要由私学来承担,而这时的私学教育几乎已经完全是儒家经学一统天下了。西汉后期,执教私学的经学大师已遍及各地。如韦贤"笃志于学,兼通《礼》《尚书》,以《诗》教授"①。疏广"明《春秋》,家居教授,学者自远方至"②。到了东汉,由于普及经学教育的任务加重,而官学教育弊端日显,私学教育更是声势浩大,作用和影响远在官学之上。

经学自身的演变也与教育的发展有着密切关联。众所周知,统治者尊崇儒家经学,以经取士,是要为现实政治服务的。受干禄求仕、立身扬名思想的驱使,为一己或一派利益,人们争相治经立说。入汉以后,经学之争可以归结为齐学与鲁学之争,其后又演化为今文经学与古文经学之争。经学内部这种分歧、争论,也在一定程度上影响着汉代学校教育的风格,使官学、私学中盛行问难论辩之风。有的经学大师从坚守师

---

① 《汉书·韦贤传》。
② 《汉书·疏广传》。

法、家法的角度出发，极力提倡这种风气。如鲁丕上疏和帝："臣闻说经者，传先师之言，非从己出，不得相让；相让则道不明，若规矩权衡之不可枉也。难者必明其据，说者务立其义。"①正是基于越辩经义越明这一认识，学者们经常唇枪舌剑，反复辩论，并乐此不疲。当时论辩水平的高下，已经成了评价某一学派或学者学术和教学水平的重要标准。应该说，这种相互诘难论辩，活跃了学校的学术空气，有利于教学相长，亦是磨砺学问、提高治经水平的好方法。

当然这种以利禄仕途为目的的争论也会把教育引向歧途。经学中的不同师门、学派为了获取更多的政治、经济利益，标新立异，使经说愈益烦琐支离，语多附会，各种教材数量激增。"传业者寝盛，支叶蕃滋，一经说至百余万言，大师众至千余人"②。这种竞争和论辩一旦完全从功利出发，就会使教育畸形发展，引发教育者和受教育者急功近利的短视行为，课业负担、心理压力同时加重，导致教学水平、学术水平乃至社会文化素质的滑坡。班固慨叹道："后世经传既已乖离，博学者又不思多闻阙疑之义，而务碎义逃难，便辞巧说，破坏形体。说五字之文，至于二三万言。后进弥以驰逐，故幼童而守一艺，白首而后能言。安其所习，毁所不见，终以自蔽。此学者之大患也。"③

东汉政权建立后，人们也开始明确意识到这种经学内部的弊端及其对教育带来的不良影响，并试图加以矫正。汉章帝时，杨终上书要求朝廷确定官方经学的核心内容，于是有白虎观会议的召开。与会者有被誉为"殿中无双丁孝公"的今文家丁鸿，有被誉为"问事不休贾长头"的古文家贾逵，而章帝把总结会议结果、撰写《白虎通》的任务交给了古文家班固，可见统治者综合各家、超越各派的初衷。虽然这种官方的行为没有达到预期的效果，但这种经学统一的趋势已不可避免。东汉后期一些经学大师兼治今古文，吸收两者合理之处，用以注释诸经，讲学授徒，编

---

① 《后汉书·鲁丕传》。
② 《汉书·儒林传》。
③ 《汉书·艺文志》。

订出较为统一、宜于授受的教材，才从总体上改变了经学教育中各言其是、歧义百出的局面。特别是郑玄遍注群经，"括囊大典，网罗众家，删裁繁诬，刊改漏失，自是学者略知所归"①。正如皮锡瑞所说："郑君博学多师，今古文道通为一，见当时两家相攻击，意欲参合其学，自成一家之言，虽以古学为宗，亦兼采今学以附益其义。学者苦其时家法繁杂，见郑君闳通博大，无所不包，众论翕然归之，不复舍此趋彼。"②郑学也就成了以后很长一段时间经学教育的主要内容和依据，这在传统教育发展史上是一个巨大贡献。

应该承认，汉代经学的盛行，带动了各级各类学校的建设和完善，促进了教育事业的发展和繁荣。在各种学校中接受教育的，既有贵族官僚的子弟，也有贫寒细族的后代。这扩大了整个社会的受教育面，为广大人民群众提供了更多学习文化知识的机会，使它能够从中下层不断得到新的力量来补充自己，扩大了统治阶级的社会基础，进一步强化了专制主义中央集权政治。

通过经学教育，各级各类学校培养出大量专制政权的政治奴仆和御用文人，同时也造就了一批恪守儒家经义、讲求高尚人格、清正无私的经学之士。这在东汉末年桓灵时期反对宦官专权的斗争中表现得尤为突出。朱穆因得罪宦官而被治罪，太学生刘陶等几千人上书请愿，终使朱穆获释。皇甫规拒绝向宦官行贿而入狱，太学生张凤等三百人诣阙讼之。当时，郭泰、贾彪等太学生领袖与正直的士大夫陈蕃、李膺、王畅等互相声援，彼此支持，同宦官集团展开斗争。太学中流传着这样的说法："天下模楷李元礼，不畏强御陈仲举，天下俊秀王叔茂。"③宦官指使不法分子诬告李膺交结太学生和郡国生徒诽谤朝廷，扰乱民心，于是发生了大规模的党锢之祸。面对严重的政治恐怖，不少太学生和士大夫大义凛然，视死如归，实践了传统儒家舍生取义的宗旨，显示出一种高

---

① 《后汉书·郑玄传》。
② （清）皮锡瑞：《经学历史·经学中衰时代》，周予同注释，北京，中华书局，1959。
③ 《后汉书·党锢列传》。

尚的道德精神和人格魅力，时有"三君""八俊""八顾""八及""八厨"之号。他们的豪言义举，留给了后人一份丰厚而珍贵的精神文明遗产。

儒家经学的繁盛，亦在一定程度上丰富了学校教育的内容，提高了其整体水平。儒家经学是一门内容庞杂、尚未分化的学问。经学教育往往不仅要解说、阐释经义，而且要传授历史、语言文字、文学及自然科学等方面的文化知识。另外，当时尚没有也不可能有具体的学科界限，经师们要兼传多种学问。如太学生崔瑗，18岁"至京师，从侍中贾逵质正大义。逵善待之，瑗因留游学，遂明天官、历数、京房《易传》、六日七分"①。郑玄早年"造太学受业，师事京兆第五元先，始通《京氏易》《公羊春秋》《三统历》《九章算术》"②。这些教育活动，无疑有利于学生的全面成长，有助于通才通儒的培养。

四、两汉经学与史学的双向互动

由于适应了社会政治发展的需要，经学在两汉时期得以广泛流传。儒家经学成为社会的主导思想和正统学术，对其他各种学术产生了巨大而深刻的影响，这在史学上表现得尤为突出。可以说，终两汉之世，经学的盛衰与史学的发展有着极为密切的关联。

（一）

经学产生于春秋战国时期。春秋末年，孔子删定六经，即《诗》《书》《礼》《乐》《易》《春秋》，以其为教材，从事私人讲学，创立了儒家学派。战国之世，儒家与墨家并称显学。儒家分为八派，其中以孟氏（孟轲）、孙氏（荀况）影响最大。及至秦始皇统一六国，李斯建议秦始皇焚书，其中提到："非博士官所职，天下敢有藏《诗》《书》、百家语者，悉诣守、尉杂烧之。""所不去者，医药、卜筮、种树之书。"③由于自身思想理论

---

① 《后汉书·崔瑗传》。
② 《后汉书·郑玄传》。
③ 《史记·秦始皇本纪》。

的贫乏，加之受急功近利和实用主义观念的左右，秦始皇对儒家大打出手，焚烧经书，坑杀儒士，禁止私藏、私授《诗》《书》等典籍。

秦始皇这一举动，既使经学损失惨重，也使史学蒙受厄运。经书之中，《春秋》是我国最早的编年体史书，《左传》更是以《春秋》为纲的典型的编年史著作，《书》则是一部偏重记言而带有政典性质的历史档案文献汇编，《诗》《礼》《易》诸经亦保留了大量历史资料，而且《易》还是由史官参与编订和保管的。在这里，《周易》得到了一种特别关照和特殊保护。秦始皇统一天下，对《周易》不加焚毁，且颇为喜爱和重视，曾在秦始皇的政治制度建设中起着重要的启示作用，这主要是因为《周易》的宇宙观等思想内涵和整体思维方式合于秦始皇的思想性格与政治需要。可是作为先王之政典的其他经书的焚毁，无疑是史学的损失。另外，非秦国所记的史书同时罹祸被焚，更是有碍于史学的发展。

西汉皇朝建立后，儒家经学开始复兴。经过叔孙通定朝仪，最高统治者逐渐意识到"列君臣、父子之礼，序夫妇、长幼之别"的重要性，有意推崇儒家经学。汉高祖刘邦曾到曲阜祭祀孔子，成为中国历史上第一个祭孔的皇帝。惠帝时废挟书之律，儒生们可以根据师说，写成经书定本，教授生徒。吕后掌政时，儒生浮丘伯在京师传授《诗》，楚元王刘交派儿子郢客与申公一起前往学习。文景时期，最高统治者进一步广开献书之路，着力搜求旧典，表现出对经学的特殊兴趣和特别关爱。"孝文帝时，欲求能治《尚书》者，天下无有，乃闻伏生能治，欲召之。是时伏生年九十余，老，不能行，于是乃诏太常，使掌故晁错往受之"①。文帝还立《诗》(《鲁诗》《韩诗》)博士。至景帝即位，又立《诗》(《齐诗》)博士和《春秋》(《公羊春秋》)博士。申公弟子王臧因明《诗》为太子少傅。武帝登基后，罢黜百家，独尊儒术，表章六经，兴立太学，重用儒生。他深感"书缺简脱，礼坏乐崩"，"于是建藏书之策，置写书之官，下及诸子传说，皆充秘府"②。随着经学的繁盛，社会上出现了一个重视学术文

---

① 《史记·儒林列传》。
② 《汉书·艺文志》。

化事业的良好氛围，这有利于史学的发展。唯其如此，"天下遗文古事，靡不毕集太史公"，司马迁才可以"绁史记石室金匮之书"①，刘向也才可以获得校书撰史的机会和条件。另外，大部分史家也都是在接受儒家教育、研习各种经典的过程中成长起来的，有的既是史家，又是经学大师。这样，"汉儒治经，亦求通史"②，经学和史学的互利、互动关系是非常明显的。

众所周知，修史离不开历史事实的叙述。儒家经典的复出，众多经学著述的涌现，为历史著述准备了大批资料，而这些资料在秦焚以后又显得特别珍贵。司马迁著《史记》，采录至为宏博，但主要还是贯穿经传，"厥协六经异传，整齐百家杂语"③，即以六艺经传为基本资料，尧、舜、夏、殷、周诸纪，三代、十二诸侯两年表，齐、鲁、燕、晋、宋、卫、孔子诸世家，仲尼弟子列传等更是如此。司马迁本人于《殷本纪》中也指出："余以《颂》次契之事，自成汤以来，采于《书》《诗》。"他还把"考信于六艺"④作为选择和解释史料的一个标准。刘向编撰《列女传》，亦是"采取《诗》《书》所载贤妃贞妇，兴国显家可法则，及孽嬖乱亡者，序次"⑤而成。如卷一《母仪传》今存的 14 篇传记中，有 9 篇主要采自经传。

史家们创立的史书编纂形式，也有不少取资于经学著作。司马迁在《史记》中开创了纪传体的编纂形式，其体制结构的形成，曾深得经学之沾溉，与经学存在着密切的渊源关系。梁启超说："其本纪以事系年，取则于《春秋》；其八书详纪政制，蜕形于《尚书》。"⑥范文澜则说："本纪仿《春秋经》十二公，按年月标举大事，为全书总纲……书仿《尚

①　《史记·太史公自序》。

②　钱穆：《中国学术通义·中国儒学与文化传统》，见刘梦溪：《中国现代学术经典·钱宾四卷》，石家庄，河北教育出版社，1999。

③　《史记·太史公自序》。

④　《史记·伯夷列传》。

⑤　《汉书·楚元王传》。

⑥　梁启超：《中国历史研究法》，15 页，上海，上海古籍出版社，1987。

书·禹贡篇》及《礼经》《乐经》的体制，总述古来文化的成就。"①这些说法并不矛盾，而且也都是很有见地的，因为司马迁对经学著作的取鉴，的确是经过了一番综合融会工作，并非简单机械地加以袭用。另外，《史记》的论赞（"太史公曰"），形式上亦仿自《左传》的"君子曰"。刘向编撰《列女传》这部我国最早的妇女通史和独立的传记体著作，也曾吸收了经学著作的合理因素。各传虽独立成篇，首尾完具，但又是选取一个或几个事迹去写，别的仅用一语或数语略记，近似随举一事而为之传的《左传》传经之体。在文风上，《列女传》甚有《穀梁传》清而婉的影子，清丽简约，朴实明达。同时，除了引《诗》证事，各传末尾皆以"君子曰""君子谓"来阐述己见。毫无疑问，这里采用的是《左传》的模式。

　　经学的繁盛，也使经学思想特别是《公羊》学的大一统理论渗透到史家的历史理论与历史认识之中。《公羊传》头一句就讲到"大一统"。《春秋》隐公元年："春王正月。"《公羊传》说："何言乎正月？大一统也。"汉承秦制，封建专制主义的中央集权政治进一步发展。为适应这一时代需要，以董仲舒为代表的《公羊》学派极力宣扬大一统思想。董仲舒强调："《春秋》大一统者，天地之常经，古今之通谊也。"②曾师事董仲舒的司马迁，接受了这一思想，并用以考察社会历史的演进。在《史记》中，他以"道名分"为依据，把王朝更迭和帝王兴替当作科条分析的大纲，对于入传人物，按照身份、地位、等级，分别以本纪、世家、列传的规格加以载录，体现出君王居高临下、人臣拱卫主上的主题。这种体制结构，集中反映出司马迁的大一统观念。此外，《史记》所记述的从黄帝的统一到秦皇、汉武的大一统，代表着历史发展的方向，象征着帝王德业的日益兴盛。中华民族不断壮大，各地习俗渐趋一致，这就是司马迁大一统历史观的基本内容。它像一条红线，贯穿于《史记》全书之中。三代帝王，秦汉皇帝，春秋以降列国诸侯，四方民族，皆是黄帝子孙。这种民族一统的思想奠基于《史记》，而其渊源则是儒家经学的大一统观念。在

---

①　范文澜：《中国通史简编》（修订本），第 2 编，123 页，北京，人民出版社，1964。
②　《汉书·董仲舒传》。

中国史学发展史上，大一统是一种进步的、具有积极意义的历史观。

儒家经典有所谓今文经和古文经之分。西汉前期，今文经首先在朝野广为传播，并得到统治者的赏识。五经博士均为今文学家，他们垄断仕途和经书的解释权，显赫一时。在今文经传播的同时，古文经也陆续在各地发现和传播，但未列于学官。在对待今文和古文的问题上，史家们大都能持一种兼收并蓄的态度，只要是有利于历史著述的资料和形式就予以采用，并不墨守当时立于学官的今文经及其经说。再如司马迁撰写《史记》的《鲁周公世家》时，引《尚书》之《金縢》，兼取今古文说，引《费誓》基本上为今文，但又大量引据《左传》《国语》等。司马迁特别注意《左传》的资料，在《史记》中多予采撷。范文澜曾指出："太史公作《史记》，春秋时事取《左传》者泰半，谓《史记》之一部，蜕化于《左传》，或无不可。"①还有刘向，著述时持今文经义，但又多取《左传》等古文经的资料。其时，早在着笔著述之前，他们就没有专守一家之说。司马迁既向董仲舒学习《公羊春秋》，又师从于古文学大师孔安国，学习《古文尚书》。刘向年轻时习《穀梁传》，兼习《公羊传》，后来又对古文经颇感兴趣。这些都为他们著史时坚持客观求实的态度，博采古今典籍，打下了良好的基础。

特别应该指出的是，作为史坛巨匠的司马迁，也是易学史上举足轻重的人物。他的易学思想不仅与他的史学思想交相辉映、浑然一体，成为他撰著《史记》的思想源泉和理论依据，而且对后世易学、经学、史学及整个思想文化的发展也产生了广泛而深刻的影响。司马迁撰著《史记》，就是想通过对天道、自然界演变规律的探讨和把握，来更好地理解和揭示人道即人类社会的发展规律。当然，司马迁也曾劝诫最高统治者重视天人感应，及时"修救""修禳"②，改过从善，祈求上天收回发出的各种灾异谴告。这说明，他在一定程度上受到《易传》天人之论中神秘

---

① 范文澜：《正史考略·绪言》，见《范文澜全集》，第 2 卷，石家庄，河北教育出版社，2002。

② 《史记·天官书》。

主义因素以及董仲舒天人感应思想的影响和濡染。"通古今之变"是司马迁史学思想的核心，而这又是深受《易传》变通思想启示和影响的结果。关于变化的根源，《易传》认为"刚柔相推而生变化"，并进而提出了"一阴一阳之谓道"的著名命题。一阴一阳相互对立，相互推移，这就是宇宙间最根本的规律。司马迁十分看重《周易》在这方面的特殊价值和作用。《太史公自序》说"《易》著天地、阴阳、四时、五行，故长于变"，又说"《易》以道化"，《滑稽列传》则称述孔子之言，曰"《易》以神化"。这表明司马迁是很重视《周易》变化之道的，而且视之为易学之本。由此看来，司马迁所建构的史学体系和一家之言，主要是易学、经学与史学相结合的产物。司马迁的易学思想与史学思想、易学成就与史学成就彼此烘托、交相辉映、浑然一体，成为后世学者治史治《易》的范例。后来的许多史学家兼治易学，有的本身就是易学家、易学大师，如刘向、刘歆、班固、荀悦、袁宏、干宝、魏徵、欧阳修、司马光、李焘、朱熹、李心传、李贽、黄宗羲、顾炎武、王夫之、钱大昕、章学诚、邵晋涵、柯劭忞等。就学术思想而言，在司马迁等人那里，史学和易学是彼此互通、浑然一体、相得益彰、不可分割的。凡此种种，都反映出司马迁易学思想对后世史学、易学、经学及整个思想文化所产生的广泛而深刻的启示和影响。

（二）

西汉时期，经学的繁盛为历史著述提供了某些有利条件，在一定程度上推动了史学的进步。但另一方面，这种繁盛又使史学在社会文化中的地位有所下降，不利于史学的独立发展。我国的史学传统远比经学悠久，作为史学传播者和史书编纂者的史官的设置，为时极早。《礼记·玉藻》有"动则左史书之，言则右史书之"的说法，《汉书·艺文志》亦称"左史记言，右史记事"。唐代杜佑进一步指出："史官，肇自黄帝有之，自后显著。夏太史终古，商太史高势，周则曰太史、小史、内史、外史，而诸侯之国亦置其官。"[①]此前，刘知幾在《史通·史官建置》中对此也有

---

①　（唐）杜佑：《通典·卷二十一》。

过详尽论述。我国早期的史官们大都学识渊博，而且政治地位甚高。《隋书·经籍志》史部总序说："夫史官者，必求博闻强识、疏通知远之士，使居其位，百官众职，咸所贰焉。是故前言往行，无不识也；天文地理，无不察也；人事之记，无不达也。内掌八柄，以诏王治；外执六典，以逆官政。"九流学术皆源于史，史官几乎成了整个社会文化的垄断者。

史学本与政治密切相关，带有浓烈的经世致用色彩，史书也于事见理，给人教诫，不过重要的还是应阐述客观的历史发展过程，再现往日的各种社会风貌，同专门的道德教训之书有很大差异。而孔子作《春秋》，虽以准确的时间为线索编次史事，但又只是以历史记载为手段，进行道德批判，力图通过史鉴、史教的功效，针砭世事，垂法后人，最终达到振兴礼治，恢复周王朝原有统治秩序的目的。孟子曾明确指出："世衰道微，邪说暴行有作，臣弑其君者有之，子弑其父者有之。孔子惧，作《春秋》。《春秋》，天子之事也。"又说："孔子成《春秋》而乱臣贼子惧。"[1]孟子强调，《春秋》所重的不是史实，而是微言大义，即孔子的政治观点和社会理想，它们具有治理国家、纲纪人伦的非凡作用。司马迁也曾称述董仲舒之言："周道衰废，孔子为鲁司寇，诸侯害之，大夫壅之。孔子知言之不用，道之不行也，是非二百四十二年之中，以为天下仪表，贬天子，退诸侯，讨大夫，以达王事而已矣。"[2]正因为这样，《春秋》才被儒家尊为经，并由此开始了史学对经学的依附。

西汉皇朝建立后，为了总结历史经验和教训，注意到史书的编纂。朝廷延用周代旧称，设太史令（太史公）一职，兼掌天文星历、祭祀礼仪、搜罗并保管典籍文献，但史官的政治地位较之治经儒生就大为逊色了。随着儒家经学在维护专制政权方面的重要作用日益明显，越来越多的治经儒生受到统治者的青睐和重用，治经成了他们立身扬名、捞取高官厚禄的资本和手段。公孙弘就曾以治《公羊春秋》而登丞相之位。然而

---

① 《孟子·滕文公下》。
② 《史记·太史公自序》。

在这同时，统治者又把保持秉笔直书传统的史官看作对神圣皇权的一种威胁，并未多予重视。武帝东巡泰山封禅，太史令司马谈未能参与其事，尽管这是由于他身体欠佳，中途病倒，但也说明，他是否随行执笔记事，武帝并不在意。司马迁继承父职，秉其遗志，撰著《史记》，却因李陵之祸，招致奇耻大辱，被处宫刑。事后他曾不胜感慨地说："文史星历近乎卜祝之间，固主上所戏弄，倡优畜之，流俗之所轻也。"①晋代虞喜《志林》说史官（太史公）"自周至汉，其职转卑"，只不过"其官属仍以旧名尊而称也"②。这是十分确当的。

到了西汉后期特别是元成之时，最高统治集团更是以经治国，儒家经学的独尊地位进一步巩固。一时间，上无异教，下无异学，皇帝下诏，群臣上奏，都要称引经义以为依据。朝廷公卿几乎均由经术而进，韦贤、韦玄成父子以及匡衡、贡禹、薛广德等皆以通经而居丞相、权臣之位。相形之下，史学之不受重视，史家地位之低下就更显而易见了。当时，从事历史著述的学者，主要不是史家，而是经学大师。如补续《史记》的褚少孙（褚先生），以经术为郎，后为博士，并师事大儒王式。此外，"刘向、冯商、扬雄之徒，并以别职来知史务"③。

在充分利用经学著述的资料和形式的同时，史家们也大都以经学为宗镜，将自己的史著视为经学的辅翼和解说。司马迁撰写《史记》，是要以"继《春秋》"自任，自觉地继承和弘扬孔子的事业。他突破《史记》著述体例的限制，破格撰写了《孔子世家》，并称孔子为"至圣"，由衷地发出"高山仰止"的赞叹。实际上，他是要使自己成为第二个孔子，使《史记》成为第二部《春秋》。撰著《史记》时，司马迁力求"折中于夫子"④，贯彻了《春秋》褒贬精神，宣扬了儒家经学的思想理论，如大一统思想、天人感应之说等。他还为孔门弟子及治经儒生立了列传（《仲尼弟子列传》《孟子荀卿列传》《儒林列传》等），使儒家经学在历史著述中占有了特殊地

---

① 《汉书·司马迁传》。
② （东晋）虞喜：《志林》。
③ （唐）刘知幾：《史通·史官建置》。
④ 《史记·孔子世家》。

位。钱穆指出："可说'经学即史学，史学亦即经学'，二者间本难作严格区别。亦可说自经学中分出一支而成为史学，史学仍经学之旁支。如《史记·太史公自序》，自称即以孔子作《春秋》之精神而写《史记》，亦即是沿袭经学而发展出史学之一极好例证。"①当然，司马迁并没有简单停留在经学的思想与精神上，而是以其特有的史识、情趣和"良史之材"，"善序事理，辨而不华，质而不俚，其文直，其事核，不虚美，不隐恶"，使《史记》成为规模宏大、兼采众说、内容丰富的"实录"②。这种情况又使得《史记》表现出许多与经学相左甚至完全相悖的倾向。西汉前期，儒家经学受到重视，但道家黄老之学却是社会的主导思想。武帝至宣帝之时，最高统治者也未真正专用儒术，而是兼重刑名法术之学，用宣帝的话来说，就是"以霸王道杂之"③。《史记》的这些特点，亦是这种现象的曲折反映。

作为一种统治思想，经学被看作整个学术文化的渊源和象征，其他学问只是其支脉、流裔和附庸，史学更是如此。社会各界特别是最高统治集团把史学看得很低，认为史书同经书相比，颇不足观。《史记》成书后，并没有很快公之于众，直到汉宣帝时，司马迁外孙杨恽祖述其书，才得以公开传布。但要获睹此书，仍非易事（其中当然也有简策书写而流传不便等因素），对皇室成员来说亦是如此。成帝初年，东平王刘宇来朝，上疏求诸子著作及《史记》。权臣王凤劝成帝不许，让他对刘宇讲："五经，圣人所制，万事靡不毕载。王审乐道，傅相皆儒者，旦夕讲诵，足以正身虞意。夫小辩破义，小道不通，致远恐泥，皆不足以留意。诸益于经术者，不爱于王。"尽管王凤、成帝的真实想法是《史记》"有战国纵横权谲之谋，汉兴之初谋臣奇策，天官灾异，地形厄塞，皆不宜在诸侯王"④，但于此也可看出官方对经史关系的态度，反映出史

---

① 钱穆：《中国学术通义·中国儒学与文化传统》，见刘梦溪：《中国现代学术经典·钱宾四卷》，石家庄，河北教育出版社，1999。

② 《汉书·司马迁传》。

③ 《汉书·元帝纪》。

④ 《汉书·宣元六王传》。

学在整个社会文化中地位之低下。

在这以后不久，成帝"诏光禄大夫刘向校经传、诸子、诗赋，步兵校尉任宏校兵书，太史令尹咸校数术，侍医李柱国校方技"①，并未将史书独立一类。随后，刘向、刘歆成《七略》，将《史记》等史书附于六艺略春秋类下。这固然也是由于史书数量较少，且与《春秋》有着重要的渊源关系，但最根本的原因，却在于史学地位的降低，史学对经学标准的普遍认同。在主持校书的过程中，刘向还从经学的角度来判断史书的价值。例如，他说《战国策》虽语言"可喜""可观"，但却"不可以临国教化"②。

西汉末年，扬雄也给了史学以很低的评价。扬雄以当代孔孟自居，力倡宗经，对儒家经典极致推崇。《法言·吾子》："或曰：人各是其所是，而非其所非，将谁使正之？曰：万物纷错，则悬诸天；众言淆乱，则折诸圣。或曰：恶睹乎圣而折诸？曰：在则人，亡则书，其统一也。"扬雄还强调："舍舟航而济乎渎者，末矣；舍五经而济乎道者，末矣。弃常珍而嗜乎异馔者，恶睹其识味也？委大圣而好乎诸子者，恶睹其识道也？"③比较起来，他对史书的看法就不怎么太好了。他曾校理群书，兼"知史务"，写过《蜀王本纪》这样的史籍，又续《史记》（续写的是宣帝到哀帝、平帝时的历史），并肯定了司马迁的"实录"精神，但另一方面又对司马迁其人其书没有完全皈依儒家经典之旨多有微词。《汉书·扬雄传》载："雄见诸子各以其知舛驰，大抵诋訾圣人，即为怪迂，析辩诡辞，以挠世事，虽小辩，终破大道而或众，使溺于所闻而不自知其非也。及太史公记六国，历楚汉，讫麟止，不与圣人同，是非颇谬于经。"这里扬雄不仅是对《史记》的不满，也是对所有未起到道德批判作用的史书的不满和轻视，表现出经学尊于史学、优于史学的偏见。

---

① 《汉书·艺文志》。
② （西汉）刘向：《战国策书录》，见（清）严可均：《全上古三代秦汉三国六朝文·全汉文》，381页，北京，中华书局，1958。
③ （西汉）扬雄：《法言·吾子》。

（三）

东汉皇朝建立以后，最高统治集团和经学之士以及深受经学影响的史家，进一步注意史学的动向，并将其引入经学思想的指导之下。光武帝刘秀爱好经术，探访儒雅，召集四方经学之士，恢复西京旧制，立博士，兴太学，并借助史书，宣扬天人感应、君臣大义等经学理论，维护皇权权威。刘秀还利用死忠入史、留名后世来诱使臣下绝对效忠自己。他曾告诫冯勤说："人臣放逐受诛，虽复追加赏赐赙祭，不足以偿不訾之身。忠臣孝子，览照前世，以为镜诫。能尽忠于国，事君无二，则爵赏光乎当世，功名列于不朽，可不勉哉！"[①]可见，最高统治者非常熟悉和喜欢史书中符合经学宗旨、利于专制统治的那一部分内容。刘秀还开始直接插手史书的编写。《隋书·经籍志》提到："后汉光武，始诏南阳，撰作风俗，故沛、三辅有耆旧节士之序，鲁、庐江有名德先贤之赞。郡国之书由是而作。"这样，经学思想和官方意志就更便利、更顺畅地渗透到史学之中了。

到明帝、景帝时期，特别是到白虎观会议召开，经学作为统治阶级的政治工具，对思想文化和社会生活各方面的影响几乎到了无以复加的地步。在经学倡导"君臣之正义，父子之纪纲"的同时，最高统治者对史学的干预和控制也明显加强。当时，私作国史已是犯法之事，与司马迁之时大不相同了。班固"以（班）彪所续前史未详，乃潜精研思，欲就其业"。然而有人却上书明帝，"告固私改作国史"，明帝也"有诏下郡，收固系京兆狱，尽取其家书"。明帝审查了书稿，知其志在宣扬汉德，才未予治罪，并召其诣校书部，除兰台令史，后又升迁为郎，典校秘书。明帝还命班固与陈宗、尹敏、孟异（冀）等共同撰写《世祖本纪》，后又命以班固为主撰著光武帝功臣和平林、新市、公孙述事，作列传、载记28篇奏上。这些都成了官修《东观汉记》的一部分。明帝还让班固"终成前所著书"[②]。这样，班固等人就由一般的史家变成了完全听命于官方

---

① 《后汉书·冯勤传》。
② 《后汉书·班固传》。

的御用史家,《汉书》也由私撰变成了官修。最高统治者还亲自执笔撰写史书。明帝著有《光武本纪》,章帝撰有《显宗本纪》。官方修史固然在组织人力、收集资料等方面具有某些优势和积极作用,但其曲笔不实、虚相褒扬的弊端又是十分突出的。

统治者利用经学所宣扬的君臣大义,加强对史学的干预和对史家思想意识的控制,还表现在他们对以往史家的评论上。汉明帝对司马迁的评论可以说是典型一例。明帝曾诏班固、贾逵等于云龙门,就《史记·秦始皇本纪赞》询问众人。当班固表明个人观点后,明帝说道:“司马迁著书,成一家言,扬名后世,至以身陷刑之故,反微文刺讥,贬损当世,非谊士也。司马相如污行无节,但有浮华之辞,不周于用,至于疾病而遗忠。主上求取其书,竟得颂述功德,言封禅事,忠臣效也。至是贤迁远矣”①。明帝是在以古讽今,目的是要班固等史家以经学宗旨为圭臬,按照最高统治者的意志着笔著史。

由于官方势力的介入、经学教育的熏习,史家独立的人格意识和价值取向几乎完全丧失,他们自觉认同经学标准,完全皈依于经学宗旨之下,使史学几乎彻底沦为经学的附庸。翻检《汉书》,其表志序言、纪传赞语,称述经义之处比比皆是。班固曾奉命参加白虎观会议,编成《白虎通》。系统阐述了儒家经学的最新和最具权威性的成果,并将其引入著史活动之中。班氏父子以尊奉经学自赏,把修史当成宣扬经学思想的一种形式。这说明,史学地位的降低与史家自身素质和思想倾向有着密切关系。另外,诚如钱穆所指出的那样:“班固作《汉书》,批评司马迁《史记》未能完全一本儒家立说。此项批评,当否且勿论,然可知班氏作《汉书》,其所自负,仍为一本于儒学。则马、班史学渊源,皆从儒学经学来,事无可疑。”②

行文至此,我们不能不提及作为著名的史学家、文学家同时又在易

---

① (东汉)班固:《典引序》,见(梁)萧统:《六臣注文选》,北京,中华书局,1987。
② 钱穆:《中国学术通义·中国儒学与文化传统》,见刘梦溪:《中国现代学术经典·钱宾四卷》,石家庄,河北教育出版社,1999。

学史、经学史上颇有影响的班固。班固撰《汉书》，"旁贯五经，上下洽通"，并屡屡称述《周易》，作为立论、述史的依据。他虽不曾专治易学，但又博通群经，对易学自然十分熟悉，颇有研究。特别应该指出的是，班固撰《汉书·艺文志》，在刘向、刘歆父子《七略》的基础上系统著录了一批易学文献，弥足珍贵。另外在《汉书·儒林传》中，班固对易学经传注疏、授受源流、学派演变的记述，可谓一部战国至西汉的易学发展史，成为后世进行相关研究的极为重要的参考文献。

作为正统思想的代表，班固引《易》、用《易》往往与现实政治联系在一起。他的目的还是要论证刘汉政权的合理性、神圣性。在《汉书·律历志》中，承于刘歆之说，班固强调三统、四时与《周易》大衍之数是一个整体，并大致以《系辞下》提及的伏羲氏、神农氏、黄帝、尧、舜等世系为线索，按照五德相生的理论，具体展示了中国历史发展的脉络，落脚点则是刘汉皇朝接续尧的统运，以火德而王。这些说明，班固虽然是在运用易学来更好地宣传大汉声威，但也或隐或显地反映出《周易》变通思想的某种影响。他在撰著《汉书》特别是十志的过程中，确实也曾贯彻了这种变通思想。当然，即使考虑到断代为史而不易凸显变通之义等因素，其变通思想仍然要比司马迁的《史记》黯然失色得多。

《易传》的中正说及天人和谐思想对班固也颇有影响和启示，这主要表现在他关于社会和谐的政治主张方面。他向往贫富平均，呼吁人际之间保持和谐融洽。他主张士农工商"各安其居而乐其业，甘其食而美其服"，严格遵守封建等级秩序，"大不淫侈，细不匮乏，盖均无贫，遵王之法"[①]，使"小不得僭大，贱不得逾贵"，最终做到"上下序而民志定"[②]。《易传》和易学兼容并包的学术风格，对班固也有所濡染。就经学流派而论，班固属古文学家。他曾批评今文经学在"禄利之路"上的日趋僵化、烦琐，赞同刘歆争立古文博士的举动，对平帝时将《左氏春秋》等古文经立于官学表示肯定，认为此乃"罔罗遗失，兼而存之，是在其

----

① 《汉书·叙传》。
② 《汉书·货殖传》。

中矣"①。另一方面，身为古文学者的班固却又能撰集成包含大量今文经学及谶纬之学内容的《白虎通》，并在《汉书》尤其是其中的《五行志》中屡屡引述京房《易传》，并借助孟、京易学的卦气说解说各种复杂的历史现象，将灾异发生与人事祸福联系起来，从中体现了一种兼容并包的学术思想。由此可以看出，作为官方学术，孟、京象数易学在当时的社会政治和文化学术领域仍然是影响巨大，史学领域也是如此。

儒家经学所宣扬的天人感应、君权神授的思想主张，已经深深植根于史家的历史认识和历史理论之中。班彪曾作《王命论》，认为汉承尧运，天命有归。王者兴衰，非人力所致。"神器有命，不可以智力求也"。班固著《汉书》，表现出更为浓烈的正统观念。他在《叙传》中指责《史记》将汉史"编于百王之末，厕于秦、项之列"，是降低了汉朝的历史地位，所以他将《高帝纪》作为丌篇，将陈涉、项羽分别由世家、本纪降为传。他参撰《东观汉记》，也首列《光武纪》，并始创载记一体，载列据守一方、称雄一时而最终未居正统的人物，以突出体现君臣名分。因此，梁启超曾指出："《史记》以社会全体为史的中枢，故不失为国民的历史。《汉书》以下则以帝室为史的中枢，自是而史乃变为帝王家谱矣。"②

西汉中期，司马迁尚能大胆地揭露统治阶级中一些人物的暴虐、奢侈和虚伪、愚昧，同时对那些敢于反抗强暴而不怕牺牲的社会下层人物，则给予一定的同情和赞颂。经学独尊，官方插手史学以后，史家在这方面的胆量越来越小，忌讳越来越多，以致"所载多溢词"③。在《汉书》中，班固对统治阶级中的人物虽然也有讥刺之言，但总体上来说是褒多于贬，为尊者讳，甚至有意造作粉饰之辞。例如，汉成帝本来是酒色之徒，荒淫无耻，奸人妻女，《汉书·五行志》《外戚传》中已有所披露，但班固却在《成帝纪》中照抄其父《后传》之文，说什么成帝言行端庄，

---

① 《汉书·儒林传》。
② 梁启超：《中国历史研究法》，17 页，上海，上海古籍出版社，1987。
③ （元）马端临：《文献通考·卷一九一》，北京，中华书局，1986。

"尊严若神，可谓穆穆天子之容者矣"。在客观历史面前，他们缺乏一个史家所应具有的巨大勇气和严肃态度，与司马迁已经不能同日而语了。

经学独尊而史学极不受重视、政治地位低下的情况，进入东汉以后进一步恶化。就著史者而言，经学大师所占的比例较之西汉大大增加。那些要求客观反映历史事实、对经学宗旨和御用史学有所不满的学者，是不可能有修史之权的。据《后汉书·张衡传》及其李贤注，顺帝时，曾为太史令的张衡自称"仰干史职"，要求参与东观修史，其他史臣也大力推荐，但始终未得最高统治者首肯，原因在于他反对谶纬之学，并批评官修史书："更始居位，人无异望，光武初为其将，然后即真，宜以更始之号建于光武之初。"张衡未能参与修史，也说明此时的太史之职已不同于司马迁之时。唐代刘知幾提到："司马迁既殁，后之续《史记》者，若褚先生、刘向、冯商、扬雄之徒，并以别职来知史务。于是太史之署，非复记言之司。故张衡、单飏、王立、高堂隆等，其当官见称，唯知占候而已。"①太史一职已经名存实亡，仅仅执掌天文星历之事，这有碍于史学的发展。

如果说，西汉时期儒家经典的复出、经学的繁盛，尚能带来一个重视学术文化事业的良好氛围，并为历史著述准备大批史料，从而促进史学的发展，那么进入东汉以后，这种积极作用已大大减弱了。为了捞取政治资本，"儒者争学图纬，兼复附以妖言"②，以纬证经，用天人感应、阴阳灾异学说对儒家经典进行穿凿附会和随意演绎。谶纬之学又与经学合流，使经学进一步宗教化、神学化。谶纬特别是纬书也包容着自然科学、历史知识和具有哲学意味的理论学说等，有所谓补史、考地、测天、考文、征礼之善，但迷信、荒诞和怪异则是它的主要方面，很难为历史著述提供客观、准确的资料。另外，在当时的人们看来，经学仍然包有史学，史学独立的观念尚未形成。班固著《汉书·艺文志》，一依《七略》之例，史书仍处于六艺之末的地位。到安帝邓太后当政时，史书

---

① （唐）刘知幾：《史通·史官建置》。

② 《后汉书·张衡传》。

仍未与经学著作分开，被平等看待，独立一类。《后汉书·安帝纪》云：永初四年，"诏谒者刘珍及五经博士，校定东观五经、诸子、传记、百家艺术，整齐脱误，是正文字"。《后汉书·皇后纪》和《文苑传》也有类似记载，亦均未明确提及史书。东汉中期以前，史学本身确实也在不断进步和发展，产生了对后世影响深远的《汉书》等一些史学著作，但经学思想的禁锢和濡染又使这一进步和发展没有达到本该达到的高度，取得本应取得的成就。

（四）

东汉中期以后，皇权衰弱，经学之士屡遭宦官、外戚势力的摧残，经学也弊端日显，出现了衰落的迹象。"自安帝览政，薄于艺文，博士倚席不讲，朋徒相视怠散，学舍颓敝，鞠为园蔬，牧儿荛竖，至于薪刈其下"[①]。经学中的今古文两派，为争夺立博士官的政治特权，曾互相攻讦，势同水火，现在都开始走向寥寂，政治色彩越来越淡薄。不但今文学已经失去其直接的政治工具的作用，就是古文学的经典注疏也不足以使人满意，附会图纬的做法亦未能从根本上奏效。所以，马融、卢植、郑玄等经学大师为了扩大派别斗争的力量，也终于抛弃家学，丢掉成见，走上了综合古今的折中之路。经今古文学的合流，这是两汉经学走向式微乃至终结的最明显的表现，而时代思想的主流，则开始朝着玄学的方向潜行了。政治对经学的疏远和冷落，经学统治思想和官方学术地位的动摇，为史学的独立、迅速发展带来了机遇。

编年体史书的再度兴起，是史学独立发展的一个重要表现。从西汉中期到东汉中期，史坛上占主导地位的著述形式是纪传体。这种形式与经学著述有着密切的渊源关系。刘知幾《史通·列传》称："盖纪者，编年也；传者，列事也。编年者，历帝王之岁月，犹《春秋》之经；列事者，录人臣之行状，犹《春秋》之传。《春秋》则传以解经，《史》《汉》则传以释纪。"所以，这种形式最能体现经学所宣扬的封建等级制度下的君臣大义，反映最高统治集团正朔相承、子孙递及的关系，自然引起以经治

---

① 《后汉书·儒林列传》。

国的刘汉统治者的关注。纪传体史书固然内容丰富、叙事详赡，但又有明显的文字繁多难省、叙事分散重复等缺陷。不过，这种情况却又与当时研习经学著作的风气相互呼应、十分协调。西汉后期，经书的训释、解说已经非常繁冗、琐碎，今文经学尤其如此。桓谭曾在《新论·正经》中提到："秦近君能说《尧典》，篇目两字之说，至十余万言，但说'曰若稽古'二三万言。"桓荣所受朱普《欧阳尚书》"章句四十万言，浮辞繁长，多过其实"。连最高统治者也意识到这个问题。光武帝曾令经学之士删定五经章句作为太子的教科书。桓荣删《欧阳尚书》章句，由四十万言删为二十三万言，桓郁又删为十二万言。① 但这并未能改变当时的风气。所以，班固在《汉书·艺文志》中说："后世纪传既已乖离，博学者又不思多闻阙疑之义，而务碎义逃难，便辞巧说，破坏形体，说五字之文，至于二三万言。后进弥以驰逐，故幼童而守一艺，白首而后能言。"然而，班固没有意识到，这样的学术氛围，恰恰是"当世甚重其书（《汉书》），学者莫不讽诵焉"的一个重要因素。总之，纪传体史书的盛行，与经学的繁盛不无关系。

随着经学式微、皇权衰弱，官修史书的势头稍减，虽然《东观汉记》等纪传体史书的编纂一直延续着，但它的弊端已开始遭到越来越多学人的批评，而叙事简要、省约易读的编年体史书则受到人们的重视和喜爱。献帝在位时，"常以班固《汉书》文繁难省"，便令荀悦著《汉纪》三十卷，"辞约事详，论辩多美"②，甚至"历代保之，有逾本传"。编年体本来也是一种古老的史书编写形式，而且与《春秋》有着密切的渊源关系，但它此时再度兴起，则有其特殊的现实意义，这是史家们要求摆脱经学繁冗习气干扰和束缚的一种反映。与此同时，私人撰著的单行传记体史书也迅速增加，蔚为大观。清代姚振宗《后汉艺文志》著录单行传记类史书58部，其中绝大部分成书于东汉后期，较著名的有仲长统《山阳先贤传》、袁汤《陈留耆旧传》（圈称有同名之作）等。当然，应该承认，篇幅

---

① 《后汉书·桓荣丁鸿传》。
② 《后汉书·荀悦传》。

众多、内容宏富的纪传体史书，亦为编年体及单行传记体史书的编撰提供了某些便利条件，特别是那些处于社会下层的史家，因无法占有以资修史的各种原始资料，只得借助旧文，改变体例，斟酌去取，融会贯通，以成一家之作。

儒家经学政治作用的减弱，也使史学的社会功能意识明显增强。我国古代素来重视史学的社会功能，强调其鉴诫作用。经学独尊后，史学的社会功能受到忽视，往往要通过宣传经学宗旨来体现。如《汉书》虽然向人们展示了西汉一朝的社会历史进程，但班固又称这种展示是"纬六经，缀道纲"。这就影响了史学的进步和发展。东汉末期不少人开始重新审视史学的社会功能，其中最突出的代表人物是荀悦。荀悦认为，史学的根本作用，就在于向人们提供历史鉴诫。他提出："君子有三鉴：鉴乎前，鉴乎人，鉴乎镜。"①"三鉴"之中，史鉴为首。他撰著《汉纪》，就是基于这样一种认识。也就是说，《汉纪》作为"有国之常训，典籍之渊林"②，可以"综往昭来，永监后昆"③。在《汉纪》卷一，他提出："夫立典有五志焉：一曰达道义，二曰彰法式，三曰通古今，四曰著功勋，五曰表贤能。"他强调，这是著史所应达到的五条标准。荀悦还指出，一个人的善恶成败一旦载诸史册，就会产生意想不到的效果，"或欲显而不得，或欲隐而名章。得失一朝，而荣辱千载"，"善人劝焉，淫人惧焉"④。这里荀悦所强调的史学的社会功能，早已不再依附于经学，更不是简单的对经学的辅翼和解释，充其量只不过"是用经学的精神注意史学"。尽管这种功能还是要服务于封建专制统治，但是此举对史学独立发展无疑具有积极意义。

由于经学之士与政治的联系已不是那么密切，史家、史官的社会地位和作用已开始重新受到人们的重视。李固遇祸，其子或死或逃。梁冀被诛后，"史官上言宜有赦令，又当存录大臣冤死者子孙"。桓帝接受了

---

①　（东汉）荀悦：《申鉴·杂言上》（据《群书治要》校补）。

②　（东汉）荀悦：《汉纪序》。

③　（东汉）荀悦：《汉纪·卷三十》。

④　（东汉）荀悦：《申鉴·时事》。

这一建议，"于是大赦天下，并求固后嗣"①。可见最高统治者对史官进言颇为看重。荀悦也主张强化史官职能，认为"宜于今者备置史官，掌其典文，纪其行事"②。蔡邕在董卓死后被治罪，他要求"黥首刖足，继成汉史"。王允则拒不接受。他说："昔武帝不杀司马迁，使作谤书，流于后世。方今国祚中衰，神器不固，不可令佞臣执笔在幼主左右。既无益圣德，复使吾党蒙其讪议。"③这说明，各种政治势力已把史官执笔记事同自己的兴衰存亡联系到一起了。另外，要求恢复史官秉笔直书传统的呼声也有所加强。对曲笔较多的《东观汉记》，人们也不断加以抨击。如"伯度(李法)讥其不实，公理(仲长统)以为可焚"④，荀悦则屡斥历史记载中的谶纬之说，认为欲"成王治者，必本乎真实而已"⑤。这些都有助于史学的健康发展。

随着史学的逐渐独立和发展，史籍的数量大幅度增加。在图书分类上，《七略》和《汉书·艺文志》中史籍为六艺之末而未能独立成立部类的情况已不适应学术文化上的这种变化。独列史部的四分法虽然最早出现于晋代荀勖的《中经新簿》，但是就像任何事物的发展都有一个不断积累的历史过程一样，这一分类方法也是东汉中后期史籍日渐增多的必然结果，而促成这一结果的根本性因素，则是经学的衰落、经学政治功效的减弱，使史学从经学宗旨的笼罩下逐渐摆脱出来。

魏晋南北朝以后，史学进一步繁荣，成为一个重要的学术门类，史籍数量突增，体裁众多。然而由于传统的因袭关系，特别是由于儒家经学始终是封建统治思想的核心，经书仍居四部之首，经学地位仍在史学之上，经学对史学的影响也依旧存在，只是不如两汉时期那么浓烈罢了。与经学关系密切、正统思想突出的纪传体史书，因为它自身在文化学术上的优势和价值，加上便于凸显帝王将相的历史作用，符合两千多

---

① 《后汉书·李燮传》。
② 《后汉书·荀悦传》。
③ 《后汉书·蔡邕传》。
④ (唐)刘知幾：《史通·忤时》。
⑤ (东汉)荀悦：《申鉴·政体》。

年来不断改朝换代的封建统治阶级的政治需要，所以一直以正史的身份居于史坛之首。

五、汉代经学与山东儒生

前已指出，两汉时期，儒家经学大盛。而山东地区也步入了一个文化上的黄金时代，一时儒生云集，经师众多，活跃于广阔的学术领域中和政治舞台上。

（一）

山东为齐鲁故地，是儒学的发祥地，素以礼仪之邦著称。春秋末年，孔子在鲁国删定六经，聚徒讲学，建立起儒家学派。其后，孔门弟子进一步继承、阐发孔子学说，研习、传授儒家经典，使儒学得到初步发展，成为一大"显学"。后来"天下并争于战国，儒术既绌焉，然齐鲁之间，学者独不废也"。在山东地区，又出现了一大批儒学大师，如子思、孟子、荀子（赵人，但主要活动于山东地区，并卒于兰陵）等。他们弘扬、发挥孔子思想，称述儒家经义，"以学显于当世"，使儒学的影响迅速扩大。秦始皇统一六国，焚书坑儒，儒家学派和经典损失惨重，但儒家势力在山东地区仍根深蒂固。陈胜起义后，"鲁诸儒持孔氏之礼器往归陈王"，孔子八世孙孔甲（鲋）当了陈胜的博士。楚汉之争，刘邦诛灭项羽，"举兵围鲁，鲁中诸儒尚讲诵习礼乐，弦歌之音不绝"。司马迁曾叹道："夫齐鲁之间于文学，自古以来，其天性也。"①也就是说，儒家经学在山东地区有着悠久而深厚的传统。

汉代山东地区社会经济的发展，也为儒家经学的繁盛提供了必要的物质基础。由于治理黄河的成功和水利灌溉的发达，当时的山东土地肥沃，五谷丰登。如琅邪郡的稻城县（在今山东高密西南），清代顾祖禹在《读史方舆纪要·卷三十六》中说："有塘堰蓄潍水溉田"，"有稻田万顷，

---

① 《史记·儒林列传》。

断水造鱼梁，岁收亿万，号万匹梁"。琅邪一带成为汉代东方的一大谷仓。新的生产工具如方銎宽刃锸、双齿镢、三齿耙、四齿耙和钩镰等相继出现于山东各地。另外，铁犁和牛耕的改进以及种植方法、田间管理等方面的进步，也促进了农业生产的进步。山东的手工业更堪称全国冠冕，冶铁、煮盐和纺织这三项传统生产门类一直处于领先水平。山东的商业也十分繁荣。临淄和陶皆是商贾云集的全国性商业城市，其中临淄居民"十万户，市租千金，人众殷富，巨于长安"①。

社会生产的发展，带来了人口的增加。当时山东是全国人口最密集的地区之一，西汉时曾达一千三百余万，几乎占全国人口的四分之一。山东人民辛勤劳作，勇于进取，使汉代的山东成为全国比较富庶、繁荣的地方，不仅是主要的农作物产区，而且是重要的手工业基地和商业中心，在全国经济中占有举足轻重的地位。有了这种雄厚的物质基础，才会滋生出丰富的精神文化产品，也才会使山东地区的儒家经学有一个突出的发展。

（二）

山东儒家经学的繁盛，首先表现在产生了一大批学识渊博，造诣颇深的经学大师。汉初的五经八师，除了传《诗》的韩婴（燕人）、传《公羊春秋》的董仲舒（赵人）以外，其余六人都是齐鲁的大儒：传《尚书》的伏生，济南人；传《易》的田何，齐人；传《诗》的申公，鲁人；另一传《诗》的辕固生，齐人；传《礼》的高堂生，鲁人；传《公羊春秋》的胡毋生，齐人。宣帝时《穀梁春秋》又立于学官，而《穀梁》学更是出于鲁地儒生的传授。后来的十四博士，山东儒生也占了八家，即：东海兰陵人孟喜、琅邪诸（今诸城西南）人梁丘贺所传的《易》；乐安千乘（今博兴）人欧阳和伯、东平人夏侯胜和夏侯建所传的《尚书》；薛人颜安乐所传的《公羊春秋》；鲁人申公所传的《鲁诗》；齐人辕固生所传的《齐诗》。翻检两《汉书》中的《儒林传》，在《汉书·儒林传》中单独立目的有 27 人，山东儒生占 17 人；在《后汉书·儒林列传》中单独立目的有 42 人，属于山东籍的

---

① 《汉书·高五王传》。

儒生占了 12 人。此外，附见于《儒林传》及单独立传和附见于其他传记的山东籍经师、儒生还有很多。

这些经学大师收徒讲学，传授经义，有的更是弟子如云，桃李满天下。西汉申公传《诗》，"退居家教"，"弟子自远方至受业者千余人"，其中"为博士十余人"①。辕固生亦致力于传经授学，"齐言《诗》皆本辕固生也。诸齐人以《诗》显贵，皆固之弟子也"②。东汉时聚徒讲学之风更盛。《后汉书·儒林列传》说："若乃经生所处，不远万里之路，精庐皆建，赢粮动有千百，其著名高义，开门受徒者，编牒不下万人。"这其中不乏山东的经学之士。乐安千乘人欧阳歙传《尚书》，"在郡教授数百人"。从歙受学的济阴(今定陶西北)人曹曾，更有"门徒三千人"。乐安临济(今高青东南)人牟长习《欧阳尚书》，"诸生讲学者常有千余人，著录前后万人"。其子纡"又以隐居教授，门生千人"。鲁人孔僖之子季彦"守其家业，门徒数百人"。任城(今微山西北)人魏应习《鲁诗》，"弟子自远方至，著录数千人"。山阳东缗(今金乡)人丁恭习《公羊严氏春秋》，"诸生自远方至者，著录数千人"。北海安丘(今安丘西南)人周泽亦习《公羊严氏春秋》，"隐居教授，门徒常数百人"。另一习《严氏春秋》的安丘人甄宇也是"教授常数百人"③。其他如琅邪东武(今诸城)人伏湛、伏隆父子，东海兰陵人王良，琅邪姑幕(今诸城西南)人徐子盛，薛人曹褒，北海高密(今高密西南)人郑玄等都拥有成百上千的弟子。这是一支庞大的儒家经典的传习和研究队伍，足见当时山东经学之盛。所谓"汉代传经之儒，不出于齐，则出于鲁"④，是有一定道理的。

众所周知，秦始皇焚书坑儒，烧掉了除《易》之外的大部分经书。所以西汉政权建立后，随着儒学开始受到重视，搜求儒家旧典的工作也就展开了。一是凭记忆，靠背诵，口耳相传，人们用通行的隶书记录下来作为传本，就成了所谓今文经。二是从地下或孔壁中挖掘出来的古本，

① 《汉书·儒林传》。
② 《史记·儒林列传》。
③ 《后汉书·儒林列传》。
④ 马宗霍：《中国经学史》，37 页，上海，商务印书馆，1937。

是用六国文字书写的，即所谓古文经。不论是今文经还是古文经，其发现、传布大都与山东儒者有关。如《今文尚书》29篇，即为济南伏生所传。伏生原为秦博士，以治《尚书》闻名。"秦时焚书，伏生壁藏之。其后兵大起，流亡。伏生求其书，亡数十篇，独得二十九篇，即以教于齐鲁之间"[①]，其徒用隶书笔录下来而成书。古文经的发现有五处，其中三处是在山东地区：鲁恭王从孔子宅壁中发掘出的古文《礼记》《孝经》《尚书》《论语》，孔子后裔孔安国曾加以整理，献于朝廷；鲁三老所献的《古孝经》，鲁淹中出土的《礼古经》。儒家经典的相继复出，丰富了经学的内容，促进了经学的繁盛。对儒家经典的注释，山东儒者也用力颇多，成就卓著。任城人何休有《春秋公羊解诂》，并注《论语》和《孝经》。郑玄更是遍注群经，其中《三礼注》和《毛诗笺》学术价值最高。

　　随着传经者日渐增多，经学的传授开始有了师承。弟子们按照某一大师的经说讲经，就叫作守家法。由于各地经师对经书的理解不同，讲授的方言也有差异，山东的经学就分立出齐学与鲁学两大学派。不过一旦形成学派，只要对经典的解说基本相同，即可视为同一学派，不再受地域观念的限制了。如传《公羊春秋》的董仲舒是赵人，与齐人胡毋生同业，也属于齐学。虽然齐学是由鲁学派生出来的，但两派在治学风格、思想方法等方面有许多不同。大致说来，齐学崇尚恢奇，近于趋时；鲁学较多迂谨，颇为好古。如属于齐学的薛人叔孙通，替刘邦制定朝仪，曾到鲁地约请儒生赴长安。有两个儒生不肯相随，并指斥叔孙通："今天下初定，死者未葬，伤者未起，又欲起礼乐。礼乐所由起，积德百年而后兴也。吾不忍为公所为，公所为不合古，吾不行。公往矣，无污我。"叔孙通笑道："若真鄙儒也，不知时变。"[②]于此足见鲁学、齐学之不同。应该说，在传授经籍、谙习典章方面，鲁学有一定优势，但它较少权变，一味信古，不像齐学那样善观时变，所以社会影响不及齐学。直到宣帝后期，以属于鲁学的《穀梁春秋》立于学官，《穀梁》学大盛为标

---

① 《史记·儒林列传》。
② 《史记·刘敬叔孙通列传》。

志，鲁学才取得了与齐学并驾齐驱的地位。两派对立发展，到西汉末年，经学上又出现了今古文之争。

在此之前，经学内部尽管有齐学、鲁学之分，但各家所传经书特别是五经博士传授的经书，皆属今文。古文经学虽已形成，也有传本，但或藏于秘府，或在民间流传，始终未在朝廷立于学官。经今古文学的矛盾和对立，还没有表面化。到哀帝时，刘歆建议立古文博士，并指斥今文博士死守师法，抱残守缺，党同伐异，结果遭到今文博士的强烈反对。刘歆此举未能达到目的，却也给今文经学以猛烈冲击，挑起了经学上的今古文之争。齐学和鲁学传授的都是今文经，但就这两派的特点而言，鲁学容易演化为古文学派，齐学则容易演变为今文学派。而且鲁学的某些经籍，也与古文存在着某种关联。如《春秋穀梁传》，史籍中往往与古文经传并提。《汉书·梅福传》："推迹古文，以《左氏》《穀梁》《世本》《礼记》相明。"《后汉书·章帝纪》："令群儒受学《左氏》《穀梁》《古文尚书》《毛诗》。"据此，近人崔适在《春秋复始》中认为《穀梁传》亦古文学，且为刘歆伪作。金德建也提出，《穀梁》的《春秋经》属于不今不古，今古相杂，因其同于古文者有十三条，同于今文者亦占十五条[①]。另外，屈万里发现，《穀梁传》昭公八年"面伤不献"云云，文字同于《诗毛氏传》[②]。不管谁袭自谁，二者之间总有些瓜葛。所以，从一定意义上说，经今古文之争，实际来源于齐学与鲁学之争。

汉代经今古文之争的最后终结，也是同山东经师的努力分不开的。平心而论，从学术角度看，今文经学和古文经学各有优劣、短长，二者若互为补充，则会相得益彰，有利于学术文化的进步。于是，从东汉中期开始，一些经学家，主要是古文经学家，就开始走上了综合古今的折中道路。郑玄就是其中最重要的代表人物。在郑玄看来，今古文学互相争执，既浪费士人学子之精力，又无益于经学自身的发展，于是他依靠自己既通古文又懂今文的优势，以古文为宗，兼采今文之说，遍注群

---

① 金德建：《经今古文字考》，20、37 页，济南，齐鲁书社，1986。
② 屈万里：《先秦文史资料考辨》，376 页，台北，联经出版事业公司，1983。

经，以求打破学派壁垒，恢复经典的真面目。"郑玄括囊大典，网罗众家，删裁繁诬，刊改漏失，自是学者略知所归"①。郑玄此举，使延续二百年之久的今古文之争基本上宣告平息，从而形成了一个开放型的、保持旺盛生命力的经学体系，世称郑学。

（三）

汉武帝罢黜百家，独尊儒术，儒家经学占据了意识形态领域的统治地位，并渗透到政治、法律以及社会生活的各个方面，成为刘汉皇朝制定政策、治理国家的理论依据。于是，儒生通经致用，以经术参与现实政治的情况就相继出现了。著名的有以《禹贡》治河，以《洪范》察变，以《春秋》决狱，以三百五篇当谏书。四例之中，有两例乃山东大儒所为。夏侯胜依据《洪范五行传》，觉察出臣下有图谋君上者，故而劝阻昌邑王出宫游猎②。此即以《洪范》察变。东平人王式为昌邑王师。昌邑王以行淫乱废，王式系狱当死，并被责问："师何以亡谏书？"王式答道："臣以《诗》三百五篇朝夕授王，至于忠臣孝子之篇，未尝不为王反复诵之也；至于危亡失道之君，未尝不流涕为王深陈之也。臣以三百五篇谏，是以亡谏书。"③结果王式被免去死罪。这些都曾促使以经治国进一步深化。

随着儒家经学的独尊，研习儒家经典成了最主要的仕进方式。降至西汉后期，更是非通经学，不能做官，因此朝廷大臣大都以治经而起，而其中又多是山东人。最先是薛人公孙弘以治《公羊春秋》由布衣而登相位，其后更有大批儒生涌入政界，参与决策。以西汉为例，《汉书·匡张孔马传赞》提道："自孝武兴学，公孙弘以儒相，其后蔡义、韦贤、玄成、匡衡、张禹、翟方进、孔光、平当、马宫及当子晏咸以儒宗居宰相位。"这里提到的 11 个人中，有 6 个人属山东籍。除了公孙弘，韦贤、韦玄成父子是邹人，匡衡是东海承（今枣庄峄城区西北）人，孔光是鲁人，马宫是东海戚（今滕州南）人。特别是韦贤、韦玄成父子两人，竟都

①　《后汉书·郑玄传》。
②　《汉书·夏侯胜传》。
③　《汉书·儒林传》。

是以明经位至丞相，所以当时邹鲁一带就流传着这样的谚语："遗子黄金满籝，不如一经"①。实际上，除了班固提及的这几个人，还有几位山东籍的丞相，他们虽非以经术起家，但也谙熟儒家经典。如济阴定陶人魏相，"明《易经》，有师法"②。鲁国人丙吉，本为狱吏，"后学《诗》《礼》，皆通大义"③。据有的学者考察，随着官僚群体中儒生比重的不断增大，在西汉中后期，齐鲁地区成为中高级官吏籍贯分布最密集的地区之一。昭宣二代，山东籍中高级官史数量超过中原地区各郡国，跃居全国第二位；元、成、哀、平四世，又进一步超过关中地区，跃居全国首位。东汉时期，山东地区仍是官吏籍贯分布较为密集的区域④。山东儒生深深体味到读经与入仕的关系。夏侯胜常对弟子们说："士病不明经术，经术苟明，其取青紫如俯拾地芥耳。"⑤山东地区的儒生大量入仕，有利于刘汉政权统治基础的拓宽和扩大，有利于各阶层特别是中上层社会文化素质的提高，也有利于封建政治机制的不断更新和发展。

应该说，以治经而登官位的山东儒生中虽不乏尸位素餐、碌碌无为之徒，但也有不少人满怀济世爱民，澄清天下之志，借助经学理论，在刘汉政权制定、调整统治政策的过程中，起着极为重要的作用。这可以昭宣时期的政治为例。我们知道，汉武帝尊崇儒术，归根到底是崇尚《春秋公羊》学。"圣人（《春秋》）、巫师（阴阳五行）、刽子手（刑名）混合的《公羊》学，恰恰供给他残忍雄猜的暴行以理论根据"⑥。在武帝后期，由于长期外事征伐，内兴功作，致使海内虚耗，民多流亡，户口减半，各种矛盾激化，导致了严重的社会危机。昭帝即位后，随着战争机制的解体和人民要求安居乐业的呼声高涨，政府轻徭薄赋，与民休息，社会

①　《汉书·韦贤传》。

②　《汉书·魏相传》。

③　《汉书·丙吉传》。

④　李泉：《试论西汉中期高级官吏籍贯分布》，载《中国史研究》，1991(4)；李泉：《东汉官吏籍贯分布之研究》，见《秦汉史论丛》，第5辑，北京，法律出版社，1992。

⑤　《汉书·夏侯胜传》。

⑥　范文澜：《中国经学史的演变》，见《范文澜全集》，第10卷，石家庄，河北教育出版社，2002。

矛盾趋于缓和。宣帝继承帝位之后，要求稽古礼文，实行礼乐教化和仁德之治，已经成为社会各界的共同心态。虽然宣帝反对专用德教儒术，主张"霸王道杂之"，但他长于民间，了解下情，所以又颇为注意仁政德治，明令地方官吏"谨牧养民而风德化"。于是，儒家经学对社会的整合作用，经师、儒生的思想动向，就受到了最高统治集团的重视。宣帝还亲自干预经学内部的矛盾，召开石渠阁会议，诏诸儒讲论五经同异，称制临决，立《穀梁春秋》等博士。正是在这样的背景下，山东儒生运用儒家经义，伏阙上书，奔走呼号，推动宣帝改革政治，调整措施，进一步缓和社会矛盾。

当宣帝即位之初，琅邪皋虞(今即墨东北)人王吉为博士谏大夫，上书呼吁宣帝"承天心，发大业，与公卿大臣延及儒生，述旧礼，明王制，驱一世之民，济之仁寿之域"[①]。魏相为丞相，"宣帝始亲万机，厉精为治，练群臣，核名实，而相总领众职，甚称上意"。他曾劝阻宣帝于边郡困乏、内地水旱灾害严重之时出兵西域，并称引经义，建议宣帝"本于农而务积聚，量入制用以备凶灾"，"留神元元，帅由先帝盛德以抚海内"。"相数陈便宜，上纳用焉"[②]。东海兰陵人萧望之为御史大夫，曾力主对匈奴采取宽松、友好的政策。宣帝时，匈奴发生内乱，许多人主张乘机灭之。萧望之则提出："宜遣使者吊问，辅其微弱，救其灾患，四夷闻之，咸贵中国之仁义。如遂蒙恩得复其位，必称臣服从，此德之盛也。"宣帝听从其主张，又派兵护辅呼韩邪单于。后来呼韩邪单于准备亲至长安赞谒称臣，宣帝令群臣商定进见礼仪。萧望之称述经义，指出："单于非正朔所加，故称敌国，宜待以不臣之礼，位在诸侯王上。外夷稽首称藩，中国让而不臣，此则羁縻之谊，谦亨之福也。"宣帝采纳了这一建议，"其以客礼待之，令单于位在诸侯王上"[③]。从此，匈奴呼韩邪政权正式成为西汉王朝的藩属，首开漠北政权接受中原王朝管辖的

① 《汉书·王吉传》。
② 《汉书·魏相传》。
③ 《汉书·萧望之传》。

先河。

正是在包括一批山东儒生在内的清正的经学之士的呼吁和推动下，最高统治集团采取了一系列适宜的政策、措施，抚恤百姓，革除弊政，整顿吏治，平理刑狱，促进社会生产的发展，并与周边民族和平、友好相处。西汉王朝出现了著名的昭宣中兴。刘向曾赞颂宣帝："政教明，法令行，边境安，四夷亲，单于款塞，天下殷富，百姓康乐。"[1]应该承认，这其中也包含着山东儒生的功绩。班固于《汉书·魏相丙吉传赞》中说："孝宣中兴，丙、魏有声。是时黜陟有序，众职修理，公卿多称其位，海内兴于礼让。"在两汉的其他重要阶段，山东儒生也都起过不容低估的作用。

一般说来，在君主专制政体下，包括儒生在内的士大夫，要保住既得利益，就要绝对听命于最高统治者。他们的政治能力和作用，只有在最高统治者允许的范围内才能体现出来。随着经学与政治、禄利的结合日益密切，一些治经儒生为了容身固位，曲学阿世，志节日微，沦为皇权甚至外戚、宦官势力的附庸和帮凶。然而，也有一批经学之士忠实于儒家传统的道德规范，重道尚志，正身立世，以求匡正时弊，利国利民。他们不顾身家性命，刚正不阿，敢于在最高统治者面前直言谏争。山东儒生中这样的人物就有很多。成帝时，曾任博士的鲁人朱云不满帝师张禹等朝廷大臣上不能匡主，下无以益民，面见成帝，要求"赐尚方斩马剑，断佞臣一人以厉其余"。成帝大怒，说："小臣居下讪上，廷辱师傅，罪死不赦！"御史要把朱云带去治罪，朱云却死死抓住廷上的栏杆不放，结果栏杆被拉断。朱云大呼："臣得下从龙逢、比干游于地下，足矣！未知圣朝何如耳？"由于左将军辛庆忌叩头流血，为其说情，朱云才免于一死。[2]哀帝时，高密人郑崇为尚书仆射。哀帝欲封祖母傅太后从弟商，郑崇引述经义，力加阻止，认为这是"坏乱制度，逆天人心"，有害国家，并表示："臣愿以身命当国咎！"随后索性将写好的诏书取走

---

① （东汉）应劭：《风俗通义·正失》。
② 《汉书·朱云传》。

了。傅太后大怒，说："何有为天子乃反为一臣所专制邪！"后来郑崇又屡屡谏争，结果得罪了哀帝，加上奸人进谗，最后下狱而死。① 东汉时期因卫道自励、坚持正义而获罪的山东儒生也不在少数，最有名的当推党锢之祸中的张俭、羊陟、孔昱、苑康、刘儒等人。虽然这些鲠骨之士只是试图按照儒家经学的理论去规范社会政治生活，以保证刘汉政权的长治久安，但他们的浩然正气和不屈精神却是难能可贵的，为两汉历史增添了壮丽的一页，并留给后人一份丰盛而有特色的精神食粮。

依靠经术致身通显的儒家士大夫，不仅本人官居要职，而且子孙也往往绍继家学，继承父祖官职，世代相袭，历久不衰，这就兴起了一批以经学起家、累世为官的官僚地主。有了政治特权，也就有了经济实力，他们田连阡陌，有的还经营工商业，集官僚、地主、商人三种身份为一体，到东汉时便发展成为世家豪族。在山东地区，亦有许多这样的世家豪族。如鲁国孔氏、太山羊氏、琅邪伏氏，世代都是官僚地主。孔昱"七世祖霸，成帝时历九卿，封褒成侯。自霸至昱，爵位相系，其卿相牧守五十三人，列侯七人"②。伏湛九世祖即有名的传《尚书》的济南伏生，其父理也是"当世名儒"，曾为成帝师、高密王太傅。湛官至大司徒，封阳都侯，子孙在东汉皆位至卿相。③ 这些世家豪族对后来的门阀世族政治也有直接而深刻的影响。如羊续"其先七世二千石卿校"④，其子孙后来又成为两晋南北朝的一大望族。再如东晋南朝的著姓琅邪王氏，其先即出于汉宣帝时著名的经学大师王吉。

总之，两汉时期，在儒家经学的发展过程中，在以经学为指导的社会政治生活中，山东儒生都起着特别突出的作用，扮演着极为重要的角色。

---

① 《后汉书·郑崇传》。
② 《后汉书·党锢列传》。
③ 《后汉书·伏湛传》。
④ 《后汉书·羊续传》。

六、荀悦的经学思想与汉代今古文之争的终结

东汉末年，反映官方意志的今文经学日趋衰微，今古文经学逐渐融合、统一。郑玄兼通今古，遍注群经，在实践上基本完成了这一学术发展过程。而在理论上最早提出平息今古文经学之争的，乃是略晚于郑玄的荀悦。荀悦(148—209)，字仲豫，东汉颍川颍阴(今河南许昌)人，荀况第13世孙，著名的思想家、史学家。汉灵帝时曾托疾隐居，献帝初应曹操征辟，任黄门侍郎、秘书监、侍中等职，与从弟荀彧、名士孔融俱侍讲于宫中。因有感时政，作《申鉴》五篇(《政体》《时事》《俗嫌》《杂言上》《杂言下》)，"其所论辩，通见政体"，献帝"览而善之"。又曾受献帝诏，仿《左传》之体，删改班固《汉书》，成《汉纪》30篇，"辞约事详，论辩多美"。另外还著有《崇德》《正论》等数十篇(均佚)。[①] 我们不仅要看到荀悦在社会政治思想和史学方面取得的成就，而且也应该对其经学思想及其与汉代经学中今古文之争的关联予以重视。

儒家经学，作为一门学术，早在先秦时代就已产生。然而它成为中国传统社会的正统文化，成为一种政治工具，则始于汉武帝独尊儒术，表章六经，以通经作为选官标准之后。经学的功利性吸引不少读书人把治经当作干禄荣身，扬名后世的手段。随着治经者不断增多，各种不同的经说相继出现。"自武帝立五经博士，开弟子员，设科射策，劝以官禄，讫于元始，百有余年，传业者寖盛。支叶蕃滋，一经说至百余万言，大师众至千余人，盖禄利之路然也"[②]。统治集团非但没有使他们的利益分配保持平衡，而且还利用这种不平衡服务于自己政权的巩固。于是，治经儒生之间矛盾产生并激化起来。在这样的背景下，汉哀帝初年，以刘歆《移让太常博士书》为起点，开始了长时期的今古文经学之

----

① 《后汉书·荀悦传》。
② 《汉书·儒林传》。

争。荀悦怀着慨叹的心情，描述了它的来龙去脉。他说：

> 仲尼作经，本一而已，古今文不同，而皆自谓真本经。古今先
> 师，义一而已，异家别说不同，而皆自谓古今。仲尼邈而靡质，昔
> 先师殁而无闻，将谁使折之者？秦之灭学也，书藏于屋壁，义绝于
> 朝野。逮至汉兴，收摭散滞，固已无全学矣。文有磨灭，言有楚
> 夏，出有先后。或学者先意有所借定，后进相仿，弥以滋蔓，故一
> 源十流，天水违行，而讼者纷如也。①

对于荀悦的这段话，清代文廷式认为"最为平允"②。根据荀悦所
述，儒家经典，本为孔子编著，秦以前并没有什么本子的不同，经师教
授弟子，对经文的解释也并无二致。秦始皇焚书坑儒，经籍散佚，只有
少数藏于地下或壁中，朝野上下无敢言经义者。汉兴以后，广开献书之
路，搜求天下遗书，首先是一些儒者口授经义，用当时通行的隶书记录
下来，以此设博士官，教授弟子，这就是所谓今文经。后来又陆续发现
一些用战国时篆文书写的经典，有的是私人收藏的，有的是在屋壁中找
到的，都无明确的师承关系，也未立学官，此即所谓古文经。今文经和
古文经起初只是出现的早晚不同，文字的写法不同，后来对文字的解释
也发生歧异，表现出不同的政治历史观点。即使如此，也仍属思想认识
与学术观点的争论。可是，围绕着博士官及其弟子员的设立问题，今文
经学与古文经学的争论越来越带有浓厚的政治色彩。武帝时经学博士全
是今文，古文经学尚未在前台露面。哀帝之时，刘歆主张将《古文尚书》
《春秋左氏传》《毛诗》《逸礼》立为学官，遭到今文博士的强烈反对。刘歆
曾移书太常博士进行辩论，但古文经终未得设博士弟子员。不过，今古
文之争的格局就此形成。今文经学攻击古文颠倒五经，变乱师法。古文
经学指斥今文抱残守缺，党同妒真。王莽当政，古文经一度立为学官，
但随其政权的迅速垮台而被废。光武中兴恢复西京制度，立今文经博

---

① （东汉）荀悦：《申鉴·时事》。
② （清）文廷式：《纯常子枝语·卷十六》。

士，但古文经学在社会上的影响逐渐增强，研治古文的学者也不断增多，官方亦允许其公开传授。今文经学弊端日显，趋于式微，却仍坚持自己的官学地位，不断对古文经进行压抑，而古文经学也一直跃跃欲试，想方设法，力图分享今文经学的政治特权。二者攻讦不已，势同水火。就是两派内部，也有本出一师而后衍为数家者，他们之间的争论也非常激烈。但是，章帝以后，今古文之争的政治色彩已不浓重，主要表现为学术的辩难。在这里，荀悦将今古问题的内容划分为文字和经说两项，成为经学分类中最早的一种分法，使后人对这一问题的认识能够得其要领。

既感其浪费士人学子之精力，无益于学术发展，那么怎样了结这场论争呢？荀悦提出了自己的方案——"备博士，广太学"①。

从学术角度为看，汉代今文经学与古文经学各有优劣。今文经学偏重义理，对古代很多思想观念的形成、发展起过一定作用，但失于空疏、浮泛；古文经学偏重训诂，注重名物制度的诠释，学风谨严朴实，却又往往失于烦琐、支离。二者若互为补充，则相得益彰，于学术之盛，益莫大焉！实际上，早在东汉中期，一些经学家，主要是古文经学家，就开始了糅合古今的工作。由于社会危机的充分暴露，"不但今文早已失却其作为统治工具的作用，就是古文的经典注疏也已不足以厌悦人心。所以马（融）、卢（植）、郑（玄）、许（慎）诸儒，为了扩大派别的斗争力量，也终于撤废了家法的藩篱，走上了综合'古''今'的折中道路。两汉经学结束的显明的表现，就是经今古文学的合流"②。特别是郑玄以古文为宗，兼采今文、谶纬之说，遍注群经，徒党遍天下，可谓经学之小统一时代。但今古文之争并未彻底平息。荀悦溯本穷源，探幽发微，比较客观地指出两派的源流以及争执的缘起，认为它们未必都能反映经籍全貌，各有是非优劣，建议广备博士及其弟子员，扩大太学规

① （东汉）荀悦：《申鉴·时事》。
② 侯外庐等：《中国思想通史》，第2卷，328页，北京，人民出版社，1957。

模，持不同见解者可以"执不俱是，比而论之"①，最后完全打破学派壁垒，摒弃门户家法之见，恢复经典的本来面目，共求学术之真。

"备博士，广太学"，对今古文经学"执不俱是，比而论之"，意味着古文经由民间传授成为合法的官学传授，与今文经典一样成为传授生徒的教科书。然而，典籍甚富，一般人殚毕生精力也难以搞得精通。对此，荀悦提出了兼学诸经、由博返约的主张。他说：

> 或曰："至德要道约尔，典籍甚富，如而博之以求约也？""语有之曰：'有鸟将来，张罗待之，得鸟者一目也。今为一目之罗，无时得鸟矣。'道虽要也，非博无以通矣。博其方，约其说。"②

为学之道在于博而求约，守约制博。郑玄兼学诸经，旁及各家，注经时又去粗取精，既简单明了，又符合原义，在学术上取得巨大成就，也促进了经今古文学的融合。荀悦此说应是当时这一融合、统一趋势的反映和总结。据袁宏《后汉纪》及《资治通鉴·汉纪》，《申鉴》成书于建安十年（205 年），此时郑玄去世已历五载，书中虽未提及郑玄，二人也未曾谋面，但他们的确是前后呼应，异曲同工，共致今古文之争于终结的。

本来，汉代的太学中，存在着问难论辩的风气，有利于学术的发展。王充指出："汉立博士之官，师弟子相诃难，欲极道之深，形是非之理也。"③应该说，利用太学，也可以实现今古文学的统一。荀悦提出增置博士，扩大太学规模的要求，亦是基于这种考虑。但是，东汉中期以后，随着政治黑暗的出现，太学教育也开始衰落。汉安帝时，太学"博士倚席不讲，朋徒相视怠散，学舍颓敝，鞠为园蔬，牧儿荛竖，至于薪刈其下"。顺帝、质帝时，虽又重修太学，广招太学生，但太学的教学管理很不完善，教育质量甚为低下，师生关系也不融洽，太学生"章句渐疏，而多浮华相尚，儒者之风盖衰矣"④。另外，民间私学繁

---

① （东汉）荀悦：《申鉴·时事》。
② 同上。
③ （东汉）王充：《论衡·明雩》。
④ 《后汉书·儒林列传》。

盛，古文经学经师众多，弟子如云，在学术领域中博士官的影响也不大。董卓之乱，京师洛阳几为废墟，博士官纷纷失其官守。被迫迁都许昌的汉献帝，亦无暇顾及庠序之事。太学的存在都难以维持，荀悦的"备博士，广太学"，就只能是一种设想了。

谶纬神学在汉代盛极一时，并与今古文经学之争有着密切的联系。谶，指图徽、符，亦即宗教性的预言，作为吉凶的符验或征兆。纬，是对经而言，即用宗教迷信的观点对经典进行解释、附会。《四库全书总目》卷六云："儒者多称谶纬，其实谶自谶，纬自纬，非一类也。谶者，诡为隐语，预决吉凶……纬者，经之支流，衍及旁义……迨弥传弥失，又益以妖妄之词，遂与谶合而为一。"

谶纬的产生可以追溯到战国时的齐学，但它与经联系起来，则是在西汉中期以后。"谶纬神学实际上是从经学中以董仲舒的《公羊》学为代表的义理派发展而来，只是表现形式更为怪诞荒唐，理论形态更为粗俗简陋"[1]。汉武帝尊崇儒经，俗儒方士之流欲售其术，遂援饰经文，杂以神仙迷信之说，甚至完全抛开经典，随心所欲地编造，然后附会在孔子名下，别立谶纬之名，以此向统治者邀功。《后汉书·方术列传》说："汉自武帝颇好方术，天下怀协道艺之士，莫不负策抵掌，顺风而届焉。后王莽矫用符命，及光武尤信谶言，士之赴趣时宜者，皆骋驰穿凿、争谈之也。"谶纬之说日以滋蔓，朝廷内外一片乌烟瘴气。一些有远见的通儒硕生，纷纷奏议，指斥谶纬之奸妄，著名的有桓谭、尹敏、张衡等。然而，由于帝王的喜好和支持，到东汉末年，谶纬之说仍十分流行。荀悦深感其害，又一次提出反对之论：

> 世称纬书仲尼之作也，臣悦叔父、故司空爽辨之，盖发其伪也。[2] 有起于中兴之前，终张之徒之作乎？[3] 或曰"杂"。曰："以己

---

① 任继愈：《中国哲学发展史》（秦汉卷），465 页，北京，人民出版社，1985。
② 按《后汉书·荀爽传》中称荀爽有《谶纬》一文，今佚。
③ 按《文心雕龙·正纬》范文澜注："终张疑当作终术，即助王莽造符命之田终术，与李寻同称。"见《汉书》翟方进及王莽传。

杂仲尼乎？以仲尼杂己乎？若彼者，以仲尼杂己而已。然则可谓八
十一首非仲尼之作矣。"①

谶纬本是一些神仙方术之士托孔子之名，以假乱真的东西，故荀悦
斥之"以仲尼杂己"，并认为它始盛于西汉末年。他在《汉纪》卷三十中也
写道："前辉光谢嚣奏，言武功亭长孟宗浚井，得白石丹书，言安汉公
为皇帝。符命之兴，自此始也。"

今文经学的天人相与之说、阴阳灾异之谈，同谶纬有一种天然的联
系，并认为谶纬是圣人所作。"谶纬妖化了孔子，古文经学派要恢复不
谈神怪的孔子，必须反对谶纬。一般说来，古文经学家反对谶纬是一致
的"②。并非经学家的荀悦反对谶纬，至少可以说明今文经学宣扬的神
怪灾异的迷信之说，已越来越多地受到人们的厌弃。不过，荀悦对谶纬
的批判，也和古文经学家一样，"局限于'非圣人所作'，缺少理论上的
发挥"③。

荀悦摘去了谶纬的神圣光圈，却没有否定它有价值的那一部分。既
然纬书非圣人所作，是否可以烧掉呢？他认为大可不必，"仲尼之作则
否，有取焉则可，曷其燔？在上者不受虚言，不听浮术，不采华名，不
兴伪事，言必有用，术必有典，名必有实，事必有功"④。重要的是统
治者头脑清醒，有较强的分析鉴别能力。刘勰《文心雕龙·正纬》述及荀
悦此论，亦说他"惜其杂真，未许煨燔"，深含赞扬之意。

谶纬，特别是纬，保存了不少历史、地理、天文、历法及生物、化
学等方面的珍贵资料，还留下了许多优美的神话传说故事，其解说文
字、推演经义的内容，对更好地论释古代典籍也颇有价值。刘师培曾指
出纬书有五善：一曰补史，二曰考地，三曰测天，四曰考文，五曰征

---

① （东汉）荀悦：《申鉴·俗嫌》。纬书八十一首，见《隋书·经籍志·六艺纬类序》。
② 范文澜：《中国通史简编(修订本)》，第2编，229页，北京，人民出版社，1964。
③ 同上。
④ （东汉）荀悦：《申鉴·俗嫌》。

礼。① 这是颇有见地的。东汉中期以后，郑玄等经学大师采撷谶纬之说注经，虽不乏以荒诞怪异之说附会经文之处，但其主要出发点是为解释经文找到更多的训诂学上的根据，使之恰当、准确。清代徐养原说："夫纬书虽起于西京之末，而书中之说，多本于先儒，故纯驳杂陈，精粗互见，谈经之士，莫能废焉。康成之信纬，非信纬也，信其与经义有合者也。《诗》《礼》注中所引，皆淳确可据，比之何休，特为谨严。"②郑玄以纬解经，甚至亲注纬书，是他兼采诸说的一个方面。范文澜认为，"康成兼杂古今，故信纬也"。辩证地看，郑玄此举促进了经今古文之争的平息。荀悦对待纬书的正确态度，与郑玄的解经注纬，可以说是殊途同归。这一点即使在今天看来，也很有价值。

荀悦适应时代发展的潮流，力倡以古文经学为宗，兼采今文经学及谶纬之说中有益的成分，平息聚讼不已、"天水违行"的今古文之争，从而恢复古代典籍的真实面目，促进学术资料的完备和思想文化的进一步发展。在荀悦身后不久，经学界矛盾冲突的双方成为几乎取得独尊地位的郑学和盛于魏晋的王学，而整个社会思想的主流则由儒家经学转变为玄学，中国古代文明又向前迈进了一步。但是，我们不应忘记荀悦在经学发展过程中的重要贡献。

七、20 世纪前半期儒家经典研究述略

对儒家经典的研究，构成了经学的主要内容，且在汉武帝以后的中国传统社会取得了官方学术的地位。伴随着社会政治的发展、文化思潮的演变，20 世纪前半期，关于儒家经典的研究也步入了一个全新的发展时期。应该说明的是，儒家经典的诠释、研究是儒家学说流传、发展

---

① 刘师培：《左盦外集·谶纬论》，见《刘申叔遗书》，南京，江苏古籍出版社，1997。
② （清）徐养源：《纬候不起于哀平辨》，见（清）严杰补编：《经义丛钞·卷二十》。

的主要形式和重要载体，内容相当广泛。对于六经，汉唐以前的学人大都倾向于孔子所撰述或编订，其中以司马迁《史记·孔子世家》的说法最有代表性。然而，自中唐以来，又有不少学者对孔子与六经的关系表示怀疑。于是，围绕着这一问题，人们展开了长时期、大范围的争论，并一直延续到 20 世纪，直至今日。

（一）

从 1900 年到五四新文化运动，可以说是传统的经今古文之争的尾声阶段。我们知道，对儒家经典的研究在先秦时期就开始了，并逐渐形成各种不同的流派，其中最突出的，是汉代出现的今文经学和古文经学。在群经的作者、年代问题上，今文经学倾向于将六经的著作权全归孔子，古文经学则力主六经乃先王之旧典，孔子对其仅有编订之功。二者的矛盾、论争一直存在，至清末则再度凸显。以儒家经典研究为中心，今文学派和古文学派的对垒、争执再起波澜。在今文学阵营内，王先谦有考证详确的《尚书孔传参证》（成于 1904 年），在前人研究的基础上，进一步从语言文字和思想来源方面力辨《古文尚书》之伪。1915 年，王氏又刊刻《诗三家义集疏》，条列今古文《诗》学的异同得失。而 1907 年，皮锡瑞的《经学历史》《经学通论》的刊行，则显示了今文经学对经学发展总体脉络的较为系统的把握。皮氏在书中进一步论证了孔子与儒家经典的密切关系，阐述了儒家经典的要旨大义。当时，还有作为今文经学别流的著名的廖平、康有为。他们坚持认为，孔子作六经的结论是不可动摇的。

继承古文经学传统的章太炎、刘师培等人倾向于将经学归入单纯学术研究的范围，力求从学理的角度审视儒家经典。刘师培著《经学教科书》（1906 年刊行），坚持古文经学的说法，强调，经之名始于三代，但其起源甚古，至少可以追溯到伏羲时代。他认为，"《易经》掌于太卜，《书经》《春秋》掌于太史、外史，《诗经》掌于太师，《礼经》掌于宗伯，《乐经》掌于大司乐"。"周公者，集周代学术之大成者也。六经皆周公旧典，足证孔子以前久有六经矣。故周末诸子，若管子、墨子，咸见六经。盖周室未修之六经，固与孔子已修之六经不同也"①。章太炎则进一步发挥、发展了以往"六经皆史"的观点。

孔子与六经的关系，一直是经学史上激烈争论的焦点问题。今文家坚持六经为孔子所作，至清末仍是如此。像皮锡瑞认为，"孔子以前，不得有经"②。刘师培、章太炎则信从古文之说，将孔子看作六经的整理者，反对今文之说。刘师培指出："孔子以前，久有六经矣"③。"东周之时，治六经者非仅孔子一家。若孔子六经之学，则大抵得之史官。《周易》《春秋》得之鲁史，《诗》篇得之远祖正考父，复问礼老聃，问乐苌弘，观百二国宝书于周史，故以六经奸七十二君，及所如辄阻，乃退居鲁国，作《十翼》，以赞《周易》；叙列《尚书》，定为百篇；删殷周之诗，定为三百一十篇。复反鲁正乐，播以弦歌，使雅颂各得其所。又观三代损益之礼，从周礼而黜夏殷。及西狩获麟，乃编列鲁国十二公之行事，作为《春秋》。而周室未修之六经，易为孔门编订之六经"。"《易经》者，哲理之讲义也；《诗经》者，唱歌之课本也；《书经》者，国文之课本也；《春秋》者，本国近世史之课本也；《礼经》者，修身之课本也；《乐经》者，唱歌课本以及体操之模范也"④。章太炎也在《驳皮锡瑞三书》中专门反驳了皮氏孔作《春秋》的理论。在刘师培、章太炎看来，孔子是将周代旧典删定成自己的教科书。

《春秋》及《左传》是今古文之争的焦点所在，因而刘师培、章太炎等人在这一方面也用力尤勤，著述颇多，且在古文经学传统说法的基础上提出了新的更为深入的见解。如在《读左札记》中，刘师培较为具体地论证了这样一个事实：《左传》在战国时代已开始流传，而西汉时期的学者也普遍承认《左传》是解释《春秋》的。

应该指出的是，与以往的今古文之争不同，刘师培、章太炎等人对

---

① 刘师培：《经学教科书·西周之六经》，见《刘申叔遗书》，南京，江苏古籍出版社，1997。
② （清）皮锡瑞：《经学历史·经学开辟时代》，周予同注释，北京，中华书局，1959。
③ 刘师培：《经学教科书·西周之六经》，见《刘申叔遗书》，南京，江苏古籍出版社，1997。
④ 刘师培：《经学教科书·孔子定六经》，见《刘申叔遗书》，南京，江苏古籍出版社，1997。

今文观点的批驳，不是建立在维护君臣大义等封建伦理道德规范的基础上，而是立足于学术研究本身。当然，刘、章等人的经典研究也不可避免地带有某些时代色彩和政治因素。例如，刘师培著《读左札记》，具有明显的排满革命的成分，其关于《左传》的评论也不乏反对专制政权的思想倾向。而章太炎关于儒家经典的不少论述，其中更是包含了对传统政治体制的全面否定。由传统的古文学派发展而来的治经方法在 20 世纪上半期不绝如缕，同时也有学者坚持今文学家的学术阵地而继续开拓。

（二）

在经历了今古文之争的余波之后，随着西学东渐、欧风美雨的进一步深广，在中国学术界出现了一股实证主义的思潮，其影响自然也及于经学研究领域。这可以王国维、胡适为代表。王国维致力于古史研究，致力于甲金文字、汉魏石经、汉晋简牍的研究，其中许多内容涉及儒家经典，对后人认识《尚书》等经典的成书年代等问题很有帮助。更为重要的是，他放弃了传统的今古文学门户之见，以史治经，摘去了经典头上的神圣光环。大约在 1918 年，王国维撰成《经学概论》，其第一章总论曰："孔子以前，有《易》《书》《诗》《礼》《乐》《春秋》诸书，而未有经名"。"六经中，《诗》《书》《礼》《乐》皆古代之遗文。""其尊之为经者，以皆孔子手定之故"。"经者，常也，谓可为后世常法者也。故诸子百家目其先师之书，亦谓之经"[①]。在这里，王国维不再把经书看作是圣人之道的体现，而是当作史料来处理。此举为儒家经典研究的真正学术化奠定了坚实的基础。

倡导大胆假设，小心求证的胡适，也曾立足于实证，对儒家经典进行研究和考察。在《中国哲学史大纲》（1919 年刊行）第四编《孔子》中，胡适记述了六经的由来，强调指出：《诗》《书》《礼》《乐》都是孔子删定的，不是自己著作的。"把古代的官书，删成《尚书》；把古今的诗歌，删存三百多篇；还订定了礼书、乐书。孔子晚年最喜《周易》，那时的

---

① 王国维：《经学概论》，见《王国维全集》，第 6 卷，杭州，浙江教育出版社；广州，广东教育出版社，2010。

《周易》不过是六十四条卦辞和三百八十四条爻辞。孔子把他的心得，做成了六十四条卦象传，三百八十四条爻象传，六十四条彖辞。后人又把他的杂说纂辑成书，便是《系辞传》《文言》。这两种之中，已有许多话是后人胡乱加入的，如《文言》中论四德的一段。此外还有《杂卦》《序卦》《说卦》，更靠不住了。除了删《诗》《书》，定《礼》《乐》之外，孔子还作了一部《春秋》。孔子自己说他是'述而不作'的。所以《诗》《书》《礼》《乐》都是他删定的，不是自己著作的。就是《易经》的诸传，也是根据原有的《周易》作的，就是《春秋》也是根据鲁国的史记作的"①。对于具体的某部经典如《诗经》，胡适也有过一些论述。由于在学术史上的重要地位和巨大影响，胡适的这些思想观念不仅使人们对儒家经典的本来面目有了更为清晰的认识，也启发了以顾颉刚为代表的古史辨派学者，使其发出了关于儒家经典的惊世之语。

古史辨派的疑古思想源于中国古代学人的疑辨传统，从学术上远承郑樵、姚际恒、崔述等人的批判精神，晚清今文经学关于新学伪经的理论更是直接启发了顾颉刚推翻古史的动机，而古史辨理论形成一个完整体系，则得益于胡适治学态度和治学方法的影响。作为古史辨派的领军人物，顾颉刚致力于群经的考索，并力求使经学的材料服务于古史的重建。顾氏对孔子删述六经之说表示质疑："六经自是周代通行的几部书，《论语》上见不到一句删述的话，到孟子，才说他作《春秋》；到《史记》，才说他赞《易》、序《书》、删《诗》；到《尚书纬》，才说他删《书》；到清代的今文家，才说他作《易经》、作《仪礼》。总之，他们看着不全的指为孔子所删，看着全的指为孔子所作。其实看刘知幾的《惑经》，《春秋》倘使真是孔子作的，岂非太不能使'乱臣贼子惧'了吗？看万斯同的疑《今文尚书》及《诗》三百篇，《书》《诗》若果是孔子删的，孔子真是奖励暴君，提倡淫乱了。看章学诚的《易教》，《仪礼》倘果是孔子作的，孔子也未免僭窃王章了。'六经皆周公之旧典'一句话，已经给'今文家'推翻；'六

经皆孔子之作品'一个观念，现在也可驳倒了。"①顾氏强调："我以为孔子只与《诗经》有关系，但也只是劝人学《诗》，并没有自己删《诗》。至于《易》《书》《礼》《春秋》，可以说是与他没有关系，即使说有关系，也在'用'上，不在'作'上。"②

顾颉刚曾专门研究《周易》和《诗经》，"其中心思想是破坏《周易》的伏羲、神农的圣经地位，而恢复它原来的卜筮书的面貌；破坏《诗经》的文、武、周公的圣经地位，恢复它原来的乐歌面貌"③。顾氏发表于1923年的《读〈诗〉随笔》、《〈诗经〉在春秋战国间的地位》，发表于1929年的《周易卦爻辞中的故事》等，都是在这种思想指导下撰写的，后来也都收入了《古史辨》第3册。另外，《尚书》的著作年代也是顾颉刚用心较多、用力较勤的问题。1931年，顾氏作《〈尧典〉著作时代考》，从制度、地理、文辞、学风等方面加以论证，认为今本《尧典》创始于战国而重作于汉人，且出于汉武帝中年以后。④

疑古派阵营中的另一重要人物、曾深深影响顾颉刚的钱玄同，也对六经的神圣地位表示怀疑。1923年，钱玄同在《答顾颉刚先生书》中就表达了这样一种学术倾向。钱氏指出：孔子无删述或制作六经之事，《诗》《书》《礼》《易》《春秋》本是各不相干的五部分，而《乐经》更无此书。六经的配成，当在战国之末。关于六经的性质，在钱氏看来，《诗》是一部最古的诗歌总集，《书》似乎是三代时候的"文件类编"或"档案汇存"，《仪礼》是战国时代胡乱抄成的伪书，《周礼》是刘歆伪造的，小戴和大戴《礼记》中有十分之九是汉儒所作，《乐》本无经，《易》卦是生殖器崇拜时代的东西，《十翼》最后配成是在汉朝，《春秋》则如王安石、梁启超所云，是"断烂朝报""流水账簿"⑤。

---

① 顾颉刚：《古史辨》，第1册，42页，上海，上海古籍出版社，1982。

② 同上书，56页。

③ 顾颉刚：《我是怎样编写〈古史辨〉的？》，见《我与古史辨》，209页，上海，上海文艺出版社，2001。

④ 顾颉刚：《〈尧典〉著作时代考》，见《文史》，第24辑，23～71页，北京，中华书局，1985。

⑤ 钱玄同：《钱玄同文集》，第4卷，235～252页，北京，中国人民大学出版社，1999。

应该讲，疑古之说进一步推倒了儒家经典的神圣地位，彻底摆脱了今古文学的门户之见，冲破了传统思想的束缚，使经学研究完全纳入学术研究的范围，从根本上动摇了儒家的古史系统，为探讨儒家经典的年代、作者等问题提供了必要的前提。而古史辨学者提出的一系列学术观点，的确也是在对相关材料进行认真考索的基础上得出的，具有重要的学术启发意义。当然，在某些具体结论上，古史辨派学者又过多地采用了默证的方式，带有明显的疑古过头的倾向，使许多经典被打入伪作或晚出的行列。实际上，包括顾颉刚本人，古史辨派学者在其晚年的研究工作中，也已意识到这一点，并有所更正。

（三）

坚持运用唯物史观来研究儒家经典的学者，可以郭沫若为典型代表。郭沫若研究儒家经典，与古史辨派一样，也有恢复其本来面目的旨趣。但除此之外，郭沫若还将关注的重点放在了经典产生的社会背景等问题上。郭氏在出版于1930年的《中国古代社会研究》一书中指出：《易经》是由原始公社制变成奴隶制时的产物，《易传》是由奴隶制变成封建制时的产物。《诗经》是我国文献中一部可靠的古书，而《尚书》却值得怀疑，除了《古文尚书》是伪作，在《今文尚书》中，《虞书》的《尧典》《皋陶谟》和《夏书》的《禹贡》三篇也是后世儒者的伪作，而《商书》《周书》都或许经过殷周太史及后世儒者的粉饰，可靠性只能依据时代的远近递减。[①] 1935年，郭氏撰《〈周易〉之制作时代》（收入《青铜时代》），指出，《易经》作于战国初年的楚人馯臂子弓，而《易传》中有一大部分是秦代荀子门徒中的楚国人所著，著书的时间当在秦始皇三十四年以后。郭沫若在研究儒家经典时，与当时的社会结构、生活习俗和精神生产结合起来，其结论尽管还不能说十分允当，但却为经学研究开辟了新的方向，增添了新的内容。受此启发，后来的许多学者在研究儒家经典时，总要讨论当时的社会背景，关注当时的文化思潮，显示了唯物史观在经学研

---

① 郭沫若：《中国古代社会研究》，见《郭沫若全集·历史编》，第1卷，北京，人民出版社，1982。

究中的特殊价值和无限的生命力。

范文澜也是运用唯物史观研究经学的代表人物。早在 1933 年，范文澜就出版了《群经概论》，其中尽管有一定的古文倾向，但已基本上摆脱了今古文学派的门户之见，用传统学术与近代学理相结合的眼光来审视经学问题，从而为后来运用唯物史观指导经学研究准备了必要的条件。到延安以后，范文澜对经学的认识又有了进一步升华，其标志就是 1940 年 9 月间在延安新哲学年会上所作的《中国经学史的演变》。文中提到：作为"封建社会的产物"，"经是封建统治阶级在思想方面压迫人民的重要工具"。"经本是古代史料。《尚书》《春秋》三《礼》(《周礼》《仪礼》《礼记》)记载'言''行''制'(制度)，显然是史。《易经》是卜筮书，《诗经》是歌诗集，都包含着丰富的历史材料。所以章学诚说'六经皆史'……经作为古史来研究，问题自能得到适当的解答"。这些对于把握儒家经典的根本性质，是很有启发意义的。

（四）

在 20 世纪 20 年代至 40 年代，还有一些学者潜心从事儒家经典的研究，其中既有对传统治学路数的继承，又受到新思想、新观念的影响；既有对古史辨派经学观的认同，又不同程度地接受了唯物史观派结合社会历史背景来考察经学问题的做法，呈现出研究方法治学理念的多元化倾向。

1931 年，钱穆的《国学概论》由商务印书馆出版，其中专列《孔子与六经》一章，强调《易》与孔子无涉，《春秋》是孔子在鲁国旧史的基础上撰述而成，《书》乃当时之官书，《诗》乃昔人之歌咏，《仪礼》与孔子之意多违，盖出周末战国之际，而乐与《诗》合，本非有经。总之，孔子未尝造六经。1932 年，钱穆的《〈周官〉著作年代考》在《燕京学报》第 11 期刊出。文章从《周礼》所记祀典、刑法、田制、封建、军制、外族、丧葬、音乐等方面进行考察，认为《周礼》当作成于战国晚期。

1932 年，周予同的《群经概论》由商务印书馆出版，其中对经学问题，虽然表现出一定的今文倾向，但还是较为客观地评述了今文家和古文家以及疑古学者的观点，而且已经有了某些唯物史观的因素。在这之后，日本学者本田成之的中国经学史著作也经过翻译，开始在中国流传。其中江侠庵所译名为《经学史论》，1934 年由商务印书馆出版；孙俍工所译名为《中国经学史》，1934 年由中华书局出版。另外，1935 年，卫聚贤的《十三经概论》由开明书店出版；1936 年，钱基博的《经学通志》由中华书局出版。以上这些著作都考察了儒家经典的由来，其中多有可取之处。

马宗霍的《中国经学史》于 1937 年由商务印书馆出版，其中考察了六经的产生、发展的历程，强调："盖古之六艺，自经孔子修订，已成为孔门之六艺矣。未修订以前，六艺但为政典；已修订以后，六艺乃有义例。政典备，可见一王之法；义例定，遂成一家之学……孔子于旧有六经，初但治之，欲以用世，及乎周流不偶，始将所治之经，加以修订，以之垂教。"[①]

1944 年，蒋伯潜著《十三经概论》，在吸收章太炎之说的基础上，指出："'经'者，本书籍之通称，后世尊经，乃特成一专门部类之名称也。"[②]关于孔子与群经的关系，蒋伯潜说："五经者殆莫不与孔子有关。如《诗》，《史记》《汉志》均有孔子从古诗中删定三百五篇之记载。此说纵未可信，而其正《乐》以正《诗》，孔子自述之，《论语》记录之，当为可信之事实……孔子自承为'述而不作，信而好古'之学者；其与五经，似亦为整理古书之'述'的工作；但五经之材料虽古已有之，而经孔子加一番赞修笔削理董之手续后，殆莫不各赋以新含义与新生命，则与其谓为'述'，无宁谓为'作'矣……故孔子者，经学之开祖也。"[③]马、蒋二人的这些说法，还是较为平实公允的。

这一时期，从事专经研究的还有许多学者，这可以李镜池、高亨的《周易》研究为例。李镜池在 20 世纪三四十年代先后撰有《周易筮辞考》《周易筮辞续考》，对《周易》的成书年代，先是基本认同顾颉刚的西周初

---

① 马宗霍：《中国经学史》，9 页，上海，商务印书馆，1937。
② 蒋伯潜：《十三经概论》，3 页，上海，上海古籍出版社，1983。
③ 同上书，5～6 页。

叶说,后又认定托始于周初,而写定于西周晚期。关于《易传》,李氏撰有《易传探源》,强调孔子未作《易传》,其最后完成是在司马迁之后的昭宣之间。高亨于20世纪40年代在贵阳文通书局出版《周易古经通说》,关于《周易》的性质、成书及作者,基本上沿用古史辨派的说法,如认为《周易》大抵成于周初,其中故事,最晚则在文武之世。另外,1932年至1937年,主持哈佛燕京学社引得编纂处工作的洪业,先后撰写了《仪礼引得序》《礼记引得序》和《春秋经传引得序》,论述了儒家经典的编订、流传等问题,特别强调了《春秋》的信史性质,在学术界颇有反响。

（五）

综上所述,围绕着六经的性质、作者和成书年代等问题,20世纪前半期的儒家经典研究大体上走过了两个阶段的发展历程。第一个阶段是五四新文化运动以前,表现为今古文经学之争的余波;第二个阶段是20年代至40年代,表现为实证主义、疑古思潮和唯物史观兴起并产生重大影响。

可以说,经过20世纪前半期学人的不懈努力和反复考索,经学研究取得了一系列令人瞩目的成就,儒家经典的成书年代、作者及性质等问题在一定程度上得到清理和解决。其基本观点可大体作如下表述:儒家经典的形成主要滥觞于商周特别是由西周时期,其早期创作是由西周王官进行的。《易经》大体成书于西周初年,由当时的宗教巫术特别是卜筮之官和兼掌卜筮之事的史官采辑、订正、增补、编纂而成。《书》为商周王室的档案文献汇编,多出于史官之手,又主要由他们保存并编集成册。《诗》的编集也得益于周王室对诗歌的重视,得益于王室官员对诗歌的采集、汰选、加工、编辑并合乐。《礼》《乐》更是周王室制礼作乐的结果。而《春秋》的前身则是鲁国史官所作的编年史。在经典的滥觞和初成时期,学在官府,官守其书,师传其学,文化教育事业为贵族统治者所垄断。西周王官特别是史官承于前代的文献积累、文化积淀,初步编成了一些典籍,使其成为中华民族文化传承和发展的重要载体,成为人类文明不断演进的重要标志。然而,当时文化典籍的编集又是与宗教巫术的盛行相伴而行的,而且这些典籍藏于并用于王室官府,亦不利于学术文化的广泛传播和普及。春秋战国时期，中国步入人类文明的轴心时代，社会经济、政治结构发生了巨大变化。人文化、理性化逐渐成为思想文化发展的主流，士阶层崛起，开始摆脱王室附庸的地位，拥有了个体自觉和独立人格，同时王官失守，学术下移，私学兴起，王官掌守的文化典籍有大批流散于天下民间，经典的制作和传播也随之进入了一个新的阶段。在这一过程中，孔子起着举足轻重的作用。原本只不过是上古三代社会政治、学术文化史料汇编的儒家经典，经过孔子的修订、整理、诠释并用作私学教育的教材，得到更大范围和更大规模的传播，后来又经过儒家学派的不断注解、改造和发挥，成为宣传其思想主张和政治理念的精神工具，并在汉武帝之后成为带有神圣、权威意味的思想工具，成为中国传统社会的最高法典，成为统治者治国御民的理论依据。当然，即使到目前，关于儒家经典的成书年代、作者和性质等，仍存在许多聚讼纷纭、争论不已的问题。这有待于新材料的发现，有待于学人的继续努力。

八、20 世纪后半期儒家经典研究述略

（一）

中华人民共和国成立以后，就整个发展趋势而言，经学研究进入一个新的历史阶段。1978 年中共十一届三中全会召开以前，受"左"的思想路线和学术导向影响，对儒家经典的研究处于较为萧条的状态，但关于专经的研究成果还间有出现，如在《尚书》研究领域，陈梦家《尚书通论》于 1957 年由商务印书馆出版，张西堂《尚书引论》于 1958 年由陕西人民出版社出版。特别应该指出的是，20 世纪 60 年代初，在《周易》研究方面还出现了一次热潮。关于《易经》的成书年代，此时存在殷末说、殷末周初说和战国说。关于孔子与《周易》的关系，学者们一般肯定孔子读过《周易》，但并未承认孔子就是《易传》的直接作者。这一时期讨论的问题，尽管在二三十年代都曾有所涉及，所依据的史料也没有太大变

化，结论也大体相同或相近，但很显然，有许多学者已经开始用马克思主义的立场、观点和方法来审视《周易》及其他儒家经典。当然，其中一些极"左"的东西也开始暴露出来，有的甚至是较为突出的。

这一时期，较为系统的研究经学问题的是周予同。在以往所做研究的基础上，他从1959年开始编写《中国经学史》讲义，而且自1959年至1961年在高校开设中国经学史课程。其讲义后来由许道勋根据笔记整理成书出版。该讲义明确提出要以马克思主义经典作家的理论学说为指导，指出："用马克思主义的观点来写经学史，这有待于我们今后的努力。"他强调经学研究要"批判地继承文化遗产，为社会主义服务"[1]。关于经学的特点，周予同认为，"经本身就是封建专制政府和封建统治阶级用来进行文化教育思想统一的主要工具，也是封建专制政府培养提拔人才的主要准绳，基本上成为中国封建社会中合法的教科书。可以说，经与封建社会相始终"[2]。这就进一步从马克思主义历史发展观的角度，揭示了经与经学的本质。其间，周予同重点研究了孔子与六经的关系问题，后来经过综合整理，撰成《"六经"与孔子的关系问题》一文，发表在《复旦学报》1979年第1期，又收入《周予同经学史论著选集》。文中通过对文献资料和前人成果的分析，指出："孔子为了讲授的需要，搜集鲁、周、宋、杞等故国文献，重加整理编次，形成《易》《书》《诗》《礼》《乐》《春秋》六种教本，这种说法是可信的……所以，我认为现存的'六经'，无疑经过孔子整理，也因此成为儒家学派的'经典'……孔子订定的这些著作，随着封建社会的发展，儒家学派地位的变化，而被封建统治者尊为'经典'；但现存的'经书'，其中有孔子整理过的经文，也掺杂着后来儒家学派的著述，同时在流传过程中还有散佚。所以，我认为'六经'与孔子的关系很密切，但对现存的'经书'，哪些同孔子有关，哪些与孔子无涉，则需要仔细研究。"[3]

---

① 周予同：《中国经学史讲义》，1页，上海，上海文艺出版社，1999。
② 同上书，17页。
③ 朱维铮编：《周予同经学史论著选集》，795～806页，上海，上海人民出版社，1983。

　　1963 年，范文澜为《红旗》杂志社等单位讲经学问题，其讲稿后经整理，题为《经学史讲演录》。文中指出："经学与中国文化的关系很密切"。"儒经为封建统治阶级服务，这是没有问题的，但它起了反对宗教的作用"。经书是孔子教学生的课本，是他从搜集的各类文献材料中整理出来的。"从卜官那里的材料中整理出《易经》，从史官那里的材料中整理出《春秋》《乐》《诗》《仪礼》等书，也都是从既有的材料中整理出来的。所以孔子'述而不作'"①。周予同、范文澜等人这一时期的经学研究虽然带有明显的政治色彩，但他们与时俱进、在学术上不断创新的精神又是极其可贵的，为后来经学和儒家经典的全面、客观研究铺平了道路。

　　十年动乱期间，正常的经学研究几乎全部停止，孔子和儒家经典都遭到批判，而这种批判又是为当时的政治需要服务的，所以严格说来，没有什么学术价值。而在此时的港台地区，对儒家经典的研究却在承接20 世纪前半期学术传统的基础上不断发展。如 1975 年由台湾学生书局刊行的钱穆的《中国学术通义》，其中《四部概论》提出："中国古代经籍，最先分为《诗》《书》《礼》《易》《春秋》五种，谓之五经。其实此五经之结集时代并不早，或当在秦末汉初之际……孔子作《春秋》，成为中国第一部最有系统而又寓有甚深哲理的历史书，此是孔子生平的唯一著作……《尚书》固然保留了当时许多历史文件，但《诗经》中所包有的当时许多的历史情实，更较《书经》为丰富。《诗经》可谓是中国古代一部史诗。因其诗中大部分内容，实即是历史。至于《春秋》，则显然是有意于一种正式的历史编纂了。《仪礼》所载，是当时社会一切礼俗，亦得目为是一部历史书。唯其成书时代则尚在孔子之后。如此说来，五经中四经全可说其是历史。只有《易经》，最早本不为儒家所传习，尤其是经中之《十传》部分，都完成在孔子之后，更应在战国晚年，其中融会入许多道家、阴阳家思想，显然与上四种不同。但中国文化传统中的人文精神既不反宗

---

　　①　范文澜：《经学史讲演录》，见《范文澜全集》，第 1 卷，石家庄，河北教育出版社，2002。

教，也不反自然，中国人总想把自然规律和人文措施相融会合，这是中国传统思想中所谓的'天人合一'。《易经》一书，尤其是《十翼》便是古人用来探讨自然与人文之相通律则的。因此《易经》也为后人重视而被列为经书之一了。"①这些都丰富了经学研究的内容，应予肯定。

（二）

自中国实施改革开放政策之后，和整个经济社会的发展一样，儒家经典研究也迅速突破各种思想禁锢和理论禁区，进入了一个全面发展和繁荣的时期，学术界在孔子与群经的关系等问题上的认识也更为清晰、更为深刻、更为准确。

1979 年，钱钟书《管锥编》由中华书局出版，其中关于《周易正义》《毛诗正义》《左传正义》的内容若干则，采用中外对比研究的方式，探讨了不少儒家经典问题。如《周易正义》部分论易之三名，除广泛征引中国古代典籍，还博采西方黑格尔、康德、席勒、冯德、谢林等人的著作。②这些都给人耳目一新的感觉。

匡亚明在 1985 年出版的《孔子评传》中，否定了钱玄同、皮锡瑞、康有为等人的极端之说，并指出："用实事求是的态度对待这个问题，应该说'六经'虽然不完全由孔子所作，但都经过了孔子的整理，只不过整理的程度不同。其中或作，或述，或删，或定，情况各异，应加考核。今天所见到的《诗》《书》《礼》《易》《春秋》，尽管不是当时的原貌，但很大程度上保留了孔子修订、编纂、增减的痕迹，其内容都应是研究孔子的重要史料。用虚无主义态度全盘否定，认为'六经'与孔子无关，显然不对；全盘肯定，认为'六经'都是孔子所作，当然也不对。"③此论对我们实事求是地认识六经及其与孔子的关系问题，具有明显的方法论意义。

1986 年，金景芳在《孔子研究》创刊号上发表了《孔子与六经》一文，

---

①　钱穆：《中国学术通义·四部概论》，见刘梦溪：《中国现代学术经典·钱宾四卷》，石家庄，河北教育出版社，1996。

②　钱钟书：《管锥编》，第 1 册，1～7 页，北京，中华书局，1979。

③　匡亚明：《孔子评传》，329 页，济南，齐鲁书社，1985。

认为六经实际上是当时孔子为了教学所编的教科书。六经中的诗、书、礼、乐本是春秋时期人们共同学习的科目，今日称为经的《诗》《书》《礼》《乐》则是孔子所编的四种教科书，《易》和《春秋》则是孔子新增的。大体上来说，孔子对《诗》《书》所做的加工是"修起"，对《易》是作《易传》，对《春秋》则是另成新著。①

20 世纪 90 年代初，董治安推出《漫论孔子与六经》一文，指出：《易传》包含若干孔子《易》论的遗说；孔子曾经整理古《书》之篇次，间或加以订正；孔子可能确乎编订过一个《诗》的本子，并以其传授弟子；《仪礼》中亦确实不无孔子整理、编订过的部分；《礼记》内容实与孔门传礼直接有关；《周礼》思想内容虽与孔子有关，但却没有孔门传习之直接证据，亦无正面记载孔子言行资料，与《仪礼》《礼记》有所不同；关于《乐》，古代诗乐一体，孔子教授弟子诗乐并重，其中既有乐的演奏实践，又有乐之性质、意义之类的解说；而孔子作《春秋》传《春秋》，更是一个无可否定的成说。② 应该讲，上述诸说，都是在综合以往研究成果的基础上得出的较为客观的结论，有一定的合理性，也较为稳妥，只是在个别问题上尚有待商榷。

这一时期，在内地和港台地区，还出现了关于经学的通论性、通史性和目录类著作，如何耿镛《经学概说》（湖北人民出版社，1984）、《经学简史》（厦门大学出版社，1993），夏传才《十三经概说》（台湾万卷楼图书公司，1996；天津人民出版社，1998），陈克明《群经要义》（东方出版社，1996），叶国良等《经学通论》（台湾空中大学出版社，1996）等。这些著作在充分吸收、借鉴以往研究成果的基础上，对儒家经典进行了较为系统、全面的研究。中华书局则在 1984 年出版了《经书浅谈》，其中汇集了 1982 年至 1983 年间相继发表在《文史知识》上的杨伯峻等人对群经的介绍。另外，黄寿祺 1987 年重订 1945 年所著《群经要略》，2000 年由华东师范大学出版社出版。

---

① 金景芳：《孔子与六经》，载《孔子研究》，1986（创刊号）。
② 董治安：《先秦文献与先秦文学》，202～207 页，济南，齐鲁书社，1994。

　　除了通论群经的著作，一些研究某部经典制作年代、作者和性质的论文也引起学界关注。例如，张岱年撰有《论〈易大传〉的著作年代与哲学思想》，指出："《易大传》的基本部分是战国中期至战国晚期的著作。"①胡念贻撰有《〈左传〉的真伪和写作时代考辨》，坚持《左传》成于春秋末年而为左丘明所作的旧说，强调后人虽有窜入，但基本上还是保存了原貌。②沈文倬则写有《略论礼典的实行和〈仪礼〉书本的撰作》，指出：今本《仪礼》是公元前5世纪中期至4世纪中期这一百多年中，由孔子的弟子、后学陆续撰作而成的。③与此同时，关于专经的整理研究著作更是层出不穷，其中既有校注、今译等成果，也有系统和整体的研究，还有一些关于专经的研究史著作，如刘大钧《周易概论》（齐鲁书社，1986）、李学勤《周易经传溯源》（长春出版社，1992）、蒋善国《尚书综述》（上海古籍出版社，1988）、黄振民《诗经研究》（台湾正中书局，1982）、钱玄《三礼通论》（南京师范大学出版社，1996）、廖名春等《周易研究史》（湖南出版社，1991）、刘起釪《尚书学史》（中华书局，1989）、夏传才《诗经研究史概要》（中州书画社，1982）、沈玉成等《春秋左传学史稿》（江苏古籍出版社，1992）等。这些著述在前人成就的基础上有所突破、有所创获，进一步深化了人们对儒家经典的认识，大大推动了经学研究的繁荣和发展。

（三）

　　任何新学问之起，往往是起于新材料的发现。20世纪后半期地下出土文献材料的不断出现，也同样推动了儒家经典研究的发展。我们通常所说的文献，是包括传世文献和出土文献在内的，而且随着学术的不断深入和发展，出土文献越来越多地受到学者的关注和重视。19世纪

---

　　①　张岱年：《论〈易大传〉的著作年代与哲学思想》，见《中国哲学》，第1辑，北京，生活·读书·新知三联书店，1979。

　　②　胡念贻：《〈左传〉的真伪和写作时代问题考辨》，见《中国古代文学论稿》，上海，上海古籍出版社，1987。

　　③　沈文倬：《略论礼典的实行和〈仪礼〉书本的撰作》，见《宗周礼乐文明考论》，杭州，杭州大学出版社，1999。

末 20 世纪初，在我国各地发现的大量出土文献，震动了当时的学术界，促使人们不断修正以往的视域和成见，运用新的眼光来鉴别、考察传世文献及其相关问题，从而为学术创新提供了十分有利的条件。20 世纪20 年代，王国维总结自己的学术实践和治学方法，主张以"地下之新材料"印证"纸上之材料"，提出了著名的"二重证据法"。王国维注意用甲骨文、金文的材料证实《尚书》等经典的内容，其后郭沫若、于省吾、杨树达、陈梦家、唐兰、丁山等都曾利用金文、甲骨文从事儒家经典研究，在学术界产生了深远的、有益的影响。像郭沫若，除了运用唯物史观观察问题，还注意利用周代青铜器铭文与传世的《周礼》相比较，指出："《周官》一书，盖赵人荀卿子之弟子所为。"①这种研究思路和方法是非常可取的，可以看作对王国维"二重证据法"的发挥和发展。只是现在看来，其中的某些具体结论还大有可商榷之处。如果说，主要是在20 世纪前半期进行的这些研究，还是集中在对经书的具体问题或某些篇章的微观考察的话，那么，至 20 世纪后半期，随着我国各地又有大批简帛佚籍被发现，对儒家经典的认识有了实质性的飞跃，这在经书的作者、年代及流传情况等问题上表现得特别突出。

郭店楚简的发现，对人们进一步认识群经的作者、年代及早期流传等问题助益良多。我们知道，根据现有材料，六经并称最早见于《庄子·天运》："孔子谓老聃曰：'丘治《诗》《书》《礼》《乐》《易》《春秋》六经，自以为久矣，孰知其故矣。'"而郭店楚简《六德》曰："观诸《诗》《书》则亦在矣，观诸《礼》《乐》则亦在矣，观诸《易》《春秋》则亦在矣。"此处尽管没有"六经"之语，但六部经书的名称却出现了，而且排列次序与《庄子》完全一致。此外，《语丛一》亦有六经并称的文字，只可惜有所残损。所以，李学勤指出："在传世文献中，六经之说只能上溯到《庄子·天运篇》……郭店简《六德》，与《五行》一样，曾为汉初贾谊《新书》所引据。《五行》出自子思，《六德》也可能属于《子思子》。篇内……尽管没有提到

---

① 郭沫若：《金文丛考·〈周官〉质疑》，见刘梦溪：《中国现代学术经典·郭沫若卷》，石家庄，河北教育出版社，1996。

'六经'一词，但经的次序与《天运》完全一致。看来战国中期儒家确实已有这种说法。"①这对于了解儒家经学的早期发展状况是很有帮助的。

至于利用出土文献进行专经的研究，似以《周易》最为典型。早在1956年，李学勤撰《谈安阳小屯以外出土的有字甲骨》②，谈到陕西长安张家坡出土的有字卜骨上纪数的辞与《周易》的关联，只是未作进一步说明。1978年年底，张政烺发表《古代筮法与文王演〈周易〉》的短论③，首次具体论证周原出土卜甲上的五、六、七、八这四个特定数字所构成的复合符号，就是由老阴、少阴、老阳、少阳四个爻所构成的《易》卦。到20世纪80年代初期，数字卦问题进一步引起学术界的重视。张政烺和张亚初、刘雨等又分别撰文，比较系统、集中地排比了甲骨文、金文中的《易》卦材料。此后，随着出土材料的不断增多和研究的不断深入，许多学者又对这一问题有所补正，推出一系列成果。长沙马王堆汉墓帛书《周易》，也是学界关注较多的出土文献。帛书六十四卦的排列次序与通行本有所不同，显然属于另一系统，但却有规律可寻，而且排列次序有卦位上的依据。但对其出现的时代，学术界尚存不同的看法，或认为早于通行本（于豪亮、刘大钧等），或认为晚于通行本（张政烺、韩仲民、李学勤等）。帛书《周易》的出现，也使人们再次考虑孔子与《周易》的关系问题。长沙马王堆帛书《周易》之《要》篇提到："夫子老而好《易》，居则在席，行则在橐"。如前所述，《要》篇中有："后世之士疑丘者，或以《易》乎？"这里孔子的口吻与《孟子·滕文公下》记孔子作《春秋》而曰"知我者其唯《春秋》乎？罪我者其唯《春秋》乎？"，是颇为相似的。《要》篇还记有孔子的一些话，与《系辞》等密切相关。如其记孔子曰：《周易》"古之遗言焉，予非安亓用也"。记子赣（贡）言："夫子今不安亓用而乐亓

---

① 李学勤：《郭店楚简与儒家经籍》，见《郭店楚简研究》（《中国哲学》第20辑），沈阳，辽宁教育出版社，1999。

② 李学勤：《谈安阳小屯以外出土的有字甲骨》，载《文物参考资料》，1956(11)。

③ 《吉林大学古文字学术讨论会纪要》，见《古文字研究》，第1辑，北京，中华书局，1979。

辞"①。这与《周易·系辞上》"以言者尚其辞"的语意是相近的。②

关于《诗》。上海博物馆藏战国楚竹书《孔子诗论》的整理和研究，使人们看到，传世本《诗》的国风、小雅、大雅、颂，在这里顺序颠倒，用字亦有不同，为讼、大夏、小夏和邦风。这引发了人们对《诗》之原貌的新的思考。如今，《上海博物馆藏战国楚竹书》已由上海古籍出版社推出了若干册，相关的研究也备受关注。

关于《尚书》。自清代阎若璩《古文尚书疏证》问世，传世《古文尚书》的伪书性质似乎已成定论，但郭店楚简《缁衣》《成之闻之》所引《古文尚书》之文使人们不得不重新考虑这一问题。王世舜指出："简本既然引用了《诗经》《今文尚书》《古文尚书》中一些篇章的文字，可证《古文尚书》和《诗经》及《今文尚书》一样，于战国中期已在流行。因此，也就有理由认为两汉及魏晋时代的《古文尚书》很可能就是战国时代《古文尚书》的传本。简本引文与今本《缁衣》引文及今本《古文尚书》原文的文字虽略有不同，但内容大体一致，便是证明。文字略有不同可能是由于传本不同所致。如果说战国中期《古文尚书》在流传中已有不同版本，那么两汉时代的《古文尚书》有河间献王本、壁中本、孔安国家藏本也就可以理解了。如果《古文尚书》在战国中期就已在流传，那么，《古文尚书》的伪造者当是战国中期或战国中期以前的人，而决不可能是晚至东晋时代的梅赜。"③郭沂则指出："郭店竹简引用了多条《古文尚书》的材料，其中大部分见于今传《古文尚书》(有几条不见于今本，说明今本有佚文)，这足以证明《古文尚书》不伪。更有意思的是，《古文尚书》中有一篇叫《大禹谟》，《尚书》的《小序》却称此篇为《大禹》，而在郭店竹简中，此篇正叫《大禹》。这说明《小序》相当原始，这就为孔子作《小序》的说法增添了新的可靠证据。"④这些论证虽然带有某种推测成分，但毕竟还是有一定道

① 刘彬：《帛书〈要〉篇新校新释》，见《帛书〈要〉篇校释》，北京，光明日报出版社，2009。
② 李学勤：《简帛佚籍与学术史》，259～265 页，南昌，江西教育出版社，2001。
③ 王世舜：《略论〈尚书〉的整理与研究》，载《聊城师范学院学报》(哲社版)，2000(1)。
④ 郭沂：《郭店竹简与中国哲学(论纲)》，见《郭店楚简国际学术研讨会论文集》，武汉，湖北人民出版社，2000。

理的，应该引起我们的重视。

关于《周礼》。晚清以来，除了借助各种传世文献，许多学者还注意利用西周青铜器铭文也就是金文对《周礼》进行研究。例如，陈汉平通过有关西周官制文献资料概述及西周册命金文与《周官》对比研究，证明"《周官》一书有相当成分为西周官制之实录，保存有相当成分之西周史料"①。1975 年，在陕西岐山董家村出土了一批青铜器物，其中有四件属于裘卫(或单称卫)。李学勤指出：裘卫的裘是一种官职，即《周礼》的司裘。"要知道司裘这一官名仅见于《周礼》，其他任何古书都是没有的，所以司裘职掌的证实，无疑表明了《周礼》的真实可据。"②

关于《仪礼》。在今本《仪礼》中，除了孔子所定所传，其余内容则由孔门弟子及其后学陆续撰作而成，时间约在公元前 5 世纪中期到 4 世纪中期。此后不久，《仪礼》即已广泛流传。《墨子》《孟子》《荀子》《礼记》及《大戴礼记》等对其多有引述。尤其是《礼记》，有 32 篇引用过《仪礼》，并加以解说。郭店楚简中已发现这方面的例证。如《六德》："疏斩布实丈，为父也，为君亦然"。此当本于《仪礼·丧服》。据《丧服》所记，为父、为君服丧，皆有"斩衰裳，苴绖、杖……"《六德》又云："疏衰齐戊麻实，为昆弟，为妻亦然。"此亦本于《丧服》。在《丧服》中，为兄弟、为妻服丧，皆有"斩衰裳齐，牡麻绖"。《六德》此处"裳"字省略。"戊麻实"，裘锡圭读为"牡麻绖"③，甚是。这也证明《仪礼》中的某些丧服制度确实通行于战国之时。

关于《礼记》。作为先秦儒家传习《礼》(《仪礼》)的相关资料的一种汇编，虽然《礼记》至西汉后期才编集成帙，但与《仪礼》一样，原本单行的记在春秋战国时期即已开始流行。《左传》《国语》中皆有与《礼记》相似的内容。《孟子》中也有不少地方袭用《礼记》之文。《荀子》中更是多引《礼记》之文，如《乡饮酒义》中有一大段文字完全见于《荀子·乐论》。尤为

---

① 陈汉平：《西周册命制度研究》，218～219 页，上海，学林出版社，1986。
② 李学勤：《缀古集》，26 页，上海，上海古籍出版社，1998。
③ 荆门市博物馆：《郭店楚墓竹简》，189 页，北京，文物出版社，1998。

重要的是，郭店楚简中有《缁衣》，而上海博物馆所藏战国竹简中不仅有《缁衣》，而且还有《孔子闲居》。此外，郭店楚简中的其他许多篇章也与礼有关，如《唐虞之道》《成之闻之》《性自命出》《鲁穆公问子思》《六德》等与《礼记·学记》《表记》《檀弓》《丧服四制》等篇颇有相通之处。特别值得注意的是，经过有的学者考察，可知郭店楚简中的《缁衣》等篇应属《子思子》。据《隋书·音乐志》所载沈约之语，今本《礼记》中，《中庸》《表记》《坊记》和《缁衣》皆取自《子思子》。《子思子》不一定是子思一人的手笔，但不会晚于其再传弟子，也就是说不会迟于孟子一辈。① 另外，通过对郭店楚简及马王堆汉墓帛书《五行》与《礼记》中的《大学》在体例、内容等方面的比较研究，李学勤推定《大学》的传应为曾子所作，而经乃是曾子所述孔子之言，并且指出："郭店简又影响到对《礼记》的看法。《缁衣》收入《礼记》，竹简中还有不少地方与《礼记》若干篇章有关，说明《礼记》要比现代好多人所想的年代更早。"②可见，以单篇或数篇形式流行的《礼记》诸篇，在战国时代的确已经基本定型并广泛传布。当然，应该承认，今本《礼记》中的确也有一些内容明显存在后人润饰、加工甚至增益的痕迹。顺带指出，对于《大戴礼记》，我们也应有同样的认识。

(四)

综上所述，20世纪后半期的儒家经典研究，大体上走过了两个阶段的发展历程。第一个阶段是新中国成立到70年代末，表现为马克思主义理论占领整个研究领域，同时出现了某些极"左"倾向，而在港台地区则大体延续了20世纪前半期的学术传统和治学理念；第二个阶段是改革开放以来至世纪之交，表现为实事求是的学风得到恢复和发展，国内及国外的学术交流也在不断扩大，而相关的出土文献更成为人们关注的焦点，引发了一系列学术新论的推出，并影响到21世纪儒家经典研究的基本走势。

---

① 李学勤：《荆门郭店楚简中的〈子思子〉》，见《郭店楚简研究》(《中国哲学》第20辑)，沈阳，辽宁教育出版社，1999。

② 同上。

我们知道，经过 20 世纪前半期学人的不懈努力和反复思考，经学研究已经有了突飞猛进的发展，取得了一系列令人瞩目的成果，使儒家经典的成书年代、作者及性质等问题得到了很大程度的清理和解决。儒家经典的形成主要滥觞于商周特别是西周时期，其早期制作是由西周王官进行的。《易经》大体成书于西周初年，由当时的宗教巫术特别是卜筮之官和兼掌卜筮之事的史官采辑、订正、增补、编纂而成。《书》为商周王室的档案文献汇编，多出于史官之手，又主要由他们保存并编集成册。《诗》的编集也得益于周王室对诗歌的重视，得益于王室官员对诗歌的采集、汰选、加工、编辑并合乐。《礼》《乐》更是周王室制礼作乐的结果。而《春秋》的前身则是鲁国史官所作的编年史。在经典的滥觞和初成时期，学在官府，官守其书，师传其学，文化教育事业为贵族统治者所垄断。西周王官特别是史官承于前代的文献积累、文化积淀，初步编成了一些典籍，使其成为中华民族文化传承和发展的重要载体，成为人类文明不断演进的重要标志。然而，当时文化典籍的编集又是与宗教巫术的盛行相伴而行的，而且这些典籍藏于并用于王室官府，亦不利于学术文化的广泛传播和普及。春秋战国时期，中国步入人类文明的轴心时代，社会经济、政治结构发生了巨大变化。人文化、理性化逐渐成为思想文化发展的主流，士阶层崛起，开始摆脱王室附庸的地位，拥有了个体自觉和独立人格，同时王官失守，学术下移，私学兴起，王官掌守的文化典籍有大批流散于天下民间，经典的制作和传播也随之进入了一个新的阶段。在这一过程中，孔子起着举足轻重的作用。原本只不过是上古三代社会政治、学术文化史料汇编的儒家经典，经过孔子的修订、整理、诠释并用作私学教育的教材，得到更大范围和更大规模的传播，后来又经过儒家学派的不断注解、改造和发挥，成为宣传、推广其思想主张和政治理念的精神工具，并在汉武帝之后成为带有神圣、权威意味的思想工具，成为封建时代的最高法典，成为封建统治者治国御民的理论依据。如果说，上述观点在 20 世纪前半期主要出自某些学术精英的卓异之论的话，那么，到 20 世纪后半期，由于科学世界观和方法论的指导以及地下出土文献整理的促动，这些论点不仅得到更为广泛的认同和尊奉，而且日趋缜密、日趋完善，在一些专经的研究上尤其如此。当然，关于儒家经典的年代、作者和性质等，至今仍然存在不少聚讼纷纭、争论不已的问题，由于文献资料的大量阙逸而不足征，在新材料出现之前，恐怕有很多依旧难作定论。所以，在 21 世纪，学术界还应继续努力，争取在儒家经典的研究上有新的更大的突破和发展。

第四章　汉代史家与史籍

一、董仲舒与司马迁的学术关联

董仲舒和司马迁是西汉时期的两位文化学术巨人。董仲舒以其著名的《天人三策》《春秋繁露》成为群儒之首，司马迁则以发愤著史、完成《史记》这一不朽巨著而名扬天下。两人的学术旨趣、治学目的各不相同，但他们之间却存在着较为密切的关联。也就是说，作为传道授业、释疑解惑的老师，董仲舒的思想主张对司马迁的著史活动有过重要影响和启示。这种影响和启示体现在司马迁的易学、经学、史学思想的各个方面。

（一）

董仲舒对司马迁的影响，最明显地表现在经学观点上，表现在对六经特别是对《春秋》的推崇上。董仲舒身为经学大师，极力推崇儒家六经，甚至要求"诸不在六艺之科、孔子之术者，皆绝其道，勿使并进"①。他曾高度评价六经的功用和价值："《诗》《书》序其志，《礼》《乐》纯其美，《易》《春秋》明其知。六学皆大，而各有所长。《诗》道志，故长于质；《礼》制节，故长于文；《乐》咏德，故长于风；《书》著功，故长于

---

① 《汉书·董仲舒传》。

事；《易》本天地，故长于数；《春秋》正是非，故长于治人。"①正是由于董仲舒的建议，汉武帝卓然罢黜百家，表章《六经》，儒家经学开始取得独尊地位，成为统治思想。六经不仅在思想文化领域具有很高的权威，而且成了封建统治者制定政策、治理国家的理论依据。

虽然司马迁对汉武帝的文化专制颇多微词，主张兼容百家，但又"最通经学，最尊孔子"(梁启超语)，将自己的史著视为经学的辅翼和解说，"考信于六艺"②，"折中于夫子"③。他对六经有过全面论述，并屡加颂赞。他曾述董仲舒之言："《易》著天地阴阳四时五行，故长于变；《礼》经纪人伦，故长于行；《书》记先王之事，故长于政；《诗》记山川溪谷禽兽草木牝牡雌雄，故长于风；《乐》乐所以立，故长于和；《春秋》辨是非，故长于治人。是故《礼》以节人，《乐》以发和，《书》以道事，《诗》以达意，《易》以道化，《春秋》以道义。"④又引孔子曰："六艺于治一也。《礼》以节人，《乐》以发和，《书》以道事，《诗》以达意，《易》以神化，《春秋》以义。"⑤可见，对六经的看法，司马迁与董仲舒是一脉相承的。

我们知道，诸经之中，董仲舒最重视也最精通《春秋》。他是《春秋公羊》学的代表人物。汉武帝独尊儒术，归根到底亦是崇尚《春秋》之学特别是《春秋公羊》学。于是《春秋》成了地位最高的一经。董仲舒认为，人们的一切行为，均应以《春秋》为根据。"孔子作《春秋》，上揆之天道，下质诸人情，参之于古，考之于今。故《春秋》之所讥，灾害之所加也；《春秋》之所恶，怪异之所施也。书邦家之过，兼灾异之变，以此见人之所为，其美恶之极，乃与天地流通而往来相应。"⑥按他所言，治国行政、断案折狱、丧葬祭祀、用兵打仗等，都应将《春秋》经义当作理论依据。

---

① (西汉)董仲舒：《春秋繁露·玉杯》。
② 《史记·伯夷列传》。
③ 《史记·孔子世家》。
④ 《史记·太史公自序》。
⑤ 《史记·滑稽列传》。
⑥ 《汉书·董仲舒传》。

在司马迁看来，"汉兴至于五世之间，唯董仲舒名为明于《春秋》"①。司马迁关于《春秋》的观点，直接来源于董仲舒，来源于《春秋公羊》学："夫《春秋》，上明三王之道，下辨人事之纪，别嫌疑，明是非，定犹豫，善善恶恶，贤贤贱不肖，存亡国，继绝世，补敝起废，王道之大者也"。"拨乱世反之正，莫近于《春秋》。《春秋》文成数万，其指数千。万物之散聚皆在《春秋》"。"《春秋》者，礼义之大宗也。"司马迁对《春秋》推崇备至，并以"继《春秋》"自任，窃比《春秋》，使《史记》成为第二部《春秋》。② 这些都是对董仲舒经学思想的继承，尽管其中有改造、有发展。当然，把司马迁说成是《公羊》学派中的重要人物也是不妥当的。

董仲舒精研《春秋》，但对包括《周易》在内的其他儒家经典也均有所涉及或研究。《春秋》和《周易》都在儒家经典中占有特别重要的地位，人们可以从中更好地了解、把握自然界和人类社会的发展、演变及其规律，得到更为重要的教益和启发。正因为如此，董仲舒明确将《周易》与《春秋》并列，谓"《易》《春秋》明其知"③。实际上，早在春秋末年，《周易》与《春秋》的原型《鲁春秋》就为人们所并重。《左传》昭公二年载，晋国韩宣子来鲁，"观书于太史氏，见《易象》与《鲁春秋》，曰：'周礼尽在鲁矣。吾乃今知周公之德与周之所以王也。'"这里的《易象》就是《易经》。的确，《周易》《春秋》二者相辅相成，相得益彰。《春秋》是以人事体现天道，《周易》则是以天道推衍人事；《春秋》是通过史实的记述来反映其中隐含的微言大义，《周易》则是依据普遍的思想原理来揭示具体实际所应遵循的规律和法则。特别应该指出的是，《周易》和《春秋》都曾推究宇宙万物生成的根源，《易传》提出了太极之说，而《春秋》则提出了元（元气）的概念。西汉末年，刘歆还在其著名的《三统历》中对此作了较为详尽的诠释。杨向奎在谈到汉代公羊学派时说："他们是以《易》代表天道，以

---

① 《史记·儒林列传》。
② 《史记·太史公自序》。
③ （西汉）董仲舒：《春秋繁露·玉杯》。

《春秋》专讲人事；《易》以道天地的变化，《春秋》以辨人事的是非，而人间是非是与天道变化分不开的，这样天人的相应，也是《易》与《春秋》的结合。这就是他们的'天人之际'，也就是'天人之学'。"①

受董仲舒影响，司马迁也将《周易》与《春秋》并重，而且继承父亲遗愿，立志"正《易传》，继《春秋》"②。在《史记·司马相如列传》中，他对《周易》和《春秋》各自的运思理路有过较为深刻的揭示："《春秋》推见至隐，《易》本隐之以显。"在这里，"《春秋》以人事通天道，是推见以至隐也；《易》以天道接人事，是本隐以之明显也"③。司马迁认为，立足于人事的《春秋》是通过史实的记述来反映其中隐含的微言大义，本于天道的《周易》则是依据普遍的思想原理来推出具体实践所应遵循的规律和准则。就哲学思维水平而言，《周易》要高于《春秋》。即是说，《周易》为本，《春秋》为用，二者是彼此互通、相辅相成、相得益彰的。

（二）

以董仲舒为代表的《春秋公羊》学是主张大一统的，所谓"《春秋》大一统者，天地之常经，古今之通谊也"④。这种大一统包括政治统一和思想统一两个方面，即政治上由皇帝统一治理整个中国，思想上以儒家来统一各家各派。尽管司马迁对汉武帝专制主义的政治、文化政策多有不满，但却接受了大一统思想，并用以考察社会历史的演进。《史记》上限起于黄帝，其旨即在彰扬大一统观念。黄帝之前的中国，是一个四分五裂、争战不已的部族社会，至黄帝灭炎帝、蚩尤，才趋于统一。夏、商、西周三代之后，经过春秋战国时期的诸侯混战，秦始皇一统海内。虽然秦朝二世而亡，但司马迁却充分肯定了它的历史功绩和地位："今秦南面而王天下，是上有天子也。既元元之民冀得安其性命，莫不虚心而仰上，当此之时，守威定功，安危之本在于此矣。"⑤他反对西汉诸侯

---

① 杨向奎：《绎史斋学术文集》，126 页，上海，上海人民出版社，1983。
② 《史记·太史公自序》。
③ 《史记·司马相如列传》索隐引虞喜《志林》。
④ 《汉书·董仲舒传》。
⑤ 《史记·秦始皇本纪》。

反叛中央，支持汉武帝的削藩政策："淮南、衡山亲为骨肉，疆土千里，列为诸侯，不务遵蕃臣职以承辅天子，而专挟邪僻之计，谋为畔逆，仍父子再亡国，各不终其身，为天下笑。"①他还热情颂赞武帝推恩令的实施："盛哉！天子之德！一人有庆，天下赖之。"②董仲舒、司马迁师徒这种大一统的政治思想，代表着历史发展的方向，因而是进步的，具有积极意义。

为适应封建大一统政治的需要，董仲舒提出统治者应当全面"更化"，总结秦亡教训和汉初弊政，实现改弦更张，进一步缓和社会矛盾。他反对一味推行严刑峻法，主张以德教为主，以刑罚为辅："王者承天意以从事，故任德教而不任刑。刑者不可以任以治世，犹阴之不可任以成岁也。为政而任刑，不顺于天，故先王莫之肯为也。"③司马迁接受了董仲舒德主刑辅的理论，力主仁德之治。他在《史记·五帝本纪》中记述了黄帝"修德振兵"，"抚万民，度四方"之事；在《夏本纪》中记载了夏桀"不务德"而亡，商汤"修德"而践天子位之事；在《殷本纪》中载录了太戊"修德"、武丁"行德"而去灾异，使"殷道复兴"之事。这些记述，都是要说明，能否实行德治，对一个国家、一个朝代的兴亡成败，具有决定性意义。在《陈杞世家》中，司马迁对德治的作用做了进一步阐述："舜之德可谓至矣！禅位于夏，而后世血食者历三代。及楚灭陈，而田常得政于齐，卒为建国，百世不绝，苗裔兹兹，有土者不乏焉。"作为帝王，实行德治不但可以使当世统治无患，而且还能远荫子孙，使其永保统治地位，可见实行德治的重要性。和董仲舒一样，在司马迁看来，刑罚只是治理国家的辅助工具，"奉职循理，亦可以为治，何必威严哉！"④他要求"大上修德，其次修政"⑤，并将是否实行仁德之治当作评论历史事件和人物的主要标准。

---

① 《史记·淮南衡山列传》。
② 《史记·建元已来王子侯者年表》。
③ 《汉书·董仲舒传》。
④ 《史记·循吏列传》。
⑤ 《史记·天官书》。

　　从仁德之治的观点出发，董仲舒、司马迁都揭露了当时严重的社会矛盾。董仲舒认为当时是"富者田连仟佰，贫者亡立锥之地"，"或耕豪民之田，见税什五，故贫民常衣牛马之衣，而食犬彘之食"①，另一方面地主贵族则不断"众其奴婢，多其牛羊，广其田宅，博其产业，畜其积委"②。封建统治者的贪暴，必然激起"贫者日犯禁而不不得止"③。司马迁也指出了当时民不聊生的情况，认为武帝"外攘夷狄，内兴功业，海内之士力耕不足粮饟，女子纺绩不足衣服"④，加上严刑酷罚，致使"吏民益轻犯法，盗贼滋起"⑤。他们对社会问题的揭露，都是十分尖锐也是颇中肯綮的。

　　在经济思想及政策措施方面，司马迁同样对董仲舒之说有所取资。在经济领域，司马迁反对与民争利，主张放任发展，"故善者因之，其次利道之，其次教诲之，其次整齐之，最下者与之争"⑥。他曾盛赞汉初的经济政策："汉兴，海内为一，开关梁，驰山泽之禁，是以富商大贾周流天下，交易之物莫不通，得其所欲。"⑦他反对汉武帝的盐铁官营政策，认为这阻碍了社会经济的发展。他还反对横征暴敛，增加民众负担。这些思想主张在董仲舒那里也是能找到渊源的。董仲舒曾力倡"薄赋敛，省徭役，以宽民力"，并要求"盐铁皆归于民"⑧，反对与民争利。当然在这方面，两人也有明显的不同之处。董仲舒倾向于传统的重农抑商观念，而司马迁则歌颂商人在经济领域中的重要作用。

　　这里有必要提一下两人对义利关系的看法。我们知道，司马迁重视生产，重视货殖，认为只有在保证基本物质需要的条件下才有礼义之所言。如他在《货殖列传》中说："故曰'仓廪实而知礼节，衣食足而知荣

① 《汉书·食货志》。
② 《汉书·董仲舒传》。
③ （西汉）董仲舒：《春秋繁露·度制》。
④ 《史记·平准书》。
⑤ 《史记·酷吏列传》。
⑥ 《史记·货殖列传》。
⑦ 同上。
⑧ 《汉书·食货志》。

辱'。礼生于有而废于无。故君子富，好行其德；小人富，以适其力。渊深而鱼生之，山深而兽往之，人富而仁义附焉。"由此人们往往认为司马迁和董仲舒的义利观是完全对立的。的确，董仲舒强调义重于利，主张"正其谊不谋其利，明其道不计其功"[①]，但他又不是绝对地反对利。他曾指出"天之生人也，使之生义与利"，承认人民以利"养体"，要生活下去，是人之天生本性。这也是他力倡减轻剥削的一个理论前提。他还指出："利以养其体，义以养其心。心不得义不能乐，体不得利不能安。义者心之养也，利者体之养也。体莫贵于心，故养莫重于义。"[②]这说明董仲舒在一定程度上吸取了先秦墨家的重利思想，也说明在义利关系问题上，董仲舒与司马迁之间仍有相通之处。

（三）

司马迁著史是要"究天人之际，通古今之变"，涉及天人关系问题，而此处"天人之际"，即来自董仲舒之语。董仲舒适应西汉王朝建立中央集权的大一统政治的需要，继承、发展了先秦儒、墨显学的"天命""天志"思想，结合阴阳五行学说及自然科学的某些成果，建构了一套天人感应的学说体系。在回答汉武帝的策问时，董仲舒对"天人相与之际"进行了神话般的论证："谨案《春秋》之中，视前世已行之事，以观天人相与之际，甚可畏也。国家将有失道之败，而天乃先出灾害以谴告之，不知自省，又出怪异以警惧之，尚不知变，而伤败乃至。"[③]董仲舒认为，天是万物之祖、百神之君，不仅支配着自然界，而且主宰着社会人事。人和君主都是天有目的地创作出来的，其一切行为都得与天相符，特别是君主更应如此。对君主行为好坏，天会直接降下祥瑞以示奖励，或降下灾异加以谴告。这就是天人感应。应该说，董仲舒于其中不乏以谴告说来限制君权，使统治者行仁德之政的用心。但对统治者来说，则可利用其中天人相与、君权神授等内容来愚弄人民，强化专制政权。这样，

---

① 《汉书·董仲舒传》。
② （西汉）董仲舒：《春秋繁露·身之养重于义》。
③ 《汉书·董仲舒传》。

天人感应学说开始盛行于世。

翻检《史记》可以看出，司马迁也深受董仲舒天人感应学说的濡染。在《天官书》中他记录了大量天人感应的现象，并加以相信。所谓"日变修德，月变省刑，星变结和"，代表了他本人的思想。《史记》中还有大量关于天命鬼神的记载。《五帝本纪》保留了不少远古神话传说，《高祖本纪》记述了刘媪与龙交，刘邦醉后斩蛟，老妇道哭的一系列传说。《赵世家》记录了赵简子梦至帝所的故事。在《韩世家》中，司马迁认为韩传国十余世，是其积"阴德"的结果。

在董仲舒看来，天主宰人类历史，接受天命的君主在历史发展中起主要作用。然而值得注意的是，他所说的天意，又往往代表了民意："其德足以安乐民者，天予之；其恶足以贼害民者，天夺之。"①而天意的予令，则是民意的体现。在其五行之说中，木代表民，土代表君，人民起来推翻暴君，是"木胜土"，为五行变化的必然。因此，旧政权的覆灭，新政权的出现，是人民起来反抗暴君的结果。换言之，在历史发展的转折关头，人民群众也起着关键作用。司马迁著史在注意天意、天命的同时，同样充分注意到历史发展中的人心向背，肯定了人民群众反抗暴政的义举。这特别表现在他对陈胜起义的评价上。除了立《陈涉世家》，他还在《史记》的其他地方反复谈及此事："桀纣失其道而汤武作，周失其道而《春秋》作，秦失其政而陈涉发迹，诸侯作难，风起云蒸，卒亡秦族。天下之端，自涉发难"②。"太史公读秦楚之际，曰：初作难，发于陈涉；虐戾灭秦，自项氏；拨乱诛暴，平定海内，卒践帝祚，成于汉家。五年之间，号令三嬗，自生民以来未始有受命若斯之亟也"③。这里将陈胜与汤、武、孔子并列，评价是极高的。

从天人感应的观点出发，董仲舒提出"三纲"之说，将封建等级关系神秘化。"君臣、父子、夫妇之义，皆取诸阴阳之道。君为阳，臣为阴；

---

① （西汉）董仲舒：《春秋繁露·尧舜不擅移汤武不专杀》。
② 《史记·太史公自序》。
③ 《史记·秦楚之际月表》。

父为阳，子为阴；夫为阳，妻为阴。"他强调，君为臣纲、父为子纲、夫为妻纲，这是天意的安排，"王道之三纲，可求于天"①。受其影响，司马迁写《史记》时以"道名分"为依据，把王朝更迭和帝王兴替当作科条分析的大纲，对入史人物，按照身份、地位和等级，分别以本纪、世家、列传的规格加以载录，体现出君主居高临下，人臣拱卫主上的上下有序的主题。对于父子关系、夫妻关系，司马迁同样肯定了后者对前者的依附。

董仲舒除了接受先秦阴阳家邹衍"五德终始"之说，主张汉以"土德"受命，又创立了"三统""三正"的理论。"三统"即黑统、白统、赤统。董仲舒认为三代之中，夏是黑统，商是白统，周是赤统。改朝换代是"三统之变"的依次循环，其历法和礼仪也相应改换。如夏代"斗建寅"，以寅月（农历正月）为正月；商代"斗建丑"，以丑月（农历十二月）为正月；周代"斗建子"，以子月（农历十一月）为正月。由于三代的正月在历法上规定不同，就称之为"三正"。在董仲舒看来，这种"三而复"的改变，具有规律性。为适应这一规律，新王朝的出现，"必徙居处，更称号，改正朔，易服色"，即"所谓新王必改制"②，表示一个新政权重新接受天命。不过，董仲舒是承认改制而否认历史发展的："王者有改制之名，无易道之实。""道之大原出于天，天不变道亦不变"③。应该说，这是一种承认变化而歪曲螺旋式发展的历史循环论。

司马迁基本上接受了董仲舒的这种历史观。如他说："夏正以正月，殷正以十二月，周正以十一月。盖三王之正若循环，穷则反本。天下有道则不失纪序，无道则正朔不行于诸侯。"④由此司马迁为汉皇朝的建立找到了理论根据："我汉继五帝末流，接三代绝业。"⑤又说："夏之政忠。忠之敝，小人以野，故殷人承之以敬。敬之敝，小人以鬼，故周人

---

① （西汉）董仲舒：《春秋繁露·基义》。
② （西汉）董仲舒：《春秋繁露·楚庄王》。
③ 《汉书·董仲舒传》。
④ 《史记·历书》。
⑤ 《史记·太史公自序》。

承之以文。文之敝，小人以僿，故救僿莫若以忠。三王之道若循环，终而复始。周秦之间可谓文敝矣……故汉兴，承敝易变，使人不倦，得天统矣。"①这就得出了刘汉皇朝"受命于天"的结论。他还直接沿袭了董仲舒的一些说法，主张"王者易姓受命，必慎始初，改正朔，易服色，推本天元，顺承厥意"②。当然，另一方面，司马迁也十分重视从发展的观点去考察社会历史，使《史记》成为一部"通古今之变"的"实录"。

（四）

在民族思想方面，董仲舒对司马迁也有一定影响。我国自古以来就是一个多民族国家，在诸夏族居处的中原地区的周边，活动着众多的少数民族，即所谓夷狄。如何处理好与少数民族的关系，一直受到人们的重视。董仲舒继承孔孟之说，强调夷夏之别，认为诸夏是阳，夷狄是阴。如《春秋》襄公二十四年"八月癸巳朔，日有食之"。"董仲舒以为，比食又既，象阳将绝，夷狄主上国之象也。后六君弑，楚子果从诸侯伐郑，灭舒鸠，鲁往朝之，卒主中国，伐吴讨庆封"③。也就是说，诸夏的郑、吴、鲁为被视为蛮夷的楚所侵，是阳绝阴兴的表现。承董仲舒之后，司马迁对这一理论有了更明确的叙述。他说："中国于四海内则在东南，为阳，阳则日、岁星、荧惑、填星；占于街南，毕主之。其西北则胡、貉、月氏诸衣旃裘引弓之民，为阴；阴则月、太白、辰星；占于街北，昴主之……是以秦、晋好用兵，复占太白，太白主中国；而胡、貉数侵掠，独占辰星，辰星出入躁疾，常主夷狄：其大经也。"④

众所周知，司马迁著《史记》，有着进步的民族一统思想，首创民族史传（《匈奴列传》《西南夷列传》等五篇），认为东西南北各少数民族皆为黄帝子孙，同是天子臣民，他们的历史发展趋势是走向统一。《太史公自序》提到："汉既平中国，而佗能集杨越以保南藩，纳贡职。作《南越列传》第五十三。""吴之叛逆，瓯人斩濞，葆守封禺为臣。作《东越列传》

---

① 《史记·高祖本纪》。
② 《史记·历书》。
③ 《汉书·五行志》。
④ 《史记·天官书》。

第五十四。""唐蒙使略通夜郎，而邛笮之君请为内臣受吏。作《西南夷列传》第五十六。"在撰史过程中，司马迁还将民族史传与名臣将相的列传交错排列，以凸显民族等列之旨。有的学者据此认为，司马迁在民族问题上与董仲舒是对立的，并打破了其民族等级秩序。这种看法是值得商榷的。

　　的确，董仲舒在民族关系上也贯彻了其纲常伦理之说："《春秋》慎辞，谨于名伦等物者也。是故小夷言伐而不得言战，大夷言战而不得言获，中国言获而不得言执，各有辞也。有小夷避大夷而不得言战，大夷避中国而不得言获，中国避天子而不得言执，名伦弗予，嫌于相臣之辞也。是故小大不逾等，贵贱如其伦，义之正也。"[1]这里有明显的民族不平等倾向。然而我们还应看到，董仲舒在强调夷夏之别的同时，也注意到少数民族在中国历史发展中的作用，认为"今《春秋》缘鲁以言王义……远夷之君，内而不外"[2]。他指出，少数民族的社会文化也在变化和发展，因此夷狄如讲仁义，也可以诸夏看待："《春秋》之常辞也，不予夷狄而予中国为礼。至邲之战，偏然反之，何也？曰：《春秋》无通辞，从变而移……楚变而为君子，故移其辞，以从其事。"[3]这就是说，楚国虽为夷狄，但因向慕仁义，亦须以诸夏待之。还有，春秋时称为潞子的狄人，准备归附诸夏，不过终未成功。董仲舒对潞子的这种举动表示同情和赞赏，认为"《春秋》谓之子，以领其意"[4]。"《春秋》予之有义，其身正也"[5]。对汉武帝时"夜郎、康居，殊方万里，说德归谊"[6]之举，董仲舒更是给以盛赞、颂扬，以为是太平盛世的表现。他还指出，以诸夏为主的汉族，对周边少数民族应该施行仁义："质于爱民，以下至于鸟兽昆虫莫不爱。不爱，奚足谓仁……故王者爱及四夷。"[7]对那些未能

①　（西汉）董仲舒：《春秋繁露·精华》。
②　（西汉）董仲舒：《春秋繁露·奉本》。
③　（西汉）董仲舒：《春秋繁露·竹林》。
④　（西汉）董仲舒：《春秋繁露·观德》。
⑤　（西汉）董仲舒：《春秋繁露·仁义法》。
⑥　《汉书·董仲舒传》。
⑦　（西汉）董仲舒：《春秋繁露·仁义法》。

向慕仁义的少数民族，也可以"与之厚利以没其意，与盟于天以坚其约，质其爱子以累其心"①，采取一种较为宽松的政策，从而使各民族间友好往来，和平相处。所以，司马迁的民族一统观仍有某些袭自董仲舒的思想内容。

（五）

关于史学的目的和方法，董仲舒同样对司马迁有过某种启示和影响。我们知道，作为史家，司马迁著史有着明确的史鉴意识。他认为："居今之世，志古之道，所以自镜也。"②他强调自己作《史记》就是要"述往事，思来者"，"网罗天下放失旧闻，考之行事，稽其成败兴坏之理"③，通过对历史的反思，总结经验，指导现实，预见未来，为人们提供各种有益的借鉴。这种思想也存在于董仲舒身上，尽管不是那么突出。如《春秋繁露·精华》："古之人有言曰：不知来，视诸往。今《春秋》之为学也，道往而明来者也。"这就强调了研究历史的作用和意义。

董仲舒提出，著述历史应该详今略古。他认为，《春秋》隐、桓二公为远祖而从略，以定、哀二公为考妣而从详，"至显且明"。所以，隐、桓时的"益师卒"与"于稷之会"，均"不日"，"以远外也"。而哀公时的黄池之会、两伯之辞，"录而辞繁"，"以近内也"④。另外，在董仲舒涉及历史事实的言论中，秦亡教训和汉代社会现实，也是谈得比较多的。

司马迁继承了董仲舒详今略古的思想，并贯彻到著史活动中。他认为，时代越近，可供借鉴的东西就越多，价值就越大。他非常重视战国至秦的近代史，指出："战国之权变亦有可颇采者，何必上古。秦取天下多暴，然世异变，成功大。传曰法后王，何也？以其近己而俗变相类，议卑而易行也。学者牵于所闻，见秦在帝位日浅，不察其终始，因举而笑之，不敢道，此与以耳食无异，悲夫！"⑤可见，他是十分看重战

① 《汉书·匈奴传》。
② 《史记·高祖功臣侯者年表》。
③ 《汉书·司马迁传》。
④ （西汉）董仲舒：《春秋繁露·奉本》。
⑤ 《史记·六国年表》。

国和秦朝史的借鉴作用的。对汉代历史，司马迁就更重视了。《史记》中有近一半的篇幅是写西汉的现代和当代史。司马迁此举，固然有史料多寡方面的因素，但思想认识方面的因素还是主要的。《史记》的著述宗旨是要"成一家之言"，通过总结历史，表明自己的思想主张，并给后人以深刻启示。正如梁启超在《要籍解题及其读法·史记》中所说："其著书最大目的，乃在发表司马氏'一家之言'，与荀卿著《荀子》、董生著《春秋繁露》，性质正同，不过其'一家之言'乃借史的形式以发表耳。"

总之，通过以上所述，可以看出，董仲舒与司马迁的学术关联是密切的，董仲舒对司马迁的影响和启示是多方面的、深刻的。毋庸讳言，这种影响和启示既有积极的成分，也有消极的内容。但必须承认，从历史发展角度和大的文化背景上看，其中的积极因素是主要的，而这又极大地推动了汉代思想文化的繁荣和发展。应该说，董仲舒那颇具魅力的思想学说的濡染和滋养，是司马迁成为一代史坛巨匠的重要原因之一。

二、刘向、刘歆父子的学术人生

在中国历史上，父子相继取得巨大学术成就而成为大儒者，当首推西汉后期的刘向、刘歆父子。他们研经治史，校书编目，并以此作为实现政治抱负的利器，从而推动了当时乃至后世思想文化和社会政治的演变、发展。当然，另一方面，刘向、刘歆父子坎坷的命运也折射着社会政治对传统知识分子思想性格和心路历程的深刻影响。

（一）

刘向，字子政，初名更生，沛（今江苏沛县）人，生于汉昭帝元凤二年（公元前 79 年），楚元王交四世孙。曾祖刘交是汉高祖的同父少弟，是刘邦诸兄弟中仅有的读书人；祖父刘辟彊"好读《诗》，能属文"；父亲刘德"修黄老术，有智略"①。刘向便是在这样一个较有文化素养的刘汉

---

① 《汉书·楚元王传》。

宗室家庭中成长起来的。

刘向年十二即由父亲刘德保任而当上辇郎，年二十又擢谏大夫。当时，刘向"以通达能属文辞，与王褒、张子侨等并进对，献赋颂凡数十篇"，显示出深厚的学术修养。但摆在年轻的刘向面前的也并非尽是坦途。早先，淮南王刘安曾搜罗到一本讲神仙术的《枕中鸿宝苑秘书》，后来在刘德审理刘安谋反案子时得到此书。刘向从小喜欢读诵，颇为奇之。五凤二年(公元前 56 年)，刘向见宣帝"复兴神仙方术之事"，便献上此书，称据此可以炼金。宣帝即令依书中所言铸造，没有成功。于是宣帝大怒，以"铸伪黄金"罪将刘向逮捕，并处以死刑。刘德等亲属上疏言讼，但刘德未得结果即在期待中去世。幸而宣帝也爱惜刘向之才，遂赦免了刘向[1]。经此挫折，刘向开始把主要精力放在儒家经学的研习上。

此时正当昭宣之世，在人民迫切要求安居乐业、休养生息的背景下，更偏重刑名法术的《公羊》学失去了统治者的青睐，偏重仁义王道的《穀梁》之学始得重视。于是，刚刚赦免出狱的刘向被宣帝选去学习《穀梁》。甘露三年(公元前 51 年)，石渠阁会议上，代表《穀梁》学的刘向不负圣望，表现非凡，使得《穀梁》学取得了与《公羊》学平等甚至更高的地位。此后，刘向被拜为郎中、给事黄门，又迁散骑、谏大夫、给事中，并开始卷入一个个政治漩涡。

元帝即位之初，太傅萧望之、少傅周堪执掌朝政。刘向以"宗室忠直，明经有行"[2]，甚得重视，与二人结为忘年交，并升任散骑宗正给事中，与侍中金敞拾遗于左右，四人同心辅政。这可以说是刘向政治上最得意的时期。

福兮祸之所伏。此时朝中的外戚许、史跋扈，而中书宦官弘恭、石显弄权。初元二年(公元前 47 年)，萧、周与刘向商议，试图消夺外戚、宦官之权，但计谋泄露，刘向被捕下狱。后因地震、天变之故，刘向再

---

① 《汉书·楚元王传》。
② 同上。

次被赦免并复职，但却必须时时面对被外戚、宦官加害的危险。刘向大为惊惧，示意其外亲盛赞萧望之等人忠正可用，建议元帝"退恭、显以章蔽善之罚"①。奏书呈上，弘恭、石显便怀疑是刘向所为，结果刘向被捕，后被贬为庶人。此后在外戚、宦官操纵下，朝纲日坏，吏治日败，刘向报国无门，遂心生伤悼，写下了《疾谗》《摘要》《救危》《世颂》等八种著作，依兴古事，聊寄悲怀。

祸兮福之所倚。几年的赋闲倒为刘向提供了更多的读书求学的时间。但刘向并不想单纯做个学者，而是时刻都想在政治上有一番作为。为甘延寿、陈汤力争封爵之事即是一例。当时匈奴为患西域，建昭三年（公元前36年），代理西域都护甘延寿、副校尉陈汤矫诏出兵康居，斩杀匈奴郅支单于，立下大功。但甘、陈之功却为匡衡、石显所抑，二人险被治罪。竟宁元年（公元前33年），刘向上疏赞扬甘、陈二人"立千载之功，建万世之安，群臣之勋莫大焉"②。元帝遂封甘延寿为义成侯，陈汤为关内侯。

潜心等待机会的刘向终于在建始元年（公元前32年）48岁时再次被任用，他以故九卿召拜为中郎，使领护三辅都水。就是在此时，刘向改名更生为向。此后刘向数奏封事，言经国大政，被擢为光禄大夫。然而，朝廷痼疾依然如故，甚至愈演愈烈。外戚王凤专揽朝政，兄弟七人皆封列侯。正在此时，致力于《诗》《书》等文化建设的成帝命刘向于河平三年（前26年）领校中五经秘书。刘氏父子从此开始了持续长达二十余年的校书编目活动。

（二）

秦始皇"焚书"、项羽"烧秦宫室"，使得先秦时期的典籍受到巨大损失。西汉王朝建立后，随着社会经济、文化教育的恢复和发展，"大收篇籍，广开献书之路"，古籍纷纷复出。汉武帝时进一步"建藏书之策，

---

① 《汉书·楚元王传》。
② 《汉书·陈汤传》。

置写书之官，下及诸子传说，皆充秘府"①。此后经昭、宣、元、成四帝，由政府搜集的书籍日渐增多，积如山丘。这样众多的书籍，因来源不同，流传久远，存在着非常严重的散佚错讹、真伪杂糅、年代难辨的情况，甚至有再度流失的危险。于是，对这些书籍进行一次系统、全面的整理，就势在必行了。刘向此次受命领校中秘书，首要目的也在这里。

为了做好这项工作，由刘向总其成并具体负责经传、诸子、诗赋，同时组成了由各方面专家参与的精练、高效的班子：负责校兵书的是步兵校尉任宏，负责校数术的是太史令尹咸，负责校方技的是侍医李柱国。每人手下又有若干助手，都是一心向学、颇有才华的青年学者。其中除了刘向之子刘歆，今可考者有杜参、班斿、王龚、臣望(失其姓)等。

这次规模空前的书籍整理活动，有着较为合理和严格的程序与步骤。首先，广泛搜罗异本，积累有关资料。借助皇权支持，举凡宫廷秘本、官府珍品、民间私藏，一时网罗殆尽。其次，进行校勘。他们利用各种异本加以比勘，删除重复，相互补充，定著篇章。再次，厘定书名。刘向、刘歆等所校之书，最初或无书名，或书名异称，分歧不定。针对这种情况，刘向根据书中思想宗旨、编撰体例，斟酌去取，重新确定书名。经过以上一系列工序之后，刘向等人将各书新本缮写誊清，成为定本，"书以杀青简，编以缥丝绳"②。这一番整理工作，不仅使汉宣帝以前的古籍恢复了本来面目，为研究社会历史和思想文化的演进提供了珍贵、可靠的资料，而且开创了完整意义上的校勘学历史。

刘向、刘歆整理典籍的另一个重要内容，就是为已经整理的书籍撰写书录，编制目录。

先说撰写书录。"每一书已，向辄条其篇目，撮其指意，录而奏之。"③书录内容大体包括：①该书之篇目。刘氏父子次第详具一书篇

---

① 《汉书·艺文志》。
② (汉)刘向、刘歆：《七略别录佚文·七略佚文》，(清)姚振宗辑录、邓骏捷校补，上海，上海古籍出版社，2008。
③ 《汉书·艺文志》。

目，用来总领全书。②校勘之过程。包括所据本子及诸本的情况，举凡篇数之多少、文字之讹谬、简策之脱漏、诸本之异同等，都一一述明，并注意到古籍的辨伪。③全书之旨要。包括传记人物，述状时势，揭示师承源流，说明写作背景，提挈全书主旨等。刘氏父子撰写书录，为后来的图书提要和评介树立了典范，至今还有巨大影响。遗憾的是，这些书录目前仅存《战国策书录》等八篇。它们最初是冠于本书卷首，连同定本一起上奏皇帝。与此同时，刘向又将群书书录抄集在一起，成为一部总的书录汇编，以便别行于世，所以又称《别录》。

再看编制图书目录。在校勘书籍的同时，刘氏父子依据其内容和流别进行分类，着手编制全面、系统的目录。这些工作在刘向去世前大都完成，因而接替父职的刘歆用了两三年的时间，就完成了我国第一部综合性的图书分类总目——《七略》。刘歆又依据《七略》的分类形式，把《别录》编成定本，称《七略别录》。

《七略》系统、完整地"剖判艺文，总百家之绪"①，把我国古代的分类思想具体运用于整理图书，使西汉末年以前的文化典籍得以著录、保存和流传，同时开启了历代编辑正史艺文志和各种图书目录的形式与方法，并为后人提供了辨章学术、考镜源流的条件和依据，对我国学术文化的发展产生了极其深远的影响。

（三）

刘向在积极从事校书编目活动的同时，仍关心时政，不停地上疏奏事。他汇集上古以来历春秋、六国至秦汉的符瑞灾异之记，编为《洪范五行传论》十一篇上奏。成帝心知刘向之忠，但已无心驾驭朝政，故刘向借助灾异来予以匡救是不可能奏效的。

面对挫折，刘向并未停止斗争。第二年他又上疏谏外戚专权，向成帝提出了更多中肯的建议。这次成帝召见了刘向，但也只是叹息了一阵，说："君且休矣，吾将思之。"②最终依旧不了了之。也许是为了抚

---

① 《汉书·楚元王传》。
② 同上。

慰其心，成帝不久即任命刘向为中垒校尉。

刘向的努力一再落空，但仍义无反顾地致力于刘汉政权的巩固和延续。刘向坚信刘汉政权并未失去天命，只要裁抑外戚，修德行仁，重振朝纲，还是大有希望的。然而，面对刘向呈上的奏疏，成帝总是"甚感向言，而不能从其计"①。

直接上疏劝谏而不能奏效，刘向便转而利用著述间接规劝成帝。于是，刘向利用在校书过程中得到的大量文献资料，在永始元年(前16年)前后编撰了《列女传》《新序》《说苑》三部著作，并进献皇帝。同时，刘向还将一部分精力放在天文、历法方面，写成《五纪论》，以总结不同历法的优劣长短，致力于制度建设。但这些工作仍难以改变皇权衰微、外戚专权、民不聊生的政治走势。

元延年间，星孛东井，蜀郡岷山崩坏，壅塞江水。刘向深恶此灾异之象，再也按捺不住，遂上疏成帝，希望"销大异，而兴高宗、成王之声，以崇刘氏"②。在当时，刘向和其他清正的经学之士一样，除了借古人旧事及阴阳灾异来警儆皇帝，已经想不出什么更有效的策略了，其结果自然只能归于失败。

除了反复谏净，刘向还常常公开与一些宗室成员争讼，以讥刺外戚王氏及在位大臣。成帝也确实曾想重用他为九卿，但终因外戚和其他大臣的阻力，只得作罢，刘向遂居大夫位三十余年而终不得升迁。

绥和元年(公元前8年)，犍为郡寻得十六枚古磬，时人以为吉兆，72岁的刘向也为之一振，希望借此复兴礼乐之治。他上疏成帝，提出"宜兴辟雍，设庠序，陈礼乐，隆雅颂之声，盛揖让之容，以风化天下"③。成帝将刘向的建议交给公卿讨论。就在这时，刘向去世了。他一生为刘氏江山屡屡上书言事，却几乎没有一次被采纳，反而一再树敌遭谮。或许这次人们都被感动了，或许是因为这一建议没有多少针对性

---

① 《汉书·楚元王传》。
② 同上。
③ 《汉书·礼乐志》。

和火药味，有大臣奏请立辟雍，部分采纳了刘向的建议。但第二年成帝去世后，兴辟雍之事又被搁置起来。此后，在王莽专权时，方由刘歆主持完成。

（四）

刘向有三子：长子刘伋以授《易》闻，出为郡守；次子刘赐，曾任九卿丞，早卒；而幼子刘歆最为知名。

刘歆，字子骏，约生于宣帝甘露元年（公元前53年）至元帝初元元年（公元前48年）之间。少时即以通《诗》《书》、能属文著称。成帝即位之初，求天下通达、奇异之才，刘歆被荐，入宫诵读诗赋，成帝闻听，大为高兴，欲用为中常侍，因王凤作梗而止。于是歆待诏宦官署，为黄门郎。河平年间，他受诏与父亲刘向同领校中秘书，成为刘向得力助手。其父《列女传》等书的编撰也曾得他协助。校书过程中，刘歆开始与古文经学发生了密切关系。

本来，刘向、刘歆父子都是笃守今文学的，但在校书中，《左传》等一大批藏于中秘的古文典籍引起了刘歆的极大兴趣。刘歆特别喜欢《左传》。他以为左丘明是非好恶和孔子相同，又曾亲见孔子，与《公羊传》《穀梁传》相比，《左传》最为可靠。当然，刘歆也并不是绝对排斥今文学的。

刘向去世后，刘歆继任中垒校尉。哀帝即位，大概出于避讳的考虑，刘歆改名秀，字颖叔。适值部分大臣主张毁武帝之庙，刘歆便与太仆王舜称引《左传》等经义予以反对，得到哀帝支持。这是刘歆第一次将古文经义用于政治斗争。不久，曾与刘歆同为黄门郎的大司马王莽以"宗室有材行"[1]，荐歆为侍中、太中大夫，迁骑都尉、奉车光禄大夫。一时间，刘歆颇见贵宠。

当时，汉室内部"再受命"之说又起，夏贺良等人到处传布甘忠可的《天官历包元太平经》，甚至通过大臣解光、李寻进献给哀帝。哀帝将信

---

[1] 《汉书·楚元王传》。

将疑，交给刘歆处理。刘歆"以为不合五经，不可施行"①，坚持了刘向在这一问题上的立场。遗憾的是，哀帝没能听取刘歆的意见，一度搞出改元易号的闹剧。在参与朝政的同时，刘歆依旧领校五经，以完成其父未竟之业。建平二年（公元前 5 年），他最后编订《七略》，又编就《七略别录》，给持续二十余年的校书盛事画上了一个圆满的句号。

虽然校书工作进展顺利，但刘歆依旧念念不忘《左传》《毛诗》《逸礼》《古文尚书》等古文经典。当时今文经学式微，而古文经学优势日显。但古文经典未得到官方承认，没有列于学官，这使刘歆愤愤不平。在得到哀帝信任和重用后，刘歆便打算推动古文经列于学官。哀帝让他向太常博士阐明见解，孰料博士们根本不予理会，丞相孔光等大臣也加以拒绝，支持者仅五官中郎将房凤和光禄勋王龚。刘歆对此十分气愤，便给太常博士写了一封信，即有名的《移让太常博士书》，向顽固和守旧势力挑战。

在这封信里，刘歆阐述了经学产生、演变和发展的过程，指出了古文经学的优势和合理性，揭露了今文经师的某些弊病，力争使古文经列于学官。这使得今文经师们对刘歆大为恼火。光禄大夫龚胜上疏哀帝，虚伪地进行自我批评，并以退休相要挟。大司空师丹等人更是怒发冲冠，上疏哀帝，攻击刘歆窜乱先朝典章制度，称刘歆诽谤、诋毁先帝所立经典。同博士们讨论，本是哀帝的主意，故他支持了刘歆："歆欲广道术，亦何以为非毁哉？"②

这时的刘歆深知尽管有皇帝和少数朝臣的支持，自己仍处于劣势，于是上疏哀帝谋求外放。哀帝也怕惹出麻烦，于是任命他为河内太守。因宗室不宜典三河之地，故又徙五原太守。赴任途中，刘歆回想起种种遭遇，著《遂初赋》以抒发内心的抑郁和不平，同时提醒自己抱定"守信保己，寿比老彭"的处世宗旨。此后刘歆又转赴涿郡太守任上，过了几年漂泊不定的地方官生涯。刘歆一度因病免官闲居，还做过一段时间的

---

① 《汉书·李寻传》。
② 《汉书·楚元王传》。

安定属国都尉，但其抱负依旧无处施展。

（五）

元寿二年（公元前 1 年），哀帝去世，平帝即位。大司马王莽掌权，与王莽有私交的刘歆也时来运转，被任命为右曹太中大夫，旋即迁中垒校尉、羲和、京兆尹，成为王莽集团的重要人物。

元始四年（4 年），任安汉公、宰衡的王莽欲据《周礼》修建明堂，遂授意于刘歆。刘歆亲自设计、督造了一座上圆下方、有八窗九室的宏伟建筑。次年，王莽又命刘歆建造辟雍。刘歆依命与孔永、孙迁、平晏等一同设计、监造了一座四面环水、圆形如璧的祭祀场所。刘歆因此进封红休侯，食邑千户。

刘歆这时还主持完成了我国历史上第一部记载完整的历法——《三统历》。本来，历法也是刘向的未竟之业，刘歆便在武帝时的《太初历》及父亲研究成果的基础上，编著了《三统历》和《三统历谱》。

这时的刘歆在政治上投靠王莽，不仅与西汉末年的社会危机和政治腐败有关，同时也是他个人性格使然。刘歆善于权变，喜欢夸饰虚浮和标新立异，甚至为达到个人目的不惜冒政治风险。当年争立古文经未成的经历使他耿耿于怀，而为打败经学上的对手，就需要借助王莽的政治力量；而王莽要代汉改制，也希望以古文经学为其思想工具和理论依据。于是二人一拍即合。在王莽的支持下，《左传》《毛诗》《逸礼》《古文尚书》等在平帝年间均立于学官，设博士弟子员。王莽代汉后，又立《周官经》为官学，古文经学大盛。因此，政治与经学的结合，是王、刘联手的幕后推手。

始建国元年（9 年），王莽篡汉，大封群臣，刘歆排在第三位。刘歆的三个儿子也得到重用，王莽的儿子王临还娶了刘歆的女儿刘愔。刘歆在投靠王莽集团的道路上越走越远。他帮助王莽制礼作乐，用古文经学建立了一套不同于西汉皇朝今文经学的理论体系。而始建国元年，王莽颁布的《符命》42 篇就是刘歆炮制出来的，其目的在于论证王莽代汉的必然性和合理性。刘歆已成为王莽统治集团中的群儒之首。

王莽改制后，社会矛盾依旧尖锐，不少人萌生了对汉室的怀念之情。刘歆作为汉朝宗室，自然不能无动于衷，且当初在王莽称帝时，他就颇感内惧，渐渐开始采取消极态度。王莽有所觉察，借某案件牵连到歆子刘棻、刘咏和刘歆的门徒侍中、骑都尉丁隆的机会，以首恶分子的名义酷刑处死刘歆的两个儿子和门徒。这次惨变对刘歆是个沉重打击，王莽从此也不再信用刘歆，心灰意冷的刘歆于是把主要精力放在传授儒家经典特别是《左传》上。

但刘歆家族的不幸并未就此结束。地皇元年（20 年），王莽之子王临阴谋杀莽。王临之妻刘愔以星占称王临的宫中将有白衣会，王临以为所谋将成。后所谋暴露，王临被赐死，刘愔自杀。王莽又诏刘歆："临本不知星，事从愔起。"①意谓刘愔之父刘歆应负部分责任。好在王莽看在刘歆是好友、功臣的分上没有很难为他。地皇二年，故左将军公孙禄进言欲杀刘歆，王莽最终还是没有对刘歆采取行动。

地皇四年（23 年），已经取得昆阳大捷的绿林军开始向长安挺进，三辅地区也燃起反莽的熊熊烈火。一时间，新莽政权摇摇欲坠。王莽的堂兄弟、卫将军王涉与大司马董忠密谋造反，他们寄希望于刘歆，多次与刘歆密谈。但丧失二子一女和门徒的刘歆心有余悸，不肯答应。后来王涉再次密访，并向刘歆谈了自己的初步设想，刘歆考虑再三，最后横下一条心参与了王涉、董忠密谋的政变计划。王、董主张立即动手，刘歆则坚持："当待太白星出，乃可。"②董忠又去联系主张造反的起武侯孙伋。后因孙伋告发，董忠被杀，刘歆、王涉也被迫自杀。刘歆几度沉浮的一生就此结束，其时距新莽政权覆灭不过几十天。

对于刘歆之死，王夫之颇有感慨："王莽未灭而刘歆先杀……歆小人也，蒙父向之余烈，自命于儒林，以窃先王之道。君子之器，其可乘乎？貌君子而实依匪类者，罚必重于小人。"③应该说，这完全是从传统的封建道德观念来立论的，评价未免苛刻。但我们也应承认，刘歆后期

---

① 《汉书·王莽传》。
② 同上。
③ 王夫之：《读通鉴论》，138～139 页，北京，中华书局，1975。

的所作所为既背离了其父一贯坚持的原则立场，也违背了他自己早年的政治理想，走上了一条自我毁灭的悲剧性的道路，使后人"读其书益伤其人，则有掩卷尔"①。当然，这一切似应无损于刘歆在中国儒学史、中国学术思想上的地位和影响。

三、《七略》中史籍未能独成部类的根本原因

如前所述，西汉后期由刘向创始，其子刘歆完成的《七略》，是我国最早的综合性图书分类目录。它将政府所藏图书分为六大类（"略"）三十八小类（种），而史籍没有能独设部类，只是附于六艺略春秋类之下。

从南朝梁阮孝绪（《七录序》）以来，人们大都认为，《七略》如此安排，是因为当时史书量少，且与《春秋》有着密切的渊源关系。这种说法不无道理，但尚未触及其中的根本原因。近人姚名达在《中国目录学史》中，曾对此提出疑义，说："（《七略》）往往同一种中，又复杂附绝不同类之书，如附《国语》《世本》《战国策》《楚汉春秋》《太史公》《汉大年纪》《十二家之书于春秋》……若谓史书甚少，不必独立，则其他各种，每有六七家百余卷即成一种者，而谓以十二家五百余篇之史书反不能另立一种乎？"②但姚氏于此亦未深究。

任何学术思想包括图书分类思想，都是时代和社会的产物，与政治制度、文化政策紧密相关。我国的史学传统非常悠久，作为史学传播者和史书编纂者的史官的设立，为时极早。唐代杜佑说："史官，肇自黄帝有之，自后显著。夏太史终古，商太史高势，周则曰太史、小史、内史、外史，而诸侯之国亦置其官"③。这些史官，大都是学识渊博之士，政治地位也很高。《隋书·经籍志》史部总序指出："夫史官者，必求博

---

① （明）张溥：《汉魏六朝百三家集题辞注·刘子骏集》，北京，人民文学出版社，1981。
② 姚名达：《中国目录学史》，68～69页，北京，商务印书馆，1957。
③ （唐）杜佑：《通典·卷二十一》。

闻强识、疏通知远之士，使居其位，百官众职，咸所贰焉。是故前言往行，无不识也；天文地理，无不察也；人事之纪，无不达也。内掌八柄，以诏王治；外执六典，以逆官政。"《礼记·玉藻》《汉书·艺文志》也都提及"左史""右史"及其职掌。九流学术皆源于史，史官几乎成了整个社会文化的垄断者。同时，主要由史官编纂的史书也十分繁多，一般通称为《春秋》。相传商太丁时曾有《夏殷春秋》。墨子说："吾见百国《春秋》。"①孟子亦言"晋之《乘》，楚之《梼杌》，鲁之《春秋》，一也"②。人们对史书颇为重视。《左传》昭公二年载，晋大夫韩宣子至鲁聘问，曾专门"观书于太史氏，见《易象》与《鲁春秋》"。孔子的《春秋》，就是根据《鲁春秋》修成的。后来，随着各国史书的亡佚，《春秋》之名便专属孔子了。

史学本来就是一门经世致用之学，史书也往往于事见理，给人以教诫和启迪，但重要的还是要阐明客观的历史发展进程，与单纯的道德训教之书有很大不同。而孔子作《春秋》，只是把历史记载作为手段，进行道德批判，以达到振兴礼制的目的。唯其如此，《春秋》才被后世儒家尊为经书，并由此开始了史学对经学的依从。经学的产生亦不算晚。孔子从事私人讲学，所用教材就是由其整理出来的六艺，即《易》《书》《诗》《礼》《乐》《春秋》六经。孔子死后，儒各派皆祖述孔子学说，进行经学传授。不过，尽管儒家经学适应了封建集权政治的需要，地位不断提高，但直到西汉文景时期，经学主要是一种学术，与政治的结合还不密切，"诸博士具官待问，未有进者"③。汉武帝罢黜百家，独尊儒术，立五经博士，开弟子员，经学开始成为统治阶级的政治工具，取得几乎独尊的地位。在这种文化氛围中，任何学术都会打上经学的烙印，沦为经学的附庸，与经学特别是《春秋》等经书有较直接联系的史学及其著述，更不能例外。

汉武帝沿用周代旧称，设太史令、太史公一职，规定"天下计书先

---

① 《隋书·李德林传》。
② 《孟子·离娄上》。
③ 《史记·儒林列传》。

上太史公，副上丞相，序事如古《春秋》"。实际上，太史令的存在对武帝来说却是无所谓的事。武帝封泰山，太史令司马谈未能从行，尽管是由于他身体欠佳，但也说明他是否载笔记事，武帝并不在意。这与古之史官君举必书的情况形成了强烈反差。司马迁继承父职，却因李陵之祸，被处宫刑，招致奇耻大辱，毫无昔日史官的尊崇。晋代虞喜在谈到史官（太史公）职掌和地位的变迁时说："自周至汉，其职转卑"，只不过"其官属仍以旧名尊而称也"[①]。此诚为笃论。

经学独尊，经学著作也就在各类著作中居于支配、统帅的地位。史家也都以经书为宗镜，将其著述视为经学的辅翼和解释。司马迁早年从经学大师董仲舒、孔安国受业，他写《史记》的理想，是要窃比《春秋》。在《史记·太史公自序》中，他曾称述其父之语"自周公卒五百岁而有孔子，孔子卒后至于今五百岁，有能绍明世，正《易传》，继《春秋》，本《诗》《书》《礼》《乐》之际？"当时武帝改元太初，又值孔子死后五百年，正是"孔子修旧起废，论《诗》《书》，作《春秋》"时代的再现。司马迁对六经多予颂赞，对其中的《春秋》更是推崇备至，称它为"王道之大者""礼义之大宗"。在《史记》的写作过程中，司马迁贯穿经传，多取资于经学著作。他提出了"考信于六艺""折中于夫子"的考信原则，并专为孔子及其弟子设了世家和列传，且为治经儒者立了列传。他作十二本纪及述事"至于麟止"，亦是效仿《春秋》之法。尤为重要的是，司马迁贯彻了《春秋》褒贬精神，并重复了经学家神学迷信的说法。当然，他并未简单停留在经学的宗旨和目的上，而是以其特有的史识、情趣和"良史之材"，"善序事理，辨而不华，质而不俚，其文直，其事核，不虚美，不隐恶"，把《史记》写成了规模宏大，内容丰富的"实录"[②]，并表现出许多与经学相左甚至完全相悖的倾向。从汉武帝到宣帝初期，最高统治集团并未真正专用儒术，而是兼重刑名法术之学，用宣帝的话来说，就是"以霸王道杂之"。司马迁此种举动，当亦是这一现象的曲折反映。

---

① （东晋）虞喜：《志林》。
② 《汉书·司马迁传》。

　　从宣帝后期开始，最高统治集团笃信儒学，专用儒生，如韦贤、韦玄成父子及匡衡、贡禹、薛广德等皆以儒术居丞相、权臣之位，朝廷公卿均由经术而进，凡能通一经者皆"复其身"。一时间，上无异教，下无异学，皇帝下诏，群臣上奏，都要称引经义以为依据。儒家经学在政治、文化诸领域的统治已经完全确立而且巩固下来。相形之下，史学的地位更加低落了。当时，从事历史记载的学者主要不是史家，而是经学大师，如补续《史记》的褚少孙（褚先生）以经术为郎，后为博士。唐代刘知幾在《史通·史官建置》中说："司马迁既殁，后之续《史记》者，若褚先生、刘向、冯商、扬雄之徒，并以别职来知史务，于是太史之署，非复记言之司……唯知占候而已。"太史令一职已经名存实亡，仅执掌天时星历之事，这必然影响史学的发展。

　　此时人们还注意用儒家经学的标准，运用历史记载对现实进行道德批判。成帝时刘向借鉴《史记》的体裁结构和风格文采，撰成《列女传》这部传记体的妇女专史。《汉书·楚元王传》载："向睹俗弥奢淫，而赵、卫之属起微贱，逾礼制。向以为王教由内及外，自近者始，故采取《诗》《书》所载贤妃贞妇，兴国显家可法则，及孽嬖乱亡者，序次为《列女传》，凡八篇，以戒天子。"矛头指向女主干政，外戚专权的现实。刘向在《列女传》中对《春秋》褒贬精神做了更确切、更具体的发挥，道德教化色彩浓重。他本人曾明确指出自己著述的目的是要"著祸福荣辱之效，是非得失之分"①。他所设的七个类目（母仪、贤明、仁智、贞顺、节义、辩通、孽嬖），本身就体现了这一主旨。但尽管如此，《列女传》总还是一部史书，在《七略》中当与《太史公》等相次，而刘歆却把它同刘向的《新序》《说苑》等一起列入诸子略儒家类中，以强调其现实价值。在校理群书的过程中，刘向也屡屡用经学的标准，以是否有益于道德教化来判断史书的功效。如在《战国策叙录》中，他多次称引孔子之说议论战国史实，认为《战国策》虽语言"可喜""可观"，但却"不可以临国教化"。

---

　　① （汉）刘向、刘歆：《七略别录佚文·七略佚文》，（清）姚振宗辑录、邓骏捷校补，上海，上海古籍出版社，2008。

　　同时，社会上也把史学的地位看得很低，认为史书与经书相比，颇不足观。成帝初年，东平王刘宇来朝，上疏求诸子著作及《太史公书》（《史记》），权臣王凤劝成帝不许，让成帝对刘宇说："五经，圣人所制，万事靡不毕载。王审乐道，傅相皆儒者，旦夕讲诵，足以正身虞意。夫小辩破义，小道不通，致远恐泥，皆不足以留意。诸益于经术者，不爱于王。"①成帝如此做了。不久，成帝"以书颇散亡"，"诏光禄大夫刘向校经传、诸子、诗赋，步兵校尉任宏校兵书，太史令尹咸校数术，侍医李柱国校方技"②。可见，在刘向、刘歆父子了解图书总体情况之前，政府就没有把史书同经学著作分开，独立一类。

　　《七略》编订前后，扬雄也对史书进行了较低的评价。他虽然肯定司马迁的"实录"精神，但又对司马迁未完全皈依经术颇多微词。《汉书·扬雄传》载："雄见诸子各以其知舛驰，大氐诋訾圣人，即为怪迂，析辩诡辞，以挠世事，虽小辩，终破大道而或众，使溺于所闻而不自知其非也。及太史公记六国，历楚汉，讫麟止，不与圣人同，是非颇谬于经。"这里，扬雄不只是对《史记》不满，也是对所有未起到道德批判作用的史书不满，表现出一种经尊于史、优于史的偏见。扬雄与刘歆交往甚密，其学术倾向对《七略》分类形式的最后确立，肯定有所影响。

　　总之，经学独尊并使史学处于附庸地位，当是《七略》中史籍未能独成部类的根本原因。东汉时期，史学的地位基本上没有发生变化，所以班固《汉书·艺文志》一依《七略》，仍将史书附于六艺略春秋类之下。东汉末年，严格意义上的"经学时代"宣告结束。清代皮锡瑞说："孔子道在六经，本以垂教万世，唯汉专崇经术……三代后政教之盛，风化之美，无有如两汉者，降至唐宋，皆不能及。"③汉末以后，随着儒家经学的衰落，史学开始从"六艺之末"的状态摆脱出来，成为一个重要的学术门类，史书亦蔚为大观，体裁众多，数量突增，从而在图书分类中取得

----

　　① 《汉书·宣元六王传》。
　　② 《汉书·艺文志》。
　　③ （清）皮锡瑞：《经学历史·经学极盛时代》，周予同注释，北京，中华书局，1959。

独立地位，与经、子、集部图书一样，成为古代文化典籍的重要部分。这一过程，由晋代荀勖《中经新簿》、李充《四部书目》开其端，唐初史臣《隋书·经籍志》收其绪，意义重大。当然，由于传统的因袭关系，特别是由于儒家经学始终是统治思想和官方学术中的主要部分，经学地位仍在史学之上，经书也仍居四部之首。

四、刘向《列女传》的版本问题

《列女传》最早著录于刘向《七略别录》（辑本，下同）和《汉书·艺文志》。《列女传》成书前，刘向先辑录了许多妇女传记资料，再选取其中最得意者，加以编述，又对照各本，进行雠校，最后"种类相从为七篇"，上奏朝廷，成为定本。

关于《列女传》的篇数，《七略别录》和《汉书·楚元王传》一说 7 篇，一说 8 篇，略有歧异。笔者认为，刘向编撰《列女传》时，图既画于屏风，便不会以篇称之，故《汉书》所言 8 篇，即传 7 篇、颂 1 篇，较为合理。《七略别录》所言 7 篇仅指传而言，未包括颂。东汉中期以降，《列女传》篇卷结构出现了重大变化。从《隋书·经籍志》《新唐书·艺文志》的著录来看，东汉中期到北宋初期，《列女传》15 卷本已经流行，原 8 卷本渐佚。北宋嘉祐年间，集贤校理苏颂对通行本《列女传》颂义、篇次重新整理，复定为 8 篇，与 15 卷本并藏馆阁。此后，长乐人王回再加整理，"并录其目，而以颂证之"，将全书"删为八篇，号《古列女传》"，"有母仪、贤明、仁智、贞慎（今本作顺）、节义、辩通、孽嬖等篇，而各颂其义，图其状，总为卒篇"。属后人掺入的 20 传，"自周郊妇至东汉梁嫕等，以时次之"，号《续列女传》。[①] 南宋嘉定年间，武夷人蔡骥（孔良）在苏、王定本的基础上整理刊刻《列女传》，颂义大序列于目录前，小序 7 篇散见目录中间，颂见各人传后，题《古列女传》七卷、《续

---

① （北宋）王回：《古列女传序》。

列女传》一卷，或通题八卷。今所见各本皆由此而来。北宋时仍藏馆阁的班昭注 15 卷本，不知佚于何时。

关于《列女传》篇卷变化的主要原因，清周中孚《郑堂读书记》说："是编为内训所须，非寻常传记可比，古之相传本无阙佚，其卷数之异同，当颂义及注分合之故尔。"此语颇为精当，很有见地。

今天我们所能见到的《列女传》各本，都是在蔡骥之后刊刻的。

1. 南宋建安余氏勤有堂本（《文选楼丛书》影刻本）

据清人记述，传世《列女传》刻本以南宋建安余氏勤有堂本最古。江藩在为影刻此本的《文选楼丛书》本写的跋中说："余氏名仁仲，曾刊注疏，何义门学士所谓万卷堂本也。卷末有'余靖庵模刊'款，靖庵岂仁仲之号与？"叶德辉《书林清话》却说勤有堂"为余志安刊书之记，其刻《列女传》之靖庵亦题勤有堂，则或为志安别号也。"

明末清初，钱谦益（牧斋）藏有两余氏本，"一得于吴门老儒钱功甫，一则乱后入燕，得于南城废殿中，皆仅免予劫灰，此则内殿本也"。钱谦益说："功甫尝指示予，图画虽草略，尚顾恺之遗制，苏子容尝见旧本于江南人家，其为古佩服，而各题其颂像侧。今此画佩服古朴，坐皆尚右。儒者生百世之下，得见古人形容仪法，非偶然者。吾子其宝重之。余心识功甫之言不敢忘。"①

钱谦益绛云楼失火后，其残存藏书归族人钱曾（遵王）。内殿本《列女传》也转入曾手。《读书敏求记》著录"《古列女传》七卷，《续列女传》一卷"，还写道："今此本始于有虞二妃，至赵悼后，号《古列女传》。周郊妇至东汉梁嫕等，以时次之，别为一篇，号《续列女传》。颂义大序列于目录前，小序七篇散见目录中，颂见各人传后，而传各有图，卷首标题'晋大司马参军顾恺之图画'……苏子容尝见江南人家旧本，其画为古佩服，各题其颂像侧者，与此恰相符合，定为古本无疑。千载而下，睹此得存古人形容仪法，真奇书也。牧翁乱后入燕，得于南城废殿。卷末一条，云：'一本永乐二年七月二十五日，苏叔敬买到。'当时采访书籍，

_____

① （清）钱谦益：《牧斋有学集·卷四十六》。

必贴进买人氏名,郑重不苟如此。内府珍藏,流落人间,展转得归于予,不胜百六焱回之感。"

钱曾之后,内殿本归入秘阁。《钦定天禄琳琅书目》宋版史部载有此本及钱氏藏印,并指出:"目录后刊建安余氏印,书中或称'静庵余氏模刻',或称'余氏勤有堂刊',即岳珂《九经三传沿革例》所称建安余氏也。"四库馆臣纂修《四库全书》时即以此为底本。

内殿本后又流入民间,一度藏于吴中(苏州)东城迎驾桥顾氏。乾隆五十七年(1792年)末,黄丕烈(尧圃)从顾氏处携来此本,见其"装潢精雅,楮墨俱带古香,心甚爱之,缘需直颇昂,仅留阅信宿而取去,简端有牧翁题语,详是书流传始末甚明"①。不久,此本为元和人顾之逵(抱冲)所得。

钱谦益得于钱功甫的余氏本《列女传》曾藏于黄丕烈手中。黄氏说:乾隆五十八年夏初,余知内殿本《列女传》"已为友人顾抱冲所得,心殊怏怏,既而思牧翁所有二,内殿本虽出,而得于吴门老儒钱功甫者,世未之见,殿本既储于顾氏,钱本必藏庋一处。托人往觅,果有一本。继出者但纸色染黑,图画入时,力辩其为赝本,而真本亦踵至矣。真本钱本也,与殿本印更前,故图画字迹较为清晰","正所谓白璧无瑕也。至王回、曾巩两序,殿本、钱本俱系钞补,或宋本本无而从别本补足,亦未可知,不足云玷也。""钱本、殿本非必两歧,殿本或有修补之误,钱本或有描写之病"②。第二年,黄氏即应周锡瓒(漪塘)之请,以所得钱本校明黄鲁曾刊本。当时钱大昕(竹汀)也见过此本。《竹汀先生日记抄》卷一载:"晤黄尧圃、周漪塘,观""宋刻《列女传》八卷,上层有顾恺之画像,镌刻极工。目录后有嘉定七年武夷蔡骥孔良跋。七卷之目曰母仪、贤明、仁智、贞顺、节义、辨通、孽嬖,末一卷则后人所续也"。黄氏之后,此本不知藏于何处,亦未见著录。幸好黄氏以此本所校黄鲁曾本今藏北京大学图书馆,从黄氏校语中仍可窥钱本宋本原貌。它与内

---

① (清)黄丕烈:《荛圃藏书题识·卷二》。

② 同上。

殿本宋本的个别差异，正如黄氏所言，皆属后人"描写之病"，如"二""大"填写为"三""夫"等。

内殿本藏于顾之逵家时，已佚去颂义大序及卷一《鲁师氏母》一传。嘉庆二十五年（1820 年）转入扬州阮元家，时钱曾所言卷末小白条宛然尚在。道光五年（1825 年），阮元子阮福按原本行格图画影摹刊行，是为小琅嬛仙馆本，因收入《文选楼丛书》，也称《文选楼丛书》本。阮氏文选楼后来发生火灾，内殿本再也未见，估计已毁于大火。所以要了解此本原貌，只得借助阮氏影刻本。此本目录前有曾巩、王回序，小序列目录中，目录后有蔡骥序。序半页 11 行，行 21 字。目行同序行，行 18字。目录后有外方内圆木印记，中刻草书"建安余氏"4 字。卷二、卷三后有"静庵余氏模刻"1 行，卷五后有"余氏勤有堂刊"1 行，卷八后有黑地白文木记"建安余氏模刊"1 行。每页上半图画，下半传文。传文行字大小不一，多者半页 16 行，行 30 字，少者半页 11 行，行 20 字。

关于余氏本题为顾恺之（小字虎头）所画图，钱功甫、钱谦益、钱曾、钱大昕都确信不疑。阮元得余氏本后，曾嘱咐阮福说："此图当分别观之。余尝见唐宋人临顾恺之《列女传》图长卷，其中衣冠人物与此图皆同，若卫灵公所坐之矮屏，漆室女所倚之木柱，皆与顾图中相似而微有所减。其宫室树石如孟母图中书院之类，或有唐宋人所增，然即此尚可见唐宋人古制。至于人物镫扇之类，亦绝似顾虎头画《洛神赋》图，定为晋人之本无疑。"[1]江藩也曾讲自己"于宋丈芝山处见赵文敏临恺之《列女传·仁智》图，如苏子容之言各题颂于像侧，其画像佩服与刻本一一吻合，始悟此图乃顾画之缩本"[2]。阮福进一步明确指出："汉已画列女图于屏，是顾图尚本于汉屏风，睹此犹可见古人形容仪法也。唯是顾图临本之全今不可见，赖有此宋本首尾完具，尚见其全。又考米南宫《画史》云：今士人家收得唐摹顾笔列女图，至刻板作扇皆是三寸余。此本除去传、颂，但度图之高下，与米史所言三寸恰合。然则余氏盖出于北

---

① （清）阮福：《古列女传跋》，《文选楼丛书》本。
② （清）江藩：《古列女传跋》，《文选楼丛书》本。

宋摹刻本，北宋出于唐摹顾虎头本而缩低为三寸无疑……盖汉屏风不可见，而见于顾虎头本，顾虎头本不可全见，而全见于北宋三寸板扇本，北宋本不可见，仅见于此南宋余氏本矣。"①

关于余氏本的装帧形式及影刊过程中出现的问题，阮福说："此册旧为蝴蝶装，如今之册页作两翼相合对之形。今摹刻之本乃反折之，如两翼相背，盖以线装为今书之式，不得不与宋人蝴蝶装相反。"但在其他方面，"予本全摹宋式，丝毫不改，是以传、颂中宋时俗写之字如'孝''国'之类不可枚举，皆不校改，庶存宋本之旧，不失其真"。"此本沿晋、唐而来，其中古篆不误，可证今经史之误"。"此乃最古之本，勿因'孝''国'等字而反疑不误者为误也"②。

由于余氏原本已佚，而阮刻又"存宋本之旧，不失其真"，商务印书馆《丛书集成初编》本《古列女传》即据《文选楼丛书》本影印。

当然，也有人对定余氏本《列女传》为宋版表示怀疑。叶德辉《郋园读书志》说："建安余氏至元时犹存。观其字体，似元时所刻。"然而叶氏未见过余氏原刻，不可能以纸墨确定时代，再说余氏本字体也没有明显的元本特征，且其中避宋帝之讳处甚多，如"沟""贞""桓"等字均有阙笔的情况存在。另外叶氏在《书林清话》中虽证明余氏勤有堂至元时犹存，但于其始则又无考。因此，叶氏此说并不能推翻前述诸人的结论。

2. 顾氏小读书堆重刊南宋建安余氏勤有堂本

乾隆五十八年初，建安余氏本之内殿本为顾之逵所得，时此本已佚去颂义大序及卷一《鲁师氏母》一传。为广流传，嘉庆元年（1796 年），顾之逵请从弟广圻（涧𧷴）董理，据余氏本重雕印行。因余氏本也存有讹误，广圻作《考证》一卷附后。是为顾氏小读书堆本。此本半页 11 行，行 18 字。字为仿宋体，美观大方。广圻代从兄写的刻书序说："余氏本世亦不多有，予购得之，爱重梓焉。凡八卷，悉仍之，不复据目录正其次第，以刘氏元书不可追复故也。余氏本上方有图，首题虎头将军画。

---

① （清）阮福：《古列女传跋》，《文选楼丛书》本。
② 同上。

然据王回序，则吕缙叔等所见图乃止《母仪》《贤明》二传，后并无从更得。今此图盖余氏所补绘耳，无容赘为摹刻也。"所以付梓时图画削去未刊。江藩当时就对此提出异议，他说："此图即好事者为之，亦宋画也。存之为是。"[①]但书已杀青，不能重雕。后来阮福和胡玉缙都曾批评顾氏此举，认为"以图为余氏补绘，似臆为之说"[②]。尽管这样，顾氏本仍不失为难得的精本，《列女传补注》等都以此作底本。

此本末附《考证》一卷，颇有独到之处。在《考证》后序中，顾广圻说自己负责刊书时，"参验他书，纵核同异，于刘氏义例窃有证明，其传写讹脱亦略为补正，不敢专辄改其故书，兼不欲著于当句之下横隔字句，故别为此《考证》附后"。《考证》中还收入段玉裁疏解数十条。

3. 明正德、嘉靖本

明刊《列女传》，据傅增湘《藏园群书经眼录》等载，最早的是正德刊本，但此本缺第七卷及续传，未详是原刻删去，还是流传中佚去。

嘉靖间黄鲁曾刊本是影响比较大的刊本之一。此本半页 12 行，行 20 字，白口，上下单边，左右双边。前列嘉靖三十一年（1552 年）黄鲁曾序，次王回序，次目录，次曾巩目录序，次朱衍序，次蔡骥序。未刊图画。刘书中有以四言撰成的评论各传传主的颂，此本各传颂后有黄氏仿颂写的赞。此本与南宋余氏本有一定出入。卷一的《邹孟轲母》，宋本在《鲁季敬姜》《楚子发母》之后，而此本却列于其前。再如卷四的《卫宗二顺》颂，余氏本"主妇愻让，请求出舍，终不肯听，礼甚闲暇"几句，此本作"夫人愻辞，请求出舍，终不肯听，礼甚有度"。此本收入《汉唐三传》，故又称《汉唐三传》本。清《崇文书局汇刻书》本《列女传》，即据此本重刊。

4. 明万历刊本

明万历间黄嘉育刊本，在《列女传》诸本中非常重要。此本半页 10 行，行 20 字，白口。前列万历三十四年（1606 年）新都黄嘉育（怀英）

---

① （清）江藩：《古列女传跋》，《文选楼丛书》本。
② 胡玉缙：《四库全书总目提要补正》。

序，次王回序，次曾巩目录序，皆以草书写成，次小序。每传前有图。《郋园读书志》说：此本字体有晋人钟、王遗意，图画似出明仇英一派人手笔。书前王回序"各颂其义，图其状，惣（总）为卒篇"云云，明刻除黄鲁曾本外，皆误析惣字为"物"、"以"二字，盖"惣"下之"心"，草书似"以"，故刊刻者往往误作二字。近日汪士钟刻衢本《郡斋读书志》引此序，误亦同。唯宋余氏本及《文献通考·经籍考》引晁志并作"惣"字，故而此本之来历必本于宋椠无疑。二三十年来，藏书家多重明嘉靖本，其视万历本不啻书帕坊行，岂知万历时固有此佳刻耶？

余氏本目录后有嘉定七年蔡骥序，此本刊之于目录前，并削去年月姓名，未详其故。另外此本也有后人羼入处。卷一的《周室三母》"卒成武王、周公之德"后多出 226 字，卷五更增出《上谷魏母》一传。商务印书馆《四部丛刊初编》本即据叶德辉观古堂所藏此本（佚去黄序）影印，但未刊《上谷魏母》一传（目录中仍存）。《四部丛刊初编书录》称此本"图画人物生动，当出名手，字亦有松雪意"。此外，比较重要的《列女传》明刊本还有万历间金陵书林唐鲤耀（锦池）文林阁刊本和崇祯太仓张溥（天如）刊本。

5. 清《四库全书》本（简称"库本"）

《四库全书总目》载，《四库全书》中的《列女传》用内府藏本为底本。《四库全书总目》在引述《读书敏求记》之语后，指出此内府藏本即钱曾所藏余氏本之内殿本，其"为曾家旧物，题识印记并存，验其版式纸色，确为宋椠，诚希觏之珍笈。唯苏颂等所见江南本在王回删定以前，而此本八篇之数与回本合，《古列女传》《续列女传》之目亦与回本合，即嘉祐八年回所编之本，曾据以为江南旧本，则稍失之耳"。《四库全书总目》说余氏本非江南旧本是正确的。但余氏本的 8 篇与王回定本并不相合，王回的 8 篇是指《古列女传》的传 7 篇、颂 1 篇，不包括《续列女传》）。

库本在以余氏本为底本的同时，参考其他版本而稍加变动。首冠乾隆皇帝御制序，其称"刘向《列女传》，宋嘉定间闽中所刊，图书并列，殆古遗制"，未收录王回、曾巩旧序，也未刊图画，但小序、目录、蔡骥序与余氏本的文字完全相同。传颂中个别与余氏本相异之处，如卷一的《弃母姜嫄》"居稷"作"后稷"，《鲁季敬姜》"閜肉"作"閾内"等，则与黄嘉育本等明刊本相近。

6. 清三家校注本

王照圆《列女传补注》8 卷、《叙录》1 卷、《校正》1 卷。前有臧庸、马瑞辰序和曾巩、王回旧序及王照圆自序。因《列女传》最早有班昭(曹大家)注(已佚，仅有很少存于旧注和类书中)，所以作者谦称己注为补注，意即补班昭之注。注文居每传之后。有嘉庆十七年(1812 年)郝氏晒书堂刻本(后收入《郝氏遗书》，故又称《郝氏遗书》本)、民国六年(1917年)潮阳郑氏《龙溪精舍丛书》本(据《郝氏遗书》本校刊)。《校正》一卷收入臧庸、王念孙父子、阮元、马瑞辰、胡承珙、牟房、王绍兰等人校勘、研究《列女传》的成果。

梁端《列女传校注》8 卷。前有汪远孙、梁德绳序及曾巩、王回旧序。校语和注释以双行小字插入句中。有道光十一年(1831 年)钱塘汪氏振绮堂刻本和同治十三年(1874 年)重印本，中华书局《四部备要》中的梁端《列女传校注》即据此校刊排印。

萧道管《列女传集解》10 卷(包括《补遗》1 卷、《附录》1 卷)。有光绪间刊本，收入《石遗室丛书》。以上三书皆用顾氏小读书堆重刊宋建安余氏本为底本。民国时期，还出现过一些《列女传》的石印、铅印本，这里不及详举。

综上所述，刘向《列女传》以南宋建安余氏勤有堂本刊刻最早，错讹最少，内容最足。但此本今已不可见。我们所能见到的是用此本影刻的《文选楼丛书》本和据此本重刊的顾氏小读书堆本。来自另一宋本的明万历黄嘉育本也值得重视，它说明宋时《列女传》就有至少两个不同的版本。我们若取《文选楼丛书》本或顾氏小读书堆本为底本，再校以黄嘉育本、《四库全书》本等，就能整理出一个比较完善的《列女传》定本。笔者撰写的《列女传译注》(山东大学出版社，1990 年)就是这样做的。

五、刘向《列女传》的社会政治思想

西汉刘向编撰的《列女传》是我国最早的妇女专史，它系统地记载了中古以前我国妇女的社会生活，基本上属陈述故事、称说佚闻之作，但从刘向的编撰目的和对旧籍材料的加工，特别是从各传末的评语、颂文中，仍可明显地看出刘向的社会政治思想倾向，传中人物的言行也部分地反映了刘向本人的思想观念。

刘向在《列女传》中设《贤明传》，对贤女大加称扬，并通过传中人物之口提出，"国多贤臣，国之福也"，"而相不贤则国不宁"，将进贤任贤看作治理国家的关键。

先秦时期，墨家曾明确主张"尚贤"，儒家也在要求尊尊亲亲的同时强调尊贤使能，一些统治者为了维护自身利益有时也注意选用贤士参政议政，但专制制度的实质决定了他们是不可能长期容忍贤臣们直谏面争的。他们渐渐地开始喜欢那些谄媚、奉承的奸人佞臣，冷落、疏远甚至惩罚刚正不阿的贤士。西汉后期，宦官、外戚先后专权，影响了大批儒士的仕进之途。不少儒士为干禄求俸，投到宦官、外戚门下，容身固位，志节日微，甚至与宦官、外戚一起压制和打击儒者群中的鲠骨之士。刘向也是其中的受害者。他在《列女传》卷四的《卫宣夫人》中指出卫国君"左右无贤臣，皆顺其君之意"，借以批评当世。他曾上疏汉元帝，揭露"贤不肖浑淆，白黑不分，邪正杂糅，忠谗并进"的现象，建议"通贤者之路"[①]。《列女传》卷七《孽嬖传》集中收录了因未用贤人而致败亡的故事，意在引起最高统治者的警惕。另一方面，《列女传》也一再提出进用贤士带来的"国之福"。如卷二的《楚庄樊姬》中楚庄王听樊姬之谏，重用孙叔敖，"功业遂伯"。又如卷六的《齐管妾婧》中管仲采妾婧之说，举荐宁戚，"齐得以治"。刘向写过一篇《杖铭》，把贤士比作"历危乘险"

---

① 《汉书·楚元王传》。

的手杖。他在《说苑·尊贤》中也曾强调："治乱之端，在乎审己而任贤也。国家之任贤而吉，任不肖而凶。"

刘向希望最高统治者礼贤下士，广开才路。《齐管妾婧》的传主曾提醒管仲荐用人时"毋老老，毋贱贱，毋少少，毋弱弱"。在刘向看来，若是贤才，即使居于穷间陋巷者，也应授以高官厚禄；若非贤才，就是皇亲国戚，也应拒之朝廷门外。但是，进任贤殊非易事，除了最高统治者本身的主观原因外，谗邪奸佞也常常从中作梗，蔽贤之路，阻挠贤能之士参政。卷六的《齐威虞姬》中，"佞臣周破胡专权擅势，嫉贤妒能"。当虞姬推荐"贤明有道"的北郭先生入朝时，破胡用尽计谋，诬陷虞姬，使齐威王一度受骗，"闭虞姬于九层之台"。

刘向深知，专制君主很难听进贤士的苦口良言，他们对贤士及其举荐者百般怀疑，就像威王起初听信周破胡之言，致疑于北郭先生和虞姬一样。在别处，刘向也曾尖锐地指出，"谗邪之所以并进者，由上多疑心"，认为"治乱荣辱之端在所信任，信任既贤，在所坚固而不移"，希望最高统治者"放远佞邪之党，坏散险诐之聚，杜闭群枉之门"①。刘向要君主拿出威王烹杀阿大夫和周破胡的勇气，彻底消除进贤任贤的各种障碍。

《列女传》进贤任贤的思想具有强烈的针对性，在西汉后期那样一个宦官、外戚专权，儒士品格低下，政治腐败黑暗的时代有着积极意义，尽管它的目的是要维护刘汉皇朝的一统天下，它的"贤"也只是符合其利益的"忠臣之道，仁义之行"②。

《列女传》卷二的《鲁黔娄妻》盛赞传主夫妇"布衣褐衾，安贱甘淡，不求丰美，尸不揜蔽"的贤明之举，反映了刘向要求节俭特别是要求薄葬的思想。随着经济的发展，财富的增多，统治者不仅大肆挥霍，吃喝玩乐，而且为自己准备了身后在地下王国的豪华生活。西汉中后期，厚葬重丧的现象十分普遍，耗掉了无数财力、物力，也败坏了儒家思想影

---

① 《汉书·楚元王传》。
② 《列女传·节义传·盖将之妻》。

响下的淳厚质朴之风，加剧了各种社会矛盾。刘向已经清醒地意识到这一点。在给汉成帝的上疏中，他列举上古圣帝明王贤君智士的薄葬故事，指出薄葬是"明于事情"，"远览独虑无穷之计"，认为"德弥厚者葬弥薄，知愈深者葬愈微"，还遣责了秦始皇等昏君暴主"违礼厚葬"的罪行①。当时成帝正着力修造昌陵，工程浩大，刘向对此事深表不满，认为它"功费大万百余"，使"死者恨于下，生者愁于上，怨气感动阴阳，因之以饥馑，物故流离以十万数"②。这就是说，厚葬会引起百姓怨愤，导致阴阳失和，使天降灾祸。反过来说，只有薄葬才能使社会安定、阴阳相合，致天降祥瑞。

众所周知，先秦墨家是力主薄葬的，刘向薄葬思想对其有某种程度的继承，但二者又有许多根本性不同。首先，墨家是站在小生产者的立场上，认为物质财富的创造和积累来之不易，当加以爱惜，而厚葬会"辍民之事，靡民之财"③。刘向则主张要着眼于封建政权和宗法制度的巩固，从"礼""德""知"等方面立论，明确提出薄葬"非苟为俭"④。黔娄妻薄葬亡夫，也只是要合于死者生前之"义"。其次，墨家主张"明鬼"，以鬼神为实有，认为只有国富民丰才能向鬼神敬献好的祭品，讨得鬼神欢心，故而鬼神也反对妨碍富强的厚葬。刘向则不信鬼神，认为"信鬼神者失谋"，人的死只是"终生之化而物之归者"，厚葬不仅对死者无益，反而会使其"今日入而明日出"，"暴骸于中野"⑤。再次，墨家反对厚葬是与反对久丧相联系的，因为三年之丧同样有碍于生产的发展。刘向则认为三年之丧合乎传统的礼，不应反对。《卫宣夫人》颂曾称赞传主"公薨不反，遂入三年"的举动。最后，墨家曾提出过薄葬的具体标准，刘向则认为只要不违背儒家的礼，不过分劳民伤财，引起百姓的怨愤就可以了，没有必要制定具体的薄葬标准。刘向的薄葬主张，在统治阶级日

①　《汉书·楚元王传》。
②　同上。
③　《墨子·节葬下》。
④　《汉书·楚元王传》。
⑤　（西汉）刘向：《说苑·反质》。

益腐化，人民群众逐渐贫困的情况下是难能可贵的，应予肯定。

《列女传》塑造了许多"仁而有礼""贤而有德"的女性形象。在卷六《辩通传》中，刘向称赞传主们反对统治者滥施刑罚的言行，也颂扬了那些实行仁德之治的贤君圣主。他还特别强调以礼义治国的重要性。

西汉中期，武帝罢黜百家，独尊儒术。但这里的儒术主要是以董仲舒为代表的《公羊》派思想，而这种思想与刑名法术之学有密切关系，颇重法治，加上从社会榨取财富进行战争的需要，汉武帝又将兴趣转向刑名法术之学。相应地，儒家思想及儒士一度受到压抑和贬斥。武帝死后，随着战争机制的解体和人民要求安居乐业的呼声高涨，刑名法术之士遭到上下各方面的反对和指责，最高统治集团接受作为儒家代表的贤良文学的建议，议盐铁而罢榷酤，轻徭薄赋，与民休息。"由于这种历史契机，经过盐铁会议，儒家思想重新崛起，在宣帝时期进一步得势，而到成帝时，就完全居于统治地位了"①。这好像是历史的复归，但这时的儒家除了吸收董仲舒《公羊》学偏重刑罚的思想成分，更多地是继承了先秦思孟学派偏重仁义王道的思想，强调礼乐教化的作用。钱穆曾说："汉武、宣用儒生，仅重文学，事粉饰，元、成以下乃言礼制，追古昔，此为汉儒学风一大变。"②所以，这种复归是在变化、发展中实现的。刘向几乎经历了这一复归的全过程，成为新的儒家学派的重要代表。

在《列女传》卷六的《齐伤槐女》中，刘向借晏婴之口提出："穷民财力谓之暴，崇玩好、威严令谓之逆，刑杀不正谓之贼。"这是在告诫统治者不要肆意动用刑罚，要体恤爱护人民。《列女传》中收录了不少因重视教化、拒施滥刑而致国安、族兴的故事，同时又于《孽嬖传》集中收录了由滥用刑罚而致国亡、族灭的史实。刘向在其他地方也多次指出"教化之比于刑法，刑法轻"，"教化所恃以为治也，刑法所以助治也"③。卷

---

① 金春峰：《汉代思想史》(增补第三版)，260页，北京，中国社会科学出版社，2006。
② 钱穆：《刘向歆父子年谱》，载《燕京学报》，1930(7)。
③ 《汉书·礼乐志》。

一的《邹孟轲母》盛赞传主"徙舍学宫之旁",使孟子自幼"嬉游乃设俎豆揖让进退"。与此相一致,直到临终前,刘向还在建议成帝"兴辟雍,设庠序,陈礼乐,隆雅颂之声,盛揖让之容,以风化天下"①。

早在刘向之前,董仲舒就提出过著名的"德主刑辅"的理论。但由于其《公羊》学法治精神的影响,这种理论的实际意义被冲淡。刘向在某种程度上受到董仲舒的启示,但他更强调礼乐教化,法治思想的因素大大减轻。刘向主张仁德之治,反对滥施刑罚,有利于人民的生活安定,有利于社会的不断发展,这在古代政治思想史上也具有一定价值,曾给王充、王符、仲长统等人不小的启示和影响。

当然刘向并没有否定刑法的作用,他意识到要维护宗法制社会的稳定,仅靠礼乐教化有时是很难办到的,必须以暴力作为辅助手段。前文提到的齐威王烹杀阿大夫与周破胡的故事,就反映了刘向这种思想。刘向还在别处明确提出,"自古明圣,未有无诛而治者也"②,认为"治国有二机,刑德是也"③。

刘向是比较典型的儒家人物,《列女传》中的正面人物也基本符合儒家的思想规范,但也有不少例外。卷二《贤明传》中记述了道家人物黔娄、接舆、老莱子、於陵仲子及其家人的事迹,对他们安贫乐道、淡泊名利、追求人格独立和精神自由的言行融注了极大的热情。在《列女传》中,刘向高度评价了有着法家色彩的管仲等人,强调了在实行礼治的同时应该注意法治。另外,《列女传》还具有一些阴阳灾异的内容,与墨家学说也有一定联系。可以说,《列女传》反映了刘向道家、墨家、法家、阴阳家的某些思想因素。

汉武帝黜诸子,崇儒学,但又"建藏书之策,置写书之官,下及诸子传说,皆充秘府"④。所以武帝以后,学者仍兼治诸子百家之学,诸子思想没有消失,而是在社会上继续流行。此前,淮南王刘安召集文士

---

① 《汉书·礼乐志》。
② 《汉书·楚元王传》。
③ (西汉)刘向:《说苑·政理》。
④ 《汉书·艺文志》。

编撰成《淮南鸿烈》，包容了诸子各家特别是道家的思想。后来《史记·太史公自序》论六家要旨，推崇道家，甚至认为其在各家之上。它们对后来的刘向不无影响。另外，刘向的祖父刘辟彊和父亲刘德皆有道家的思想倾向，这对刘向起过潜移默化的作用。在西汉后期由盛转衰的社会政治危机中，儒家学说似乎失去了为现实独家服务的能力，人们纷纷将目光转向诸子之学，希冀从中找到某种匡救时弊的良方。当然这种诸子之学已不完全是先秦诸子思想的再版。正是在这样的背景下，《列女传》及刘向的其他著述带上了对诸子思想兼收并蓄的色彩。刘向奉诏校书，凡诸子传记皆以各本相较，删除重复，著为定本，使后人得见周秦诸子学说之全。他于各书叙录中对诸子作了肯定，指出其有益治道。他还写有《说老子》等与儒术异趣的著作。刘向此举丰富了汉代思想史的内容，推动了文化事业的发展。

据钱穆《刘向歆父子年谱》，《列女传》编撰于成帝永始元年（前16年）。《汉书·楚元王传》载："向睹俗弥奢淫，而赵、卫之属（颜师古注：'赵皇后、昭仪、卫婕妤也。'）起微贱，逾礼制。向以为王教由内及外，自近者始，故采取《诗》《书》所载贤妃贞妇，兴国显家可法则，及孽嬖乱亡者，序次为《列女传》，凡八篇，以戒天子。"可见，《列女传》的编撰动机和思想主旨，是要强调男尊女卑，严格男女之礼，反对女主干政。书中继承了先秦儒家的伦理观念和董仲舒的"三纲"理论。卷三的《魏曲沃负》传主言："夫男女之盛，合之以礼，则父子生焉，君臣成焉，故为万物始，君臣、父子、夫妇三者，天下之大纲纪也。三者治则治，乱则乱。"在《邹孟轲母》中，刘向借孟母之口提出："妇人无擅制之义，而有三从之道。"他在《鲁之母师》中还明确指出："夫礼，妇人未嫁则以父母为天，既嫁则以夫为天，其丧父母则降服一等，无二天之义也。"丈夫是妻子的天，后者就是地，就是阴，就应对前者绝对服从。《列女传》还进一步从生理上解释妇女的卑弱。《魏曲沃负》传主说："妇人脆于志，窳于心，不可以邪开也，是故必十五而筓，二十而嫁，早成其号谥。"

《列女传》要求妇女接受事实上的一夫多妻制，"能为君子和好众妾"①。刘向称颂晋赵衰妻"身虽尊贵，不妒偏房"，楚庄樊姬"靡有嫉妒，荐进美人，与己同处"。《列女传》提出，在日常生活中，妇女应以织绩为公事，严守礼仪，事非礼不言，行非礼不动。刘向反对不符合传统礼仪的婚姻关系。卷四的《召南申女》传主"贞一修容，夫礼不备，终不肯从，要以必死，遂至狱讼"。刘向认为她"得妇道之仪，故举而扬之，传而法之，以绝无礼之求，防淫欲之行"。经过父母之命和媒妁之言，男女订婚，女子就算是男子家的人了，只能嫁鸡随鸡，嫁狗随狗。《蔡人之妻》传主嫁于蔡，发现丈夫有恶疾，母亲劝她改嫁，她却说："夫不幸乃妾之不幸也，奈何去之？适人之道，一与之醮，终身不改，不幸遇恶疾，不改其意。"丈夫死后，妻子也不应改嫁。《梁寡高行》传主为拒梁王聘迎，"劓鼻刑身"，自残示志。不过西汉社会对寡妇再嫁的限制还不很严格。《列女传》中许多父母就力劝寡居女儿改嫁他人，君王也可以娶寡妇为妻，此时严格要求的是女子对男子的顺从。《列女传》中所谓的保守贞节，确切地说，主要是遵从传统礼仪。②

毋庸讳言，《列女传》关于妇女和婚姻问题的观点，有不少消极的东西，它进一步加重了文明产生后即出现的对广大妇女的精神压迫和道德约束。但是在某些问题上，《列女传》中值得肯定的积极因素也是显而易见的。

第一，它认识到妇女力量的存在，承认她们对社会和家庭发展的一定作用。司马迁在《史记·外戚世家》中曾经提出，自古贤君明主，"非独内德茂也，盖亦有外戚之助焉"。司马迁还明确把三代的兴亡归于后妃的善恶。刘向直接继承并进一步发展了这一观点，认为"夏之兴也以涂山，亡也以末喜，殷之兴也以有娀，亡也以妲己，周之兴也以太姒，亡也以褒姒"③。他在《列女传》中赞扬了鲁漆室女等关心国家前途命运

---

① 《列女传·母仪传·汤妃有娀》。
② 《列女传·贞顺传·楚昭贞姜》。
③ 《列女传·仁智传·魏曲沃负》。

的下层女子，认为身行德义，"虽在匹妇，国犹赖之"①。这在传统宗法制社会中具有很高的思想价值，对后世妇女起过一定的教育作用。近代女革命家秋瑾就曾以鲁漆室女自况，作诗表达其报国之志。②《列女传》还通过典型事例肯定了妇女的"匡夫"作用，认为她们"可与谋"，并明确提出，"贤人之所以成者，其道博矣，非特师傅、朋友相与切磋也，妃匹亦居多焉"③。另外，它首列《母仪传》，强调母亲言传身教对子女成长的重要影响，其中涉及的"胎教"问题，已基本上为现代科学技术所证实。

第二，它坚持儒家传统的义利观，赞扬那些重义轻利、勇而精一的女性人物，视"重仁义轻死亡"，为"行之高者"，对后来妇女多有感染力。近人周作人曾说："《列女传》卷四《贞顺传》中，宋恭伯姬不肯避火，楚昭贞姜不肯下台，死于水与火，如颂所云，其一守礼一意，其一处约持信，至死不贰，此古侠士之风，及于闺阃，与匹妇被迫之寻短见者，区以别矣。"④的确，刘向笔下的不少女子，有胆有识，敢做敢为，刚强义烈，颇有个性。《列女传》强调"义动君子，利动小人"，一方面称颂那些"公正诚信""不为利动"的杰出女性（如鲁义姑姊、息君夫人）；另一方面又对见利忘义、"心有淫思"的薄情郎君（如鲁秋胡子）大加伐挞。

第三，它要求妇女行义遵礼，但当义与礼发生矛盾，不能两全时，则又认为礼可以变通。孔子以义为立身之本，同时要求义体现在行礼之中。⑤刘向对这一思想有所扬弃。《列女传》中有许多通才卓识、奇节异行而果于行义的女子，以传统的礼来要求她们，是不符合标准的，但刘向却给了她们很高的评价。如《陶苔子妻》称"苔子妻，能以义易利，虽违礼求去，终以全身复礼，可谓远识矣"。再如《楚处庄侄》称"庄侄，虽

---

① 《列女传·节义传·鲁义姑姊》。

② 秋瑾《杞人忧》："幽燕烽火几时收，闻道中洋战未休。漆室空怀忧国恨，难将巾帼易兜鍪。"

③ 《列女传·贤明传·周南之妻》《齐相御妻》；《辩通传·齐管妾婧》。

④ 周作人：《知堂书话》（下），654页，长沙，岳麓书社，1986。

⑤ 孔子曾说："君子义以为质，礼以行之……君子哉。"（《论语·卫灵公》）

违于礼而终守以正"。当然，刘向的落脚点仍在"复礼"上，且其所谓义、所谓正①，都是以传统伦理道德为准绳的。

第四，它希望"妇人以色亲，以德固"②，对美于色而薄于德的女子深恶痛绝。末喜、妲己貌美而致国亡，钟离春、宿瘤女貌丑而使齐治，其中的关键就在于一无德，一有德。《列女传》还认为女子仅仅聪慧是不够的，也要注意德行，如称入《孽嬖传》的鲁宣穆姜"虽有聪慧之质，终不得掩其淫乱之罪"。西汉后期，后妃以色取宠，逾礼干政，外戚弄权的现象已经十分严重，并由此促成王莽篡权废汉，引起西汉末年到东汉初年的社会大动荡。以后中国历史上的各个朝代几乎都有过因这一现象造成的动乱。刘向所要求的德与我们今天要求的德，虽有本质的区别，但又有某种传承关系。回顾历史，我们深感女子德行的重要，深感刘向昔日的用心良苦，也深感其主张的实际意义。

《列女传》还论及君臣和父（母）子关系问题。《盖将之妻》传主引《周书》曰："先君而后臣，先父母而后兄弟，先兄弟而后交友，先交友而后妻子。"《列女传》首篇《有虞二妃》称述了虞舜及其二妃大孝的故事。《卫宗二顺》中傅妾说："妾闻忠臣事君无怠倦时，孝子养亲患无日也。"刘向还借齐田稷母之口提出："为人臣而事其君犹为人子而事其父也"，"为人臣不忠是为人子不孝也"。然而《列女传》在要求臣忠子孝的同时，又要求君主对臣下礼敬，父母对子女慈爱，认为君臣父子的名分是以责任作前提的。《赵佛肹母》传主将佛肹叛乱归罪于君主的用人不当。《列女传》还流露出人民可以选择君主的思想。刘向在书中塑造了几位"慈惠仁义，扶养假子"的继母形象。《魏芒慈母》传主提出："继母如母。为人母而不能爱其子，可谓慈乎?"《列女传》的这种思想是与《说苑·建本》中君臣父子相互为本的理论相一致的，它可以说是先秦儒家民本思想委婉、含蓄的再现，同时它也是西汉后期皇权出现危机的某种折射。不过刘向之所以提出这一主张，是因为他要告诫最高统治者应负起爱护人民、治

---

① 《孟子·离娄上》："义，人之正路也。"
② 《列女传·贤明传·周宣姜后》。

理国家的责任，解除宦官、外戚专权擅势的弊害，振兴刘汉皇朝。

《列女传》反映了刘向的人性论。人性的善或恶，是自孟、荀以来思想家们争论较多的问题之一。孟子主张性善，荀子主张性恶，董仲舒则发展了孔子性相近、习相远的思想，认为人性经过教化，而后可为善、可为恶。刘向基本上倾向董说。《列女传》主张人性初无善恶之分，"感于善则善，感于恶则恶"①。《齐宿瘤女》传主言："昔者尧舜桀纣俱天子也，尧舜自饰以仁义，虽为天子，安于节俭……至今数千岁，天下归善焉；桀纣不自饰以仁义，身死国亡，为天下笑，至今千余岁，天下归恶焉。"

汉代学者谈性情，多以性为善，情为恶，故以阳言性，以阴言情。董仲舒提出"身之有性情也，若天之有阴阳也"，并认为性和情的外化就是仁和贪。② 刘向则不然。《列女传》卷六中钟离春自愿备齐宣王后宫，孤逐女自求为齐相之妻，这不能不说是一种情欲的表现③，刘向却对此大加称扬。在其他地方，刘向更明确地主张"性情相应，性不独善，情不独恶"④。他还提出："性，生而然者也，在于身而不发。情，接于物而然者也，出形于外。形外则谓之阳，不发者则谓之阴。"⑤按照刘向的性情说，人民群众对物质生活和精神生活的追求及对自由幸福的向往，是合理的，封建政权不应损害和剥夺他们的这种权利。当然，同孟、荀、董诸人的人性论一样，刘向的人性论也存在不少问题，其"性不独善，情不独恶"中的善恶标准也仍是能否有利于宗法制度。《列女传》中钟离春、孤逐女受到称赞，从根本上说是因为她们曾使齐国取得大治，宗法制度得到巩固和延续。因此，刘向又反对没有任何节制的情欲。卷七《孽嬖传》中几个遭贬斥的反面人物，就是由于情欲过盛，"淫妒荧惑""贪叨无足"才出现毁国败家的局面。刘向的人性论是与其重视礼乐教化

---

① 《列女传·母仪传·周室三母》。

② （西汉）董仲舒：《春秋繁露·深察名号》。

③ 董仲舒言："人欲之谓情。"见《汉书·董仲舒传》。

④ （东汉）荀悦：《申鉴·杂言下》。

⑤ （东汉）王充：《论衡·本性》。

的社会政治思想相一致的，这值得我们充分注意。

六、刘向《列女传》的史学价值

我们知道，西汉刘向编撰的《列女传》，是我国最早的一部妇女专史和通史。它为我们全面了解古代妇女的社会生活和精神风貌，进而科学地阐释人类文明的演变过程，提供了有益的资料。《列女传》有着重要的史学价值，在中国古代史学发展史上占有一定地位。

（一）

以记载人物为中心的史籍，在历史编纂学上称为传体史书。传体的形成，经历了一个较长的发展、演变时期。起初，"古书凡记事立论及解经者，皆谓之传，非专记一人事迹也"①。但是，传在更广泛的意义上是指那些解释儒家经典的著述。在这种解经之传中，有的偏重阐发义理，如《春秋公羊传》《春秋榖梁传》，有的偏重陈述史实，如《春秋左氏传》，却都不能脱离对经文的解说和训释。当然，现在看来，《春秋》及其三传等，也都是重要的史书。西汉中期，司马迁写出《史记》，创立了纪传体史书编纂形式，其中记述人物生平事迹的列传（包括部分世家）的设立，使传体从经的附属品变成史书编纂的重要体例。不过，《史记》的列传是与本纪相呼应，相配合的，各传辅翼本纪，自觉不自觉地反映着最高统治集团正朔相承、子孙递及的关系，表现出帝王居高临下，人臣拱卫主上的主题。《史通·列传》说："夫纪传之兴，肇于《史》《汉》。盖纪者，编年也。传者，列事也。编年者，历帝王之岁月，犹《春秋》之经。列事者，录人臣之行状，犹《春秋》之传。《春秋》则传以解经，《史》《汉》则传以释纪。"

笔者认为，最早使传体脱离经、纪而独立成书的，当推刘向《列女

---

① （清）赵翼：《各史例目异同》，见《廿二史札记》，北京，中华书局，1984。

传》。首先，其叙事已与解经无关。《列女传》虽是采撷包括《诗》《书》等诸经在内的旧文序次而成，但比事属辞，确为一部史家传记之书，《隋书·经籍志》以后各种目录都将它列入史部传记类或杂传类。它的编撰没有任何解说经典的意图，叙述故事也都是依据史实，力求从客观的角度着笔成文。其次，其记人已同释纪无关。《列女传》的编撰目的在于维护专制政权的稳定，但全书百余篇人物传记却自成体系，并未以帝王世系和行事来冠冕、统摄，设立类似本纪的名目。

然而，《列女传》的问世又与解经之传、释纪之传结下了不解之缘。刘向生当经学昌明时代，本身还是经学大师，其著述自然要受到解经之传的影响。《列女传》各传末尾引《诗》以证，与现存的《韩诗外传》类似。这原是古书引《诗》的惯例，《论语》《墨子》《孟子》《荀子》等都使用这种笔法。余嘉锡指出："昔人解经有内、外传之不同，内传循文下意，外传则本与经不必相比附。"①和《韩诗外传》相比，《列女传》同经的联系更少，它只是引《诗》证事，不释经义。尽管这样，《列女传》中仍不乏解经之传的踪迹，以至清代章学诚说它"引风缀雅，托兴六义，又与《韩诗外传》相为出入，则互注于《诗经》部次，庶几相合"②。

传体作品有的描写传主一生的事迹和经历，时间跨度较大，并作多侧面的记叙，如《史记》诸列传，有的虽然独立成篇，首尾完具，但因传主地位不高或事业不显，只有某些事迹可资取法，于是就选一个或几个事迹去写，别的仅用一语或数语略记，近似随举一事而为之传的《左传》传经之体。《列女传》即属后者。同时，《列女传》甚有《穀梁传》清而婉的文风，清丽简约，朴实明达。各传形制短小，最长的 1387 个字（卷一的《鲁季敬姜》），最短的一篇仅仅 90 个字（《汤妃有㛲》），一般 200 个至400 个字，但却收到了文约事丰、文约义丰的效果。"《春秋左氏传》每有发论，假'君子'以称之。"③《列女传》各传传末几乎都以"君子曰""君

---

① 余嘉锡：《四库提要辨证·卷一》，北京，中华书局，1980。
② （清）章学诚：《校雠通义通解·汉志诸子》，上海，上海古籍出版社，2009。
③ （唐）刘知幾：《史通·论赞》。

子谓"来阐述己见，毫无疑问，这是采用了《左传》的写作模式。

《列女传》更多地受到释纪之传即《史记》的影响。《史记》初成时，并未引起世人的注意。汉宣帝时，司马迁的外孙杨恽祖述其书，《史记》才公布于众。不过它的广泛流传还是在刘向之后。成帝时，刘向主持校书，常征引《史记》作雠校折中的依据。他对司马迁的道德文章推崇备至，"称迁有良史之材，服其善序事理，辨而不华，质而不俚，其文直，其事核，不虚美，不隐恶，故谓之实录"①。他还曾做过补续《史记》的工作。更重要的是，他借鉴其体裁结构，吸取其语言精华，有所创新。"他应是第一个运用此新体裁及叙事方式，脱出补续《史记》的范畴而别辟新领域者，所著《列女传》——第一部妇女通史——即可作代表。"②

除了通史的体例，《列女传》从《史记》中得到启示最多的，当是列传中的类传。类传是将同类人物汇集一起，以其志同行似，总括合写成传，如《史记》中的刺客、循吏、儒林、酷吏、游侠、佞幸、滑稽、日者、龟策、货殖等，里面有百官贵族，又有普通平民，从一个侧面更好地反映了当时的社会生活。《列女传》采用了这种形式，种类相从为 7篇，把百余名人物分置于母仪、贤明、仁智、贞顺、节义、辩通、孽嬖7 个小类中，每类几乎包括了从传说时代到西汉中期各阶级、各阶层的女性。

由于继承和发展了以往解经之传和释纪之传的某些合理因素，并把它们有机地结合起来，《列女传》完成了单行传体的创革，在史学上引起了一种专写人物传记风气的盛行。《隋志》史部杂传类序的一段话，可以帮助我们了解这一历史现象，兹录于下：

> 武帝从董仲舒之言，始举贤良文学，天下计书，先上太史，善恶之事，靡不毕集，司马迁、班固，撰而成之，股肱辅弼之臣，扶义俶傥之士，皆有记录。而操行高洁，不涉于世者，《史记》独传夷齐，《汉书》但述杨王孙之俦，其余皆略而不说。又汉时，阮仓作

---

① 《汉书·司马迁传》。
② 雷家骥：《两汉至唐初的历史观念与意识》，25 页，北京，书目文献出版社，1987。

《列仙图》，刘向典校经籍，始作列仙、列士、列女之传，皆因其志尚，率尔而作，不在正史。后汉光武，始诏南阳。撰作风俗，故沛、三辅有耆旧节士之序，鲁、庐江有名德先贤之赞。郡国之书，由是而作。魏文帝又作《列异》，以序鬼物奇怪之事，嵇康作《高士传》，以叙圣贤之风。因其事类，相继而作者甚众。

史学从来就不是一门孤立的学问，它与政治有着千丝万缕的联系。统治阶级的政治需要和价值取向，总是直接或间接地反映到史学中来。传体，特别是单行传体，便于统治阶级表彰人物，推行礼制政教，达到维护封建特权的目的。这对于隆崇儒术、标榜孝义的刘汉皇朝，显得尤为重要。东汉以降，门阀士族的势力兴起，选士而论族姓阀阅。曹魏实行九品中正制度，官品的升降，更是依门第的高低、族姓的毁誉。晋代以后，上品无寒门，下品无势族的现象愈演愈烈，形成了典型的门阀政治。在这种情况下，传体就成了门阀士族宣传祖先功业，捞取政治资本的工具。所以《列女传》问世不久，单行传体就得到以汉光武帝为代表的封建帝王和贵族的重视与提倡。另外，传体能够通过对人物生平事迹的描述和思想性格的刻画，反映出丰富的社会历史内容，从观念上启示了许多在野的贤能之士，使他们意识到，即使不预国政，亦可以用史书编纂来对历史发展进程产生影响，因而深受史家喜爱。于是，各种传体史书不断涌现，蔚为大观。

《隋志》史部杂传类著录的各种单行传体史书217部，1286卷，通计亡书，共219部，1503卷，有录、序、纪、史、志、集、记、传等名目，其中专标传名的就达128部，818卷[1]。这些杂传除列女外，有先贤、耆旧、高士、名士、文士、良吏、高僧、集仙等名目。它们或以地域、郡邑为限断，专门记一方人士；或以言行、年龄为类例，侧重写一类人物。对后世影响较大的有嵇康《圣贤高士传》、皇甫谧《高士传》和《列女传》、陈寿《益部耆旧传》、习凿齿《襄阳耆旧记》、张方《楚国先贤

---

[1]　以上统计包括班昭注刘向《列女传》15卷。

传》、张骘《文士传》、周斐《汝南先贤传》、慧皎《高僧传》、葛洪《神仙传》等。同《列女传》一样，它们多用通史体例，博采先世经史，网罗放失，缀辑前闻，内容非常广泛。《列女传》的立传标准、写作方式、形制结构，也都成为它们的重要参考。还有一些传记的内容直接抄自《列女传》，或者说是《列女传》原文的改写、缩编，像皇甫谧《高士传》卷上的《老莱子》《陆通》，卷中的《陈仲子》即分别录自《列女传》卷二的《楚老莱妻》《楚接舆妻》《楚於陵妻》，甚至连遣词用字也很少相异之处。

由于上述著作大都亡佚，我们只能在几种旧注和类书中看到一些零篇散章。即使这些，前人征引时也肯定做了令人遗憾的删略，从而限制了全面了解这些著作的可能性，给我们把握《列女传》对它们的影响程度造成了不少困难。唐代以后，随着史学的不断发展，独立于正史之外的单行传体史书日益增多，构成了古代史籍的一大方面，带来了史学领域的繁荣景象。谈到这些，我们不应忘记刘向《列女传》的开创之功。

刘向编撰《列女传》，并不是为了反映客观历史进程，即不是为了作史，而是要劝讽宫闱，感悟天子，宣扬封建伦理道德。所以全书尽管是说理寓于传人之中，但仍有一些地方记载失实，年世舛误，甚至故为异说，陈列虚事。这种消极现象也或多或少地影响了后世史家。他们有时在人物传记中掺入缺乏史实依据的神灵怪异之言、佚闻传说之辞，致使真赝杂糅，降低了传体史书的真实性。然而，这种现象的发生，还有着深刻的社会历史根源，有着史家本身素质方面的原因，不能过多地归咎刘向其人其书。

（二）

作为占人口总数一半的群体，妇女在创造人类文明、推动社会发展中起着重要作用。在人类自身生产中，妇女更具有特殊的价值，做出了特殊贡献。可是在我国，一跨入文明时代的门槛，形成以宗法制度为核心，以父系家族为细胞的私有制社会，男女有别、男尊女卑的原则就逐渐被确定下来，反映在史学上，就是轻视和忽略对妇女人物的记载。《诗》《书》《春秋》虽有关于妇女的记述，但仅是只言片语。《左传》《国语》《战国策》及诸子著作中有关妇女的内容开始增多，齐杞梁妻、鲁季敬妻和赵威后等不少妇女形象被塑造出来。司马迁认识到妇女力量的存在，承认她们对社会和家庭发展的一定作用，更在《史记》中为吕后立本纪，为其他后妃设《外戚世家》，并以较多的笔墨叙述了巴清寡妇、齐女缇萦及卓文君等妇女的故事，影响很大。然而以上诸书多未著一人之生平，只是旁见侧出，也没有区分类别。

刘向在一定程度上继承和发展了司马迁的进步观点，通过《列女传》的编撰，最早有意识地为妇女立传，并形成了比较系统、完整的体裁结构。在此之后，史家逐渐注重对女性人物的记载，随时缀录，代不乏人。"盖凡以列女名书者，皆祖之刘氏。"①无论是纪传体史书中的《列女传》，还是野史杂传和地方史志中的妇女列传，都曾受到刘向《列女传》的启示和影响。

《列女传》撰成后数十年，班固著《汉书》，除设《高后纪》和《外戚传》外，独列《元后传》，所记女性比《史记》要多。《汉书》还受《列女传》编撰主旨影响，增加了劝诫教化的色彩。其后陈寿《三国志》仍为后妃立传。到了南朝宋时，范晔著《后汉书》，除了立《皇后纪》（附皇女），又仿刘向《列女传》，在书中为皇族妇女之外的各阶层妇女设《列女传》，"搜次才行尤高秀者，不必专在一操"，但又重"贞女亮明白之节"，立传原则、编撰形式几与刘向相合。《后汉书》设《列女传》，后史因之，成为定则，《晋书》《魏书》《北史》《隋书》《旧唐书》《新唐书》《宋史》《辽史》《金史》《元史》《明史》以及《新元史》《清史稿》等，都设有《列女传》。

实际上，早在范晔之前，东汉后期的《东观汉记》已经仿刘向《列女传》，为皇妃以外有嘉言懿行的妇女撰写了传记，三国时吴国谢承《后汉书》也为妇女设了专篇。这些想必都曾对范晔著书起过参考作用。

在《列女传》影响下，野史杂传中的妇女传记也相继问世。晋皇甫谧《列女传》、杜预《女记》，南朝宋虞通之《妒记》，明解缙《古今列女传》，清刘开《广列女传》等，都是其中有名的著作。在其他类型的传体史书中，也有系统的妇女传记出现。它们在著述宗旨、内容选择和编写体例

---

① （北宋）王回：《古列女传序》。

上，向《列女传》取资不少，一般既重贞节孝义，又重才学文辩，既随举一事而为之传，又包举一生而为之传。《益部耆旧传》里《杨子拒妻》一传，所述故事，就颇似《列女传》中《鲁季敬姜》传主的通达知理，匡子过失。有的还借鉴了刘向"君子谓""君子曰"的发论形式和引《诗》证事的方法。如皇甫谧《列女传·庞娥亲》的传末，先是用"玄晏先生以为……"引出议论和评述，然后以《诗》"修我戈矛，与子同仇"相证，说是"娥亲之谓也"①。

许多地方史志也设《列女传》。清代杨传第说：刘向著《列女传》，范晔《后汉书》"因之为史家成式，下逮郡邑志乘"②。拿东晋常璩《华阳国志》来讲，这部我国现存最早的方志，虽未立"列女"之目，但却列有"先贤士女"，收入巴蜀地区汉魏间人物 200 余名，而女子即占其中 1/5。它的撰作方式全仿刘向《列女传》，"赞"似《列女传》颂，"注"实为各人传记，语言风格也明显有《列女传》的影子。

宋元以后，随着方志学的发展，各种全国一统志、省通志、府州县志和乡镇村志，几乎都置《列女传》。章学诚曾总结修志经验，依据刘向《列女传》，制定了一些编写方志《列女传》的条例。在《永清县志·列女列传》序例和《答甄秀才论修志第二书》中，他提出，"列女之名，仿于刘向，非烈女也"，主张并援刘向之例，"苟有才情卓越，操守不同，或有文采可观，一长擅绝者，不妨入于列女"。谈到论赞，他要求参用刘向遗意，列传不拘一操，每人各为之赞，各为论列。关于每传章首的表述方式，他指出，《后汉书》有失列女命篇之义，应仿刘书，"云某氏，某郡某人之妻，不当云某郡某人妻某也"。这也从一个方面说明了刘向《列女传》在当时的重要作用。

刘向编撰《列女传》，除了节烈孝义，还大量收录通才卓识、奇节异行甚至反面的人物，范围很广。但是，随着封建专制政治的发展，纲常名教势力的加强，在正史以及杂传、方志的编写中，史家几乎并失刘向

---

① 参见《三国志·魏志·庞淯传》裴松之注，皇甫谧号玄晏先生。
② （清）杨传第：《广列女传序》。

之例，专从节烈载笔，"列女"逐渐变成"烈女"。对于这种取舍标准的变化，清代人已经有所认识。《明史·列女传》序说："刘向传列女，取行事可为鉴戒，不存一操。范氏宗之，亦采才行高秀者，非独贵节烈也。魏、隋而降，史家乃多取患难颠沛、杀身殉义之事。"章学诚更明确指出："后世史家所谓列女，则节烈之谓，而刘向所叙，乃罗列之谓也。"①当然，刘向《列女传》中的节烈妇女也有十几名，约占全书的1/10，集中于卷四《贞顺传》和卷五《节义传》中，这为日后《列女传》变成《烈女传》埋下了病灶，妨碍了历代杰出女性才能和贡献方面史料的挖掘和开拓。

还应指出，刘向《列女传》能够对古代史学产生如此深远的影响，是与它的广泛流传分不开的。有了官方的首肯和提倡，加上成书形式可取，此书一出，即迅速传布，甚至远及西域。《疏勒河流域出土汉简》有"分《列女传》书"的残文。在内地郡国，东汉盛行以它作为石刻画像的题材。山东嘉祥武梁祠画像中，有梁节姑姊、齐钟离春、楚昭贞姜等9事，皆本于《列女传》。《列女传》还受到东汉学者的重视。班昭曾作注释，马融亦为之训解，使它得以广泛流传，历久不衰。

七、刘向《列女传》的文学成就

（一）

我国古代文学一开始就和史学密不可分地结合在一起。作为我国第一部妇女通史的刘向《列女传》，在文学方面也取得了一定的成就，成为中国古代文学发展史上的一个重要环节。我国早期的文化可以说是一种史官文化。史，初义为掌史之官，据《周礼》《礼记》，三代设有太史、小史、内史、外史、左史、右史等，其中太史掌握国家的政权、神权，为朝廷重臣。史官政治上地位很高，学问上也非常渊博，"必求博闻强记，

---

① （清）章学诚：《文史通义·答甄秀才论修志第二书》，上海，上海古籍出版社，2008。

疏通知远之士，使居其位"①。史官几乎垄断了整个文化领域，其他文化样式都成了史学的支流，并构成广义的史学，文学也不例外。文学创作是在编纂史书（包括无意识地作史）中进行的，文学形象也是通过历史事件和历史人物反映出来的。因此，先秦时期的文学发展主要表现在历史散文方面。被儒家尊为经典的《尚书》《春秋》，作为广义的史书，也被后世文章家崇奉为言简义约的短篇散文集。稍后的《左传》《国语》和《战国策》，更是具有了众多的文学色彩，不少篇章已经写出相当性格化的人物形象。但它们仍偏重于历史事件的叙述，还没有将人物作为描写中心。西汉中期，司马迁完成《史记》，创立了以人统事的纪传体史书形式。《史记》的许多传记又具有较高的文学价值，塑造了一系列鲜明生动的人物形象，不但对传记文学，而且对小说、戏剧的发展都产生了巨大影响。西汉后期，作为司马迁新史学和新文学的崇拜者、继承者，刘向通过《列女传》的编撰，在创立了单行传记体史书形式的同时，进一步发展了传记文学，并推出了一批短篇小说的雏形。

《列女传》的出现，扩大了文学创作的题材，丰富了古代文学的内容。《左传》《国语》《战国策》中已有某些关于女性的文学描写，如杞梁妻、季敬妻、赵威后等，但叙述形式的局限，使它们反映的有些形象不很突出。《史记》人物传记涉及社会各方面，但以文学手法描写女性则不多见。其中比较成功的也仅有高后吕氏、巴清寡妇、淳于缇萦等形象。《列女传》将百余名不同类型的女性作为描写中心，这在文学史上是一个巨大的创造，深深地启迪了后人。晋代皇甫谧的《列女传》就是在刘向《列女传》直接影响下出现的又一部专写女性的优秀文学作品。在其他一些杂史、杂传著作如《吴越春秋》《益部耆旧传》中，也产生了一些描写女性的传记文学作品和雏形小说。到唐代，除了出现一批像李华的《李夫人传》这样的优秀传记文学作品，更产生了《霍小玉传》《李娃传》《莺莺传》《无双传》《飞烟传》等许多以女性为主人公的杰出的传奇小说，它们在前代雏形小说（包括《列女传》）粗陈梗概的基础上，开始有意识地描写

---

① 《隋书·经籍志·史部总序》。

故事，塑造人物，使古代小说臻于成熟。但谈到这一切，都不应忘记《列女传》对以女性为描写中心的作品题材的开拓之功。如果说西汉末年渐兴的杂传，"上承史公列传之法，下启唐人小说之风"①，那么就应该承认，作为几乎最早的杂传，《列女传》曾对唐人传奇小说中以女性为描写中心的作品，产生过尤为重要的影响。

（二）

为了塑造人物形象，刻画人物性格，《列女传》自觉不自觉地运用了一些文学手段，创作了许多优秀的传记文学作品。

对从旧籍中审慎选取的材料，作者作了某种合理、周致的缀合、熔铸和加工。通过典型事例突出人物的思想性格。卷六的《齐管妾婧》采自《管子·小问》《吕氏春秋·举难》《淮南子·道应》等，刘向将这些零散的资料，组织成首尾完具、有条不紊的传记，并通过传主解《白水》之诗，劝管仲荐贤一事，展示她深明大义、卓识机警、言辞辩通的性格特征。

刘向文章在汉代以淹雅著称，娓娓道来，舒缓平易，从容不迫，但《列女传》却不乏紧张、曲折的场面描写。在卷五的《鲁孝义保》中，伯御作乱，攻杀鲁懿公，并阴谋除掉年幼的公子称（鲁孝公）。紧急关头，公子称保母（即传主）决计用自己的儿子换取公子的生命。她让儿子换上公子的衣服，躺在公子床上，随后抱起公子逃出公宫。儿子被杀，没有使她放弃保护公子的信念，最后她终于逃到周王室。整个故事写得比较紧张，扣人心弦。在矛盾冲突中，传主舍亲求义的高尚品质得到很好的反映。

《列女传》也安排了一些细节描写。如卷七的《周幽褒姒》除了一般地叙述幽王的昏庸和褒姒的淫惑，特别突出地写了幽王为博取褒姒一笑的细节："褒姒不笑，幽王乃欲其笑，万端故不笑。幽王为烽燧大鼓，有寇至则举，诸侯悉至，而无寇，褒姒乃大笑。幽王欲悦之，数为举烽火。"这个颇具特色的细节，逼真地刻画出昏君、淫后的形象。

《列女传》还在多处以细腻的文字描写各种人物的情态。卷五的《珠

---

① 程千帆：《闲堂文薮》，162 页，济南，齐鲁书社，1984。

崖二义》中，珠崖令死后回葬故土，九岁的儿子偷偷将珠玉藏在母亲的梳妆盒内被查出。法令规定，珠玉不准带出关口，违者处死。珠崖令前妻之女初担心继母承认，立刻主动说"初当坐之"，并编造了自己藏珠玉的经过。继母信以为真，但爱怜之情使她不忍心让初去死，于是她就力辩此事系自己所为。母女几次争执，不肯相让。她们都为对方的爱所打动，"泣下交颈"，"不能自禁"。此景此情，在场的人无不受感动，为珠崖令送葬者"尽哭哀恸"，过路人"莫不为酸鼻挥涕"，查办此案的关吏"执笔书劾，不能就一字"，负责判决的关侯"垂涕终日，不能忍决"，表示"母子有义如此，吾宁坐之，不忍加文"。整个场面写得感情饱满，十分悲壮，各种人物情态跃然纸上。

独白和对话作为个性化的语言可以更好地表现人物的心理情绪，使人物形象鲜明、生动。《列女传》也采用了这两种手法。卷四的《齐杞梁妻》写传主在安葬完丈夫后自语："吾何归矣！夫妇人必有所倚者也，父在则倚父，夫在则倚夫，子在则倚子。今吾上则无父，中则无夫，下则无子，内无所依以见吾诚，外无所倚以立吾节，吾岂能更二夫哉！"表现了她失去亲人后凄凉悲愁的内心世界及其在传统思想影响下的"贞而知礼"。符合人物身份的对话，《列女传》中也有不少运用。像卷三的《赵将括母》中传主与赵王的对话，卷六的《楚江乙母》中传主同楚王的对话，分别反映出赵括母不徇私情、忠心为国的精神和江乙母不畏权势、敢于抗上的性格。

通过衬托对比刻画人物性格，也是作者的常用手法。如卷五的《楚昭越姬》用不少笔墨描写蔡姬的卑琐诒媚、心口不一，以此反衬传主的重义执礼、诚信死节。作者对某些居处和服用的描写，也有利于表现人物的思想特征。卷二的《鲁黔娄妻》写黔娄死后，"尸在牖下，枕墼席稾，缊袍不表，覆以布被，首足不尽敛，覆头则足见，覆足则头见"，映衬出黔娄夫妇安贱甘淡的性格。《老莱子妻》中"葭墙蓬室，木床蓍席，衣温食菽"的描写，同样体现了老莱子夫妇安贫乐道的精神。

总之，由于多种文学手段的运用，《列女传》塑造了不少性格各异、形象鲜明的女性人物，在传记文学方面取得了一定成就，但是，比起刘向曾极力推崇膜拜，被后人誉为千古至文、无韵之《离骚》的《史记》，《列女传》的文学性是远远不够的，教化的编撰目的使它带有某些类型化、概念化、公式化的现象。卷七《孽嬖传》中大部分传主，虽其生平、背景各不相同，但却都是按时间顺序讲她们如何得势受宠，又如何招致亡国灭族，显得故事情节平淡，人物性格单调，只有《周幽褒姒》《陈女夏姬》等几篇写得比较成功。

（三）

《列女传》是一部较好的传记文学作品，同时它的某些篇章已具备小说的雏形，在中国小说发展史上值得一述。

中国古代小说从最早萌芽到初步成形延续了很长一段时间。古代小说的源头应该说是多元的，除了神话传说和寓言，叙事性历史散文、传记文学也为小说的成熟从形式上、内容上做了准备，甚至其中的一部分本身就是小说，特别是《史记》的人物传记，为小说创作提供了可资直接借鉴的样板。但《史记》中的人物传记只是作为整部历史著作的一个有机部分存在的，实录精神使它不允许虚构人物言行，也不允许任意变动情节。当然，它在基本史实的基础上，遵循社会生活和人物性格的发展逻辑，曾对某些细节作过一定的想象、推演和夸饰，但这没有损害其史料的可信性，反而增加了真情实感。从文学的角度看，《史记》中的一些篇章仍只能算是传记文学作品，即不是小说。对《列女传》中的大部分传记亦应作如是观。但脱离历史真实的虚构和想象、附会，则又是为《列女传》所有而《史记》所无的。

《列女传》大部分内容采自旧籍，有史实依据，刘向仅作艺术加工，这也是后世以史目之的原因。另有一部分内容是刘向采撷传闻逸说、街谈巷议编写的，主观随意性很强，符合他对小说的概念规定。刘向《七略别录》称："小说家者流，盖出于街谈巷议所造。"①也就是说，小说是指那些出自民间俗世的浅薄琐屑的言论。这种说法虽还难以概括小说的

---

① （汉）刘向、刘歆：《七略别录佚文·七略佚文》，（清）姚振宗辑录、邓骏捷校补，上海，上海古籍出版社，2008。

基本特征，但街谈巷议、逸闻传说的历史变异性，又确为虚构人物和情节提供了某些资料，便于其"因文生事"，成为小说的要素和片段，有些甚至本身就已经是比较完整的小说了。

《列女传》的人物多有虚构，特别是在描写下层女性的篇章中。卷四的《周主忠妾》即据《战国策·燕策》中苏秦讲述的一段传闻而成，本来人物的身份、国别、名号等都不曾提及，刘向却称"周主忠妾者，周大夫妻之媵妾也"，"大夫号主父，自卫仕于周"。卷六的《齐女徐吾》也是从《史记·樗里子甘茂列传》中甘茂叙述的传闻附会来的，原文只提到贫人女与富人女，作者据此为贫人女立传，名之曰"齐女徐吾"，说她是"齐东海上贫妇人"，还塑造了邻妇李吾及其仆人的形象。此类例子很多，不及遍举。作者对不少故事也作了想象和虚构，与史实不相符合。如卷四的《齐杞梁妻》中，传主痛哭"十日而城为之崩"，此事《左传》不载，于理也不当，显为刘向臆造。他如卷六的《齐钟离春》《齐宿瘤女》等故事内容也都没有什么历史可能性。

这里应当提出以下两点：第一，先秦两汉是雏形小说形成的前期，小说尚未取得独立地位，人们还没有产生通过虚构、想象创作小说的意识，我们把《列女传》看作小说，只是从对作品的客观分析中得出的结论，而当时刘向编撰《列女传》不带有任何文学创作的意图，书中的虚构、想象都是要使作品为助教化、正宫闱服务。《七略别录》说诸子"分为九家"，不及小说家。所以，刘向也不会将《列女传》视为自己都很轻视的小说作品。在刘向创始、刘歆完成的《七略》诸子略小说家中，有《百家》139卷，不著撰人。刘向《说苑叙录》提到："其余者浅薄不中义理，别集以为《百家》。"可见《百家》为刘向所作。《百家》今佚，但肯定与《说苑》体例相同，只因"浅薄不中义理"，刘向就将其归入小说一流，且连自己的姓名亦不敢堂堂皇皇地标上。第二，和《史记》等历史著作一样，《列女传》中有不少远古神话传说，如姜嫄、简狄的故事等，神秘色彩浓重，但它反映了当时人们的历史观念和思维水平，并非刘向有意虚构。

对刘向的"广陈虚事""故为异说"，刘知幾在《史通·杂说下》中曾从史学的角度给予批评。他说：《列女传》为传闻中的人物立传，"定其邦国，加其姓氏，以彼乌有，持为指实，何其妄哉"！其实，正是史学上的某些失真、失实，才使《列女传》在中国小说发展史上占有一席之地。谭正璧在《中国小说发达史》中就曾指出《列女传》"中多小说家言"。当然，说《列女传》的某些篇章是雏形小说，不仅是基于它的虚构和想象，而且还基于它故事情节的描写和人物性格的刻画。

《列女传》出现在西汉后期，是最早的雏形小说之一，自然会对后世小说产生影响。当代研究者非常注意史传传统与诗歌传统对中国古代小说发展所起的作用，这是正确的。《列女传》本身就是从两个方面影响了后世小说创作。首先，《列女传》同《史记》等史传著作一起，通过选择材料进行典型概括，在塑造人物、结撰故事方面，为古代小说创作提供了某些内容和形式以及最重要的文学背景。马端临《文献通考·经籍考》史部杂史各门总序引《宋两朝艺文志》曰："传记之作……而通之于小说。"20世纪初，周桂笙也曾指出："我国小说体裁，往往先将书中主人翁之姓氏、来历叙述一番，然后详其事迹于后。"①唐宋传奇及清代《聊斋志异》等小说，往往以一个人物的生平事迹为线索，采用全知叙事方法，展开全部情节，明显地受到史传传统的影响。其次，作为雏形小说，《列女传》几乎又是最早将诗歌引入其中。书中不少地方记述赋《诗》赠答及其内容，还在传末引《诗》证事。刘向是著名的辞赋大家，《列女传》除了仿《诗》体写颂外，书中一些诗歌，直接就是刘向的手笔，如卷四的《鲁寡陶婴》中的《黄鹄之歌》。后代小说中穿插进大量诗词，叙述赠答及其内容，出现"有诗为证"的收尾形式，在某种程度上不能不说是受到《列女传》的影响。叙事中夹带大量诗词，是中国古代小说的重要特点，它有利于环境气氛的渲染和人物性格的刻画，增加了作品的抒情色彩。对小说创作来说，史传传统与诗歌传统基本上是积极的，但消极因素也非常明显。史传的历史真实性，使它的效仿者不容易放开手脚，深入人物的内心世界，并细致地描写周围景物，从而限制了小说艺术水平的提

---

① 周桂笙：《〈毒蛇圈〉译者识语》，载《新小说》，第八号，1903。

高。同时，引诗词入小说，也往往削弱其叙事功能，妨碍故事主线的伸展。有些小说甚至削足适履，画蛇添足，生硬地搬用这种形式，那就更不可取了。

（四）

文学是语言的艺术，《列女传》中有不少出色的语言表达方式。《列女传》形制短小，影响了其文学手段的运用，造成了人物表现的某些局限性。不过，篇幅有限，要想"文约而事丰"，那就必须用最省俭的笔墨，刻画出人物的性格特征。刘向已经注意到这一点。卷三的《孙叔敖母》写孙叔敖儿时曾撞见两条蛇，将其杀死埋掉，回家后向母亲哭诉此事，接着记述了母子二人的对话。每人只有两句对话，但从中却表现了孙叔敖的仁爱精神，揭示了叔敖母由忧到喜的心理变化，展现了她的远见卓识。语言凝炼，文字朴素，而又富于表现力。

《列女传》的语言明晰、准确、生动。如卷一的《有虞二妃》中的"尧乃妻以二女以观厥内，二女承事舜于畎亩之中，不以天子之女故而骄盈怠嫚，犹谦谦恭俭，思尽妇道"，比起《尚书·尧典》（"女于时，观厥刑于二女，厘降二女于妫汭，嫔于虞"）、《孟子·万章上》（"帝使其子九男二女，百官牛羊仓廪备，以事舜于畎亩之中"）和《史记·五帝本纪》（"于是尧妻之二女，观其德于二女。舜饬下二女于妫汭，如妇礼"）的类似记载，更为明确，更加生动。由此例亦可看出，作者在采用前人的材料时，根据当时的语言习惯，改古语为今语，使之通俗易懂，也有助于塑造人物形象。

为了增强语言的形象性和说服力，作者运用了比喻的手法。在卷二的《陶荅子妻》中，传主劝止丈夫说："妾闻南山有玄豹，雾雨七日而不下食者，何也？欲以泽其毛而成文章也，故藏而远害。犬彘不择食以肥其身，坐而须死耳。"这里以玄豹比喻那些隐居伏处、爱惜其身的人，以犬彘比喻那些贪富务大、不顾后害的人。"玄豹""雾豹""豹隐"的典故即由此而来。作者还注意运用具有趣味性和幽默感的语言。卷二的《楚接舆妻》写楚王派使聘迎接舆，接舆只是"笑而不应"，可是当妻子问起此事时，他却说："夫富贵者，人之所欲也，子何恶？我许之矣。"故起波澜，颇富情趣。齐相晏婴力行节俭，在私生活中品格也很高尚。他妻子年龄大，相貌丑，可他坚决不再娶。然而卷六的《齐伤槐女》中却有这样一段故事：伤槐女婧为解父囚，跑到晏婴家门口说："贱妾不胜其欲，愿得备陈于下。"晏婴得知后笑道："婴其有淫色乎，何为老而见奔？殆有说，内之至哉！"言语中深含幽默。《列女传》还巧妙地使用了一些民间谣谚。像卷五的《鲁秋洁妇》中的"力田不如逢丰年，力桑不如见国卿"。此谚语是人民群众对当时腐败现象的一种揭露，而这里出自秋胡子之口，则又活生生地表现了其丑恶心态。为了增强叙述性语言的使用效果，《列女传》的某些篇章注意将行为描写与心理描写结合起来。卷一的《魏芒慈母》写芒卯前妻之子犯罪当死，其后妻即传主"忧戚悲哀，带围减尺，朝夕勤劳，以救其罪"。此处以"带围减尺"来进一步说明内心"忧戚悲哀"的程度，突出了慈母的崇高形象。

可以说，《列女传》艺术性语言的运用，有助于更好地塑造人物形象，刻画人物性格，它是《列女传》取得一定文学成就的关键。当然，上面提及的语言特色，只是《列女传》语言特色的主要方面，并非再无别的方面。另外，这些特色也不是孤立存在的，而是相互交织、密切联系在一起的，有时同一篇章中就使用了好几种语言表述手法。

总之，作为一部传记类史书，《列女传》在文学上取得的成就，对古代传记文学和小说的发展都起过不容忽视的作用。

第五章　清代以来的史学发展

一、《宋史·道学传》在清代的论争及其影响

《宋史》专立《道学传》，这在中国学术思想史上影响深远。以往学术界研究这一问题，大多从史书编纂的角度切入，较为关注《道学传》设立的原因及其影响，而对明清学者特别是清儒就此事所作的相关论述及其学术背景、思想动因少有重视。所以有必要将清儒的相关论述放在有清一代学术思想演变、发展的大背景下进行审视，从而为深入研究清代学术思想演变、发展的轨迹和规律提供新的视域。

（一）

众所周知，汉武帝罢黜百家，独尊儒术，儒家学说从此成为中国传统社会的统治思想和正统学术，而反映到史学特别是史书编纂领域，一个突出的表现就是，自司马迁《史记》开始，儒家学派的重要人物除独立立传者，皆列入《儒林传》。儒学发展到宋代，以二程和朱熹为代表，形成了理学，也称道学。由于适应了社会政治和时代发展的需要，程朱理学在南宋理宗以后成为统治思想和官方学术中的主流。元朝建立，统治者继续尊尚程朱理学，在《宋史》修撰中于《儒林传》前专设《道学传》，用以表彰和推崇接续孔孟道统的理学大儒。但是明代纂修《元史》并未认同这种体例。明代中后期，随着理学内部王阳明心学的兴起及其对程朱理

学的冲击，更有汤显祖等人对这种体例明确表示非议，而重新纂修的宋史著作如柯维骐《宋史新编》、汤显祖《宋史》、王惟俭《宋史记》、钱士升《南宋书》等，也都没有立《道学传》。

入清以后，作为官方统治思想，曾一度受到冲击的程朱理学，得到了最高统治者的极力尊崇。康熙十八年(1679 年)，清廷大规模纂修《明史》，史馆总裁徐乾学、监修徐元文兄弟出于官方的政治需要，欲于《明史》立《道学传》，意在强化程朱理学的地位和影响。在《修史条议》中，徐氏兄弟提出：《明史》纂修"宜如《宋史》例，以程朱一派另立《理学传》"。"凡载《理学传》中者岂必皆胜《儒林》，《宋史》程朱门人亦多，有不如象山者，特学术源流宜归一是学，程朱者为切实平正，不至流弊耳。阳明之说善学，则江西诸儒不善学则为"①。尽管徐氏兄弟并未因尊崇《理学》而贬低《儒林》，且其认识尚有一定的学术价值，但他们仅仅注意到阳明一派发展中"源"与"流"的偏差，对程朱学派在发展中是否也会出现"流弊"却只字不提，其褒扬程朱一派、贬低王门及其后学的心态也就显露无遗了。在史馆中，彭孙遹亦有与徐氏兄弟相同之论，认为明代"其于程朱之学，或异或同"，依然存在"道统"问题，必须立《道学传》以维持"道统赖以不坠"，表彰程朱诸儒尊崇"道学之统""衍孔孟真传"之功。②

徐氏兄弟此论一出，立刻招致一些有识之士的反对，特别是享有很高学术声望的黄宗羲，表现得最为强烈。当得知徐氏兄弟欲立《道学传》，黄宗羲便移书史馆，强调"《宋史》别立《道学传》为元儒之陋，《明史》不当仍其例"③，对《修史条议》逐条批驳。首先，黄宗羲注意到，《条议》欲列入《道学传》的人选当中，有许多人或直接攻击朱学，或言论多类陆王。黄氏就此指出，"若阳明果异程朱"，"诸公何以见其抵牾程朱?"其次，在黄氏看来，《条议》拟将"道盛德备"作为《道学传》的标准而

---

①　刘承幹：《明史例案·卷九》，民国四年吴兴刘氏嘉业堂刊本。
②　(清)彭孙遹：《松桂堂全集·明史立道学忠义二传奏》。
③　(清)全祖望：《鲒埼亭集内编·梨洲先生神道碑文》。

收入薛瑄、高攀龙等人，以"功名既盛"作为《名卿传》的标准而收入王阳明、刘宗周等人，这种选取标准既不合前史之例，且又自相矛盾。再者，对于《条议》指责浙东学派"最多流弊"，作为浙东学派宗师的黄宗羲更是尖锐地指出："有明学术白沙开其端，至姚江而始大明"，"今忘其衣被之功，而訾其流弊之失，无乃刻乎？"强调必须分清学术的源和流，允许其流有分野、异同甚至弊端，切不可将其归罪于源头。最后，黄氏通过回溯十七史中《儒林传》的设立原委，力主"《道学》一门所当去也，一切总归《儒林》"[①]。黄氏所论继承和发展了明代汤显祖等人之说，引起了其子黄百家及其弟子万斯同、邵念鲁等人的积极追随和响应。同时，我们更应注意到，作为王门后学或者说"新心学"的代表人物，黄氏此举又隐含着对清廷极力推崇程朱理学而贬抑阳明心学的不满，也就自然能够得到王门后学的认同和赞许。

实际上，在史馆内部，与徐氏兄弟之议相左者也不乏其人。著名学者朱彝尊此前就已明确主张不立《道学传》。在朱氏看来，"六经者，治世之大法，致君尧舜之术，不外是焉，学者从而修明之，传心之要，会极之理，范围曲成之道，未尝不备，故《儒林》足以包《道学》，《道学》不可以统《儒林》"[②]。很明显，在"儒林"内涵足以囊括"道学"这一点上，朱彝尊与徐氏兄弟的看法颇异其趣。

由于史馆内外否定《道学传》的声势日渐高涨，连一些尊奉程朱者也表现出较为客观、审慎的态度，直接或间接地参与其中。面对强烈的反对意见，徐乾学曾致函理学名臣陆陇其寻求支持，陆氏则明确回复《明史》不必立《道学传》，理由无非"《宋史》道学之目不过借以尊濂、洛诸儒，而非谓儒者可与道学分途"，"尊道学于儒林之上所以定儒之宗，归道学于儒林之内所以正儒之实"[③]。陆陇其"为学专宗朱子"[④]，对阳明心

---

① （明）黄宗羲：《南雷诗文集·移史馆论不宜立理学传书》。
② （清）朱彝尊：《曝书亭集·史馆上总裁第五书》，《四部丛刊》本。
③ （清）陆陇其：《三鱼堂文集·答徐健庵先生书》，见文渊阁本《四库全书》。
④ 《清史稿·陆陇其传》。

学颇为反感，在《道学传》的问题上理应支持徐乾学，而结果却出乎徐氏之所料。供职于史馆的理学名臣汤斌，也有着与陆陇其相近的看法。汤斌为学态度持平，"笃守程朱，亦不薄王守仁"①。黄宗羲上书史馆，反对立《道学传》，汤斌较为迅速地做出反应，"出公书以示众，遂去之"②。可见，汤斌明确倾向于《明史》不立《道学传》，并促使徐氏兄弟不再坚持己见。

就史馆众臣的反对声浪而言，有一种现象尤其引人注意。主张《明史》不应立《道学传》，却因学非一途，而持论迥异，张烈与毛奇龄的争论就是如此。张烈为学先出于阳明，后唯程朱是宗。他认为王阳明不仅自身"破坏程朱之规矩，蹂躏圣贤之门庭"，更是明末"人人各树宗旨"甚至"纳降于佛老，流遁于杂霸"的祸首，根本不属于道学。③ 然而，学出刘宗周且为王门中人的毛奇龄，则认为道学乃道家之学，而王学才是真正的儒学。

雍正元年(1723年)七月，清廷第三次纂修《明史》，汪由敦是这一时期史馆的重要人物。汪氏认为，明代除了薛文清等极少的"醇儒"宜列《儒林》，其余如王阳明等人可按其功名、风节分入列传，以"稍示区别"④，仍然赞成旧稿不立《道学传》的做法。乾隆四年(1739年)，《明史》由张廷玉领衔，最后定稿，也终未立《道学传》。毋庸置疑，这当中清廷的意见是决定性的，但可以肯定，黄宗羲等人的学术主张也在其中发挥着至关重要的作用。《明史》纂修已经落幕，然而，关于《道学传》的争论非但没有停歇下来，反而随着学术风向的转变再起波澜。

(二)

乾嘉时期，清儒围绕《宋史·道学传》所进行的争论与清初有很大不同，已不再局限于理学内部之争，而是体现了汉学繁盛和发展的大势，并在一定程度上表现出以儒学为宗而不立门户的学术趋尚，显露出汉

---

① 《清史稿·汤斌传》。
② (清)全祖望：《鲒埼亭集内编·梨洲先生神道碑文》。
③ (清)张烈：《王学质疑·读史质疑三》，见文渊阁本《四库全书》。
④ (清)汪由敦：《松泉文集·史裁蠡说》，见文渊阁本《四库全书》。

学、宋学由相互争锋趋向彼此调和的征兆。在这一过程中，全祖望、钱大昕、章学诚、阮元等人以及四库馆臣从各自的立场出发，提出了一些具有学术启发意义的见解。

全祖望私淑黄宗羲、万斯同，继黄、万之后对浙东学派有着重要影响。乾隆六年(1741年)，全祖望特纂《移明史馆六帖子》，阐明了对纂修《明史》的看法，其中对汤显祖所修《宋史》推崇备至，称其"列传体例之最善者，如合《道学》于《儒林》"等等①。而这一评价，也与他编纂《宋元学案》所遵循的"不定一尊"且补《宋史》之不足的学术主张相吻合。

对于黄宗羲等前贤的主张，乾嘉学派的代表人物钱大昕亦颇为赞同。在钱氏看来，《宋史·道学传》在体例上存在着两个严重的问题。其一，体例混乱无方。"非程氏弟子，以其得程之传而授之朱氏，亦附见焉！其他讲学宗旨小异于朱氏者，则入之《儒林》，不得与于《道学》，其去取予夺之例可谓严矣。"其二，体例自相抵牾。刘勉之、刘子翚、胡宪，与李侗一样为朱熹之师，却未列入传中。吕祖谦与张栻俱为朱熹密友，但张氏列于传中，吕氏却被排斥在外。"一篇之中，忽变其例，谓非有意抑吕乎?"②。

如何解决上述问题？钱大昕指出："周、程、张、朱五子宜合为一传，而于论赞中著其直接圣贤之宗旨，不必别之曰'道学'也。自五子而外，则入之《儒林》可矣。若是，则五子之学尊，而五子之道乃愈尊，五子不必辞儒之名，而诸儒自不得并于五子。彼修《宋史》者徒知尊道学，而未知其所以尊也。"③在学术实践中，钱氏也贯彻了这一指导思想。乾隆三十七年(1772年)，钱氏任《三通》馆纂修官，在分工拟订《续通志》列传部分之凡例时，取消了《道学传》，并入《儒林传》。他就此指出："史无道学之名，论者又谓儒者通天地人之称，《儒林》足以包《道学》。考郑氏《通志》原无此标目，宜并入《儒林传》。"④现在看来，钱氏此举，

---

① (清)全祖望：《鲒埼亭集外编·答临川先生问汤氏宋史帖子》。
② (清)钱大昕：《潜研堂文集·跋宋史》。
③ 同上。
④ (清)钱大昕：《潜研堂文集·拟续通志列传凡例》。

既能坚持以儒学为尊，又不失传统史例；既与这一时期崇尚儒学的学术大势相呼应，又与明清之际以来批评、修正理学末流的思潮相契合。

钱大昕此举对当时和后世学者都多有启发，其弟子邵晋涵就是一个突出的代表。邵氏在重修《宋史》时就多秉承钱氏之论。《四库全书》编纂完成后，邵氏计划重修《宋史》，其目录未设《道学》，原《宋史》中列入《道学传》的朱熹及其老师和弟子，皆列入《儒学传》。因在史学领域颇有造诣，邵氏曾奉诏入四库馆，负责审订史部书籍，包括《宋史》及其相关史书在内的许多提要，就是出自邵氏本人之手。很自然，邵氏也将他对《宋史》立《道学传》的看法融入其中。

不仅是邵晋涵，作为汉学大本营的四库馆中的其他馆臣，也对《宋史》立《道学传》颇为反感，认为"其最无理者，莫过于《道学》《儒林》之分传"，"盖古之圣贤亦不过儒者而已，无所谓道学者也"[①]。前面提到，明代钱士升曾撰《南宋书》，四库馆臣对该书有所批评，但同时也肯定了它"遵循古例，不以《道学》《儒林》分传"的做法[②]，并将它收入四库存目。

我们知道，浙东学派一贯主张不立门户，兼取朱王之所长，并蓄汉宋之精华。黄宗羲、万斯同、邵念鲁、全祖望、邵晋涵等人莫不如此。值得注意的是，同样属于浙东学派，这一时期的章学诚却充分肯定了《宋史》纂修《道学传》的做法。"儒术至宋而盛，儒学亦至宋而歧。道学诸传人物，实与《儒林》诸公迥然分别。自不得不如当日途辙分歧之实迹以载之。"[③]章氏此论看似与浙东前贤相左，实则不然。在章氏看来，《宋史》列有《道学传》，据"实迹以载之"，完全符合"据事直书"的"史家法度"，所以《宋史》分立《道学》《儒林》而引起门户争端的说法是毫无道理的。从一定意义上说，章学诚的这一认识"入情入理"，也是对浙东学派学术思想的进一步丰富和发展。[④]

乾嘉时期，无论是属于汉学还是宋学，都有一些学者认为，经史考

---

① （清）永瑢等：《四库全书总目·宋史新编》。
② （清）永瑢等：《四库全书总目·南宋书》。
③ 《章学诚遗书·丙辰札记》，北京，文物出版社，1985。
④ 仓修良：《史家·史籍·史学》，563页，济南，山东教育出版社，2000。

证应当考据、义理兼采。汉学名家阮元就坚持这一观点。阮氏主张"崇宋学之性道，而以汉儒经义实之"，并以此指导纂修《国史儒林传》。嘉庆十五年（1810 年），阮氏担任国史馆总裁，作《拟国史儒林传序》，"《宋史》以《道学》《儒林》分为二传，不知此即《周礼》师儒之异，后人创分而暗合周道也"，"皆于周孔之道得其分和，未可偏讥而互诮也"①。阮氏基于调和汉宋的立场，认为"《宋史》以《道学》《儒林》分为二传"自有合理之处。当然，阮元试图兼综汉宋，在宋学看来，也仅仅是固守汉学，以宋学济汉学之穷，还不足以持汉学、宋学之平。的确，"嘉道之际，在上之压力已衰，而在下之衰运亦见，汉学家正统如阮伯元、焦里堂、凌次仲，皆途穷将变之候也"②。正是在这一背景之下，宋学欲借为道学正名而倡扬理学之举也就开始悄然酝酿了。

（三）

道咸以后，宋学一反乾嘉时期相对低迷的态势，随着方东树《汉学商兑》一书的推出而重新活跃起来。《汉学商兑》意在重振道学，牴排汉学，又与如何评价《宋史·道学传》密切相关，并对清代后期的理学中兴产生了一定的影响。

汉学曾经如日中天，排斥宋学、昌明汉学的《汉学师承纪》《宋学渊源记》也由江藩推出，这引起了宋学中人的强烈不满。道光六年（1826年），宋学营垒中的方东树撰写《汉学商兑》，极力为宋学辩护。方东树为学"最契朱子之言"③，强调"孔子没后，千五百余岁，经义学派，至宋儒讲辨，始得圣人之真"。程朱数子挽救"世教学术"于"分歧异说"之中，实有廓清之功。④ 有着如此鲜明的学术立场，方氏对汉学的反击可谓不遗余力。需要指出的是，方氏在一些重要问题上对汉学批驳的程度，往往取决于汉学对《宋史·道学传》的态度是否切合己意。这样一来，关于

---

① （清）阮元：《揅经室一集·拟国史儒林传序》。
② 钱穆：《中国近三百年学术史》，3 页，北京，商务印书馆，1997。
③ 《清史稿·方东树传》。
④ （清）方东树：《汉学商兑》，见（清）江藩等：《汉学师承记（外二种）》，236 页，北京，生活·读书·新知三联书店，1998。

《宋史·道学传》的争论也就不可避免地被方氏推向了汉宋交锋的前沿。

首先，关于道学是否为圣学。清初毛奇龄曾批驳宋儒道学不是传圣人之道的儒学，方氏针锋相对地指出："尧舜周孔之圣学，号而读之曰'道'，循而求之曰'理'，此古今之通义"。若不加详察，混为一谈，"使来学视周、程、张、朱为异端，而断其非圣学"，其危害远非洪水猛兽可比。"何得一概诋之，而断其非圣学也"。此外，就毛氏所说立《道学传》是周、程、朱诸子极力倡导的结果，方氏强调，此乃无稽之谈，于史无据，"元修《宋史》，非周、程诸子所及逆知"①。

其次，关于《宋史》分出《道学》一传是否开启了门户争斗之端。四库馆臣在评价万斯同《儒林宗派》时就已指出，《宋史》分出《道学》《儒林》二传是源于朱熹《伊洛渊源录》，以致宋明以来谈道统者扬己凌人，卒酿门户之祸。② 实际上，万氏撰《儒林宗派》，只是以时代为次考辨了自孔子迄于明末诸儒的授受源流，并无指责朱熹及其《伊洛渊源录》之意，连方氏自己都承认"万氏此书意在持平"。然而，方氏却从《儒林宗派》中嗅出了万氏"其实乃不平之甚"，力辩"《宋史》本《伊洛渊源录》，创立《道学传》，正合周公之制"③。

再次，关于宋儒言心性、义理能否就可判为尚空谈之学。作为一种学术形态，宋学旨在阐发儒家经典所蕴含的义理，治学风格与汉学有所不同，本无可厚非。但是，在乾嘉时期，宋学却屡受汉学攻击，被视为"空疏不学，为荒于经术"。对此，方氏猛烈回击道："程朱言性、言理，皆从身心下功夫，以日用伦常为实际"。"考顾《与友人书》曰：'百余年来之为学者，往往言心言性，而茫然不得其解也。'夫明曰'百余年来'，则非以讥宋儒可知"。"考汉学者之始，生于深忌《宋史》《道学》《儒林》分传，因之痛疾朱子补《大学格致传》穷理之说"④。

① （清）方东树：《汉学商兑》，见（清）江藩等：《汉学师承记（外二种）》，242～247 页，北京，生活·读书·新知三联书店，1998。
② （清）永瑢等：《四库全书总目·儒林宗派》。
③ （清）方东树：《汉学商兑》，见（清）江藩等：《汉学师承记（外二种）》，249～251 页，北京，生活·读书·新知三联书店，1998。
④ 同上书，227 页。

　　方东树以上辩驳意在表明：宋儒所传道学实为遥接尧舜周孔之圣学，绝不能与道观之流混为一谈；分立学术门户乃末流之敝，古今皆然，与道学无关；程朱"言心、言性、言理"，却也关乎"日用伦常"，绝非汉学所谓"空疏不学，为荒于经术"之渊薮。可以说，方氏在这三个重要问题上对汉学的驳正并不"空疏"，梳理学派源流也有根有据，然而他将汉学诘难宋学的原因归结为"深妒《宋史》创立《道学传》"，且将其纳入汉学"六蔽"之中，则是没有任何学术依据的。① 当然，方氏虽未从根本上推翻汉学对宋学的攻击之辞，但其立足于为宋学正名，阐发的学术见解不乏切中汉学之要害处，不能一概抹杀。诚如梁启超所言："为宋学辩护处，固多迂旧，其针砭汉学家处，却多切中其病。"②

　　尽管如此，宋学营垒试图借讨论《道学传》以挽救理学，在这一时期的传统史学领域里终究没能激起其预想的回应。《宋史》撰成以来，不少学者病其芜杂，特别是道咸以前的不少著名学者都曾有志于重修《宋史》，只是未能成功。而晚清的陆心源却另辟蹊径，补苴《宋史》之疏漏处，撰成《宋史翼》四卷。陆氏在纲目设立、入传标准等问题上表现出了较高的史识，特别是"其有《儒林传》而无《道学传》"更是"自有微意"③。陆氏摒弃了元修《宋史》的做法，而其间之"微意"，又是明清以来人们对《道学传》的认识得到不断深化的结果。

　　清末民初的刘承幹，曾对《道学传》在传统学术中的命运作了较为合理、公允的总结。他说："《明史》不用道学立传，实属谛当。今《清史》议立《儒学传》，固无庸再有《道学传》矣。而儒学派别，乾嘉而后，区分汉宋；光宣之间，又杂采东西洋之浮议。此尤治乱之大关，不可不细心讨论者。阮文达所拟《儒林传稿》，尚需再加商榷。若李莼客论列国朝儒林，而极诋治宋儒之学者，岂足以取信耶？"④的确，包括史学在内的传

---

① （清）方东树：《汉学商兑》，见（清）江藩等：《汉学师承记（外二种）》，北京，生活·读书·新知三联书店，1998。
② 梁启超：《清代学术概论》，65 页，上海，上海古籍出版社，1998。
③ （清）陆心源：《宋史翼·序》，北京，中华书局，1991。
④ 刘承幹：《明史例案·卷九》，民国四年吴兴刘氏嘉业堂刊本。

统学术已身陷危局又更新乏力，儒学再分立道学，再区分汉宋，已无实际意义。

（四）

综上所述，可以看出，清儒关于《宋史·道学传》的争论，对有清一代的学术思想格局产生了重要的影响，已不再是一个单纯的史学和史书编纂问题。

清初，程朱理学作为官方之学，而得到清廷的大力提倡和推崇。由于立场不同，旨趣各异，清廷的举动势必引起王门后学的强烈反弹。因此，围绕《明史》纂修是否应立《道学传》而展开的争论，其实质是明末以来理学内部尊奉程朱理学抑或阳明心学的理论之辨、思想之争。另一方面，清初诸儒的相关争论虽然思想主张各异，但基本上并没有溢出自宋明延续而来的理学内部之争，即程朱理学与阳明心学之争，始终是与明末以来出现的崇实黜虚的思潮相关联、相呼应的。从某种意义上说，这种理论之辨、思想之争也渐渐促使学术向儒家经典的悄然回归，为后来经史考据之学的兴起铺平了道路。清代中期，以经史考据为标榜的汉学如日中天，成为显学，作为官方意识形态的宋学即程朱理学，依然高踞庙堂之上，更没有退出权力话语的中心地位。处于学术强势的汉学与清廷羽翼的宋学相互攻讦、驳难的同时，各自的缺陷也暴露无遗。划分汉学与宋学以及强分儒学和道学给学术发展带来的弊端，引起了汉宋各自营垒内部有识之士的高度关注，对汉学和宋学的反思逐渐成为一种共识，汉学、宋学也因此由对峙争锋趋向交融合流。而这一学术风向的转变，在乾嘉诸儒关于《宋史·道学传》的讨论中又得到了较为清晰的展现。清代后期，面临千百年来未有之大变局，各种社会危机不断深化。尽管汉学试图调和宋学以补偏救弊，宋学更是通过辩论道学欲以重振，但也仅仅是传统学术蜷缩于旨在变革现实的经世大潮面前的"回光返照"，只能无可挽回地走向衰落。由此，传统学术迈向了艰难的转型。史学首当其冲，开启了由注重古史、关注国史转向注重当代、关注边疆和外国史地的"蜕变"进程。随着传统史学更新步履的加速，传统史学领域中《道学传》的编纂以及围绕于此的各种争论渐趋沉寂，最终成为了历史的绝响。

"清儒学术，曲折迂回，始终未获一条正当的直路。"①有清一代学术思想发展的每一重要阶段，无不蕴含着清儒讨论《宋史·道学传》的丰富资讯，而这着实折射出清代学术思想"曲折迂回"的演变、发展的轨迹和规律。由此视角切入，进行认真考察和系统梳理，无疑会有助于进一步深化和拓展对清代学术思想的研究。

二、钱大昕的史学批评

作为清代乾嘉学派的代表人物，钱大昕治学以博通闻世，主张经史无二，提倡经史并重，努力纠正当时学术界荣经陋史、重经轻史的偏向，并强调史学的客观性，强调史家应该具有广博的知识，且使之融会贯通、经世致用。钱大昕的史学成就是多方面的，存留于其著作中的有关史学批评的内容同样值得我们高度重视、认真发掘，这将有助于全面认识中国传统史学理论的发展。

（一）

中华民族向来重视历史，看重史学，具有悠久的史官文化传统，史书编纂久已有之，史学发展源远流长，在中国政治文明史、文化学术史上占有特别突出的地位。可以说，在中国的学术传统中，史学一直是最为辉煌、最为显赫的一门学问。但自汉武帝罢黜百家、独尊儒术之后，史学的地位一直低于经学。就图书分类来说，在两汉之际的《七略》《汉书·艺文志》中，史书附于六艺略春秋类下。后来四部分类出现，经史分途，史书虽独立成为一类，但其在地位上低于经书则是始终一贯的，史学也一直笼罩在经学的影响之下。隋唐以降，科举制度兴起，读经直接与仕进当官挂钩，尽管史学本身也在不断进步和发展，而且隋代王通、唐代刘知幾等人有诸经皆史之说推出，但就整个社会文化思潮而

---

① 钱穆：《中国学术思想史论丛》，合肥，安徽教育出版社，2004。

言，史学是颇不受重视的。以二程、朱熹为代表的宋代理学家，更是由
"理一分殊"的基本观点出发来理解经史关系，明确认定经是天理的体
现，经尊史卑，经精史粗，强调以经为本，以经统史，读书应先读经，
从中汲取天理，然后再读史。这样，尽管宋代叶适和元代郝经、刘因等
人进一步发展了以往诸经皆史的观念，但由于理学的深刻影响，荣经陋
史、重经轻史之风愈演愈烈，至明代中期，王阳明提出"五经亦史"的观
点，对经史关系的认识取得了重大突破，并产生了巨大影响。此后又有
何良俊、王世贞、李贽等人倡导"经史一物"，从而为史学地位的上升，
为其摆脱经学束缚而实现自主，提供了更加有利的理论依据和学术氛
围。① 然而，由于受当时空谈性理、耻言事功之风的影响，这种关于经
史关系的新认识还仅仅停留在理论层面，荣经陋史、重经轻史的学术倾
向仍在延续和发展。所以，明清之际的黄宗羲、顾炎武以及后来的全祖
望等人，也依然在反思史学之不能兴盛的状况。黄宗羲说："自科举之
学盛，而史学遂废，昔蔡京、蔡卞当国，欲绝灭史学，即《资治通鉴》板
亦议毁之，然而不能。今未尝有史学之禁，而读史者顾无其人，由是而
叹人才之日下也。"②顾炎武也慨叹唐宋以后史学不兴，并认为"今史学
废绝，又甚唐时"③。因此，他们呼吁打通经史，将经史之学放在同样
重要的位置，从而实现真正的经世致用。在他们看来，"学者必先穷经，
然拘执经学，不适于用。欲免迂儒，必兼读史"④。"引古筹今，亦吾儒
经世之用"⑤。"学必原本于经术而后不为蹈虚，必证明于史籍而后足以
应务"⑥。但遗憾的是，在乾嘉时期，大部分朴学家并未继承、发挥、
发展这种思想主张，而是更加专注于儒家典籍的文字训释、版本考证

---

　　① 　向燕南：《从"荣经陋史"到"六经皆史"——宋明经史关系说的演化及意义之探讨》，载
《史学理论研究》，2001(4)。

　　② 　(明)黄宗羲：《南雷文定·补历代史表序》。

　　③ 　(明)顾炎武：《日知录·史学》。

　　④ 　《清史稿·黄宗羲传》。

　　⑤ 　(明)顾炎武：《亭林文集·与人书八》，见《顾亭林诗文集》，北京，中华书局，1982。

　　⑥ 　(清)全祖望：《鲒埼亭集外编·甬上证人书院记》。

等，"以肄经为宗，不读汉以后书"①，严重的学术偏向依然存在，加上对知识分子而言，在文字狱大兴之时，研经比治史要安全得多。于是，经学独兴，史学不振，"读经易，读史难"②，"号为治经则道尊，号为学史则道诎"③，史学被视为低一等的学问。即使是那些一流的史学家也有类似的认识。例如，赵翼称自己"资性粗钝，不能研究经学，唯历代史书，事显而义浅，便于浏览"④。王鸣盛也说过："治经断不敢驳经，而史则虽子长、孟坚，苟有所失，无妨箴而砭之。"⑤可见，在他们的心目中，史书思想浅显，儒家经典则意蕴深远，是神圣不可冒犯的，儒家经义也是不可改易、无可商榷的，因而人们只能驳史而不能驳经。正如凌廷堪所揭露的那样："近日学者风尚，多留心经学，于辞章则卑视之，而于史事，又或畏其繁密。"⑥这种情况不能不影响学术特别是史学的健康发展。所以，陈寅恪有言："有清一代经学号称极盛，而史学则远不逮宋人……往昔经学盛时，为其学者，可不读唐以后书，以求速效。声誉既易致，而利禄亦随之。于是一世才智之士，能为考据之学者，群舍史学而趋于经学之一途。其谨愿者，既止于解释文句，而不能讨论问题。其夸诞者，又流于奇诡悠谬，而不可究诘。虽有研治史学之人，大抵于宦成以后休退之时，始以余力肄及，殆视为文儒老病销愁送日之具。当时史学地位之卑下若此，由今思之，诚可哀矣。此清代经学发展过甚，所以转致史学之不振也。"⑦的确，较之经学的极度盛行，清代史学的地位和影响是相形见绌的。陈氏所说，大体上是合乎史实的。当然，就中国史学自身的演进而言，清代史学毕竟还是比包括宋代在内的前代史学有了明显的发展，很难说是远不如宋代史学。

---

①　(清)江藩等：《汉学师承记(外二种)·钱大昕》，北京，生活·读书·新知三联书店，1998。

②　(清)钱大昕：《潜研堂文集补编·元史本证序》。

③　《古史钩沉论二》，见《龚自珍全集》(第1辑)，上海，上海人民出版社，1975。

④　(清)赵翼：《廿二史札记》小引，北京，中华书局，1984，王树民校证本。

⑤　(清)王鸣盛：《十七史商榷·自序》。

⑥　(清)凌廷堪：《校礼堂文集·与张生其锦书》。

⑦　陈寅恪：《陈垣元西域人华化考序》，见《陈寅恪集·金明馆丛稿二编》，北京，生活·读书·新知三联书店，2001。

尽管钱大昕也曾致力于儒家经典的考察和研究，在经学领域成就卓著、影响巨大，但在乾嘉学者中，他却是一位近乎众人皆醉我独醒的人物，重经轻史、荣经陋史的偏向并没有影响他的学术志向和追求。钱大昕"性喜史学"①，自幼喜读史书，并屡有所得。他曾说："史学之不讲久矣。仆少时有志于此，晨夕携一编，随手记录，于《元史》得考异十五卷"②。又说："予弱冠时，好读乙部书，通籍以后，尤专斯业。自《史》《汉》迄《金》《元》，作者廿有二家，反覆校勘，虽寒暑疾疢，未尝少辍，偶有所得，写于别纸"，最终在乾隆四十五年推出了一百卷的《廿二史考异》。③ 后来周中孚论此书曰："竹汀少时好读史书，通籍以后，尤精斯业。于二十二史反覆校勘，偶有所得，写于别纸，久之编成百卷。凡《史记》五卷，《汉书》四卷，《后汉书》三卷，《续后汉书》二卷，《三国志》三卷，《晋书》五卷，《宋书》二卷，《南齐书》及《梁书》、《陈书》各一卷，《魏书》三卷，《北齐书》一卷，《周书》一卷，《隋书》二卷，《南史》《北史》各三卷，《唐书》十六卷，《旧唐书》四卷，《五代史》六卷，《宋史》十六卷，《辽史》一卷，《金史》二卷，《元史》十五卷。按正史文字繁多，义例纷纠：舆地则今昔异名，侨置殊所；职官则沿革迭代，冗要逐时；氏族则谱牒失诬，世次多舛。竹汀于斯三者，先就本书证之；证之未妥者，复取他书及石刻证之，条理贯穿，了如指掌。又小学算法，尤属专门，凡文字之讹误，无不是正；律术之参错，无不订定；而于典制事迹，亦能原原本本，证据详明。考史之书至竹汀此编，诚所谓实事求是，得未曾有者也"④。

除了《廿二史考异》，钱氏的《三史拾遗》《诸史拾遗》和《通鉴注辨正》也是很有名的史学著作。关于两部各为五卷的《拾遗》，周中孚说："竹汀《二十二史考异》刊成后，续有所得，又编定此二书，皆所以补《考异》之未备，故曰《拾遗》。竹汀殁后，其门人李许斋（赓芸）略加校订，刊而

---

①　（清）钱大昕：《潜研堂文集·三国志辨疑序》。
②　（清）钱大昕：《潜研堂文集补编·元史本证序》。
③　（清）钱大昕：《潜研堂文集·廿二史考异序》。
④　（清）周中孚：《郑堂读书记·廿二史考异》。

行之，并为之序。《三史拾遗》凡《史记》一卷，《汉书》二卷，《后汉书》一卷，《续后汉书》一卷。《诸史拾遗》凡《三国志》《晋书》一卷，宋齐梁陈魏《书》《南北史》《唐书》一卷，《五代史》一卷，《宋史》一卷，辽金元《史》一卷。其所以分为二书者，以三史卷帙居其半也。所考皆详审精确，与《考异》无二。间有同考一事，《考异》略而《拾遗》详者，当以详者为定论。《汉书·古今人表》，《考异》颇略，后所考者，几及一卷，皆俱与《考异》各条相次而备。《诸史拾遗》中有《宋志五等封国考》《五代使相表》，犹《考异》有《汉书侯国考》《修唐书史臣表》也。又《史记》后附宋本跋二篇，《续汉书》后附宋本牒一篇，《晋书》后附《修晋书诏》一篇，《唐书》后附嘉祐五年编修、刊修、提举及校对、校勘职名，暨董冲《唐书释音序》，则与《考异》体例稍异，亦所以补前书之未逮也。"[1]还有，《通鉴注辨正《地名考异》《新唐书纠谬校补》《元史氏族表》《元史艺文志》等，也是钱氏重要的史学著作，而《十驾斋养新录》和《潜研堂文集》中考史论史的内容亦十分丰富。另外，对传记汇编这种乾嘉时期颇为流行的学术史著作方式，钱大昕也有导夫先路之功。钱氏撰写过 11 篇清代学术界的人物传记，其中包括阎若璩、胡渭、惠栋、戴震等名家，并收入《潜研堂文集》，"它是这种学术史形式的先声"[2]。

值得注意的是，在钱大昕积极进行史学研究期间，乾隆五十二年（1787 年）和嘉庆五年（1800 年），王鸣盛的《十七史商榷》和赵翼的《廿二史札记》也相继推出，而其间又有章学诚作《文史通义》及《校雠通义》。钱大昕与王鸣盛是姻亲和挚友，与赵翼、章学诚也有密切的学术往来，还曾为赵氏《札记》作序。这些学术名著的相继推出，使史学研究声势大振，影响大增。特别是章氏，针对乾嘉学术界存在的弊端，在继承和发展王阳明、王世贞等前贤之说的基础上，推出了更具系统性、深刻性的"六经皆史"的思想观念。章氏指出："六经皆史也。古人不著书，古人

---

①　（清）周中孚：《郑堂读书记·卷三十五》。

②　［美］艾尔曼：《从理学到朴学——中华帝国晚期思想与社会变化面面观》，赵刚译，53页，南京，江苏人民出版社，1995。

未尝离事而言理，六经皆先王之政典也"①。"三代学术，知有史而不知有经，切人事也。后人贵经术，以其即三代之史也"②。章氏还明确"以为盈天地间，凡涉著作之林，皆是史学。六经特圣人取此六种之史以垂训耳，子集诸家，其源皆出于史"③。钱大昕等人的举动为章氏此说提供了理论依据和活动舞台，他们相互呼应、彼此标榜，使学术风气渐趋于健康、正确的发展方向。

更为重要的是，针对当时经尊史卑的学术偏向，钱大昕不仅以自己的学术实践予以纠正，而且也在理论上提出了较为明确的主张，阐明了以史统经、建立经史合一的历史学科的学术宗旨。这集中表现在他为赵翼《廿二史札记》所作序文中的一段议论："经与史岂有二学哉！昔宣尼赞修六经，而《尚书》《春秋》实为史家之权舆。汉世刘向父子校理秘文为六略，而《世本》《楚汉春秋》《太史公书》《汉著记》列于春秋家，《高祖传》《孝文传》列于儒家，初无经史之别。厥后兰台、东观，作者益繁，李充、荀勖等创立四部，而经史始分，然不闻陋史而荣经也。自王安石以猖狂诡诞之学要君窃位，自造《三经新义》，驱海内而诵习之，甚至诋《春秋》为断烂朝报。章、蔡用事，祖述荆舒，屏弃《通鉴》为元祐学术，而十七史皆束之高阁矣。嗣是道学诸儒讲求心性，惧门弟子之泛滥无所归也，则有诃读史为玩物丧志者，又有谓读史令人心粗者。此特有为言之，而空疏浅薄者托以藉口，由是说经者日多，治史者日少。彼之言曰，经精而史粗也，经正而史杂也。予谓经以明伦，虚灵玄妙之论，似精实非精也。经以致用，迂阔刻深之谈，似正实非正也……若元明言经者，非剿袭稗贩，则师心妄作，即幸而厕名甲部，亦徒供后人覆瓿而已，奚足尚哉！"在这里，钱大昕所讲宋以后始陋史而荣经，显然不确，但它却产生了振聋发聩的功效，引起了人们对史学的重视。

对此，有的学者曾高度评价道："这篇序文表面上是指责宋、元、

---

① （清）章学诚：《文史通义·易教上》，上海，上海古籍出版社，2008。
② （清）章学诚：《文史通义·浙东学术》，上海，上海古籍出版社，2008。
③ （清）章学诚：《章氏遗书·报孙渊如书》。

明三代重经轻史的偏见，实际上则是向当时一群经学考证家，提出严重的抗议。钱氏虽不持'六经皆史'之说，但'经史无二'或'经史无别'的论点则将'史'提升至与'经'完全相等的地位。钱、章两氏在这一点上显然是殊途同归的，所以此序可以看作清代史学家的'独立宣言'；它和章学诚论'六经皆史'诸篇都是清代中期学术思想史上具有划时代意义的重要文献。"①又说："这番话表面上是在责备宋儒，而事实上正是对清代经学考证表示一种极为强烈的抗议，其为史学争自主的意态是十分明显的。"②还有学者就钱氏此文指出："这一方面是从经与史的历史命运的不同考察了史学的社会地位，一方面则指出了重经轻史倾向的错误。钱大昕的这些话是嘉庆五年(1800年)写的，40年后爆发了鸦片战争；在此后的半个世纪里，经学的空疏进一步暴露出来，而史学则在救亡图强的民族大义的历史潮流中发挥着作用，经受着考验，一步一步地走向近代化。这个事实证明了钱大昕从经、史地位的升降来看待史学发展确是卓见。"③有的学者则强调：钱氏此文，"从论说《尚书》《春秋》为中国史学之萌芽，到肯定《史记》《汉书》的崇高地位、批判陋史而荣经的风气，正展示了钱大昕以史统经、建立经史统一的历史学科的新思路"，"反映出中国学术从传统的经学独尊向着建立以史学统摄经学的近代历史学科转型的趋向"④。应该讲，上述评论都是恰如其分、很有道理的。

　　的确，通过具体的经史考证，钱大昕等乾嘉学者认识到，儒家经典、经学本身也并非尽善尽美，它们与史书、史学一样存在着许多问题。于是，"儒家经典受到全面的怀疑，并经由史学化，变成了寻常的史学研究对象和材料。这是知识阶层思想变化最显著的标志"⑤。这与钱大昕、章学诚等人的努力是密不可分的，而且就当时实际的学术影响

　　① 余英时：《中国思想传统的现代诠释》，288页，南京，江苏人民出版社，1995。
　　② 余英时：《论戴震与章学诚：清代中期学术思想史研究》，279页，北京，生活·读书·新知三联书店，2000。
　　③ 瞿林东：《中国史学史纲》，16～17页，北京，北京出版社，1999。
　　④ 许苏民：《顾炎武与浙西史学》，载《东南学术》，2004(1)。
　　⑤ ［美］艾尔曼：《从理学到朴学——中华帝国晚期思想与社会变化面面观》，赵刚译，1页，南京，江苏人民出版社，1995。

来讲，章学诚要远逊于钱大昕。美国学者艾尔曼在谈到章学诚时指出："他有关史学和史料编纂学性质的论著一直受到冷遇，直到 20 世纪才因内藤虎次郎和胡适的注意引起重视。18 世纪，不是章学诚，而是考据专家钱大昕，才是公认的著名历史学家。章未受到同时代学术主流派的注意，他对时代确实未产生过影响。"①

众所周知，对钱大昕来说，惠栋是学术前辈，戴震是学术挚友，他们考论经学的水平和成果，钱氏是极为佩服和推崇的。但是，对他们尊经轻史的学术倾向及其所造成的负面影响，钱大昕也毫不留情地予以批评："尝谓自惠、戴之学盛行于世，天下学者但治古经，略涉三史，三史以下茫然不知，得谓之通儒乎？"②也就是说，在钱大昕看来，只重经而不治史，即使治史，一般也只是关注"三史"等早期史籍，而这样作，则并非"通儒"之所为。因此，钱大昕晚年主讲于紫阳书院时，还在倡导"史学与经并重"③。顺便说一下，钱氏对所谓"三史"的名称，也做过认真的考察，认为唐前"三史谓《史记》《汉书》及《东观记》也"，《续汉书·郡国志》《三国志·吴志·吕蒙传》裴松之注引《江表传》《孙峻传》裴松之注引《吴书》等提到的"三史"，皆指这三种史籍。"自唐以来，《东观记》失传，乃以范蔚宗书当三史之一"④。此论较之王鸣盛《十七史商榷》之说，不仅极为明晰，而且至当不易。⑤

统观钱大昕的整个学术历程，不难发现，他"于儒者应有之艺，无弗习，无弗精"⑥，"凡文字、音韵、训诂、历代典章制度、官制、氏族、年齿、古今地理沿革、金石、画像、篆隶及古《九章算术》、今中西历法，无不洞悉其是非疑似"⑦。但比较起来看，钱氏似乎更钟情于史

---

① ［美］艾尔曼：《从理学到朴学——中华帝国晚期思想与社会变化面面观》，赵刚译，47页，南京，江苏人民出版社，1995。

② （清）江藩等：《汉学师承记（外二种）·钱大昕》，北京，生活·读书·新知三联书店，1998。

③ （清）钱大昕：《竹汀先生日记钞·卷三》。

④ （清）钱大昕：《十驾斋养新录·卷六·三史》。

⑤ 金毓黻：《中国史学史》，257 页，北京，商务印书馆，1957。

⑥ （清）段玉裁：《潜研堂文集序》。

⑦ （清）程其珏、杨震福：《嘉定县志·人物志》，清光绪八年刻本。

学方面的考察、研究，他在其他学术领域的努力探索，也大体是围绕着史学来进行的。"竹汀为学方面虽广，其重心则在史学，其治天文、历算、金石、地理、小学等，皆取其有助于证史，甚至研究经学也以史学为归宿。如《春秋论》一文，力辨以文字为褒贬之说，而强调其要点为如实纪事，最后归结为：'明乎《春秋》之例，可与言史矣。'竟为以史学之义来看《春秋》。"①正如柴德赓所指出的："提纲挈领来说，竹汀的学问主要是史学，其余各种专门知识，兼收并蓄，都是为史学服务的。"②像在金石学领域，钱氏就是清代学人中"专史而兼金石"的代表性人物。③所以，王鸣盛曾强调："竹汀于史，横纵钩贯，援据出入，既博且精。所作《二十二史考异》，固已得未曾有。出其余技，以治金石，而考史之精博，遂能超轶前贤。"④换言之，钱大昕以"余技"在其他领域取得的一系列学术成就，亦有助于他在史学领域的进一步发展。

可以说，钱大昕为史学争地位，同时通过自己的实际努力来实现这一学术目标，而且时人也已经公认其为杰出的史学家，对其在史学领域的贡献给予了高度评价。如翁方纲曾有诗赞曰："钱子良史才，岂唯甬东万。"⑤这是以清初史学家万斯同来比拟钱氏。赵翼则作诗称道钱氏撰《廿二史考异》，谓其"手成百卷专门学，身是千秋列传人"⑥。凌廷堪在谈到乾嘉学坛时，也明确指出："史学唯钱辛楣先生用功最深。"⑦焦循亦曾赞扬钱氏的《廿二史考异》说："詹事之学，博大精微。于何为极，迁、固、修、祁。地详沿革，算澈中西。职官制度，考核靡遗。以斯治史，乃得会归。孰云乙部，易于经师。"⑧这是把钱氏比拟为前代的司马迁、班固、欧阳修、宋祁等史学家，并盛赞其治史融会贯通。此后朱一

①　杨向奎：《清儒学案新编》，第八卷，154页，济南，齐鲁书社，1994。
②　柴德赓：《史学丛考》，262页，北京，中华书局，1982。
③　岑仲勉：《金石论丛》，76页，北京，中华书局，2004。
④　(清)王鸣盛：《潜研堂金石文跋尾序》，见《嘉定钱大昕全集》，第6册，南京，江苏古籍出版社，1997。
⑤　(清)翁方纲：《复初斋集·怀钱辛楣诗》，见《嘉业堂丛书》。
⑥　(清)赵翼：《瓯北集·晤钱竹汀宫詹话旧》。
⑦　(清)凌廷堪：《校礼堂文集·与张生其锦书》。
⑧　(清)焦循：《雕菰楼集·读书三十二赞》，见《丛书集成初编》本。

新不仅强调"竹汀史学绝精，即偶有疏误，视西庄辈，固远胜之"①，而且明确指出："乾嘉诸儒以东原、竹汀为巨擘，一精于经，一精于史。"②有的学者则指出："十八世纪中国史学界，鲜有类似《史记》《通鉴》之史籍巨著，仅以考据盛，而于考据用力最大，成就最多，方法最谨严，使人罕有可乘之隙者，则不能不推钱氏。十八世纪中国之史学，虽谓之钱大昕时代，亦无不可。"③的确，作为一代学术宗师，钱大昕关于史学地位和价值的认识是极其深刻的，对清代史学的发展起到了一定的理论导向作用。

（二）

钱大昕高度重视研究史学，一个重要原因就在于史学具有重要的学术价值和社会功能，在于史书能够通过客观真实的历史叙述来为人们提供重要的借鉴作用。从董狐、齐太史的秉笔直书，到孔子作《春秋》，都体现了这种一以贯之的学术理念，而钱大昕则始终力求对此加以继承和张扬，明确表示要以求真作为自己的学术宗旨。他在谈论《春秋》时曾强调："《春秋》，褒善贬恶之书也。其褒贬奈何？直书其事，使人之善恶无所隐而已矣。"④又强调："史者，纪实之书也。"⑤司马迁作《史记》，被誉为不虚美，不隐恶的实录，钱大昕对其推崇备至，并批驳了《史记》为谤书的说法："史家以不虚美，不隐恶为良，美恶不掩，各从其实，何名为谤？"⑥钱氏认为，史学是纪实之学，对史家来说，一个重要的道德标准就是像司马迁那样做到不虚美，不隐恶，做一个良史。在钱氏看来，史家只要是反映了历史的真实，就可以达到贬恶扬善的目的，根本没有必要再掉弄文墨，强立文法，搞一些文字上的把戏，更不能随心所欲地褒贬毁誉。他说："夫良史之职，主于善恶必书，但使纪事悉从其

---

① （清）朱一新：《无邪堂答问·卷二》。
② （清）朱一新：《无邪堂答问·卷一》。
③ 杜维运：《清代史学与史家》，290页，北京，中华书局，1988。
④ （清）钱大昕：《潜研堂文集·春秋论》。
⑤ （清）钱大昕：《潜研堂文集·春秋论二》。
⑥ （清）钱大昕：《潜研堂文集·史记志疑序》。

实，则万世之下，是非自不能揜，奚庸别为褒贬之词？"①

在历代正史中，欧阳修、宋祁等人所撰《新唐书》体现的《春秋》笔法是较为突出的。对此，钱大昕表示不满，强调："欧公本纪颇慕《春秋》褒贬之法，而其病即在此……史家纪事，唯在不虚美，不隐恶，据事直书，是非自见。若各出新意，掉弄一两字以为褒贬，是治丝而棼之也。"②除了《新唐书》，对朱熹《资治通鉴纲目》的类似做法，钱大昕也提出了尖锐批评。他说："《春秋》之法，内诸侯称薨，内大夫称卒，外诸侯亦称卒。虽宋文公、鲁桓公、仲遂、季孙意如之伦，书薨卒无异辞，所谓直书而善恶自见也。欧公修《唐书》，于本纪亦循旧史之例，如李林甫书薨，田承嗣、李正己书卒，初无异辞，独于《宰相表》变文，有书薨、书卒、书死之别，欲以示善善恶恶之旨。然科条既殊，争端斯启，书死者固为巨奸，书薨者不皆忠说，予夺之际，已无定论。紫阳《纲目》，颇取欧公之法，而设例益繁，或去其官，或削其爵，或夺其谥。书法偶有不齐，后人复以己意揣之，而读史之家，几同于刑部之决狱矣。"③有的学者就此指出："直书而善恶自见，为钱氏反对专讲书法之主要理由。诚以书法为例，难以齐一，后人读之，不无臆测，书法讲之愈密，史实晦之愈深，孰若据事直书，以使史实赤裸裸暴露？此一据事直书之观念，在中国数千年史学理论之演进上，为一绝大之进步，亦古今中外史学上不可移易之公理。此由乾嘉时代朴学之实事求是精神推演而来。钱氏为古史订讹正误，拾遗补阙，为求真而殚精竭神于一字片语之间，亦由此一观念之所磅礴也。"④

我们知道，唐代吴兢撰《天后本纪》，记武则天史事，列于高宗之下。沈既济对此加以非议，认为当合之于《中宗纪》，"纪称中宗而事述太后，所以正名而尊王室也"。后来朱熹作《通鉴纲目》，即采其说，不用武则天纪元而将只有一年的中宗嗣圣纪元写成二十一年，"于是唐无

---

① （清）钱大昕：《潜研堂文集·续通志列传总叙》。
② （清）钱大昕：《十驾斋养新录·卷十三·唐书直笔新例》。
③ （清）钱大昕：《廿二史考异·唐书·宰相表》。
④ 杜维运：《清代史学与史家》，304 页，北京，中华书局，1988。

君而有君，中宗无年号而有年号"。钱大昕对沈、朱的做法颇不以为然，指出："顷在京师，优人有演《南阳乐传奇》者，诸葛武侯卧病五丈原，天帝遣华佗治之，病即已。无何，遂平魏、吴，诛其君及司马氏父子，观者莫不拊掌称快。唐中宗嗣圣纪元之有二十一年，此《南阳乐》之类。"①在钱大昕之前，顾炎武曾提出"年号当从实书"，"据其国之人所称而书之"②。钱氏此论，显然是对顾氏之说的直接继承和发挥。钱大昕在诗作中还表达过对一些理学家治史观念和实践的某种不满："史家传道学，意恐多岐溷。"③在为万斯同作传时，他特别引录了万氏对当时史坛任意曲笔褒贬的恶劣风气的尖锐批评和无限慨叹："史之难言久矣！非事信而言文，其传不显。李翱、曾巩所讥'魏晋以后，贤奸事迹暗昧而不明，由无迁固之文'是也。而在今则事之信尤难，盖俗之偷久矣，好恶因心，而毁誉随之。一家之事，言者三人，而其传各异矣，况数百年之久乎？言语可曲附而成，事迹可凿空而构，其传而播之者，未必皆直道之行也，其闻而书之者，未必有裁别之识也。非论其世，知其人，而具见其表里，则吾以为信，而人受其枉者多矣。"④这实际上也代表了钱大昕自己的态度。

钱大昕曾供职于翰林院，并负责纂修《续通志》的列传部分，其撰写原则中的重要一条就是直书其事，不加褒贬。他还经常以直笔勉励自己和同仁，所谓"用心正则笔正，愿砥砺夫同官"⑤。当然，应该指出，钱大昕并不排斥史书中的文字褒贬。钱氏曾帮助毕沅（秋帆）校阅其《续资治通鉴》，毕氏去世后，冯集梧刊刻该书，屡请钱氏作序，均被拒绝。钱氏致信冯氏，阐明其故，曰："古来纪传、编年之书，只有本人自序，如《史》《汉》、休文、延寿之例，未有他人为之作序者"。"盖史以寓褒贬，其用意所在，唯著书人可以自言之。今秋帆既未有序，身没之后，

① （清）钱大昕：《潜研堂文集·春秋论二》。
② （明）顾炎武：《日知录·年号当从实书》。
③ （清）钱大昕：《潜研堂诗续集·题刘屏山集》。
④ （清）钱大昕：《潜研堂文集·万先生斯同传》。
⑤ （清）钱大昕：《潜研堂文集·翰林院谢赐淳化阁帖折》。

先生得其遗稿续成之，大序但志刊刻始末，不言其撰述之旨，最为得体"①。由此可见，钱氏对史书褒贬是认同的，只是这种褒贬是建立在史家努力求真的基础之上的。

钱大昕主张直书其事，努力探求事实真相，从而传信千古，"在方法论上更有一种近于历史主义的认识"②。在他看来，"通儒之学，必自实事求是始"③，治学唯有"实事求是，护惜古人之苦心，可与海内共白"④。"言有出于古人而未可信者，非古人之不足信也。古人之前尚有古人，前之古人无此言，而后之古人言之，我从其前者而已矣"⑤。可贵的是，钱氏又没有盲从古人，没有株守成见，而是认为如果后人的说法证据充分，可信度超过前人甚至能够纠前人之谬，就应大胆地加以采信。"后儒之说胜于古，从其胜者，不必强从古可也。一儒之说而先后异，从其是焉者可也。"⑥这就避免了惠栋等人凡古必真、凡古必是的思维定势。正如有的学者所说："这种治学精神体现了一定的科学的理性主义的因素，为知识界吹进了一些清醒之风。"⑦在乾嘉学术界，戴震、汪中、洪亮吉、阮元等人也都曾将实事求是奉为自己的治学理念而加以高扬，并且同声相应、同气相求，形成了一个很好的舆论氛围，而钱大昕更在其中发挥着导夫先路的重要作用。

为了求真，钱大昕明确反对学术上的门户之见和宗派之争，反对毫无事实依据的主观臆测、妄自为说，提倡一种客观公正、毫无成见、具有积极意义的学术批评。钱氏强调："学问乃千秋事，订讹规过，非以訾毁前人，实以嘉惠后学。但议论须平允，词气须谦和，一事之失，无妨全体之善，不可效宋儒所云'一有差失，则余无足观'耳。郑康成以祭

---

① （清）毕沅：《詹事钱先生书》。
② 瞿林东：《中国古代史学批评纵横》，22 页，北京，中华书局，1994。
③ （清）钱大昕：《潜研堂文集·卢氏群书拾补序》。
④ （清）钱大昕：《潜研堂文集·廿二史考异序》。
⑤ （清）钱大昕：《潜研堂文集·秦四十郡辨》。
⑥ （清）钱大昕：《潜研堂文集·答问六》。
⑦ 戴逸：《序言》，见《嘉定钱大昕全集》，南京，江苏古籍出版社，1997。

公为叶公，不害其为大儒；司马子长以子产为郑公子，不害其为良史。"①他认为，有些学者"涉猎今古，闻见奥博，而性情偏僻，喜与前哲相龃龉，说经必诋郑服，论学先薄程朱，虽一孔之明，非无可取，而其强词以求胜者，特出于门户之私，未可谓之善读书也"②。他曾呼吁："评人物，勿为党同丑正之言。"③他还曾赞扬王懋竑"于诸史皆有考证，实事求是，不为抑扬过当之论"④，并指斥"后之评史者，大都未阅全史，偶举一节，而震而惊之，无异矮人观场也"⑤。无论是汉学家推崇的郑玄、服虔，还是宋学家膺服的二程、朱熹，钱氏都能既看到其优长和特异之处，又注意到其缺陷和不足。他说："管仲器小，不害其为仁。臧武要君，不害其为知。孟公绰不可为滕薛大夫，不害其为廉。宰我、冉有，《论语》屡责之，不害其为十哲。圣人议论之公，而度量之大如此。王者知此道，则可无乏才之叹；儒者知此道，则必无门户之争矣。"⑥他对朱熹多有肯定和赞誉，但又批评了朱氏在秦观评价上的片面之词，指出："朱文公意尊洛学，故于苏氏门人有意贬抑。此门户之见，非是非之公也。"⑦这不但体现了钱大昕求真的学术追求，而且也表明，他的史学批评始终坚持了辩证的原则和方法。

那么，如何对待历史事实呢？在钱大昕看来，"史为传信之书"⑧，信以传信，文疑则阙而不牵强附会，是治史的重要原则。他非常赞赏《汉书》在这方面的处理方式，指出："汉初功臣侯者百四十余人，其封邑所在，班孟坚已不能言之……此史家之谨慎，即其阙而不书，盖知其所书之必可信也。"⑨他还曾赞扬《王氏世谱》"庶几传信传疑之义两得之

---

① （清）钱大昕：《潜研堂文集·答王西庄书》。
② （清）钱大昕：《潜研堂文集·严久能娱亲雅言序》。
③ （清）钱大昕：《十驾斋养新录·卷十八·文字不苟作》。
④ （清）钱大昕：《潜研堂文集·王先生懋竑传》。
⑤ （清）钱大昕：《潜研堂文集·答问十》。
⑥ （清）钱大昕：《十驾斋养新录·卷十八·功过相除》。
⑦ （清）钱大昕：《十驾斋养新录·卷七·宋儒议论之偏》。
⑧ （清）钱大昕：《十驾斋养新录·卷九·元史》。
⑨ （清）钱大昕：《潜研堂文集·答问九》。

矣"①。另一方面，钱大昕又对那种牵强附会、随意改易旧文的做法提出了批评。例如，他曾指斥《南史·王俭传》改"长兼侍中"为"长史兼侍中"的做法，"不独昧于官制，亦大非阙疑之旨"②。钱大昕作《元史氏族表》时也是"取其谱系可考者列为表，疑者阙之"③。他再三强调："夫史非一家之书，实千载之书，祛其疑，乃能坚其信；指其瑕，益以见其美"④。"夫良史之职，主于善恶必书，但使纪事悉从其实，则万世之下，是非自不能揜，奚庸别为褒贬之词?"⑤可以说，这些都是对我国史学秉笔直书传统的继承、弘扬和发展。

　　正是本着这样一种认识，钱大昕极为看重史家是否能够秉笔直书，并特别反对为尊者讳，为贤者讳，批判任情褒贬、曲笔隐晦的作风。其中，针对李延寿及其《南北史》的曲笔现象，钱氏更是屡表不满，深所反对。例如，李氏在《南史·宋本纪》中不能据实直书，"事隔数朝"，"犹徇曲笔"。对于这种做法，钱氏表示了强烈不满。⑥李氏党附本朝，撰《南北史》时，尊北周而抑北齐。钱氏就此指出："盖延寿为唐臣，故以唐所承为正，非因先世仕北之故也。《太平御览》以北魏、后周入皇王部，宋、齐、梁、陈、北齐入偏霸部，与延寿之意正同。但宋初距唐已远，而犹徇唐人偏党之私，益为无谓。"⑦《北史·宇文化及传》记宇文化及谋反时，其弟"士及在公主第，弗之知也"。钱氏说："士及为唐宰相，史家曲笔为之解脱，恐非其实。"⑧同时，对于历史上的反面人物，即使罪大恶极，钱氏认为也不能随意增过和贬抑。《北史·尔朱荣传》曰："文略尝大遗魏收金，请为父作佳传，收论荣比韦、彭、伊、霍，盖由此也。"钱氏则说："此事重见《魏收传》，然收初未以伊、霍比尔朱荣，

---

① （清）钱大昕:《潜研堂文集·跋王氏世谱》。
② （清）钱大昕:《廿二史考异·南史·王俭传》。
③ （清）钱大昕:《元史氏族表·嘉定钱大昕全集》。
④ （清）钱大昕:《潜研堂文集·廿二史考异序》。
⑤ （清）钱大昕:《潜研堂文集·续通志列传总叙》。
⑥ （清）钱大昕:《廿二史考异·宋本纪下》。
⑦ （清）钱大昕:《潜研堂文集·答问九》。
⑧ （清）钱大昕:《廿二史考异·北史三》。

亦谤史者已甚之词。"①他还批评了史家因人废言的做法。例如，他曾对欧阳修所撰《新五代史·冯道传》颇有微词，因为传中"欧公恶道而甚其辞也"，强调"不可以人废之"②。这些观点都是非常可贵的。

　　具体到历史上某一位史家或史书的评价，钱大昕也能基本上做到美恶不掩，是非分明。如关于陈寿及其《三国志》，钱氏充分肯定陈氏的良史之才，肯定其站在尊蜀立场上确定的《三国志》编纂体例，认为三国分志，表示三国鼎立，不相统摄，这是符合当时的实际情况的。他说："夫晋之祖宗所北面而事者，魏也。蜀之灭，晋实为之。吴蜀既亡，群然一词，指为伪朝。乃承祚不唯不伪之，且引魏以匹二国，其秉笔之公，视南董何多让焉！"③唐初史臣撰《晋书·陈寿传》，后来刘知幾撰《史通·曲笔》，都提到陈寿因挟父私怨而故意贬低诸葛亮，此后不少人信以为真。钱氏据实批驳了这一无根之谈，指出："承祚于蜀所推重者唯诸葛武侯，故于传末载其文集目录篇第，并书所进表于后，其称颂盖不遗余力矣。论者谓承祚有憾于诸葛，故短其将略。岂其然乎！岂其然乎！"④在这一问题上，王鸣盛（《十七史商榷》卷三十九之《陈寿史皆实录》）、赵翼（《廿二史札记》卷六之《陈寿论诸葛亮》）持有与钱氏大体相似的观点。与此同时，钱大昕也不曾为贤者讳，而是毫不留情地指出陈寿的有意曲笔之处："承祚之《志》，范頵称其辞多劝戒，然如何夔、裴潜、郑浑、杜畿、陈矫、卫觊、贾逵、王昶诸传，颇多溢美之词，盖由诸人子孙在晋显达，故增加其美。而李丰、张缉辈忠于曹氏，乃不得立传。曹爽、何晏、邓飏之恶，亦党于司马者，饰成之。初非实录，其亦异于良史之笔矣。"⑤这些评判与赵翼"《三国志》多回护"⑥之说是相互呼应的，是有一定说服力的。如果上升到方法论的高度，我们从中同样可以看到

---

① （清）钱大昕：《廿二史考异·北史二》。
② （清）钱大昕：《廿二史考异·五代史四》。
③ （清）钱大昕：《潜研堂文集·三国志辨疑序》。
④ （清）钱大昕：《潜研堂文集·跋三国志》。
⑤ （清）钱大昕：《廿二史考异·三国志·魏志·王昶传》。
⑥ （清）赵翼：《廿二史札记·三国志多回护》。

钱大昕此举是对古代史学批评中"知人论世"方法的具体实践。

凡此种种，都足以表明，钱大昕一直在努力维护史学的客观性和严肃性。应该说，实事求是是乾嘉朴学家共同的治学宗旨和基本方法，是针对理学末流的空疏学风而发的，在戴震、洪亮吉、邵晋涵、凌廷堪、汪中、阮元等人的身上也都有不同程度的体现。例如，阮元曾明确将乾嘉学派的"实事求是之教"与宋儒的"空疏义理之学"对立起来，强调"后儒（指宋明理学家）之自遁于虚而争是非于不可究诘之境也"，而"我朝儒者束身修行，好古敏求，不立门户，不涉二氏（指佛、道），似有合于实事求是之教"①。然而，不管怎样，钱大昕又是其中最为突出的代表人物之一。前面说过，翁方纲曾将钱大昕比作清初史学家万斯同，这确实是有一定道理的。因为钱氏对万氏非常景仰，并为之作传，而且更重要的是两人在许多方面特别是追求历史的真实方面有着明显的相同、相通之处。有的学者曾经指出："钱大昕之所以成为有清一代的大史学家，不仅在于其《廿二史考异》等著作的精勤业绩，尤在于他对史学本身的观点。他在史学上的地位，有似于继黑格尔《历史哲学》以后而兴起的兰克（Ranke），把史学从观念的纠缠中澄清出来，归还到客观事实的忠实叙述之上，使史学得到实证的基础。"②现在看来，将钱大昕比作西方史学史上的兰克，虽不中，亦不远矣。

钱大昕考史、评史的理论和实践都闪烁着一位杰出史学家对于史学的求真精神之光。然而，"中国人历来重视并相信史学的求真的可能和致用的必要"③。钱大昕也不例外，在努力追求历史真实的同时，十分看重史学的社会政治功能。众所周知，就乾嘉时期的整个学术思想界而言，大多数学者究心于经史考证，忽视义理方面的探索，缺乏理论思维，也较少接触和回答社会政治的现实问题，这与他们在治学宗旨和学

---

① （清）阮元：《揅经室三集·惜阴日记序》。
② 徐复观：《钱大昕论梁武帝——保天下必自纳谏始》，见《中国学术精神》，65 页，上海，华东师范大学出版社，2004。
③ 刘家和：《史学 经学与思想——在世界史背景下对于中国古代历史文化的思考》，22 页，北京，北京师范大学出版社，2005。

术取向上的局限性不无关系。但我们又必须承认，乾嘉学者并不排斥义理，并非没有思想，并没有放弃在义理探索方面的努力，也没有放弃清初黄宗羲、顾炎武等人倡导的学术经世的传统，而且朴学原本就是晚明以来经世思想不断发展的产物。乾嘉朴学家们试图通过文字音训的考证和典籍文本的研究，来发掘和彰显其中蕴含的原始义理、圣人之道，以取代理学的思想体系和道统传承。如戴震，"志乎闻道"，常常在古籍训释过程中表达自己的思想主张，推出了旨在"明道""正人心""上承孔孟"的《孟子字义疏证》，通过诠释《孟子》中一些重要的字词和概念，提出自己的理论主张，涉及自然观、伦理观和认识论等诸方面，从而形成了一个与宋明理学对立的较为完整的思想体系。在戴氏看来，"义理者，文章、考核之源也。熟乎义理，而后能考核，能文章"[①]。洪亮吉切论当世积弊，大胆揭露官吏贪污受贿的丑恶行为。他为抑制兼并、避免百姓失业而提出的关于人口增长一般趋势和补救措施的人口论，更是惊世骇俗，颇具启发意义。他不信天命而重人事，不信虚妄而重现实的无神论思想也是较为突出的。张惠言勇于揭露吏治之弊，要求严肃法度，任用具有真才实学的人士。王念孙曾弹劾过大贪官和珅，并写有《导河议》，编纂了《河源纪略》，对当时的黄河水患的治理有一定的理论贡献，产生了积极的社会影响。孙星衍曾言为官当"视世务之急，为救弊之论"，甚至主张"为官之人，当视立功在立言之先"[②]。凌廷堪在对古代礼制、典籍文本的考证和研究的基础上，推出了以"礼"代"理"的主张。阮元则通过严谨而朴实的考论，对"仁""性"等字词追本溯源，较为准确地揭示出经典的原义，并力图从古学中寻出为政经验，以达到资治的目的。这些都是经史考证学者们具有经世意识的显证。乾嘉学者考证、研究古代经史，是要从中汲求治道之源，以期得知经书之义理，再据以制定济世之方策，达到经世的最终目的。[③] 可以说，乾嘉学者复兴古学，推崇汉儒，

---

①　（清）段玉裁：《戴东原集序》，见《戴震文集》，北京，中华书局，1980。
②　（清）孙星衍：《平津馆文稿·呈安徽初抚部书》，见《丛书集成初编》本。
③　陆宝千：《清代思想史》，163～196页，上海，华东师范大学出版社，2009。

绝非为考据而考据，而是要寻找经典本义，为现实社会政治提供必要的借鉴。在其经史研究的外壳之下，始终潜藏着学术经世的动机和热情。①

与不少乾嘉学者一样，钱大昕力倡通过文字、音韵、训诂来究明义理，强调"六经皆以明道，未有不通训诂而能知道者"②。在他看来，"六经皆载于文字者也，非声音则经之文不正，非训诂则经之义不明"③，应该"由文字、声音、训诂而得义理之真"④。这说明，钱氏并不排斥义理，只是反对那些空疏无据的东西。他还盛赞戴震"由声音文字以求训诂，由训诂以寻义理"⑤的做法。钱大昕并不倾向于使学术脱离现实，脱离社会，而是主张："夫儒者之学，在乎明体以致用，《诗》《书》、执礼，皆经世之言也。"⑥在这里，"明体"就是指通过深入研究而恢复经史的本来面目，"致用"则是指通过恢复经史本真而达到修身治国的目的。钱氏指出："为文之旨有四，曰明道，曰经世，曰阐幽，曰正俗。"⑦很显然，这是承于顾炎武所谓"君子之为学也，以明道也，以救世也"⑧，而此处"明道"与"明体"也是同一种意义。⑨

在钱大昕看来，"儒林经济非两事"，"经史自可致治平"⑩。"经以致用，迂阔刻深之谈，似正实非正也"⑪。"文以贯道，言以匡时。雕虫绣帨，虽多奚为！"⑫《易》《书》《诗》《礼》《春秋》，圣人所以经纬天地者也，上之可以淑世，次之可以治身，于道无所不通，于义无所不该。而守残专己者，辄奉一先生之言以为依归，虽心知其不然，而必强为之

① 郭康松：《清代考据学研究》，252页，武汉，湖北辞书出版社，2001。
② （清）钱大昕：《潜研堂文集·与晦之论尔雅书》。
③ （清）钱大昕：《潜研堂文集·小学考序》。
④ （清）钱大昕：《潜研堂文集·臧玉琳经义杂识序》。
⑤ （清）钱大昕：《潜研堂文集·戴震传》。
⑥ （清）钱大昕：《潜研堂文集·世纬序》。
⑦ （清）钱大昕：《潜研堂文集·与友人书》。
⑧ （明）顾炎武：《亭林文集·与人书二十五》，见《顾亭林诗文集》，北京，中华书局，1982。
⑨ 王记录：《钱大昕的史学思想》，100页，北京，社会科学文献出版社，2004。
⑩ （清）钱大昕：《潜研堂诗续集·题冯巽泉太守秋虹补读图》。
⑪ （清）钱大昕：《潜研堂文集补编·廿二史札记序》。
⑫ （清）钱大昕：《潜研堂文集·文箴》。

辞。又有甚者，吐弃一切，自夸心得，笑训诂为俗儒，诃博闻为玩物，于是有不读书而号为治经者，并有不读经而号为讲学者"①。在为谢启昆《小学考》作序时，钱氏再度阐述了学术经世的思想："夫书契之作，其用至于百官治，万民察。圣人论为政，必先正名，其效归于礼乐兴，刑罚中。张敞、杜林以识字而为汉名臣，贾文元、司马温公以辨音而为宋良相。"他还称赞谢启昆，说："公之于斯学，固有独见其大者。因文以载道，审音以知政，孰谓文学与经济为两事哉！"②在钱大昕看来，儒家倡导的"尊德性"和"道问学"虽各有所重，但二者从来都是不可分离、不可偏废的。"德性，天之所以与我者也。知德性之当尊，于是有问学之功。古人之学问，将以明德性也。"③本着"明体以致用"的基本思路，钱大昕认同"学问与政事相为表里"的说法，指出这是"煌煌乎大儒经世之言"④。他还呼吁："儒者立言，当为万世生民虑。"⑤表现在学术实践之中，钱大昕将文献考证与义理阐发、学术研究与经世致用很好地结合了起来。

在史学领域，求真与致用存在着辩证统一、密不可分的关系。史学作为知识系统，其内容为过去的实际，其目的在于求真；而史学作为价值系统，其功能在于为今人的实际服务，其目的在于求善。史学之求真固然为其致用之必要条件，但是同样，没有史学之致用，也就没有史学之求真。试想假若史学不能致用，那么它就没有什么价值，就没有存在的理由，所以也就没有人去求其真。史学之求真与史学之致用互为充分必要之条件，而史学就存在于求真与致用的张力之中。⑥ 具体到钱大昕来说，如前所述，他一直致力于追求历史的真实，但应该指出的是，与此同时，他也始终坚持史学的致用，特别强调史学的经世作用，强调史

---

① （清）钱大昕：《潜研堂文集·抱经楼记》。

② （清）钱大昕：《潜研堂文集·小学考序》。

③ （清）钱大昕：《潜研堂文集·策问》。

④ （清）钱大昕：《潜研堂文集·崇实书院记》。

⑤ （清）钱大昕：《潜研堂文集·与邱草心书》。

⑥ 刘家和：《史学 经学与思想——在世界史背景下对于中国古代历史文化的思考》，19～20 页，北京，北京师范大学出版社，2005。

家针砭时俗、警醒世人的社会责任和义务，甚至认为"史家之义，奖忠义而抑奸谀"①。史书的内容，倘若"事无系乎兴亡，语不关于劝戒，准之史例，似可从删"②。对班固《汉书·古今人表》扬善抑恶的宗旨，钱氏表示认同，指出："今人不可表，表古人以为今人之鉴，俾知贵贱止乎一时，贤否著乎万世。失德者虽贵必黜，修善者虽贱犹荣。后有作者，继此而表之，虽百世可知也。"③钱氏还肯定了孟子所谓"孔子成《春秋》而乱臣贼子惧"④，强调："孟子固言《春秋》者，天子之事也，述王道以为后王法，防其未然，非刺其已然也。太史公曰：'拨乱世反之正，莫近乎《春秋》。'又曰：'有国家者不可以不知《春秋》，前有谗而弗见，后有贼而不知。为人臣子者不可以不知《春秋》，守经事而不知其宜，遭变事而不知其权。'《春秋》之法行，而乱臣贼子无所容其身，故曰惧也。凡篡弑之事，必有其渐，圣人随事为之，杜其渐……圣人修《春秋》，述王道以戒后世，俾其君为有道之君，正心修身，齐家治国，各得其所，又何乱臣贼子之有！若夫篡弑已成，据事而书之，良史之职耳，非所谓'其义则窃取之'者也。秦汉以后，乱贼不绝于史，由上之人无以《春秋》之义见诸行事故尔，故唯孟子能知《春秋》。"⑤钱氏甚至认为史学与国家存亡有着直接的关系，指出："蔡京禁人读史，以《通鉴》为元祐学术，宣和所以速祸也。"⑥可见，钱大昕对史书的资政、鉴戒作用是非常重视、一再强调的。诚如有的学者所明确揭示的："钱大昕推崇顾炎武的撰述'有关于世道风俗，非仅以该洽见长'，称道赵翼《廿二史札记》是'有体有用之学，可坐而言，可起而行'，说明他并不是只重考据而无经世思想的史家。"⑦

---

①　（清）钱大昕：《廿二史考异·唐书·齐瀚传》。
②　（清）钱大昕：《廿二史考异·三国志·郤正传》。
③　（清）钱大昕：《廿二史考异·汉书·古今人表》。
④　《孟子·滕文公下》。
⑤　（清）钱大昕：《潜研堂文集·答问四》。
⑥　（清）钱大昕：《十驾斋养新录·卷十八·士大夫不说学》。
⑦　瞿林东：《中国史学史纲》，716 页，北京，北京出版社，1999。

（三）

在钱大昕看来，史家要做到秉笔直书，客观真实地反映历史的真实，光有主观愿望是远远不够的，还应具备很好的学术素养，特别是要有广博的知识。"自古史家之患，在于不博"①。钱氏批评了那些在这方面存在严重缺陷的史书，如"因陋就简，不详不备"的《元史》。② 他强调："胸无万卷书，臆决唱声，自夸心得，纵其笔锋，亦足取快一时。而沟浍之盈，涸可立待。"③在史学实践中，钱氏也非常注意这一点。例如，他在制定《续通志》列传部分的编写原则时提出："史臣载笔，或囿于闻见，采访弗该；或怵于权势，予夺失当。将欲补亡订误，必当博涉群书。考唐、宋、辽、金、元、明，正史之外，可备取材者，编年则有司马光、朱熹、李焘、李心传、陈均、刘时举、陈桱、薛应旂、王宗沐、商辂，别史则有曾巩、王偁、叶隆礼、宇文懋昭、柯维骐、王惟俭、邵远平，典故则有杜佑、王溥、王钦若、马端临、章俊卿、王圻，传记杂事则有温大雅、刘肃、韩愈、王禹偁、郑文宝、林垌、马令、陆游、张唐英、宋敏求、李心传、徐梦莘、杜大珪、徐自明、王鼎、刘祁、元好问、苏天爵、陶宗仪、郑晓、王世贞、沈德符、孙承泽等，遗书俱在；以及碑版石刻、文集选本、舆地郡县之志、类事说部之书，并足以证正史之异同而补其阙漏。今搜采诸书，详加折衷，其可征信者，则增入正文；其当两存者，则附之分注。"④也就是说，举凡正史、编年、别史、典故、传记杂事、碑版石刻、文集选本、郡县志书、稗官小说等，都可以作为史料来加以采择，然后再用以展开考论工作。根据有关研究，"大昕的考证之法，主要是三点：一是取证。汇集和考辨大量的材料，主要是'正史'的记载，加之以谱牒家乘、稗官野史作为参考，还运用一些金石文字作为佐证。二是比较。对于众多的取证材料，先排比其现象，继计较彼此的异同，再观察先后的联系，以求历史的真实。

① （清）钱大昕：《潜研堂文集·记琉璃厂李公墓志》。
② （清）钱大昕：《廿二史考异·元史·祭祀志》。
③ （清）钱大昕：《潜研堂文集·严久能娱亲雅言序》。
④ （清）钱大昕：《潜研堂文集·续通志列传总叙》。

然后断定史籍记载的正误与是非。三是专题考索。把材料整理出头绪，弄清所考的问题有无价值，再按所考问题的大小与价值写成一条专文，有的条文实是专题研究，如《侯国考》即是"①。在各种知识和学问中，钱大昕并非平均用力，而是对地理、官制和氏族问题最为关注。他说："予好读乙部书，涉猎卅年，窃谓史家所当讨论者有三端：曰舆地，曰官制，曰氏族。"②又说："予尝论史家先通官制，次精舆地，次辨氏族，否则涉笔便误。"③《廿二史考异》《十驾斋养新录》等著作，也都体现了钱氏的这种学术理念和治学特点。

　　基于这样一种理念，钱大昕在官制研究方面用力颇多，造诣很深，有好多考论文字见于《廿二史考异》中，《十驾斋养新录》卷十研究的也是官制以及与官制密切相关的科举制度问题。有的学者指出："钱大昕有关官制方面的考证和见解，主要以两种形式表现出来，一种是对官制中某一具体问题的考证，目的在于纠正个别错误的记载；另一种是对某一官制的源流演变的论述，这部分内容实际上已经进入到政治史的领域，显示出钱大昕综合贯穿的能力和对官僚体制的认识。"④此言不虚。首先，钱大昕对史家在官制方面的错误多有纠正。如华歆是曹魏的御史大夫，而非汉廷的御史大夫，但在《后汉书》中，范晔却将其写入汉献帝本纪。钱大昕指出："蔚宗未达官制，因有此误。"⑤宋代孙逢吉所撰《职官分纪》50卷，是查考北宋以前历代官制沿革和士林掌故的类书。钱大昕对此书非常重视，认为它"虽为四六家隶事而作，然所载元祐《官品令》，亦考官制者所宜采也"。钱大昕还在此书的版本及其校勘问题上做过不少工作。他说："秀水朱氏潜采堂抄本，今归吴门周漪塘氏。辛亥秋，借读一过，恨当时抄手不精，乌焉亥豕之讹，难以究诘。第三十八卷内

---

①　白寿彝：《中国史学史教本》，319 页，北京，北京师范大学出版社，2000。
②　（清）钱大昕：《潜研堂文集·二十四史同姓名录序》。
③　（清）钱大昕：《廿二史考异·北史·外戚传》。
④　王记录：《钱大昕的史学思想》，113 页，北京，社会科学文献出版社，2004。
⑤　（清）钱大昕：《廿二史考异·后汉书·献帝纪》。

错简，予以意改正，几于天衣无缝，不觉拊掌称快。"①此处也体现了钱氏学识之渊博，考证之精到。其次，钱大昕由论述某一官制的源流变迁而及于对相关政治史的探讨。例如，钱氏对西汉"中外朝"的论述，对晋代都督权力的考察，对九品中正制的研究，对唐代以中书、门下为北省而以尚书为南省的辨析，对唐宋翰林学士和中书舍人关系的探讨，都是由官制而深入到政治问题，探赜索隐，于职官背后揭示出政局的变迁和发展，富有学术启发意义。

对于历史地理问题，钱大昕亦高度重视，并深有研究，多有建树。他撰有《地名考异》一书，考论了古今地名的变迁、行政区划的沿革等，独到之见、精辟之语俯拾即是。其中的"县名互易""一县两分""郡县同名不同治""府县同名不同治""府县同名而异属"等条，更是具有某种规律性的概括和总结。对《水经注》这部古代历史地理名著的某些疏漏、错误之处，钱大昕也有所发现，并强调，"《水经注》载汉时侯国，难以尽信"。这些都颇能给人以某种启示。《十驾斋养新录》卷十一亦有地名考异 36 条，与《地名考异》体例相同，内容或有重出之处。还有，《潜研堂文集》中也收有数篇考论州郡侯国沿革之文，其中提出了许多较为精辟的见解。另外，钱大昕撰《通鉴注辨正》，对胡三省（梅磵）《通鉴注》进行考辨和补正，备受学人推崇，其中关于地理问题的见解尤为精彩。其门生戈宙襄序曰："竹汀先生熟于全史，正史之外，独爱温公《通鉴》，谓天台胡氏注援引详赡，最有功于是书，亦不能无千虑之失，因摘其尤甚者辨而正之，得百有四十余条"。"梅磵以地理名，而疏踳处殊不少"，"非先生剖析精到，必且疑误后学"。"读胡氏注者兼读是编，庶无偏信之失乎！"②这些都说明，钱大昕对历史地理问题的重视，是贯穿在其一生的学术活动中的。

钱大昕在致信徐文范（仲圃）时说："仆于舆地之学，留心廿余年。

---

① （清）钱大昕：《潜研堂文集·跋职官分纪》。
② （清）戈宙襄：《通鉴注辨正序》，见《嘉定钱大昕全集》，第 8 册，南京，江苏古籍出版社，1997。

尝恨东晋、南北朝侨立州郡，岁增月易，名目丛复，虽以杜佑、李吉甫、乐史之淹博，尤且十阙其六七，不揣椎鲁，思欲理而董之。"①他也曾致信洪亮吉（稚存）："仆留意三国疆域有年，常欲作志，以补承祚之阙，蜀、吴属稿粗具，将次第魏事。"②遗憾但又可贵的是，这方面的专门著作，钱氏最后并未推出，而其中的一个重要原因，就是在钱氏眼里，徐文范、洪亮吉等人在这一领域用力更多、造诣更深，而且他们之间保持着密切的学术交往，让他们的著作流行于世，对学术发展或许更为有益。例如，钱氏曾在信中对洪亮吉说："今读尊制，体大思精，胜仆数倍，已辍所业，让足下独步矣！"③其中虽有表示谦逊之意，但也反映了钱大昕宽广的学术胸怀，可谓直追汉末郑玄在注《春秋传》问题上对服虔的谦让无私。

洪亮吉著有《三国疆域志》《东晋疆域志》《十六国疆域志》等，徐文范则著有《东晋南北朝舆地表》等，均受到钱大昕的表扬和推崇。例如，钱氏将洪亮吉的《东晋疆域志》誉为"史家不可少之书"，为其作序曰："盖自黄帝画野分州，至秦更为郡县，而舆地一变，郡县之名多因山川都邑。至南北朝侨置州郡，而舆地又一变，由是名实混淆，观听眩瞀"。中国古代舆地经历了两次较大的变化，而唐初修《晋书》时，对这种情况不曾注意。"夫唐初去晋未远，何法盛、臧荣绪诸书具在，而全不检照，涉笔便误，则史臣之昧于地理，不得辞其咎矣"④。钱氏还大力表彰徐文范的《东晋南北朝舆地表》，并在为其作序时说："读史而不谙舆地，譬犹瞽之无相也"。两晋南北朝时期，行政区划变化很大，人口迁徙频繁，侨置州郡甚多，"瓜剖豆分"，"千回百改"，其混乱局面也给后世史家记事特别是编写《地理志》带来诸多困难。"《晋》《隋》两书，均出唐史臣之手，而《晋志》之纰缪，甚于《隋志》。谓江左有南徐州、南兖州、南青州，不知侨州加'南'，昉于永初诏书，晋世方镇未有称南兖、南徐者

---

① （清）钱大昕：《潜研堂文集·与徐仲圃书》。
② （清）钱大昕：《潜研堂文集·与洪稚存书二》。
③ 同上。
④ （清）钱大昕：《潜研堂文集·东晋疆域志序》。

也。谓梁州立巴渠、怀安、宋熙、怀汉、安康诸郡，不知皆宋所立，且晋世不当先有宋熙之名也。桓玄立绥安郡，非桓温也。襄阳侨立河南、义成郡，非秦、雍流人也。唐初去晋仅二百年，而传闻舛讹若此"①。另外，他曾称赞宋代乐史《太平寰宇记》"体例虽因李吉甫，而援引更为详审，间采稗官小说，亦唯信而有征者取之。有宋一代志舆地者，当以乐氏为巨擘"②。对成功的舆地之作的充分肯定，表明钱大昕对相关问题的特别关注和高度重视。

秦代设郡数目，一直是学术界争论较多、分歧较大的问题。钱大昕对此也有所考察，撰有《秦四十郡辨》和《秦三十六郡考》二文，收入《潜研堂文集》卷十六。在写给洪亮吉的书信中，他还就此问题与洪氏展开讨论。③ 据《史记·秦始皇本纪》，秦始皇二十六年，从廷尉李斯之议，分天下为 36 郡，而《汉书·地理志》也记载秦代所建立的是 36 郡。钱氏在文中坚持这一说法，并做了进一步阐释。他认为，《汉书·地理志》中称"秦置"的有河东等 27 郡，而所谓"秦置"，是汉初沿袭秦代郡名，未加改变。称"秦郡"的，有长沙 1 郡，是"因其郡名而立为国"，汉高祖封给吴芮的长沙国，本是秦代的长沙郡。称"故秦某郡"的，有三川郡等 8 郡，是"因其地而改其名"，如秦代的三川郡，在汉初尽管疆域未变，但却更名为河南郡，所以在郡名前加一"故"字。《汉志》对这三类情况的区分是非常严格的。按此义例，秦郡共有 36 个。秦郡四十的说法，始于南朝宋裴骃的《史记集解》，成于《晋书·地理志》。此说认定这 36 郡只是秦始皇二十六年采纳李斯建议所设立的，并非整个秦代的郡数。④ 后来王应麟撰《通鉴地理解释》，胡三省注《资治通鉴》，及至顾祖禹撰《读史方舆纪要》，全祖望撰《汉书地理志稽疑》，皆本此说。而钱氏经过认真考辨，指出此说是不可信的，并依据《汉志》，对裴骃等人的说法进行了驳正。这些都体现了钱氏在舆地方面造诣之深，也反映出他尊信古人

---

① （清）钱大昕：《潜研堂文集·东晋南北朝舆地表序》。
② （清）钱大昕：《十驾斋养新录·卷十四·太平寰宇记》。
③ （清）钱大昕：《潜研堂文集·答洪稚存书》。
④ （清）钱大昕：《潜研堂文集·秦四十郡辨》《潜研堂文集·秦三十六郡考》。

之说的治学倾向。当然，在此问题上，后人又做了深入探索并有所发展。王国维曾撰《秦郡考》，指出："原钱氏之意，以《汉志》秦郡之数适得三十六，与《史记》冥合；又以班氏为后汉人，其言较可依据。余谓充钱氏之说，则以《汉书》证《史记》，不若以《史记》证《史记》。"所以王国维又提出新说，认为秦郡当为四十八。① 后来钱穆又有《秦三十六郡考》和《补考》推出，认为秦郡可考者凡四十一。② 谭其骧则综合取去，定为 46 郡。③ 看来，这个问题尚有待于进一步探讨，而且近年出土的湖南里耶秦简中又有关于秦郡的新的发现④，或许有助于解决这一疑案。但不管怎样，一个不争的事实是，钱大昕的考证成果始终是人们从事相关研究的重要基础，特别是他在这一问题上批评读史之病在乎不信正史而求之过深，测之过密，更是对后世学术界产生了重要的启发作用。

　　钱大昕研究、考证地理问题，用力最勤、成就最为突出的，当推历代正史《地理志》。据有的学者考察并列表示意，钱大昕对正史《地理志》中地名错误、不当、衍脱之处加以订误及释疑共有 895 条，其中《汉书·地理志》96 条，见于《廿二史考异》卷七、《三史拾遗》卷三；《续汉书·郡国志》199 条，见于《廿二史考异》卷十四、《三史拾遗》卷五；《晋书·地理志》52 条，见于《廿二史考异》卷十九、《诸史拾遗》卷一；《宋书·州郡志》49 条，见于《廿二史考异》卷二十三、《诸史拾遗》卷二；《南齐书·州郡志》6 条，见于《廿二史考异》卷二十五；《魏书·地形志》82 条，见于《廿二史考异》卷二十九、卷三十；《隋书·地理志》93 条，见于《廿二史考异》卷三十三；《新唐书·地理志》17 条，见于《廿二史考异》卷四十四、《诸史拾遗》卷二；《旧唐书·地理志》97 条，见于《廿二史考异》卷五十八；《新五代史·职方考》46 条，见于《廿二史考异》卷六

　　① 《秦郡考》，见《王国维全集》，第 8 卷，杭州，浙江教育出版社；广州，广东教育出版社，2010。
　　② 钱穆：《古史地理论丛》，205～222 页，北京，生活·读书·新知三联书店，2004。
　　③ 谭其骧：《长水集》(上)，1～21 页，北京，人民出版社，1987；谭其骧：《长水集续编》，64～68 页，北京，人民出版社，1994。
　　④ 李学勤：《中国古代文明研究》，299～230 页，上海，华东师范大学出版社，2005。

十五；《宋史·地理志》55 条，见于《廿二史考异》卷六十九、《诸史拾遗》卷四；《辽史·地理志》7 条，见于《廿二史考异》卷八十三；《金史·地理志》12 条，见于《廿二史考异》卷八十四、《诸史拾遗》卷五；《元史·地理志》84 条，见于《廿二史考异》卷八十八、卷八十九、《诸史拾遗》卷五。其中既有关于地名读音的，也有关于地名用字的。前者如《汉志》千乘郡有湿沃，《考异》卷七曰："湿当作濕，音它合反。"《旧唐志》歙州黟县："汉县，属丹阳郡，晋同医县。"《考异》卷五十八曰："按晋无同医县，当是'音'字之讹，谓黟音近医耳，'县'字衍。"后者如《晋志》武威郡有揖次县，《考异》卷十九曰："当作揟次，汉隶胥、疍二字多相乱，故讹为揖。隋开皇初改广武县曰邑次，又因揟、邑同音而讹也。"《魏书·地形志》南青州治国城，《考异》卷二十九："国城，《通鉴》作圉城，胡三省云：'圉城，当在唐沂州沂水县界。圉，户困翻。予按《高闾传》以本官领东徐州刺史，与张谠对镇团城。《刘休宾传》亦云东徐州刺史张谠所戍团城，领二郡。则国城当为团城之讹。或作圉城，亦误。'"钱大昕还曾屡屡指出正史《地理志》地名不当甚或错误之处。像《续汉志》："乐安国，高帝西平昌置，为千乘。"《三史拾遗》卷五考辨道："前撰《考异》，指此条'西平昌'三字衍，西平昌，县名，当属上文平原郡，误脱窜入于此。今检《鲁峻碑阴》有门生'平原西平昌王端子行'一人。此以汉人述汉郡县，尤可信吾言之非妄。"《新唐志》："思唐州武郎县。"《诸史拾遗》卷二考辨曰："郎当作朗，史臣避宋讳缺笔，后人讹为郎耳。《元和郡县志》正作武朗。"《辽志》："北安州兴化军领县一，利民县。"《考异》卷八十三考辨道："辽之北安州有兴化县，无利民县，唯金乘安中尝升利民寨为县，未久旋废。作《辽史》者乃以金所置之利民为辽时旧县，而不及兴化，误矣。"除正史《地理志》外，钱大昕对其他史籍的地名问题也有过关注。他曾撰《通鉴注辨正》两卷，指正胡注地名错误 72 处，并在参与编纂《鄞县志》时，考察了小江湖非西湖、甬桥非甬水桥等三个与地名有关的问题。①

---

① 华林甫：《中国地名学源流》，346～351 页，长沙，湖南人民出版社，2002。

　　根据有关研究，钱大昕在考证政区地名时，曾有三个重要发现。一是指出了晋侨置州郡本无"南"字。经过钱大昕的考察，晋室南渡后在南方侨置的州郡，并非如《晋书·地理志》中记载的那样冠有"南"字，侨置政区地名前加"南"字实始于永初受禅（420年6月）以后。唐初史臣于此未察，后世沿其谬误，直至钱大昕才予以指正。他说"唐初史臣误认宋代（指南朝宋）追称为晋时本号，著之正史，沿讹者千有余年，至予始觉其谬"，并进而指出："史家昧于地理，无知妄作，未有如《晋志》之甚者。"钱氏的这一学术认识，见于《廿二史考异》卷十九、《十驾斋养新录》卷六、《余录》卷中、《通鉴注辨正》卷一、《潜研堂文集》卷二十四之《东晋疆域志序》及《潜研堂文集》卷三十五之《与徐仲圃书》等。二是阐发了《宋书·州郡志》去京水陆里程的含义。《廿二史考异》卷二十三南兰陵太守条："案休文志州郡，于诸州书去京都水陆若干，于诸郡则书去州水陆若干、去京都水陆若干，唯州所治郡不云去京都水陆若干者，已见于州也。南徐州领郡十七，南东海为州所治，此外则南琅邪、晋陵、义兴皆有实土，故有水陆里数。南兰陵以下十三郡，有户口而无水陆里数者，侨寓无实土也。诸州皆仿此。"钱氏此说，就为人们根据《宋书·州郡志》所载水陆道里来判断州郡是否侨置或侨置是否割实提供了重要的依据。当然，这其中也会有例外的情形存在。三是解说了《新唐书·地理志》州郡并书及两宋郡名的含义。《廿二史考异》卷四十四曰："案自武德至开元，有州无郡，天宝元年改州为郡，乾元元年复改郡为州。纵唐二百九十年间，称郡者仅十有六载耳。志凡称某州某郡者，谓本是某州，中间曾改为某郡耳，非州郡之名同时并立也。乾元以后新置之州，未经改郡，故无郡名耳。宋承唐制，以州领县，而仍留郡名，以备王公封号之用。故《地理志》每州亦有郡名，然有名无实，较之《唐志》，似同而实异。"《考异》卷八十八则云："宋时诸州皆有郡名，以为封爵之号，其郡名皆依唐旧。若五代及辽增置之州，向无郡名，故政和中依例赐之，初非升州为郡，且郡名之有无，无关于沿革。"①

---

　　① 华林甫：《中国地名学源流》，345～346页，长沙，湖南人民出版社，2002。

　　精于文字、音韵、训诂之学并多有创获的钱大昕，也注意将自己在这方面的造诣和成就用于地理考证之中。如在《十驾斋养新录》卷五之《古无轻唇音》中，有四例涉及地名读音。一、"古读文如门，《水经注·汉水篇》：文水即门水也。今吴人呼蚊如门。《书》'岷嶓既艺''岷山之阳''岷山导江'，《史记·夏本纪》皆作汶山。"钱氏又引《汉书·武帝纪》颜师古注引应劭语等材料以证此事。二、"古读汾如盆。《庄子·逍遥游篇》'汾水之阳'，司马彪、崔撰本皆作盆水。"三、"古读房如旁。《广韵》'阿房，宫名，步光切。'《释名》：'房，旁也，在堂两旁也。'《史记·六国表》秦始皇二十八年'为阿房宫'，二世元年'就阿房宫'，宋本皆作旁。旁房古通用。"四、"古读望如茫。《释名》：'望，茫也，远视茫茫也。'《周礼·职方氏》'其泽薮曰望诸'注：'望诸，明都也。'疏：'明都即宋之孟诸。'古音孟如芒。"钱氏还曾探讨过音译地名问题，认为音译地名无定字。如《通鉴注辨正》卷二："按柔然，北方之国，不通中华文字，史家据译音书之，或称茹茹，或称芮芮，其实即柔然二字之转也。柔然、茹、芮，同属日母。明元(帝)易茹为蠕，不过借同音字，寓嗤鄙之意，元非改其国号。"又《十驾斋养新录》卷九之《译音无定字》指出，蒙古语地名"插汉"，《明史·李成梁传》作"又汉"，《张学颜传》作"察罕"，《大清一统志》又作"察哈尔"。另一方面，钱氏又通过考证地名来解决文献记载方面的问题。例如，在《十驾斋养新录》卷十一之《广韵载唐州名》中，他悉数列举了《广韵》所载唐代州名，计平声89个，上声15个，去声29个，入声22个，并发现这155个州名"皆唐开元以前之疆域"，从而认为《广韵》"盖承《唐韵》旧文"[①]。这也说明，钱氏不仅知识广博，而且还注意使这些知识相互联系、相互为用、相得益彰，从而形成了一个较为严整的学术体系，而这正是他作为一代宗师、一代通儒表现出的特有的学术文化品位。

　　虽然钱大昕"尝论史家先通官制，次精舆地，次辨氏族"，但在学术实践中，他似乎最重视氏族问题，也就是家族谱系问题。钱氏指出：

---

　　① 华林甫：《中国地名学源流》，346～352页，长沙，湖南人民出版社，2002。

"予所谓氏族之当明者，但就一代有名之家，辨其支派昭穆，使不相混而已矣。"①传统中国社会是一个宗法等级社会，强调"慎终追远"，孝悌为先，人们的家族、宗族观念也就特别突出。一些世家大族不仅垄断了政治、经济资源，而且主导着学术文化的发展。尤其是"东汉以后学术文化，其中心不在政治中心之首都，而分散于各地之名都大邑。是以地方之大族盛门乃为学术文化之所寄托"②。于是，在中国传统社会，反映宗法等级关系的家族谱系也就受到格外重视，而记载、研究这种家族谱系的谱牒之学也自然为人们所看好。钱氏说："古之治天下者，风俗淳美，非假条教号令，以强其所不能也，使人毋失其孝弟之心而已。人之一身，上之为祖父，又上之则为高曾，人之逮事高曾者百不得一矣。思高曾而不见，见同出于高曾者而亲之，犹亲其高曾也，此先王制服之义也。洎乎五世而亲尽，则又有宗法以联之，大宗百世而不绝，则宗人之相亲，亦久远而无极。以四海之大，人人各亲其亲，而风俗犹有不淳者，吾未之闻也……盖谱之作，犹有古人收族之遗意，谱存，则长幼亲疏之属，皆将观于谱，而油然生孝弟之心。"③

唯其如此，谱牒之学成为中国传统史学重要的组成部分，成为官方国史的重要补充，如《新唐书》即设有《宰相世系表》。钱大昕指出："予唯谱系之学，史学也。《周官》小史'奠系世，辨昭穆'。汉初有《世本》一书，班史入之《春秋》家，亦史之流别也。裴松之之注三国史，刘孝标之注《世说》，李善之注《文选》，往往采取谱牒。魏晋六朝之世，仕宦尚门阀，百家之谱悉上吏部，故谱学尤重。欧公修《唐书》，立《宰相世系表》，固史家之创例，亦由其时制谱者，皆通达古今、明习掌故之彦，直而不污，信而有征，故一家之书与国史相表里焉。"④又说："尝谓古人谱牒之学，与国史相表里，《世本》一书，班《志》入之春秋家，后代志

---

① （清）钱大昕：《潜研堂文集·二十四史同姓名录序》。
② 陈寅恪：《崔浩与寇谦之》，见《陈寅恪集·金明馆丛稿初编》，北京，生活·读书·新知三联书店，2001。
③ （清）钱大昕：《潜研堂文集·周氏族谱序》。
④ （清）钱大昕：《潜研堂文集·巨野姚氏族谱序》。

艺文者，以谱牒入史类，犹此意也。魏晋六朝取士，专尚门第，由是百家之谱皆上吏部。唐贞观、显庆间，再奉敕撰《氏族志》，欧《史》因之，有《宰相世系》之表，又美唐诸臣能修其家法，当时之重谱牒如此。"①研究历史需讲明氏族，否则，就会处处遇到问题。钱氏曾举例说："自作史者不明此义，于是有一人而两传，若唐之杨朝晟，宋之程师孟，元之速不台、完者都、石抹也先、重喜者矣；有非其族而强合之，若《宋纪》以余晦为玠子者矣；有认昆弟为祖孙，若《元史》以李伯温为毂子者矣。至于耶律、移剌本一也，而或二之；回回、回鹘本二也，而或一之。氏族之不讲，触处皆成窒碍。"②

　　本着这种认识，钱大昕对古代谱牒及历代史籍中有关氏族流别的内容进行了系统、深入的考察和研究，《潜研堂文集》中收录的《巨野姚氏族谱序》《吴兴闵氏家乘序》《平江袁氏家谱序》《周氏族谱序》《棠樾鲍氏宣忠堂支谱序》等，都是很好的反映。钱大昕在《廿二史考异》《元史氏族表》等著作中于此亦多有关注，缜密考证了不少历史人物的姓名字号、家世里居以及官职爵号、生卒时间等，补遗纠谬，颇为精当。如《后汉书·光武帝纪》记光武帝为"高祖九世之孙也"，而钱氏发现，《后汉书》"纪传所述世数，多不一例"，具体到《光武帝纪》，"此纪光武为高祖九世孙，自高祖至光武九世，实八世孙也。《皇后纪》伏后为大司徒湛八世孙，自湛至后八世，实七世孙也。至《刘永传》称梁孝王八世孙，自孝王至永父立，已八世矣，如依二纪之例，亦当云九世孙也。考班史诸表，自始封至子、孙、曾孙、玄孙、玄孙之子，即为六世，此以封爵之世次言，故合始封计之，他传则否。《孔光传》云孔子十四世孙。自孔子至光，实十五世。推此论之，当以《永传》为是"③。又如，钱大昕在考察《新唐书·宰相世系表》"鸡田李氏"时，通过大量碑刻史料证明，"李氏五世谱牒，犁然可考，故史家不可以不博闻也"④。

---

① （清）钱大昕：《潜研堂文集·吴兴闵氏家乘序》。
② （清）钱大昕：《潜研堂文集·二十四史同姓名录序》。
③ （清）钱大昕：《廿二史考异·后汉书·光武帝纪》。
④ （清）钱大昕：《廿二史考异·唐书·宰相世系表》。

对于实事求是、信而有征的谱牒著作，钱大昕充分肯定，极力褒扬。如论《巨野姚氏族谱》，"虽因前人之旧，而正其讹，补其阙，不虚美，不词费，洵得古史之义法，而非苟焉以作者"①。论《平江袁氏家谱》，"支分派别，秩然不紊，咏骏烈，诵清芬，蔼然仁孝之思，流露于行墨间，而义例谨严，不蹈傅会粉饰之失，则又深得著述之法者"②。论《周氏族谱》，"详其所当详，略其所当略，阙其所当阙，洵可以为后嗣法"③。与此同时，钱氏强调，当时"州郡、职官、史志尚有专篇，唯氏族略而不讲"④。对于史家轻视氏族问题且在谱牒中不能坚持求真求实原则的做法，钱氏也曾予以揭露和批评。实际上，在中国历史上的谱牒中，这种现象久已有之。唐代颜师古就曾说过："私谱之文，出于闾巷，家自为说，事非经典，苟引先贤，妄相假托，无所取信，宁足据乎？"⑤颜师古还批评"近代谱牒妄相托附"，以萧望之为萧何之后，"追次昭穆，流俗学者共祖述焉"⑥。钱氏则称述颜师古之说，指出："师古精于史学，于私谱杂志不敢轻信，识见非后人所及。《唐书·宰相世系表》虽详瞻可喜，然纪近事则有征，溯远胄则多舛，由于信谱牒而无实事求是之识也。"⑦钱氏还一再强调："宋元以后，私家之谱不登于朝，于是支离傅会，纷纭踳驳，私造官阶，倒置年代，遥遥华胄，徒为有识者喷饭之助矣"⑧。"自宋以后，私家之谱不登于朝，而诈冒讹舛，几于不可究诘"⑨。我们注意到，钱大昕曾说"予谓史学与谱学不同"⑩，但他又说"予唯谱系之学，史学也"⑪。如何解释这两处看似矛盾的表述呢？

---

① （清）钱大昕：《潜研堂文集·巨野姚氏族谱序》。
② （清）钱大昕：《潜研堂文集·平江袁氏家谱序》。
③ （清）钱大昕：《潜研堂文集·周氏族谱序》。
④ （清）钱大昕：《潜研堂文集·二十四史同姓名录序》。
⑤ 《汉书·眭孟传》。
⑥ 《汉书·萧望之传》。
⑦ （清）钱大昕：《十驾斋养新录·卷十二·家谱不可信》。
⑧ （清）钱大昕：《潜研堂文集·巨野姚氏族谱序》。
⑨ （清）钱大昕：《潜研堂文集·吴兴闵氏家乘序》。
⑩ （清）钱大昕：《潜研堂文集·二十四史同姓名录序》。
⑪ （清）钱大昕：《潜研堂文集·巨野姚氏族谱序》。

有的学者指出："钱大昕所说谱学是史学的一个部门，指的是那些'直而不污，信而有征'的谱牒；不属于史学的谱学则是指那些'私造官阶，倒置年代'的某些私家的家谱。如果这样去理解，那么，这个矛盾就可以迎刃而解了。"①此说还是很有道理的。

有鉴于此，针对某些谱牒著作中"纪近事则有征，溯远胄则多舛"的情况，在合族之谱和分支之谱中，钱大昕特别重视支谱也就是由各支族所修的家谱。他说："谱牒之学，盛于六朝，而尤重于三唐。唐时《氏族志》皆奉饬修定，欧阳公采宰相家世系以入正史，后世莫有以为非者，其信而可征如此。五季谱牒散亡，而宗谱遂为私家撰述，于是有合族之谱，有分支之谱，然而世远则或嫌于傅会，人繁则或虑其混淆，唯支谱之体犹不失唐人遗法。"②又说："自世禄不行而宗法废，魏、晋至唐，朝廷以门第相尚，谱牒之类著录于国史，或同性而异望，或同望而异房，支分派别，有原有委。五季以降，谱牒散亡，士大夫之家，不能远溯于古，则谱其近而可稽者。"而支谱就属于"谱其近而可稽者"。钱氏还从维护宗法制度的角度强调这一问题的重要性："夫谱之言布也，布列其世次行事，俾后人以时续之，勿忘其先焉尔。非其先人而强而附之，与非其后人而引而近之，皆得罪于祖宗者也。"③清朝初年，政府鼓励篡修家谱，一些本来没有什么关系或关系不大的同姓家族纷纷合族建祠，而在篡修合族之谱时往往远攀古代君王作为自己的祖先，人人以华族帝胄自居，行文中多有虚妄不实之词，以至有些内容影响了皇帝和皇族的权威。这种情况以江西地区最为严重。于是，朝廷在乾隆二十九年（1764年）要求各地方官吏对所属地区家谱的内容进行审查，并明令禁止在省城、府城内合族建祠。钱大昕提倡支谱的举动，应该与这一背景有关。

对于同谱牒密切相关的墓志，钱大昕也特别重视，要求充分利用，

---

① 方诗铭、周殿杰：《钱大昕》，63页，上海，上海人民出版社，1986。
② （清）钱大昕：《潜研堂文集·棠樾鲍氏宣忠堂支谱序》。
③ （清）钱大昕：《潜研堂文集·周氏族谱序》。

同时又要求严加订正，因为文人谀墓，对墓主多有溢美之处。如唐代的石洪，本来并无很高的官职和过人的事迹，但《新唐书》却依据韩愈所撰墓志，为其立传，且极尽夸饰之能事。对此，钱氏指出："谀墓之文，史家岂能悉书乎?"①又如绍熙内禅，实为赵如愚所主，叶适只是以郎官的身份参与其议。但是，《宋史·儒林传》记叶适事迹，却依据叶适志状，用三百余言详叙此事。钱氏认为，此"盖文人作志状者攘美之词。史家因而书之，斯无识矣"②。这也再次显示出钱大昕在史料采择方面的严谨态度和求实精神。

我们知道，年谱是由谱牒、年表、谱系等发展而来的，它也是反映氏族演变的重要史书编纂形式。对于年谱，对于其起源和价值等问题，钱大昕亦很关注，很有研究，并有相关著述推出。在为陈鳣(仲鱼)的《郑康成年谱》作序时，他曾指出："读古人之书，必知其人而论其世，则年谱要矣。年谱之学，昉于宋世，唐贤杜、韩、柳、白诸谱，皆宋人追述之也。"③他在为孙岱(守中)的《归震川先生年谱》作序时又指出："年谱一家昉于宋，唐人集有年谱者，皆宋人为之。留元刚之于颜鲁公，洪兴祖、方崧卿之于韩文公，李璜、何友谅之于白文公，耿秉之于李卫公是也。"④钱氏本人还曾致力于年谱的撰作，推出了《洪文惠公年谱》《洪文敏公年谱》《陆放翁先生年谱》《王深宁先生年谱》《弇州山人年谱》。周中孚曾指出："竹汀史学推当时第一，出其余力，补撰宋二洪及放翁、厚斋与明之王弇州年谱，亦俱简而有法，堪为补撰古人年谱者之准绳。"⑤这也说明，作为一代学术宗师，钱大昕史学研究的成就的确是多方面的。

立足于详实的史料和广博的知识，由官制、地理、氏族问题入手进行历史文化研究，钱大昕的这种学术理念和研究方法，对后世产生了深

---

① (清)钱大昕:《廿二史考异·唐书·石洪传》。
② (清)钱大昕:《廿二史考异·宋史·儒林传》。
③ (清)钱大昕:《潜研堂文集·郑康成年谱序》。
④ (清)钱大昕:《潜研堂文集·归震川先生年谱序》。
⑤ (清)周中孚:《郑堂读书记·屠守斋所编年谱五种》。

远的影响，不仅有助史学本身的进步，而且也是清代史学理论发展的一个重要体现。

（四）

在强调博采史料、据实直书的同时，钱大昕也特别关注史书的史法义例问题。在《廿二史考异》中，钱氏除了指出历代正史在史实、文字等方面存在的各种问题，也屡屡指出它们在"史法""书法""义例"等方面的疏漏和错误，并表达了自己的有关见解。在他看来，史书编纂应确立一定的义例，并始终加以贯彻，而不能自乱其例。例如，《南史·梁本纪》："中大通元年五月，元颢入京师，僭号建武。闰月，魏将尔朱荣攻杀元颢，京师反正。"钱氏考论道："此梁史，非魏史。当以梁都为京师，不当以魏都为京师。依史法，当云元颢入洛阳，改元建武。颢既为梁所立，即不可斥为僭也。京师反正之语，尤为无谓。延寿意虽内北而外南，然于此等书法，则所谓自乱其例，不如姚思廉书法之当矣。"①

在钱氏看来，既然讲求史法义例，史书所立名目就应准确、清晰，不能乱立或多立名目。例如，欧阳修撰《新五代史》，设有《杂传》和《唐六臣传》，收录一人而事二朝、二姓者，以示贬斥。钱大昕就此指出："史家之病，在乎多立名目。名目既多，则去取出入必有不得其平者。康怀英、杨师厚、王景仁、刘鄩之徒，其始固非梁臣也，谓之不事二代，可乎？安金全、袁建丰、西方邺等，唐庄宗之臣而仕于明宗，其与仕二姓又奚异乎？王熔、王处直、朱宣、王珂、雷满、钟传皆唐之藩镇，未尝臣梁，亦未尝臣晋，置之《杂传》，更非其伦矣。"②也就是说，多立名目，往往造成义例混乱，会有碍于历史事实的准确表述。

值得注意的是，钱大昕在要求义例严谨的同时，又强调不能为义例所拘、所累。例如，李延寿撰《南史》《北史》，叙事但以家世类叙，不以朝代为断限。于是，王鸣盛、四库馆臣等曾斥其不合史法。对此，钱大昕却有着不同的看法："延寿既合四代为一书，若更有区别，则破碎非

---

① （清）钱大昕：《潜研堂文集·与友人书》。

② （清）钱大昕：《潜研堂文集·答问十》。

体，又必补叙家世，词益繁费。且当时本重门第，类而次之，善恶自不相掩，愚以为甚得《史记》合传之意，未可轻议其失。"①在钱氏看来，李延寿没有一味拘泥于断代为史的传统观念和方法，没有一味按照朝代先后来编次列传，而是根据南北朝时期的历史特点，对以往的史书编纂体例做了某种程度的变通，是应该加以肯定的。

与此相联系，钱大昕也非常注重史文繁简问题，一方面，提倡文省事增、文约事丰，用最简洁的文字表达最丰富、最大信息量的历史内容；另一方面，又要求有一定的法度和准则，不能损害或妨碍史事记载的严肃性、准确性。他说："文有繁有简，繁者不可减之使少，犹之简者不可增之使多。《左氏》之繁，胜于《公》《穀》之简，《史记》《汉书》互有繁简。谓文未有繁而能工者，非通论也。"②宋代曾公亮《进唐书表》称赞欧阳修、宋祁等人撰《新唐书》，"其事则增于前，其文则省于旧"。钱大昕对此表示认同，但又进一步指出："事增非难，增其所当增，勿增其所不当增为难；文省非难，省其所可省，勿省其所不可省之为难。"钱氏认为，班固之于《史记》，"增其所当增"，而陈寿之于《魏略》，则"省其所可省"，做得都比较成功。相形之下，李延寿的《南史》《北史》，"事增、文省两者兼有之"，但其中有多处是"增其所不当增"，"省其所不可省"或"可省而不省"③。所以，"延寿删改旧史之文，往往失当"④。钱氏在自己的修史实践中也自觉地贯彻了这一学术思想。他曾参修《续通志》，拟订了《续通志列传总叙》，其中提到："兹于文之简者，访旧闻以裨其遗；文之繁者，芟冗词以举其要"。"虽则取材正史，不徒袭用旧文。"⑤可见，钱氏对史书文字的总的要求是繁简适宜，要而不繁，简而有法。

尤为重要的是，钱大昕在考察史文繁简问题时，还将其与史书的社会政治作用，与史学的经世致用传统结合起来。钱氏认为，史书编纂应

---

① （清）钱大昕：《潜研堂文集·答问九》。
② （清）钱大昕：《潜研堂文集·与友人书》。
③ （清）钱大昕：《潜研堂文集·跋南北史》。
④ （清）钱大昕：《廿二史考异·北史·齐宗室诸王传》。
⑤ （清）钱大昕：《潜研堂文集·续通志列传总叙》。

该更多地记载那些关乎治乱兴衰和国计民生的重大历史事件，以突出史学、史书的社会作用和教育意义。钱氏作《续通志列传总叙》，较为集中地表达了这样一种学术思想："凡正史所载，事之无关法戒，人之无足重轻者，稍删节之。又史以纪治忽之迹，非取词章之工。如魏徵、陆贽之论事，刘贲之对策，皆经国名言，所宜备录。至韩愈《进学解》《平淮西碑》，柳宗元《贞符》《与许孟容书》之类，文虽工而无裨于政治，亦可从删。"①对以往史书的繁简问题，钱氏也按照这一准则进行了探讨。例如，陈寿《三国志》"以简质胜，然如曹植责躬应诏之诗，邰正之《释讥》，华核之草文，薛莹之献诗，魏文帝策吴王九锡文，吴主罪张温之令，许靖与曹公之书，周鲂谲曹休之词，骆统理张温之表，胡综托吴质之文，事无系乎兴亡，语不关于劝戒，准之史例，似可从删"②。又如，《新唐书》"本纪以简要胜，独僖、昭二篇，繁冗重复，与它卷迥别。盖刊修诸公，夸其采访之富，欲求胜于旧史，而不知其繁而无当也"。钱氏还"约其事类可省者数端"，指出其中有五类内容应该删掉，因为它们"皆无足重轻，徒费笔墨"③。白寿彝曾经强调："史文繁简，不只是一个简单的文字问题，而且是关系到对历史的见解问题，对材料的取舍问题。"④钱大昕关于史文繁简问题的卓识，应该是白氏此论的历史依据之一。

对于钱大昕在史学批评方面的建树和贡献，对于他在中国传统史学发展史上的地位和影响，我们有必要予以充分关注和认真研究。

三、钱大昕的史籍辨伪

钱大昕作为乾嘉学派的代表人物，作为著名的史学家，在历史考证方面取得了一系列具有原创性、突破性的成就，史籍辨伪就是其中的一

---

① （清）钱大昕：《潜研堂文集·续通志列传总叙》。
② （清）钱大昕：《廿二史考异·三国志·蜀志·邰正传》。
③ （清）钱大昕：《廿二史考异·唐书·僖宗纪》。
④ 白寿彝：《历史教育和史学遗产》，133页，郑州，河南人民出版社，1983。

个重要组成部分。散见于钱氏各种著述中的许多辨伪成果，可以使我们较好地了解和把握他在这一领域做出的宝贵贡献。

（一）

考辨古籍真伪，在我国有着悠久的历史传统。根据现有资料，早在战国时期，不少学者已经有了明确的辨伪意识，其中以孟子所谓"尽信《书》则不如无《书》"①最为有名。西汉后期，刘向等人曾辨张霸所上《百两尚书》为伪，还在《别录》中考辨过某些古籍或其中某一部分的真伪问题。进入东汉，班固撰《汉书·艺文志》，继承、发挥了刘向之举，在多处用自注的形式指出古籍真伪及作者依托的情况。此后，辨伪学不断发展，唐代刘知幾、柳宗元等人在这一领域均有所建树。及至宋代，更有辨伪之风盛行，欧阳修、郑樵、朱熹等人都曾有辨伪之论提出，并促使古籍辨伪成为人们考论经史的一个重要内容。到了明代，胡应麟撰有《四部正讹》，推出了著名的辨伪八法，在辨伪学的经验总结和理论建设方面做出了突出贡献，深得后人嘉许。

入清以后，以阎若璩《古文尚书疏证》、胡渭《易图明辨》、万斯同《群书疑辨》、姚际恒《古今伪书考》等著作的推出为主要标志，辨伪学的发展达到高潮，一时间有许多学者参与其间。皮锡瑞曾说清儒的贡献主要有三项，一是辑佚书；二是精校勘；三是通小学。② 有的学者则进而指出："应该说清人还在一个方面很有成绩和贡献，这就是辨伪。"③乾嘉时期，虽然古籍辨伪在工作规模和学术影响方面要逊于清初，但辨伪学一直在向前发展着，因为离开了古籍辨伪，经史考证也必定失去其意义。对于历史研究而言，鉴别史料的真伪更可谓第一要务。所以，当时的朴学家们也或多或少地注目于此，如惠栋的《古文尚书考》即是与阎若璩的《古文尚书疏证》并称的辨伪名著。受学术风尚和文化大潮的影响和濡染，钱大昕同样曾经致力于古籍辨伪，致力于古籍真伪问题的考索和

---

① 《孟子·尽心下》。
② （清）皮锡瑞：《经学历史·经学复盛时代》，周予同注释，北京，中华书局，1959。
③ 刘家和：《古代中国与世界——一个古史研究者的思考》，225页，武汉，武汉出版社，1995。

探讨，并将其当作自己整个学术研究工作的有机组成部分。钱氏在为阎若璩、胡渭、惠栋等人作传以及为惠氏的《古文尚书考》作序时，都特别称述了他们在古籍辨伪方面的巨大贡献，肯定了其辨伪方法和成果在复兴古学活动中的重要作用，表现出对辨伪学及其相关人物、相关成就的极大兴趣和高度重视。

众所周知，古籍辨伪是一项系统的学术工程，它要求辨伪者具体分析，综合归纳，在各种纷繁、复杂的现象中找出其间的内在联系，不可执其一端，以偏赅全。具体到钱大昕来讲，他每辨一书，都是多方求证，反复探析，以求辨明该书真伪及其主要来源。这种态度贯穿于钱氏辨伪实践的始终，其中尤以他对《竹书纪年》《十六国春秋》等史籍的考辨最为典型、最为突出。还应指出，钱大昕的辨伪成果虽涉及经史等领域的多种古籍，然而相形之下，他又似乎在史籍辨伪方面用力最勤，成就最大。这也是与他经史并重、经史无二的治学旨趣和学术导向相互一致、相互协调的。

在《竹书纪年》的辨伪方面，钱大昕投入了很大的热情和精力。晋武帝太康二年（281年），在汲郡（今河南卫辉）一个名叫不准的盗墓者盗掘了一座古墓，即战国后期魏襄王之墓，发现了十几万片竹简，皆用六国文字写成，这批竹简后来送往京师洛阳，由当时的著名学者荀勖、束皙等人加以考订和整理，一共整理出16部重要古籍，其中有一部叫《纪年》的编年史著作，包括五帝、夏、殷、周、晋、魏六纪，重点是战国时期的《魏纪》，后世称之为《竹书纪年》。宋代以后，《竹书纪年》原书在战乱中散失。到了明代，出现了一部题名南朝梁沈约作注的《竹书纪年》，在社会上广为流传，这就是所谓今本《竹书纪年》。然而，该书是否就是荀勖、束皙等人整理的原书呢？对此，清代学者有着不同的看法，而围绕着这些看法，就形成了辨伪学史上的一个争论的焦点，即今本《竹书纪年》的真伪问题。例如，顾炎武等认定其为真品，而姚际恒、王鸣盛则持否定态度，但所论不够详尽。在这一问题上，经过较为细致的研究，钱大昕也提出了自己的主张。在他看来，"今之《竹书》乃宋以后人伪托，非晋时所得之本也"，"是书必明人所茸"，"盖采摭诸书所引，补凑成之"。钱氏还较为详尽地指出了其中的主要原因：其一，宋元时期晁公武、陈振孙及马端临等人所撰书目皆未著录今本《竹书纪年》，该书自然不会是宋人伪造。其二，《晋书·束皙传》载束皙所引以及刘知幾《史通》所引《竹书纪年》文句，与今本《竹书》相异。其三，从纪年方法来看，"《水经注》引《竹书纪年》之文，其于春秋时，皆纪晋君之年；三家分晋以后，则纪魏君之年，未有用周王年者。盖古者列国各有史官，纪年之体各用其国之年，孔子修《春秋》亦用其法。今俗本《纪年》改用周王之年，分注晋、魏于下，此例起于紫阳《纲目》，唐以前无此式也，况在秦汉以上乎？"由此可见俗本《纪年》之妄。这种妄改纪年方法的做法，正是"明代人空疏无学而好讲书法"的反映。其四，裴骃《史记集解》于《夏本纪》《殷本纪》所引《竹书纪年》两条文字，"今本《纪年》俱在附注中，相传附注出于梁沈约，而《梁书》《南史》约传俱不言曾注《纪年》，《隋·经籍》《唐·艺文志》载《纪年》亦不言沈约有《附注》，则流传之说不足据也"。其五，古本《纪年》与今本《纪年》记载史事起始时代有所不同。"《晋书·束皙传》云：'《纪年》十三篇，记夏以来至周幽王为犬戎所灭，以晋事接之；三家分，仍述魏事至安釐王之二十年。'据此知《纪年》实始夏后，今本乃始于黄帝，亦后人伪托之一证也。"其六，张守节《史记正义》引《括地志》有云："《竹书》云昔尧德衰，为舜所囚也。又有偃朱故城，在县西北十五里。"而今本《纪年》不取囚尧于偃朱之说。基于上述六条，钱大昕认定，今本《竹书纪年》是明人杂采补凑而成的伪书。① 钱氏此论，在学术界影响很大，尽管雷学淇、林春溥等人持有异议，但仍然是信从者众多，特别是王国维撰《今本竹书纪年疏证》，一宗钱氏之说，将今本《纪年》作伪的来源逐一列出，从而揭明其掩袭之迹。此后，今本《竹书纪年》为伪书的观点几乎成为学术界的共识。当然，随着相关研究的深入以及新材料的发现，近些年来，有的学者又在对这一问题重新进行思考和探究。②

---

① （清）钱大昕：《十驾斋养新录·卷十三·竹书纪年》。
② 邵东方、倪德卫：《今本竹书纪年论集》，台北，唐山出版社，2002。

又如《十六国春秋》，北魏崔鸿撰，一百卷，《隋书·经籍志》及《旧唐书·经籍志》《新唐书·艺文志》皆有著录（两唐志著录为一百二十卷），宋初李昉等编《太平御览》时亦曾引用该书。但《崇文总目》、晁公武《郡斋读书志》、陈振孙《直斋书录解题》以及马端临《文献通考·经籍考》、《宋史·艺文志》皆未著录，可见北宋时已经亡佚。到了明朝万历年间，屠乔孙、项琳之忽又刊出题名崔鸿的《十六国春秋》一百卷行世。对此，姚际恒（《古今伪书考》）、全祖望（《鲒埼亭集外编》卷四十三之《答史雪汀问十六国春秋书》）和王鸣盛（《十七史商榷》卷五十二）、四库馆臣（《四库全书总目》）等曾认定其已非崔鸿原作，而是伪书，且姚氏、四库馆臣认为其出于屠乔孙、项琳之二人之手，王氏则认定作伪者为屠乔孙与其友人姚士粦辈。另外，当时流行的《汉魏丛书》中又有十六卷本《十六国春秋》，书中十六国各为一录，所记内容与《晋书》大同小异。全祖望认定它是删节今本而来，王鸣盛亦认为它是伪作。在前贤和时哲研究的基础上，钱大昕从历代书目著录的变化情况和《北史·崔鸿传》的相关记载入手，也曾就《十六国春秋》的真伪问题进行了较为详尽的考索，指出："今世所传《十六国春秋》凡两本：其一见于何镗等所刊《汉魏丛书》，仅十六卷，寥寥数简，殆出后人依托；其一明万历中嘉兴屠乔孙、项琳之所刊，前有朱国祚序，凡百卷，盖钞撮《晋书》载记，参以它书，附合成之，其实亦赝本也。考《宋史·艺文志》《崇文总目》、晁、陈、马三家书目，不载崔鸿《十六国春秋》，则鸿书失传已久。龚颖《运历图》载前凉张实以下皆改元，晁氏谓不知所据，或云出崔鸿《十六国春秋》。鸿书久不传于世，莫得而考焉，是宋人已无见此书者。明人好作伪书，自具眼者观之不直一哂耳。又考《北史·崔鸿传》，鸿既为《春秋》百篇，别作《序例》一卷、《年表》一卷。今本无《序例》《年表》。又鸿子子元奏称'亡考刊著赵、燕、秦、夏、西凉、乞伏、西蜀等遗载，为之赞序，褒贬评论'。今本有叙事而无赞论，此其罅漏之显然者。"[①]钱氏所引《北史》记载崔鸿作《十六国春秋》事，也见于《魏书·崔鸿传》。钱大昕关于今本《十六国

---

① （清）钱大昕：《十驾斋养新录·卷十三·十六国春秋》。

《春秋》真伪的考论，得到了后人的高度重视和充分肯定。①

（二）

在中国学术史上，对辨伪方法进行系统、全面的理论归纳，首推明代胡应麟的《四部正讹》。胡氏曾根据前人和自己的学术实践，总结出了八种辨伪方法："覈之《七略》，以观其源；覈之群志，以观其绪；覈之并世之言，以观其称；覈之异世之言，以观其述；覈之文，以观其体；覈之事，以观其时；覈之撰者，以观其托；覈之传者，以观其人。"②而钱大昕在史籍辨伪的实践中，对胡氏的这些辨伪方法也大都有所运用、发挥和发展，而且各种方法得以相互配合、综合融会，使其考证更加邃密，更加具有针对性。钱氏力求从历代著录、前人称引、文体形式、作者情况、主要内容等方面入手来寻找辨伪证据，审订谨严，考证精核，论述充分，终于取得了较为明显的学术成效。

1. 根据历代书目的著录情况来考辨史籍真伪

在考辨史籍真伪时，钱大昕认真考察和研究了历代史志目录、各种官修和私家目录的相关著录情况。如上所述，钱氏在对《竹书纪年》《十六国春秋》进行考辨时，充分注意到历代书目的相关著录情况。钱氏概括出今本《纪年》为伪书的六个主要原因，其中重要的一条就是由前人书目出发的，即晁公武、陈振孙及马端临等人所撰书目皆未著录今本《竹书纪年》。在认定今本《十六国春秋》之伪时，钱氏考察了《宋史·艺文志》《崇文总目》《郡斋读书志》《直斋书录解题》及《文献通考·经籍考》等，发现它们皆未著录崔鸿《十六国春秋》，所以认为该书失传已久，宋人已无见之者。

除此之外，钱大昕还通过前人书目的著录来考察某部史籍的学术来源，指出其与相关古籍的内在联系。例如，他曾记述道："读丁特起《靖康孤臣泣血录》，仅一卷。据《直斋解题》，是书本三卷，《拾遗》一卷。此从明长洲张豫诚刊本影钞，有王在公序，疑非足本。又《南烬纪闻》题

---

① 黄云眉：《古今伪书考补证》，108～111 页，济南，齐鲁书社，1980。
② （明）胡应麟：《少室山房笔丛·四部正讹》。

云辛弃疾著,《窃愤录》《窃愤续录》不题撰人,其实即一书强析为三,要亦好事者伪造耳。"①在这里,钱氏首先指出所见丁特起《靖康孤臣泣血录》一书属于残本,然后点明有好事者据该书伪造之现象存在,《直斋书录解题》中题云辛弃疾所著的《南烬纪闻》以及不题作者的《窃愤录》和《窃愤续录》三书,其实都是丁特起《靖康孤臣泣血录》之原文,只不过是好事者将其一分为三,且伪称《南烬纪闻》乃辛弃疾之作而已。与钱氏一样,《四库全书总目》和丁丙《善本书室藏书志》也曾对上述杂史的真实性提出疑义。

2. 根据前人的称述、引用情况来考辨史籍真伪

钱大昕充分利用前人对某书的称引情况来进行辨伪,即,某书原本经前人称引,确有佐证,而今本与之有歧异者,则今本必伪。例如,在考辨今本《竹书纪年》之伪时,钱氏指出,《晋书·束皙传》载束皙所引以及刘知幾《史通》所引《竹书纪年》文句与今本不同。

3. 根据史籍的文辞、体例来进行辨伪

钱大昕注意通过对史籍文体的考察、研究来开展辨伪工作,这其中也包括某书使用的纪年方法。比如,在考辨《竹书纪年》时,钱氏注意到《水经注》引《竹书纪年》之文,春秋之时只用晋国君主纪年,三家分晋后用魏国君主纪年,而无用周王纪年者,但今本《竹书纪年》采用周王纪年,分注晋、魏于下。钱氏认为,这种体例起于朱熹的《通鉴纲目》,为唐以前所无,更不要说秦汉以前了。钱大昕还曾考辨《史记·外戚世家》"武帝初即位"曰:"史公书称孝武曰'今上',曰'今天子',曰'天子',无称谥者。而此篇及贾生、李将军、万石君、主父偃、卫将军、骠骑、汲郑、酷吏列传皆有'武帝即位'之文,此后人追改。《酷吏传》叙宁成、周阳由,皆称'武帝',其下叙赵禹,则云'今上时',盖追改又有不尽耳。"②在这里,钱氏由《史记》的著书义例、行文体例入手,揭示出本

---

① （清）钱大昕：《竹汀先生日记钞·卷一》,见《嘉定钱大昕全集》,第8册,南京,江苏古籍出版社,1997。

② （清）钱大昕：《廿二史考异·史记·外戚世家》。

纪、世家、列传均有后人篡改的痕迹。

4. 考辨史籍作者

例如，杂史《金人南迁录》（简称《南迁录》），旧题金著作郎张师颜撰。对此，南宋陈振孙即已提出异议，说："疑非北人语，其间有晓然傅会者，或曰华岳所为也。近扣之汴人张总管翼，则云岁月皆抵牾不合"①。根据这一线索，钱氏也对该书做了进一步考察，并取《金史》纪传加以对比，发现了诸多不相应之处。《南迁录》有"兴庆二年十一月""（兴庆）四年正月""逾月，改元天统""天统四年十一月""（天统）五年正月"等记载，而《金史》并无"兴庆""天统"这两个年号。《南迁录》有"泰和十四年七夕，章宗为牛刀儿所弒"诸文，然而其中所载却又与史实相违，事实上金章宗早在泰和八年即已去世。《南迁录》有"磁王允明""潍王允文""淄王允德"三王之名，但此三王俱不见载于《金史》。年号作为皇帝在位的纪年是很重要的，而《金史》是根据实录修撰的，一般是不会记错也不会漏记的，何况诸王作为皇室成员尤其不可能忽略不计，更何况《南迁录》还记载有磁王曾即皇帝位。钱大昕虽然未悉数举出《南迁录》与《金史》有出入、相抵牾的地方，但已经举出的这些例子则与《金史》纪传"全不相应"。因此，钱氏推论，《金人南迁录》"大约南宋好事者妄作"②。关于《金人南迁录》的真伪，四库馆臣的观点与钱氏是基本一致的。不过，近人胡玉缙（《四库全书总目提要补正》）也曾对认定《南迁录》之伪提出质疑。现在看来，在这一问题上或许还有进一步探索的必要。

5. 考辨史籍内容

钱大昕重视通过对史籍主要内容的考察来进行辨伪工作，其中又较多地采用了与正史内容相互对照的方法。例如，钱氏指出，在两种传世的《十六国春秋》本子中，"其一见于何镗等所刊《汉魏丛书》，仅十六卷，寥寥数简，殆出后人依托"。钱氏又通过与《北史》中相关内容的对照，

---

① （南宋）陈振孙：《直斋书录解题·金人南迁录》条，上海，上海古籍出版社，1987。
② （清）钱大昕：《十驾斋养新录·卷八·南迁录》。《竹汀先生日记钞》卷一也有考论《金人南迁录》之伪的内容。

分析今本《十六国春秋》之伪。他发现，据《北史·崔鸿传》，崔鸿在完成《十六国春秋》一百篇（卷）以后，又作《序例》一卷、《年表》一卷。而今本无《序例》《年表》。另外崔鸿之子子元奏称"亡考刊著赵、燕、秦、夏、西凉、乞伏、西蜀等遗载，为之赞序，褒贬评论"。而今本则有叙事，无赞论，其间的罅漏是颇为明显的。

此外，钱大昕还注意通过分析书中内容的前后矛盾、抵牾之处，对史籍进行认真考辨。《大金集礼》四十卷，列于史部政书类，乾嘉时期周漪塘、黄丕烈两家皆藏有抄本，两抄本皆云该书卷十二至卷十七原有阙文，且卷二十六、卷三十三原已阙。钱氏考证道："今检弟十、弟十一两卷系《夏至祭方丘之仪》，篇中有云'如圆丘仪'，则此两卷之前已阙《圆丘仪》矣。其目录次序恐未足信。此书虽无序文，不知纂辑年月，要必成于大定之世，故于'雍'字称御名而不及明昌以后事。独补阙文一叶有明昌、承安、泰和及世宗庙号，盖后人取它书揆入，非《集礼》元文也。"①在这里，钱氏研究了《大金集礼》原稿中的部分内容，在指出两抄本目录次序不足为信的同时，揭明补阙文一页存在后人取他书揆入的现象。

（三）

除了史籍辨伪，作为博学多识的一代通儒，钱大昕对《孟子注疏》《小尔雅》《石刻铺叙》《甘石星经》《步天歌》等古籍的真伪问题也进行了认真考辨，并与其史籍辨伪相互联系、相得益彰。比如，我国第一部天文学著作《甘石星经》，原题汉代甘公、石申撰。陈振孙《直斋书录解题》、姚际恒《古今伪书考》及《四库全书总目》等已指出该书作者有伪，但语焉不详。经过仔细考索和研究，钱大昕也认定今所传《甘石星经》是一部伪书。在他看来，该书"不知何人伪撰，大约采《晋》《隋》二《志》成之"，因为"《续汉志·天文志》注引《星经》五六百言，今本皆无之，是刘昭所见之《星经》久失其传矣"②。"甘、石书不见于班史。阮孝绪《七录》云：'甘公有《天文星占》八卷，石申有《天文》八卷。'今皆不可见矣。"钱氏还

---

① （清）钱大昕：《潜研堂文集·跋大金集礼》。
② （清）钱大昕：《十驾斋养新录·卷十四·星经》。

意识到，今本《星经》"词意浅近，非先秦书也"，而《史记·天官书》十分古奥，"自成一种文字，此必出于甘、石之传，非龙门所能自造"。后来言天象者"舍《史》《汉》而别求甘、石之经，是弃周鼎而求康瓠矣"。钱氏指出："明人刻《汉魏丛书》，题云汉甘公、石申撰，尤为谬妄。史公称齐有甘公，魏有石申，皆在战国时，非汉人也。"①在论及《史记·天官书》时，钱氏又强调："《天官书》文字古奥，非太史公所能自造，必得于甘、石之传。今世所称《甘石星经》，乃后人伪托，多袭用《晋》《隋》二《志》，而稍为异同，要其剽窃之迹，自不能掩。较之《太史公书》，犹周鼎之与康瓠也。"②此处钱氏援引众多材料为依据，且论证周密，已足以说明今本《甘石星经》为伪书。钱氏之说出，不仅"可补《提要》所未及"③，而且后人也多予采纳并有所张扬和发展，如顾实《重考古今伪书考》、黄云眉《古今伪书考补证》、金德建《司马迁所见书考》等。

可以看出，钱大昕虽然不以辨伪学名家，也不是以辨伪成就著称于学林，但他却以开阔的视域、渊博的学识和精密的方法，进行了大量的辨伪实践，解决了不少学术疑难问题，为辨伪学的发展做出了宝贵的贡献。可以说，后来梁启超提出的鉴别伪书的十二条公例，就是在总结包括钱大昕在内的学术前贤的辨伪成就的基础上形成的。尤其值得注意的是，在钱大昕那里，尽管尚未形成系统而成熟的辨伪学理论，但在他的辨伪包括史籍辨伪成果中，还是有一定的宏观的、带规律性的认识的。例如，钱氏认为，古人作伪主要集中于魏晋时期和宋明时期，特别是"明人好作伪书"④。像《金人南迁录》及《孟子注疏》，钱氏以为出现在宋代，而今本《竹书纪年》《十六国春秋》，他又皆认定是由明人伪托，而钱氏还曾说过："予谓魏晋人喜伪造文字，如王肃之《家语》、梅赜之《古文尚书》、汲郡之《纪年》，不一而足。"⑤钱氏得出这样的结论，固然是有

---

① （清）钱大昕：《潜研堂文集·跋星经》。
② （清）钱大昕：《潜研堂文集·与梁耀北论史记书》。
③ 余嘉锡：《四库提要辨证·星经》，北京，中华书局，1980。
④ （清）钱大昕：《十驾斋养新录·卷十三·十六国春秋》。
⑤ （清）钱大昕：《十驾斋养新录·卷十六·文选》。

一定的史实为依据，但也不能否认与当时崇实学、反理学思潮的继续发展，与朴学或者说汉学的极度兴盛，与他本人的学术立场、治学风格有着某种内在关联。钱氏一再强调，读书治学应该严谨求实，无征不信，不能空发议论。他对魏晋、宋明时期的学术文化评价较低，对玄学、理学更是颇为反感，多有批评，指出："魏晋人言老庄，清谈也；宋明人言心性，亦清谈也。"①在钱氏看来，受学术文化风尚的影响，魏晋、宋明都是虚谈、空谈、妄谈极为盛行的时期，士人侈言性理，学问空疏，甚至束书不观，游谈无根，喜欢伪造文字，这样，造作伪书的现象自然也就屡屡出现。当然，就对玄学、理学的态度而言，钱大昕与许多朴学家是大体相同或相似的，但钱氏似乎更少偏激之举和片面之辞，更注意立足于学理及文献资料来进行客观分析。

上述诸例也表明，钱大昕辨伪的理据已经相当充分，的确有一定的说服力。然而，毋庸讳言，在钱氏那里，也有少数辨伪文字过于简单，只是认定其伪而已，没有交代其所凭依据是什么。例如，钱氏曾指出，日本所刻《群书治要》一书所题魏徵撰著有误，实属后人伪托，不足取信。② 可惜仅仅是片言只语，没有进一步说明评判的理据之所在，也没有展开太多的论述。这类例子还有他关于《列子》《孔子家语》的伪书性质的判断。还应指出，钱氏的某些辨伪结论也存在明显的疏失之处。比如，在认定今本《竹书纪年》出于明人之手的同时，钱大昕又强调，汲冢原书确有晋人伪撰之可能，"《纪年》出于魏晋，固未可深信"③。钱氏此论与王鸣盛所谓汲冢原书"必是束皙伪撰"④之说相近，很难为学术界所接受。随着新材料的不断发现，随着相关研究的逐渐深入和拓展，钱大昕一些具体的辨伪结论，现在看来也并非不可移易。⑤

---

① （清）钱大昕：《十驾斋养新录·卷十八·清谈》。
② （清）钱大昕：《竹汀先生日记钞·卷一》。
③ （清）钱大昕：《十驾斋养新录·卷十三·竹书纪年》。
④ 王鸣盛：《十七史商榷·史记三》，北京，中国书店，1987。
⑤ 李学勤的《〈小尔雅汇校集释〉序》和黄怀信的《〈小尔雅〉的源流》均对此有探讨，见黄怀信：《小尔雅汇校集释》，西安，三秦出版社，2003。

前修未密，后出转精，此乃学术演进、文化发展之大势。我们应该自觉地吸收、借鉴并不断发展众多前贤的治学理念和学术成就，像钱大昕那样富有"护惜古人之苦心"[①]，而没有必要太多地苛责于古人。目前，进一步加强对钱大昕古籍辨伪特别是史籍辨伪的研究，仍不乏重要的学术价值和意义。

四、《贺新郎·读史》与毛泽东的史学思想

人猿相揖别。只几个石头磨过，小儿时节。铜铁炉中翻火焰，为问何时猜得？不过几千寒热。人世难逢开口笑，上疆场彼此弯弓月。流遍了，郊原血。

一篇读罢头飞雪，但记得斑斑点点，几行陈迹。五帝三皇神圣事，骗了无涯过客。有多少风流人物？盗跖庄蹻流誉后，更陈王奋起挥黄钺。歌未竟，东方白。

这是毛泽东于1964年读史兴味最浓之时所作之词——《贺新郎·读史》。写作这首词时，毛泽东一直在阅读《史记》和范文澜的《中国通史简编》。同年他还不止一次地谈到，自己正在读《二十四史》，并被书迷住了。可见，该词是他对中国历史进行品读、思考的结果。

毛泽东一生酷爱读书，尤其喜欢历史，一生读史、学史、用史；不仅系统阅读《二十四史》，而且留下了大量批注、圈点、勾画，有的部分是一阅再阅，批注的文字当中精彩之笔更是俯拾即是。可以说，毛泽东对中国历史是饱含深情且熟读精研，透彻理解的，这大概是一般的历史学家所难以企及的。毛泽东心中装有一部中国历史，他对中国历史的独到见解和别具一格的评点，虽不曾作为史学专著面世，但他的一些著作、讲话、批语和诗词，却清晰地展现出他渊博的历史知识和精辟的史

---

① （清）钱大昕：《潜研堂文集·廿二史考异序》。

学思想。《贺新郎·读史》正是毛泽东专门描写自己品读历史之心得的一篇词作，对其进行分析、解读，有助于进一步认识和研究毛泽东的史学思想以及当代史学发展史。

毛泽东首先是一个伟大的无产阶级革命家、政治家、军事家，是马克思主义的理论家，其次才是诗人、历史学家等。他对中国历史的认识，首先是运用阶级分析的方法，从阶级斗争立场着眼的，这是其马克思主义唯物史观的突出体现。在1949年新中国成立前夕撰写的《丢掉幻想，准备战斗》一文中，毛泽东指出："阶级斗争，一些阶级胜利了，一些阶级消灭了。这就是历史，这就是几千年的文明史。拿这个观点解释历史的就叫作历史的唯物主义，站在这个观点的反面的是历史的唯心主义。"①新中国成立以后，毛泽东也曾说过："同全世界一样，中国的历史，就是一部阶级斗争史。"②《贺新郎·读史》就贯穿着这样一种阶级分析和阶级斗争思想。词中强调，在人类历史上，阶级出现了，残酷的阶级斗争也必然随之而来："人世难逢开口笑，上疆场彼此弯弓月。流遍了，郊原血。"③这几句正是对千年文明史真实面貌的高度艺术概括。词中还充分肯定和热情讴歌了历史上的人民起义："有多少风流人物？盗跖庄蹻流誉后，更陈王奋起挥黄钺。歌未竟，东方白。"④在这里，长期被传统史学家妖魔化的人民起义被摆到了很高的历史地位。可以说，阶级分析原则和阶级斗争理论是毛泽东史学思想的重要核心。但不可否认的是，作为史学家的毛泽东，其史学思想绝非单一、片面的，而是丰富的、全面的、多样的，有时甚至是全方位的。《贺新郎·读史》这首词就透露了毛泽东对史学问题的这种新思考、新认识。

该词上阕"铜铁炉中翻火焰，为问何时猜得？不过几千寒热"⑤，这几句涉及20世纪20年代以来史学界颇为关注的中国古史分期问题。

---

① 《毛泽东选集》，第4卷，1487页，北京，人民出版社，1991。
② 《毛泽东读文史古籍批语集》，151页，北京，中央文献出版社，1993。
③ 吴雄：《毛泽东诗词集解》，414～428页，石家庄，河北人民出版社，1998。
④ 同上。
⑤ 同上。

"铜铁"两个字，标志着两个不同的时代和社会。"铜"指铜器时代的奴隶社会，"铁"指铁器时代的封建社会。奴隶社会和封建社会究竟始于何时，史学界迄无定论。关于后者，可谓众说纷纭，大体上说来就有西周、春秋、战国、秦朝、东汉和魏晋六种之多。在词中，毛泽东用了一个"猜"字，而不用其他的字，不仅增加了这首词的风趣和亲切，更表现了作者在古史分期问题上的审慎和谨严。我们知道，毛泽东早在1939年12月就推出了倾向于"西周封建论"的论述："中国自从脱离奴隶制度进到封建制度以后，其经济、政治、文化的发展，就长期地陷在发展迟缓的状态中。这个封建制度，自周秦以来一直延续了三千年左右。"①如果说包括这段文字在内的《中国革命和中国共产党》之第一章《中国社会》是由其他人起草、只是经毛泽东修改而不足以说明问题的话，那么我们必须注意到，在1940年1月撰写的《新民主主义论》中，毛泽东对这一观点又有所强调："自周秦以来，中国是一个封建社会"②。就马克思主义史学家而言，范文澜是"西周封建论"的代表性人物。在延安时期，范文澜根据毛泽东的提议，写成了著名的《中国通史简编》，用马克思主义唯物史观系统地阐述了这一观点。新中国成立后，《中国通史简编》一书虽多次修改，而范文澜对"西周封建论"的坚持却始终不曾改变，直至1969年去世。写作这首词时，毛泽东正在读《中国通史简编》，但在古史分期上未置可否，模棱两可，是否反映了他对这一问题做出了新的思考？1973年毛泽东亲自表态："我赞成郭老的历史分期，奴隶制以春秋战国为界。"③可以讲，从写作《贺新郎·读史》到此时明确认同和支持郭沫若的"战国封建论"，反映了毛泽东关于古史分期问题的思考、研究又进一步深入和发展了。毛泽东此举对学术界、教育界、新闻出版界等领域都产生了巨大的影响，此后在古史分期问题上，"战国封建论"成为主流，学校教材都是以"战国封建论"为准的。

---

① 《毛泽东选集》，第2卷，623页，北京，人民出版社，1991。

② 同上书，664页。

③ 马齐彬、陈文斌等：《中国共产党执政四十年》，263页，北京，中共党史资料出版社，1989。

毛泽东在古史分期问题上的思想变化，应当不是率性而为，而是对中国上古史进行重新思考和认识的产物，是其史学思想不断发展的结果。这从《贺新郎·读史》"五帝三皇神圣事，骗了无涯过客"①一句也可以看得出来。

对于"五帝三皇神圣事，骗了无涯过客"一句，以往注家大都解作：神圣事并不神圣，历史是人民创造的，历代帝王把中华文明的成就仅仅归功于"五帝三皇"是不对的，是唯心史观的反映；而旧时学者不识，不知是诈，结果成了被骗的"过客"。这种解说的潜台词是历史上真有"五帝三皇"其人。而实际上，在顾颉刚于20世纪20年代推出"层累地造成的中国古史说"以后，五帝三皇已经不被当成历史上实有其人的帝王，而是被当作神话传说中的人物。顾颉刚之说已被人们广泛接受和认可，毛泽东绝不会贸然推破此说。"五帝三皇神圣事"似乎应当这样解释：五帝三皇这些人和事都是假的。这种解说也许更符合作者的原意。这不仅是基于全词的语言风格和史学观点的前后一致，也是基于毛泽东对顾颉刚及其古史观的重新关注和认真思考。

在20世纪中国学术舞台上，顾颉刚成就卓著，享有盛名，影响颇巨。毛泽东对其人和其观点想必是非常熟悉的。延安时期，毛泽东曾多次就如何用马克思主义唯物史观重写中国历史以及一些具体的历史观点与范文澜等史学家畅谈，顾颉刚及其古史观成为他们的一个话题当在情理之中。顾颉刚在《古史辨》第1册自序中说："上古史方面怎样办呢？三皇五帝的系统当然是推翻的了。"这是顾颉刚对三皇五帝的基本观点，而且终生未变。早在20世纪二三十年代，郭沫若就曾指出："顾颉刚的'层累地造成的古史'，的确是个卓识。从前因为嗜好不同，并多少夹有感情作用，凡在《努力报》上所发表的文章，差不多都不曾读过。他所提出的夏禹的问题，在前曾哄传一时，我当时耳食之余，还曾加以讥笑。到现在自己研究了一番过来，觉得他的识见是有先见之明。在现在新的史料尚未充足之前，他的论辨自然并未能成为定论，不过在旧史料中凡

① 吴雄：《毛泽东诗词集解》，414～428页，石家庄，河北人民出版社，1998。

作伪之点大体是被他道破了。"①胡绳"以为郭老的这段话代表了马克思主义学术界对颉刚先生之说的正确态度",并且指出:"'层累地造成的古史'是史料学范畴内的一个命题……这个命题对于整理周秦两汉时代的记载古史的文献是有用的。"②

顾颉刚关于三皇五帝的论断既被郭沫若等马克思主义史学家所接受,那么它又被毛泽东所认可似乎也就顺理成章了。另外,从新中国成立后毛泽东对顾颉刚的态度、二人之间的关系上,也大体可以看出毛泽东对顾氏史学观点的接受情况。为了给作为"资产阶级学者"的顾颉刚创造有利于进一步从事学术活动的环境和条件,毛泽东似乎对其进行了有意的"保护"。比如1953年在商讨新成立的历史研究所二所聘请有关人员时,陈伯达传达中央的意思说:"聘请人员的范围不要太狭,要开一下门,像顾颉刚也可以讲来。"这其实是毛泽东的意见③。同年年底,顾颉刚就由上海来到北京,任中国科学院历史研究所研究员。随后顾氏被任命主持一些史书的整理工作,这实际上也是毛泽东之意。1954年11月,顾颉刚任标点《资治通鉴》总校对,此项工作1955年完毕。此后,顾颉刚又开始整理《史记》及其三家注。而《资治通鉴》《史记》正是毛泽东最喜欢读的两本史书,这两本书由顾颉刚负责总校,这很能说明毛泽东本人对顾颉刚及其史学观点的态度。

应该讲,在学术问题上,当时毛泽东是主张百花齐放、百家争鸣的,并非简单地要求用马克思主义唯物史观取代一切。1965年7月,毛泽东在给章士钊的信中说:"大问题是唯物史观问题,即主要是阶级斗争问题。但此事不能求之于世界观已经固定之老先生们"④,这句话既是毛泽东对章士钊说的,也是他期望于其他老一辈学者的。1971年4

---

① 郭沫若:《中国古代社会研究·附录》,见《郭沫若全集·历史编》,第1卷,北京,人民出版社,1982。

② 胡绳:《顾颉刚古史辨学说的历史价值——纪念顾颉刚先生诞辰一百周年》,载《学习与探索》,1994(3)。

③ 刘潞、崔永华:《刘大年存当代学人手札》,45页,北京,中国社会科学院近代史研究所,1995。

④ 《毛泽东书信选集》,602页,北京,人民出版社,1983。

月 7 日，毛泽东批准周恩来的提议，请顾颉刚主持《二十四史》的标点工作。这是多少史学家梦寐以求的事情啊！在当时的历史条件下，能够多次主持全国性的史书校对这样的工作，若其史学观点或史学成就不被毛泽东本人所接受和认可，几乎是不可能的。看来毛泽东是接受至少是不反对顾颉刚关于中国古史的观点的。1975 年，毛泽东在病榻上对给自己读书的北大教师芦荻说："一部二十四史大半是假的，所谓实录之类也大半是假的……一切信以为真，书上的每句话，都被当作正式历史的信条，那就是历史唯心论了。正确的态度是用马克思主义的立场、观点和方法，分析它，批判它，把被颠倒的历史颠倒过来。"①这种观点与顾颉刚对古史的看法已经很接近了。这些都可以或隐或显地说明，毛泽东对中国古史的认识，是有顾颉刚的影响在其中的。

　　关于马克思主义唯物史观的认识，顾颉刚的思想认识也经历了一个明显的发展过程。1932 年年底，顾颉刚曾明确表示："我自己决不反对唯物史观"，"研究古代思想及制度时，则我们不该不取唯物史观为其基本观念"②。1945 年，顾颉刚撰写《当代中国史学》，认为唯物史观的输入和运用"使过去政治中心的历史变成经济社会中心的历史"，"不能不说是一种进步"③。他把郭沫若视为应用马克思学说"考索中国古代社会真实情状"的代表性人物，称其所著《中国古代社会研究》"是一部极有价值的伟著"，"富有精深独到的见解"，认为"中国古代社会的真相，自有此书后，我们才摸着一些边际"④，表现出对唯物史观的极大热情和积极态度。新中国成立以后，顾颉刚在关于唯物史观的认识上又有了一个飞跃，大力宣传要用辩证唯物主义和历史唯物主义来指导史学研究。在1954 年写的《秦汉的方士与儒生》序文中，顾颉刚进一步指出："有了辩证唯物论和历史唯物论做我们一切工作的最高指导……一部良好的中国

---

① 芦荻：《毛泽东读二十四史》，载《新华文摘》，1994(2)。
② 顾颉刚：《序》，见罗根泽《古史辨》，第 4 册，上海，上海古籍出版社，1982。
③ 顾颉刚：《当代中国史学·引论》，3 页，上海，上海古籍出版社，2002。
④ 同上书，96 页。

学术史是不难出现的。"①顾颉刚对马克思主义唯物史观的正确认识，在当时的历史条件下，不能不说是受到了毛泽东的深刻启示和巨大影响。我们完全有理由认定，晚年的毛泽东与顾颉刚在史学方面的思想认识更加接近了。

作为毛泽东为数不多的专门论史的文学作品，《贺新郎·读史》使我们能够清晰地感受到，毛泽东在指导中国社会发展的同时，也在关注乃至引导着中国史学研究的发展方向，而事实上这种关注和引导确实又产生了很大的影响。写说到这里，一个问题自然浮出水面：在中国学术史上，究竟是什么力量在推动着历史研究的发展？究竟是谁在引导着史学发展的方向？认真思考和正确回答这个问题，对于今后历史学科乃至整个中国学术的建设、发展、繁荣，有着明显的价值和意义。

五、一个全新的马克思主义历史学体系

——田昌五先生《中国历史体系新论》学习心得

田昌五(1925—2001)先生，河南偃城人，当代著名史学家。田先生自幼嗜学，素有大志。抗日战争时期，毅然投笔从戎，随中国远征军入缅参战。抗战胜利后，考入北京大学。求学期间，积极投身学生运动，1947年加入中国共产党，成为北大学生党组织领导者之一。1951年毕业后留校任教，1956年调中国科学院历史研究所，1987年又至山东大学历史系工作，先后任研究员、教授、博士生导师，并长期兼任中国农民战争史研究会会长、中国殷商文化学会会长、中国秦汉史研究会顾问等职，2001年10月因病逝世。

作为一位马克思主义史学家，田昌五先生以强烈的时代责任感和历史使命感，运用马克思主义探讨中国历史发展规律，坚持解放思想、实事求是的学术原则，在史学理论、文明起源、中国古代社会形态、古史

---

① 顾颉刚：《秦汉的方士与儒生·序》，上海，上海古籍出版社，1998。

分期、农民战争与农民问题、封建社会经济结构、中西历史发展之比较、中国古代思想文化及其与社会结构的互动等领域均有重要建树，在长达半个世纪的学术研究中，真正做到了历史与现实、宏观与微观的完美统一，而他刚正不阿、淡泊名利的坦荡胸怀与永不停息、精益求精的探索精神更堪为学界之楷模、后世之师表。

田昌五先生一生著作等身，成就卓著，主要论著有《王充及其论衡》《中国古代农民革命史》(第 1 卷)《古代社会形态研究》《古代社会形态析论》《古代社会断代新论》《历史学概论》《孙子兵法全译》《论衡导读》《中国古代社会发展史论》《中华文化起源志》《中国历史体系新论》《中国历史体系新论续编》《秦汉史》(与安作璋先生合作主编)《中国封建社会经济史》(四卷本，与漆侠先生合作主编)《周秦社会结构研究》(与臧知非教授合著)等。田先生还主编过《华夏文明》《游侠传》《原始文化论集——纪念尹达八十诞辰》《国学举要》等，参加过郭沫若主编《中国史稿》的撰写工作。其中，《中国历史体系新论》可看作其后期的代表作。

长期以来，人们往往按照某种公式讲述中国古代历史，未能客观真实地反映中国历史本身的发展过程，因而也难以总结出它特有的发展规律，形成适应时代需要的历史学体系。针对这一问题，田昌五先生经过多年的不断求索和反复研究，取得了突破性的新认识，于 1995 年推出了他的《中国历史体系新论》。这是一部专题论文的结集，但在体系结构上仍较为完整和集中。全书主旨在于全新的马克思主义历史学体系，其论述则大都绕着一个中心展开，这就是中国历史发展规律问题。

1. 中国历史时代的划分及其表述

众所周知，史学界长期习惯于按照原始社会、奴隶社会、封建社会、资本主义社会、社会主义社会的逻辑顺序亦即人类社会的普遍规律来解释中国历史进程。正如田先生在他另一著述中所说的："因为马、恩所说五种生产方式是由欧洲资本主义推溯出来的逻辑经济形态"，而"中国始终未进入资本主义社会，所以不能以欧洲历史发展阶段论之，而应用马克思主义的方法对中国历史进行具体研究，找出其特殊的社会发展形态"①。但在以往的研究过程中，人们大都囿于五种生产方式的理论框架，来剪裁中国历史，而当发现中国历史与经典作家们所论述的五种生产方式多有不合的时候，遂认为中国历史是非常态的，其表现就是中国文明早熟论、中国奴隶社会不发达论、中国封建社会长期停滞论。中国古史分期的种种争论也都与此有着直接或间接的关系。在这一问题上，田先生反对那种简单、机械地套用五种生产方式理论的做法，提出了划分历史时代的全新见解。

（1）洪荒时代。从中国大地上人类诞生，到一万年前的氏族社会为止，其间约数百万年。过去人们习惯称之为原始社会或蒙昧时代，但田先生认为，原始社会实际上仅指氏族社会，而蒙昧时代也至多可以追溯到氏族社会的形成时期而已，因此不如用中国历史文献中所说的"洪荒时代"来概括这段历史更为恰切。

（2）族邦时代。即中国古代社会（习称的奴隶社会）的历史，从5000年前起，到2400年前止，共经历了约3000年，加上此前氏族社会逐步解体和文明社会逐步形成阶段，其间大约5000年。中国古代社会由宗族构成，国家形态便以族邦出现，其象征就是宗庙和社稷，所以这段历史可以称为族邦时代。其间又大体上分为四个阶段：一是万邦时代，时在夏代之前，天下无主而万邦各有其主。虽然后期一度出现了以尧、舜为代表的地区性族邦联盟，但万邦分立的局面却没有根本的改变。二是族邦联盟时期，即夏代。夏代是中原地区一个比较稳定的族邦联盟，因而能够留下断断续续的世系。不过这个联盟的外围，仍是万邦分立的局面，同时在联盟的内部，各个族邦也是独立的。三是统一的族邦体系形成阶段，即商代和西周时期。其间形成了中央族邦和地方族邦、地方大邦和地方小邦的等级关系，而在中央大邦的地方中心族邦中也出现了多层次的宗族体系。四是统一的族邦体系瓦解和宗族灭亡阶段，即春秋时期。其间中央族邦萎缩不振，诸侯互相攻伐，卿大夫彼此兼并。结果，宗族这种社会实体消失了，族邦这种国家实体也消失了，族邦时代由此结束。

---

① 田昌五：《中国历史体系新论续编》，236页，济南，山东大学出版社，2002。

（3）封建帝制时代。上起公元前 4 世纪的各国变法，止于 1911 年辛亥革命推翻清朝帝制，共约 2300 年。田先生认为："过去我们以 1840 年发生的鸦片战争为界限，把大清帝国的历史截成两段，称此前为封建社会，此后为近代社会，这是不妥当的。因为，此前此后都是封建统治，很难断开……诚然，鸦片战争后的中国发生了很多变化，如帝国主义逞凶肆虐、洋务运动、近代资本主义的产生、民主革命运动等等，但这些都是发生在帝制时代封建社会范畴内的变化。我们可以研究这些变化，也可以写成专史，但不能以此划分社会发展阶段。"①

（4）现代。即从历史走向现代化的时代，目前我们正处于这个过程的初级阶段。

2. 中国文明的起源问题

田先生指出，"考察中国文明起源问题，必须摆脱某些外来的公式，切实从农业问题抓起"②，并抓住从氏族到宗族这条主线。人类文明起源与农业密切相关。中国古代的农业是从黍稷这种旱地作物开始的，而旱地耒耜农业既有其相对稳定性，又有其不可避免的局限性，如需要协力共耕，需要定期换田易居等，于是中国文明的起源就走了一条与古代欧洲不同的道路，即由氏族发展到姓族、宗族、家族、家庭体系。中国古代文明的中心长期在北方黄河流域，就因为黍稷可以在北方广泛种植。南方水稻的产生并不晚，但由于只能小面积种植，故而在南方未能形成文明中心。关于中国文明起源的时间，田先生认为，大体上可定为公元前 30 世纪，也就是传说中的黄帝时期。

3. 中国古代社会形态问题

田先生曾首倡中国古代宗族社会说，该书又一次阐述了这一理论。田先生指出宗族社会的结构可以分为四个层次：姓族、宗族、家族、家庭，而以宗族为基本单元。每一个人，无论是贵族、平民还是奴隶，都存在于这种宗族结构之中，宗族以外不存在独立的个人。中国古代社会

---

① 田昌五：《中国历史体系新论》，36 页，济南，山东大学出版社，1995。
② 同上。

的土地所有制总的说是宗族土地所有制，其表现也是多层次的，全部土地为天下共主即天子所有，而诸侯和卿大夫又各有封疆或封邑。中国古代也有发达的奴隶制，但其形态则以王室、公室、宗室、家室呈现出来。当时奴隶数量众多，门类齐全，层次有别，主要来源则是被灭掉的族邦，田先生把这种奴隶制称为宗族奴隶制。至于中国古代社会的政治体制，田先生认为，其初级形态是简单的宗主政治，发达形态是宗主贵族政治。

4. 中国封建帝制时代的三次大循环

田昌五先生对封建帝制时代中国历史特点的探讨是其中国历史新体系中最引人注目的观点，即系统地批评了长期流行的中国封建社会长期停滞说，提出了中国封建社会循环发展论。我们知道，中国封建社会长期停滞说的理论基础是马克思、恩格斯关于亚细亚生产方式的论述，尽管之前人们大都意识到中国封建社会和亚细亚社会形态多有不合，但却或多或少地接受了由亚细亚生产方式引发而来的中国封建社会停滞说。对此，田先生在说明马克思、恩格斯的亚细亚生产方式或者说古代东方社会形态的相关论述的本意之后，从土地所有权、封建隶属关系、封建土地的经营方式、封建社会中的商品经济的发达程度等各个层面论证中国封建社会并非什么停滞型社会，中国封建帝制时代的历史是周期性循环式发展的，可谓三次大循环，这表现为以下几个方面。

第一，国家的统一与分裂是周期性间隔发生的，共有三次。第二，农业方面的土地关系也有三次大的循环，即战国时期的提封授田制、北魏至隋唐的均田制、明初的大规模屯田制，耕地呈现为国有和私有的互相转化。第三，这个时代的赋役制度变革，较为重大的也有三次，即汉魏之际的赋役制度变革、唐代中期杨炎的两税法、明代中后期的一条鞭法和班匠银，这是大批国有土地转化为私有土地的必然结果。第四，这个时代的民族危机，也有三次是最为严重的，即魏晋以后的所谓五胡乱华、宋辽夏金之争以及近世列强侵华，也是周期性重复发生的。第五，这个时期的思想发展也出现了魏晋玄学、宋代理学、明清实学三个里程碑，其变化也是循环的。第六，中国历史上的农民起义特别是大规模的农民起义，也有一定的周期性和阶段性。每一阶段都由反对繁重的赋役开其端，而以要求贵贱平等、均分土地和财产为终结，只是每一阶段的发展程度有所不同而已。第七，在每一次大循环过程中，还重复发生过军阀混战、朋党之争、宦官专权、母后干政等现象。田先生指出：如果将这个时代的历史过程联系起来，我们"可以用三、二、一这三个数字来表示。三，即三次大循环；二，指汉唐两个高峰期和相继的两次低落期，简单说就是两高两低了；一，指的是宋代以后的经济文化中心转移到了南方，而政治中心则转移到了北方，昔日繁荣的黄河流域成了一条断裂带，简单说就是一南一北了"①。可见，中国封建帝制时代的历史是循环式跳跃前进的。

为什么中国封建帝制时代的历史呈循环式的量的变化，而没有发生质的飞跃，迈上更高的社会阶段呢？对此，田先生不同意把原因归诸所谓这个时代商品经济不发达，自然经济占绝对优势。他认为，中国封建帝制时代的商品经济在有些时期是相当发达的，问题在于此时的工商业是由政府操纵和控制的，因而在商业资本的流向上出现了变态，大部分流入政府财政，一部分则流入土地买卖或转为高利贷资本，能够转化为产业资本者微乎其微。这就制约着中国封建帝制时代的历史只能以土地关系的循环变化为基础进行大循环了。尽管这种大循环并非简单的重复，但却始终没有超越封建帝制时代，始终未能形成资本主义的潮流。

中国社会能否走出历史上的循环圈，迈入更高的发展阶段呢？田先生认为，中国已经走出历史上的第三次大循环，进入第四次大循环了。这次大循环是中国历史上一次质的飞跃，与此前各次大循环有着本质的区别。它不是以土地关系的循环变化为基础的，而是以市场经济的大循环为基础的；它不是闭塞式的，而是要进入世界经济大循环，走向世界一体化。

众所周知，学术研究是一个不断接近真理的过程，任何认识都是相对的。以上只是就田先生对中国历史规律的探索过程和学术体系作一个

---

① 田昌五：《中国历史体系新论》，44页，济南，山东大学出版社，1995。

粗略的梳理和介绍。关于田先生的思想观点，学术界是见仁见智，各种理性的批评和讨论都是正常的，可以接受，也可以拒绝；可以肯定，也可以否定。但是有一点是任何人都没有理由也是无法否定的，需要特别地指出来，这就是田先生以探寻中国历史发展规律为己任而探索不已的学术精神和勇于自我批判的学术品格，用田先生自己的话说，就是"不断提高自己的认识能力和逻辑思维能力，不断对历史进行再认识，不断更新自己的观点"[①]。"我的研究工作就不像前人所说学如积薪，后来居上；而是像蛇蜕皮一样，不断脱去旧装换新装"，不囿于前人，也不囿于自我，不断地以新我代替旧我，在自我批判的过程中接近真理。[②]

　　这是田昌五先生半个多世纪学术实践的总结，无论是对具体历史问题的考察，如井田制问题、文明起源问题、商周政体问题，包括某一项考古资料的辨别、某一字词的释读，还是对中国历史发展规律的宏观思考等，都是在这一思想指导之下进行的。田先生中国历史新体系的形成和提出，就是不断地以新我换旧我的学术实践。毫无疑问，对于田先生的史学体系和具体学术观点的认识，随着时代的发展、研究的深化，人们自然会发生某些改变，但对于田先生这种治学精神和治学思想的肯定，则是不应改变的，也是不能改变的。否则，就谈不上对真理的追求。

---

①　田昌五：《中国历史体系新论》，351 页，济南，山东大学出版社，1995。
②　同上书，304 页。

图书在版编目（CIP）数据

易学　经学　史学/张涛著. —北京：北京师范大学出版社，
2020.12

（励耘史学文丛）

ISBN 978-7-303-26688-3

Ⅰ. ①易… Ⅱ. ①张… Ⅲ. ①《周易》—研究②经学—研究
③史学—研究 Ⅳ. ①B221.5②B222.05③K06

中国版本图书馆 CIP 数据核字（2021）第 003363 号

营　销　中　心　电　话　010-58807651

北师大出版社高等教育微信公众号　新外大街拾玖号

YIXUE JINGXUE SHIXUE

出版发行：北京师范大学出版社 www.bnup.com
　　　　　北京市西城区新街口外大街 12—3 号
　　　　　邮政编码：100088

印　　刷：北京京师印务有限公司
经　　销：全国新华书店
开　　本：787 mm ×1092 mm　1/16
印　　张：24.75
字　　数：360 千字
版　　次：2020 年 12 月第 2 版
印　　次：2020 年 12 月第 2 次印刷
定　　价：75.00 元

策划编辑：刘东明　　　　　　责任编辑：贾理智
美术编辑：李向昕　　　　　　装帧设计：李向昕
责任校对：段立超　　　　　　责任印制：马　洁